AF549945

Tanz auf dem Vulkan

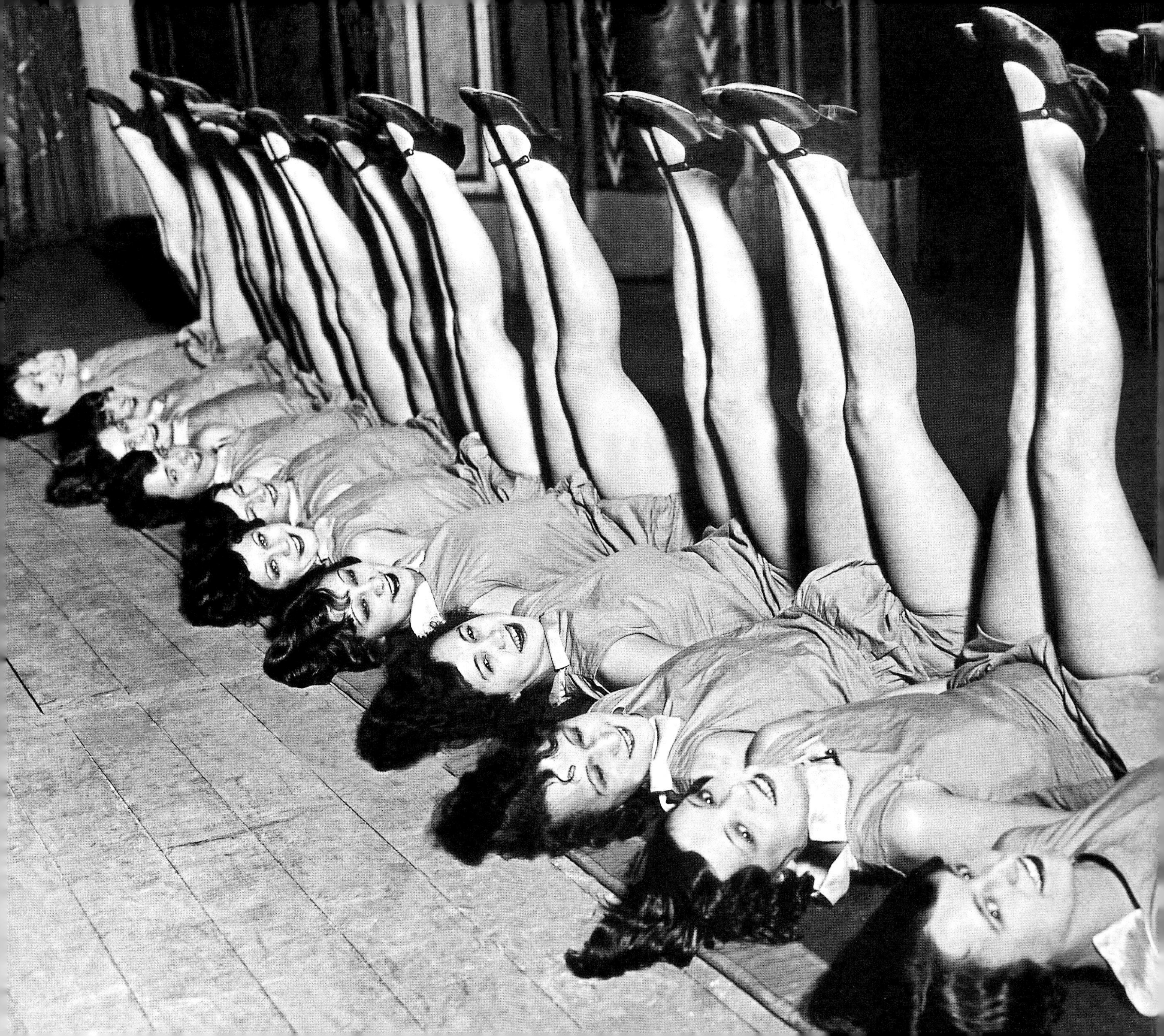

Robert Zagolla

Tanz auf dem Vulkan

Eine fotografische Reise durch das Berlin der Zwanzigerjahre

Dancing on the Volcano

A photographic journey through 1920s Berlin

BeBra Verlag

Alle Bilder in diesem Band stammen aus den Beständen von akg images, Berlin.

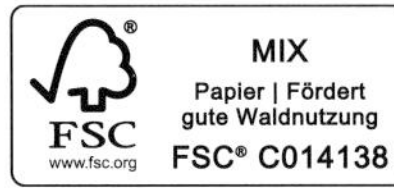

Bibliografische Information der Deutschen Nationalbibliothek
Die Deutsche Nationalbibliothek verzeichnet diese Publikation in der Deutschen Nationalbibliografie; detaillierte bibliografische Daten sind im Internet über http://dnb.d-nb.de abrufbar.

Zu Fragen der Produktsicherheit wenden Sie sich bitte an herstellung@bebraverlag.de.

2. Auflage 2025

Lektorat: Katrin Endres, Berlin, Karolin Flach, Berlin
Übersetzung: Penny Croucher
Umschlag: Manja Hellpap, Berlin (Foto: © akg images)
Satzdaten: typegerecht berlin
Schrift: Arno Pro 10/13 pt
Druck und Bindung: Finidr, Český Těšín
ISBN 978-3-89809-157-2

www.bebraverlag.de

Vorwort

Das Berlin der Zwanzigerjahre war schon für die Zeitgenossen ein Mythos. Die Stadt galt als modern, aufregend, widersprüchlich, glänzend und abstoßend zugleich, auf jeden Fall aber als verheißungsvoll. Die Hauptstadt der ersten deutschen Republik wurde zum Eldorado für Glücksritter und Unangepasste, zum Sehnsuchtsort für Künstler und Intellektuelle.

»Berlin ist wundervoll«, schwärmte etwa Alfred Döblin, der Autor des weltbekannten Romans »Berlin Alexanderplatz«, im Jahr 1922: »Das rebelliert, konspiriert, brütet rechts, brütet links, demonstriert, Mieter, Hausbesitzer, Juden, Antisemiten, Arme, Proletarier, Klassenkämpfer, Schieber, abgerissene Intellektuelle, kleine Mädchen, Demimonde, Oberlehrer, Elternbeiräte, Gewerkschaften, zweitausend Organisationen, zehntausend Zeitungen, zwanzigtausend Berichte, fünf Wahrheiten. Es glänzt und spritzt. Ich müsste ein Lügner sein, wenn ich verhehlte: öfter möchte ich auskneifen, das Geld fehlt; aber ebenso oft würde ich zurückkehren.«[1] Unzählige junge Menschen aus der deutschen Provinz strebten in die brodelnde Stadt, in der Döblin schon seit über dreißig Jahren lebte. So der damals dreiundzwanzigjährige Carl Zuckmayer, der später ebenfalls zum erfolgreichen Schriftsteller avancierte:

»Berlin, im Anfang der zwanziger Jahre, war halbseiden, es roch nach Parfum, Abschminke und schlechtem Benzin, es hatte seinen imperialen und großbürgerlichen Glanz verloren und wurde erst später zu einer grellen hektischen Blüte hochgepulvert. Trotzdem war bereits die unvergleichliche Intensivität, der Hauch jenes stürmischen Aufschwungs zu spüren, der Berlin in wenigen Jahren zur interessantesten, erregendsten Stadt Europas machte. Berlin schmeckte nach Zukunft, und dafür nahm man den Dreck und die Kälte gern in Kauf.«[2]

Foreword

The Berlin of the 1920s was already a legend in its own time. It was modern, exciting, contradictory, radiant and repellent all at the same time – but above all it was full of possibilities. The capital of the first German Republic was an El Dorado for adventurers and nonconformists, a promised land for artists and intellectuals.

"Berlin is wonderful", enthused Alfred Döblin, author of the world-famous 1922 novel "Berlin Alexanderplatz": "There are rebellions, conspiracies, plots on the left and on the right and demonstrations. It has tenants, landlords, Jews, anti-Semites, the poor, the proletariat, class warriors, traffickers, scruffy intellectuals, young girls, the demi-monde, headteachers, parents' councils, trade unions, two thousand organisations, ten thousand newspapers, twenty thousand reports and five truths. It gleams and it splutters. I would be a liar if I were to deny that I often want to run away; money is short. But just as often I want to return."[1] Countless young people from the German provinces strove to come to this seething city where Döblin had already been living for over thirty years. According to Carl Zuckmayer, who also later became a successful writer and was then twenty-three years old:

"At the beginning of the 1920s Berlin was a dubious place. It smelled of perfume, make-up remover and cheap petrol, it had lost its imperial and bourgeois splendour, and only later was it jazzed up into its dazzling, hectic heyday. But there was always a unique intensity, the sense of passionate upsurge that within a few years made Berlin the most interesting and thrilling city in Europe. Berlin tasted of the future and so people were prepared to put up with the dirt and the cold."[2]

In fact, the proverbial "golden" or "wild twenties" only really began in 1924 when the political violence, mass poverty and inflation, which marked the ear-

Tatsächlich begannen die sprichwörtlichen »goldenen« oder »wilden Zwanziger« eigentlich erst 1924, als die von politischer Gewalt, Massenarmut und Inflation geprägte Anfangszeit der Weimarer Republik überwunden war. Die neue Phase währte letztlich nur fünf Jahre – bis zur Weltwirtschaftskrise, die im Herbst 1929 einsetzte. Dass es sich dabei nicht um einen vorübergehenden Rückschlag handelte, sondern dass 1933 eine Katastrophe von epochalem Ausmaß beginnen würde, war bis zuletzt für die meisten Zeitgenossen unvorstellbar.

»Nie war die Stadt größer, reicher, bunter, glitzernder als damals«, schrieb der Publizist Walter Kiaulehn später wehmütig über die Zwanzigerjahre.[3] Buchstäblich »golden« waren sie indes nur für die wenigsten. Als »wild« wurde die Zeit dagegen wohl von fast allen empfunden. Alte Gewissheiten und gesellschaftliche Konventionen waren mit der Monarchie untergegangen, vieles konnte und musste neu ausgehandelt oder ausprobiert werden, fast alles schien möglich – ganz besonders in Berlin, das allein durch seine schiere Größe maximalen Freiraum verhieß. Durch die Begrenzung der täglichen Arbeitszeit auf acht Stunden verfügten die Menschen, vor allem die wachsende Gruppe der Büroangestellten, über deutlich mehr Freizeit als je zuvor, und die wollte und konnte je nach Interessen und Größe des Geldbeutels genutzt werden.

Schon im Kaiserreich hatte es neue politische Ideen und soziale Konzepte gegeben, neue Kunstrichtungen, neue literarische und musikalische Strömungen, den Anfang einer modernen Unterhaltungsindustrie – aber die Revolution wirkte in vielen Bereichen wie ein Brandbeschleuniger. Berlin schien manchem plötzlich freier, moderner, spannender zu sein als die »etablierten« Metropolen London, Paris oder New York. »Man fragt mich über Berlin aus, als wäre es der Nordpol«, schrieb etwa der französische Schriftsteller René Crevel im Jahr 1928. »Dagegen wirkt Paris wie eine Provinzstadt, trotz neuer Nachtclubs, trotz kubistischer Bars, von denen alle annehmen, sie seien im Berliner Stil.«[4] Und sein Landsmann, der Maler und Kunstkritiker Amédée Ozenfant, griff 1931 ein damals verbreitetes Bonmot auf, nach dem Berlin ein missglücktes New York sei: »Wer weiß, ob nicht in zwanzig Jahren New York ein missglücktes Berlin ist! Man mag sagen, was man will: Berlin ist europäisch.«[5] Ganz ähnlich sah das der sowjetische Revolutionär und Romancier Ilja Ehrenburg: »In Europa gibt es nur eine zeitgemäße Stadt – es ist Berlin.«[6]

---

ly years of the Weimar Republic, were over. In the end the new phase lasted a mere five years – until the world recession, which started in the autumn of 1929. It was inconceivable to most contemporaries that this wasn't just a question of passing recession, but that a catastrophe of epochal proportions would begin in 1933.

"Never was a city so big, so rich, so colourful and so glitzy as in those days", wrote the publicist Walter Kiaulehn, looking back nostalgically about these years.[3] Whilst they were only literally "golden" for very few people, they were perceived as "wild" by nearly everyone who lived through them. Old certainties and social conventions disappeared with the monarchy; much could and had to be renegotiated or tried out and nearly everything seemed possible – especially in Berlin which just by its sheer size promised maximum freedom. When the working day was reduced to eight hours, people had much more leisure time than ever before and it was the growing number of office workers in particular who wanted to and were able to use it in accordance with their interests and the size of their pay packet.

The German Empire had already ushered in new political ideas and social concepts, new art movements, new literary and musical trends and the beginnings of a modern leisure industry – but in many fields, the revolution acted as a catalyst. To many people, even abroad, Berlin suddenly seemed to be more liberated, more modern, more exciting than the "established" metropolises of London, Paris or New York. "People quiz me about Berlin as if it were the North Pole", recorded the French writer, René Crevel in 1928. "Yet in comparison, Paris seems like a provincial town, despite its new night clubs and Cubist bars which everyone imagines to be in the Berlin style."[4] And in 1931 his fellow countryman, the painter and art critic Amédée Ozenfant, seized on a popular witticism of the day that said New York was a failed Berlin: "Who knows if in twenty years New York will be a failed Berlin! People can say what they like: Berlin is European."[5] The Soviet revolutionary and novelist, Ilja Ehrenburg, saw things in the same light: "There is only one modern city in Europe – it is Berlin."[6]

The Berliners enjoyed acknowledging this acclaim for their city, even if critical observers found their efforts at cosmopolitanism rather clumsy. In

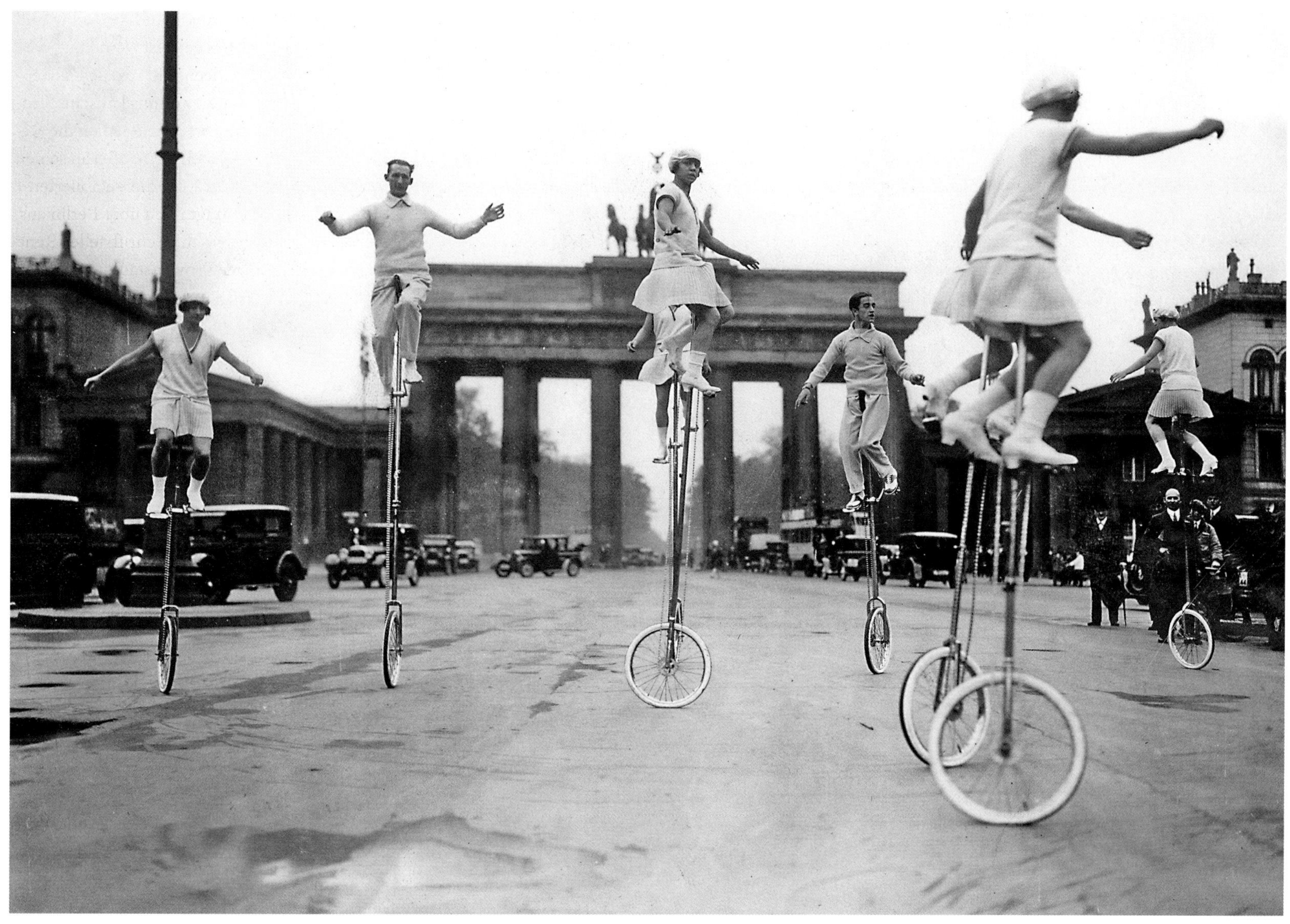

Berlin ist immer für eine Überraschung gut. – Einradfahrer vor dem Brandenburger Tor. *Um 1930.*

Berlin is always good for a surprise. – Unicyclist in front of the Brandenburg Gate. *Around 1930.*

Die Berliner nahmen die Begeisterung für ihre Stadt gern zur Kenntnis, auch wenn ihr aktives Bemühen um Weltläufigkeit in den Augen kritischer Beobachter eher unbeholfen wirkte. Der österreichische Schriftsteller Joseph Roth, der eine Zeitlang als Journalist aus Berlin berichtete, spottete 1927 über den Berliner Willen zur Internationalität: »Ein Gasthaus wird amerikanisch, ein Café französisch. Zwar sieht es niemals aus wie in New York oder Paris. Aber es weckt Reminiszenzen an dieses und jenes. In ihrer Bescheidenheit halten sie sich nur für gelungene Imitationen, aber sie sind in Wirklichkeit misslungene Originale.«[7]

Der notorische Nörgler Kurt Tucholsky hatte schon 1919 geätzt: »Berlin vereint die Nachteile einer amerikanischen Großstadt mit denen einer deutschen Provinzstadt. Seine Vorzüge stehen im Baedeker.«[8] Dabei mochte er seine Heimatstadt durchaus. Aber er litt an der Kleingeistigkeit ihrer Bewohner: »Der Pariser bekennt sich zu Paris, der Londoner zu London – nur der Berliner rückt ab von seiner Stadt, weil sie ihm nicht fein genug ist«,[9] stellte er 1929 verärgert fest und mutmaßte, dass Bürgermeister Gustav Böß vermutlich noch nie eine Berliner Weiße, das traditionelle Sommergetränk des ›einfachen‹ Berliners, getrunken habe. In der Tat schwebte der Politiker wohl in ganz anderen Sphären. Im Herbst 1928 hatte er im Berliner Tageblatt sein Credo verkündet: »Ich weiß: Paris, London und Neu-York sind uns noch über. Bald müssen und werden wir sie eingeholt haben.«[10]

»Weltstadt« – das wollte Berlin schon in der Kaiserzeit unbedingt sein. In den Zwanzigerjahren war die Sehnsucht nach diesem Ehrentitel noch größer. Nach der als schmählich empfundenen Niederlage im Ersten Weltkrieg wollten die Deutschen wieder ein akzeptiertes Mitglied der Völkergemeinschaft werden, dessen Hauptstadt sich natürlich auf Augenhöhe mit den Metropolen der Nachbarstaaten befinden musste. Zahlenmäßig hatte man im April 1920 die Grundlage dafür geschaffen: Durch die Einverleibung von sieben ursprünglich eigenständigen Nachbarstädten und fast 90 umliegenden Kommunen verdoppelte sich die Bevölkerung Berlins von einem Tag auf den anderen. Mit fast vier Millionen Einwohnern war die deutsche Hauptstadt damit – nach London und New York – für einige Jahre die drittgrößte Stadt der Welt.[11] Es konnte keinen Zweifel daran geben, dass die Stadt nun dauerhaft (wieder) zur Weltelite zählte.

1927, the Austrian writer, Joseph Roth, who for a while worked as a journalist in Berlin, mocked the Berliners' desire to be international: "One restaurant becomes American and the next purports to be French, but they never look the same as in New York or Paris – they just prompt memories of this and that. In their modesty they see just themselves as successful imitations, but in reality they are failed originals."[7]

And Kurt Tucholsky, the notorious detractor, had already griped about Berlin when he wrote: "Berlin combines the disadvantages of an American city with those of a German provincial town. Its advantages can be found in the Baedeker guide book."[8] At the same time, Tucholsky really liked his native city – it was the small-mindedness of its habitants that annoyed him: "The Parisians love Paris and the Londoners love London – only the Berliners disassociate themselves from their city because it is not fine enough for them"[9], he angrily recorded in 1929 and speculated that the Mayor, Gustav Böß, had probably never drunk a Berliner Weisse, the traditional drink of the 'ordinary' Berliner – and indeed it was true that this politician mixed in quite different circles. In the autumn of 1928 he had announced his credo in the Berliner Tageblatt: "I know: Paris, London and New York are better than us. But soon we have to and are going to overtake them." [10]

In the days of the German Empire, Berlin had desperately wanted to be a "world city" and in the Twenties the desire for this title was even greater. After their humiliating defeat in the First World War, the Germans wanted to become an accepted member of the international community and have a capital city that was obviously on equal footing with the metropolises of their neighbouring countries. In terms of numbers they had created the basis for this in April 1920. By incorporating seven originally independent neighbouring towns and almost 90 local authorities, the population of Berlin had doubled from one day to the next. With almost 4 million inhabitants, the German capital was for some years the third largest city in the world – after London and New York.[11] There could be no doubt that the city now permanently belonged to the world elite (again).

Berlin was still one of the largest industrial regions of Europe and an important centre of science and research as well – not least because of the Kai-

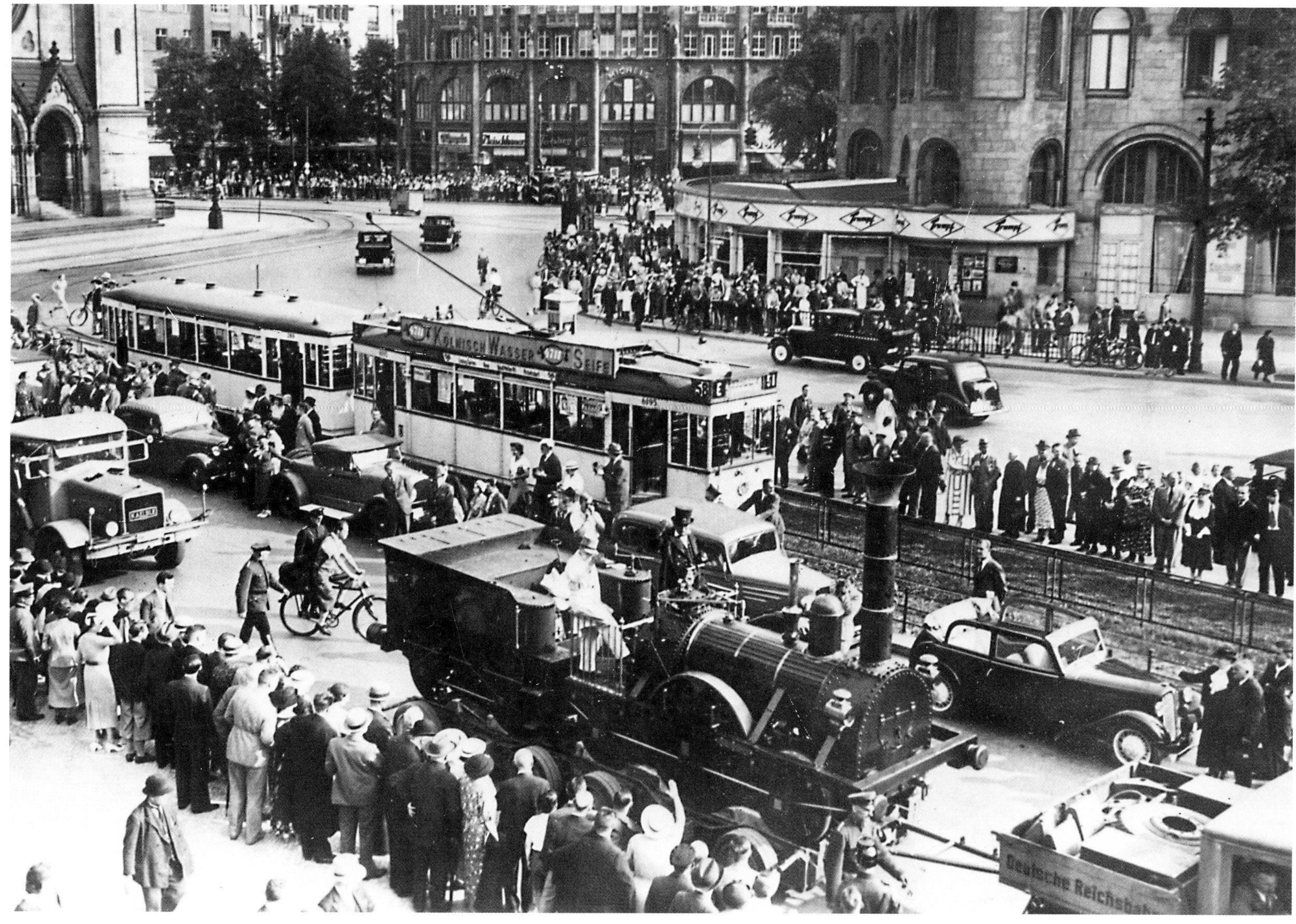

Zwischen Tradition und Moderne. – Trubel vor der Gedächtniskirche bei der Ankunft der historischen Lokomotive »Adler«. *Um 1927.*

Tradition and the modern era. – Excitement outside the Kaiser Wilhelm Memorial Church at the arrival of the historic locomotive "Adler" (Eagle). *Around 1927.*

Berlin war immer noch eine der größten Industrieregionen Europas und zudem ein bedeutender Standort für Wissenschaft und Forschung – nicht zuletzt mit dem Kaiser-Wilhelm-Institut für Physik, das seit 1917 von Albert Einstein geleitet wurde, dem Kaiser-Wilhelm-Institut für Chemie, an dem Otto Hahn und Lise Meitner forschten, oder der weltweit bekannten Charité mit ihren Spitzenmedizinern.

Berlin war zudem ein bedeutender Verkehrsknotenpunkt mit Dutzenden Bahnhöfen, die die Stadt mit dem Rest Europas verbanden. Der französische Schriftsteller Henri Béraud schwärmte 1926: »Von Paris nach Berlin fahren die Züge schnell. Es ist die Sache einer kleinen Tagesreise. Kaum hat der Reisende den Arc de Triomphe aus den Augen verloren, erblickt er schon das Brandenburger Tor; er hat weder Zeit, seine Sorgen zu vergessen noch sein Gepäck zu verstauen.«[12]

Noch schneller kam man mit dem Flugzeug nach Berlin. Der im Oktober 1923 eröffnete Flughafen Tempelhof wurde innerhalb weniger Jahre zu einem internationalen Luftdrehkreuz mit regelmäßigen Verbindungen nach Amsterdam, London, Malmö, Moskau, Paris, Stockholm und Wien ausgebaut; 1927 zählte man hier 7.514 Flüge mit insgesamt 61.190 Passagieren.[13] Auf der Schiene war Berlin schon vor dem Krieg eine bedeutende Drehscheibe im europäischen Nord-Süd- und Ost-West-Verkehr gewesen. Das hatte sich nicht geändert; allein der Sommerfahrplan 1926 listete täglich 194 Fernzüge auf, die Berlin mit Deutschland und Europa verbanden.

Berlin schien vielen Menschen eine Reise wert, und das nicht nur aus beruflichen Gründen. 1923 beherbergte die Stadt fast 1,2 Millionen Touristen, davon rund 160.000 aus dem Ausland; 1929 waren es knapp 1,7 Millionen Gäste, darunter 257.000 Ausländer.[14] Der Berliner Magistrat förderte diese Entwicklung. »Jeder einmal in Berlin!« hieß damals der Werbespruch der Stadt. Gleichzeitig lebten mehr als 132.000 Menschen aus Europa und dem Rest der Welt dauerhaft hier. Zwischen 1921 und 1923 kamen viele Russen, die vor der Sowjetherrschaft geflohen waren, darunter die Schriftsteller Vladimir Nabokov, Marina Zwetajewa und Boris Pasternak.[15]

Andere zogen nicht aus politischen Gründen nach Berlin, sondern wegen der sexuellen Freiräume, die sich hier boten – so die beiden englischen Schriftsteller W. H. Auden und Christopher Isherwood. »Berlin ist der Traum

---

ser-Wilhelm-Institute of Physics which had been led by Albert Einstein since 1917, the Kaiser-Wilhelm-Institute of Chemistry, where Otto Hahn and Lise Meitner carried out research and the world-famous Charité hospital with its top doctors.

In addition, Berlin was a major transport hub with dozens of stations that linked the city with the rest of Europe. In 1926, the French writer, Henri Béraud, enthused: "The trains from Paris to Berlin travel at speed. The traveller has hardly lost sight of the Arc de Triomphe when he lays eyes on the Brandenburger Tor; he has neither time to forget his cares nor to stow his luggage."[12]

Arriving in Berlin by air was even faster. Within a few years, Tempelhof Airport, which opened in October 1923, was expanded into an international aviation hub with regular connections to Amsterdam, London, Malmö, Moscow, Stockholm and Vienna. In 1927 there were 7,415 flights carrying a total of 61,190 passengers.[13] Before the war Berlin had already been an important hub in north-south and east-west European rail travel and this had not changed; the summer timetable of 1926 alone listed 194 long-distance trains per day which connected Germany with Europe.

Many people wanted to go to Berlin – and not just because of work. In 1923 the city accommodated almost 1.2 million tourists, including 160,000 from abroad. By 1927 this figure had risen to 1.7 million visitors with 257,000 foreigners.[14] "Everyone has to see Berlin!", was the city's catchphrase in those days. At the same time, over 132,000 people from Europe and the rest of the world had made their permanent home in Berlin. Between 1921 and 1923 many Russians arrived who had fled from the Soviet regime, including Vladimir Nabokov, Marina Zwetajewa and Boris Pasternak.[15]

Others moved to Berlin because of the sexual freedom on offer rather than for political reasons, for example the two English writers, W. H. Auden and Christopher Isherwood. "Berlin is every homosexual's dream" wrote W. H. Auden at the time.[16] Isherwood, whose memoir "Goodbye to Berlin", on which the legendary musical "Cabaret" is based, had followed Auden to Berlin in 1929. Although (male) homosexuality was also a punishable offence

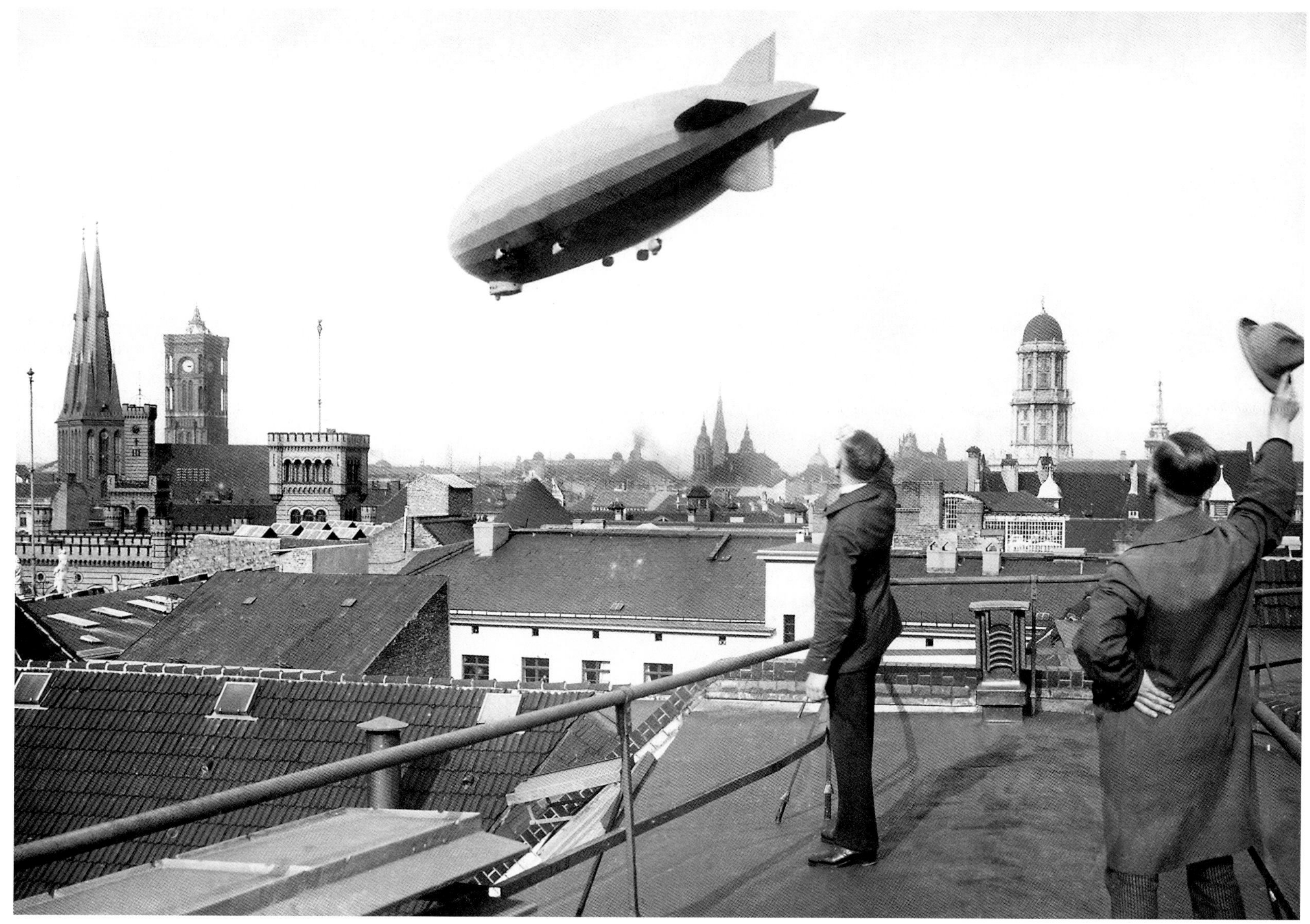

Mit der Welt verbunden. – Ein amerikanisches Luftschiff über den Dächern von Berlin. *Um 1925.*

Connected with the world. – An American airship over the rooftops of Berlin. *Around 1925.*

eines jeden Schwulen«, schrieb Auden damals.[16] Isherwood, auf dessen Erinnerungsbuch »Leb wohl, Berlin« das legendäre Musical »Cabaret« basiert, war ihm im Frühjahr 1929 gefolgt. Obwohl (männliche) Homosexualität auch in der Weimarer Republik unter Strafe stand, konnten sich in Berlin tatsächlich über 150 Cafés und Nachtlokale für Schwule und Lesben etablieren.

Während die Stadt in der Inflationszeit für Ausländer vor allem deswegen attraktiv war, weil man hier mit wenigen Dollars, Pfund oder tschechischen Kronen zeitweise wie ein Millionär leben konnte, wurde Berlin nach der Währungsreform auch als Markt interessant. Vor allem aus den USA kamen ab 1924 Orchester, Tanzensembles und Solokünstler, um von der schier grenzenlosen Nachfrage nach moderner, »amerikanischer« Musik zu profitieren. Josephine Baker, die 1926 erstmals in Berlin auftrat, erinnerte sich später: »Berlin, das ist schon toll! Ein Triumphzug. Man trägt mich auf Händen. Wenn ich ein großes Tanzlokal betrete, hört die Musik auf zu spielen, alle stehen auf und begrüßen mich. In Berlin war es, wo ich die allermeisten Liebesbriefe bekommen habe. Die meisten Blumen und Geschenke. Max Reinhardt, der große Regisseur, kam zu mir und hatte gleich einen Kontrakt dabei.«[17]

Wichtiger noch als der Tanz auf der Bühne war vielen allerdings der Tanz auf dem Parkett. Schon kurz nach dem Ende der Revolutionskämpfe hatte sich der Lebens- und Tanzwille der Berliner Bahn gebrochen, wie der Schriftsteller Harry Graf Kessler leicht verwundert feststellte. Im Februar 1919 notierte er in seinem Tagebuch die neuesten Putschgerüchte und fügte hinzu: »Gleichzeitig steht an den Litfaß-Säulen: ›Ganz Berlin tanzt und dreht sich an jedem Mittwoch, Donnerstag, Sonnabend, Sonntag in dem neueröffneten, eleganten Fox-Trott-Casino Friedrichstraße 105 an der Weidendammbrücke.‹«[18]

Schon in der Kaiserzeit hatten die Berliner gern zu amerikanischen Rhythmen getanzt; nach dem Ersten Weltkrieg schwappten nun Foxtrott, Charleston und Shimmy als neueste Modetänze über den Atlantik. Ein zeitgenössischer Bericht schilderte 1921 einen Ball im Admiralspalast: »Buntes Konfetti deckt das Parkett und macht jeden Tanzschritt noch gleitender. Von den Logen flattern bunte Papierschlangen in die Arena. (…) Bunte Glasplatten schieben sich abwechselnd vor die Scheinwerfer und tauchen das bunte Bild in helles Gelb oder flammendes Rot. (…) Ohne Pause spielt die Musik. Eine Kapelle löst die andere ab – niemand kommt zur Besinnung –, früh genug

---

in the Weimar Republic, there were actually over 150 cafés and nightclubs for Gays and Lesbians.

Berlin was particularly attractive for foreigners during the inflation, because for a time with only a few dollars, pounds or Czech korunas they could live like millionaires, but after the currency reform the city also became interesting as a market. From 1924 onwards many orchestras, dance groups and solo artists arrived in Berlin, mainly from the USA, to take advantage of the virtually boundless demand for modern "American" music. Josephine Baker, whose first stage appearance in Berlin was in 1926, later recalled: "Berlin, how wonderful it is! A triumphal procession. My every wish is fulfilled. When I walk into a dance hall, the music stops playing, and everyone stands up to greet me. It was in Berlin that I received the most love letters, the most flowers and gifts. The great theatre director, Max Reinhardt, came to me with a contract already in his hand."[17]

However, for many Berliners the dance floor was even more important than the dancing on stage. Shortly after the revolutionary fighting had ended, the Berliners' zest for life and for dance had already taken off, as the writer Harry Graf Kessler noticed with some surprise. In February 1919, he recorded the latest rumours of a revolt and then added: "At the same time, the posters on the advertising pillars say: 'The whole of Berlin is dancing and gyrating every Wednesday, Thursday, Saturday and Sunday in the newly-opened, elegant Fox-Trott-Casino at 105, Friedrichstrasse on the Weidendammer Bridge.'"[18]

During the years of the German Empire, Berliners had already enjoyed dancing to the American rhythms; it was only after the First World War that the Foxtrot, the Charleston and the Shimmy washed across the Atlantic as the latest modern dances. A contemporary report paints this picture of a dance in the Admiralspalast in 1921: "Gaily coloured confetti covers the dance floor and makes every step smoother. Coloured streamers flutter down from the balconies. (…) Coloured glass planes slide on a rotating basis into the spotlights and plunge the colourful picture into a bright yellow or a flaming red. (…) The music plays non-stop. One band follows another, and no one comes

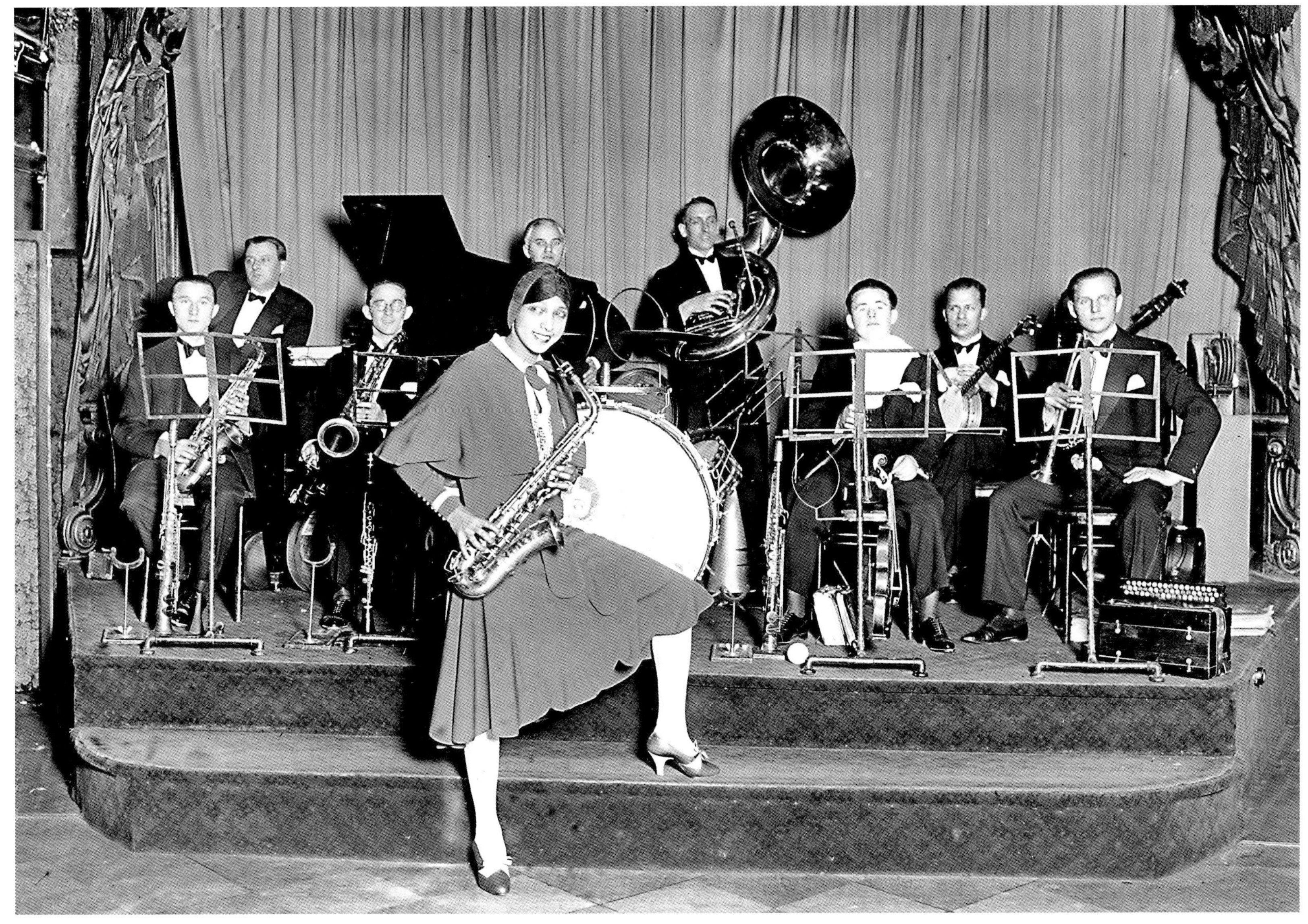

Josephine Baker mit Band bei der Eröffnung ihres Lokals »Chez Josephine« im ehemaligen »Pavillon Mascotte« in der Behrenstraße. *1928.*

Josephine Baker and band at the opening of her nightclub "Chez Josephine" in the former "Pavillon Mascotte" in Behrenstrasse. *1928.*

noch sieht man den grauen Alltag, der draußen auf der Straße lauert und uns zum Bewusstsein bringt, wie krampfhaft diese Lustigkeit ist, die eine kleine Valutaschwankung im Kursblatt der Morgenzeitung im Keime erstickt.«[19]

In den Zwanzigerjahren war Berlin eine pulsierende Kulturmetropole mit Dutzenden Theatern, drei Opernhäusern, fast 400 Kinos sowie unzähligen Revuetheatern, Kleinkunstbühnen und Varietés. Deren Verteilung über das Stadtgebiet war dabei sehr ungleich. Während sich in den Randbezirken das Freizeitvergnügen meist auf Eckkneipen und fahrende Zirkusse oder Rummelplätze beschränkte, spielte die Musik vor allem im Zentrum. Dabei hatte das alte Vergnügungsviertel, das in der Kaiserzeit rund um die Friedrichstraße entstanden war, viel von seinem Glanz eingebüßt. In den großen Revuepalästen wie dem Wintergarten, dem Admiralspalast oder dem Metropoltheater warfen zwar weiterhin Abend für Abend unzählige Tänzerinnen die Beine in die Luft und die Kleider ab, doch das Hauptpublikum bestand hier inzwischen vor allem aus Touristen.

Im Westen der Stadt, rund um die Kaiser-Wilhelm-Gedächtniskirche, hatte sich dagegen eine Art »Berliner Broadway« etabliert – mit unzähligen neu eröffneten Kinos, Theatern, Kleinkunstbühnen, Restaurants und Cafés. Das »Nachtleben des Kurfürstendamms«, stellte 1931 der Schriftsteller Curt Moreck in seinem »Führer durch das ›lasterhafte‹ Berlin« fest, verkörpere »den Berliner Amüsierbetrieb modernster Fasson und mondänsten Zuschnitts«.[20] Oder, wie es Walter Kiaulehn formulierte: »Die Friedrichstraße hatte Quantität, der Kurfürstendamm Witz.«[21]

Am westlichen Ende des Kurfürstendamms lag mit dem Lunapark ein weiteres Highlight des Großstadtlebens: Der größte Vergnügungspark Berlins bot mit Restaurants, Tanzflächen, Schwimmbädern, Schießbuden, Autoskootern und anderen Fahrgeschäften eine Luxusversion des klassischen Rummelplatzes. An guten Tagen tummelten sich hier bis zu 50.000 Besucher aus allen gesellschaftlichen Kreisen. »Ganz Berlin kommt hier her, kleine Geschäftsmädels und große Damen, Bürger und Bohemiens«, notierte der flanierende Literat Franz Hessel 1929.[22]

Wo viel los war, gab es natürlich auch viel zu berichten. 1929 erschienen in der Stadt 45 Morgen-, zwei Mittags- und 14 Abendzeitungen – von den Wochenzeitungen, Zeitschriften und Illustrierten, deren Zahl in die Tausende

---

to their senses; the daily grind waiting outside on the street will arrive soon enough and make us aware of the desperation of this gaiety that stifles a small fluctuation in the foreign currency rates in the stock market repot of the morning paper."[19]

In the 1920s Berlin was a vibrant metropolis with dozens of theatres, three opera houses and almost 400 cinemas as well as countless revue, cabaret and vaudeville venues. But they were distributed very unevenly across the city. On the outskirts, recreational possibilities were limited to corner pubs and travelling circuses or fairs; it was mainly in the city centre where the bands played. At the same time, the old entertainment district which had developed around Friedrichstrasse during the German Empire, had lost some of its sparkle. Although countless dancers continued to throw their legs and their clothes in the air, in the large revue theatres like the Wintergarten, the Admiralspalast or the Metropoltheater, the audiences consisted mainly of tourists.

In the west of the city, around the Kaiser Wilhelm Memorial Church, a kind of "Berlin Broadway" had been established with numerous new cinemas, theatres, cabarets, restaurants and cafés. In 1931, Curt Moreck observed in his "Guide to 'immoral' Berlin" that: "The nightlife on the Kurfürstendamm embodies the most modern style and most fashionable cut of Berlin nightclubs."[20] Or, in the words of Walter Kiaulehn: "Friedrichstrasse had quantity, the Kurfürstendamm had wit."[21]

At the western end of the Kurfürstendamm was another highlight of city life, the Lunapark: with its restaurants, dance floors, swimming pools, shooting galleries, dodgem cars and other rides, the largest amusement park in Berlin offered a luxury version of the classic funfair. On a good day it attracted up to 50,000 visitors. "All Berlin comes here, young shop girls and mature ladies, the bourgeoisie and the bohemians," noted the flaneur and writer, Franz Hessel, in 1929.[22]

Where there was so much going on, there was naturally much to report. In 1929 there were 45 morning newspapers, two at lunchtime and 14 evening papers, not to mention the weekly newspapers and magazines whose numbers ran into thousands. The aspiring journalists of the time included many writers

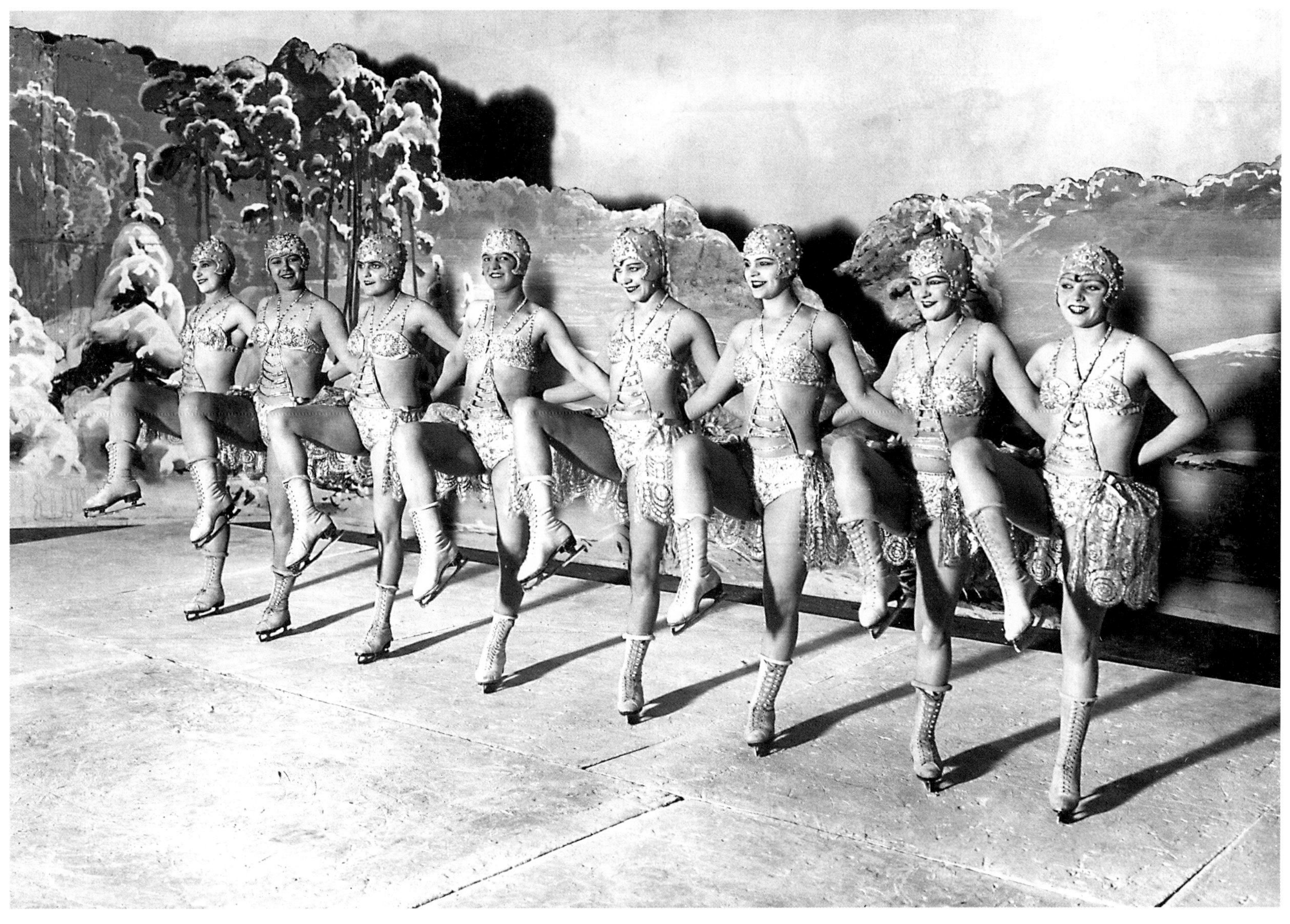

Auftritt der norwegischen Morrison Girls im legendären Revuetheater »Scala« in der Lutherstraße. *1920er Jahre.*

Performance by the Norwegian Morrison Girls in the legendary "Scala" revue theatre in Lutherstrasse. *1920s.*

ging, ganz zu schweigen. Unter den damals aufstrebenden Journalisten tummelten sich viele heute noch bekannte Schriftstellerinnen und Schriftsteller wie Vicki Baum, Erich Kästner, Egon Erwin Kisch und Gabriele Tergit, aber auch der spätere Filmregisseur Billy Wilder, der aus Österreich nach Berlin gekommen war, um Karriere zu machen.

Die Stadt übte, stärker noch als vor dem Krieg, eine fast magnetische Anziehungskraft auf Künstler und Intellektuelle aus, die sich hier Inspiration und vor allem ein interessiertes Publikum und zahlungskräftige Auftraggeber versprachen. Der Schriftsteller Ödön von Horváth, der als Sohn eines österreichisch-ungarischen Diplomaten schon einiges von der Welt gesehen hatte, erklärte die Anziehungskraft der Stadt 1924 so: »Es hat sich allmählich herumgesprochen, dass das Materielle unentbehrlich ist. Und das bietet dem jungen Schriftsteller nur Berlin, von allen deutschen Städten. Berlin, das die Jugend liebt und auch etwas für die Jugend tut, im Gegensatz zu den meisten anderen Städten, die nur platonische Liebe kennen.«[23] Horváth war damals dreiundzwanzig Jahre alt. Nur wenige Jahre älter war Erich Kästner, als er im Sommer 1927 seinen Wohnsitz nach Berlin verlegte; kurz zuvor hatte er an seine Mutter geschrieben: »Berlin ist das einzig Richtige. Jedenfalls der einzige Boden in Deutschland, wo was los ist!«[24]

Die meisten Autoren, Schauspieler, Regisseure, Maler, Musiker, Architekten und andere Geistesschaffende suchten den Austausch mit Gleichgesinnten. Unter den vielen Restaurants, Kaffeehäusern, Bars und Tanzlokalen Berlins bildeten sich daher schnell einschlägige »Künstlerlokale« heraus, in denen man nächtelang diskutieren, aber auch Bühnenstücke verkaufen, Buchverträge aushandeln oder Ausstellungen vereinbaren konnte. Zu den bekanntesten gehörten das Café Josty am Potsdamer Platz, das Weinlokal Schwannecke in der Rankestraße, das vor allem von Theaterleuten frequentiert wurde, das Restaurant Schlichter in der Lutherstraße, wo Bertolt Brecht ein und aus ging, und das legendäre Romanische Café direkt gegenüber der Kaiser-Wilhelm-Gedächtniskirche. Die Beweggründe, dieses eher ungemütliche und geschmacklos eingerichtete Lokal zu besuchen, schilderte Gabriele Tergit in ihrem 1931 erschienenen Roman »Käsebier erobert den Kurfürstendamm«: »Nach Berlin kommt man, um eine Stellung zu finden, um Musik zu machen, um zu filmen und um zu malen, Theater zu spielen, zu schreiben, Regie zu führen, zu bildhauern und

---

whose names are still well-known today, such as Vicki Baum, Erich Kästner, Egon Erwin Kisch and Gabriele Tergit, as well as the famous film director, Billy Wilder, who had arrived from Austria to make his name.

After the First World War, Berlin held an even greater magnetic attraction for artists and intellectuals who expected inspiration and above all an interested audience and plenty of employers. The writer Ödön von Horváth, who as the son of an Austro-Hungarian diplomat had already seen something of the world, described Berlin's attraction in these words: "Word has gradually got around that tangible assets are essential. And only Berlin, of all German cities, can offer this to the young writer. Berlin loves youth and actually does something for youth, in contrast with other towns and cities who only know Platonic love."[23] Horváth was 23 years old when he wrote these words. Erich Kästner was only a few years older when he moved to Berlin in the summer of 1927. He had recently written to his mother: "Berlin is the only right thing. At least it is the only place in Germany where anything is going on!"[24]

Most authors, actors, directors, painters, musicians, architects and other intellectuals wanted to exchange ideas with like-minded individuals. As a result, some of Berlin's many restaurants, coffee houses, bars and dance halls soon developed into "artists' haunts" where one could discuss for nights on end, sell stage plays and negotiate book contracts or arrange exhibitions. One of the most well-known was Café Josty on Postdamer Platz, Schwannecke wine bar in Rankestrasse which was mainly frequented by theatre people, Schlichter on Lutherstrasse which Bertolt Brecht frequented and the legendary Romanisches Café opposite the Kaiser Wilhelm Memorial Church. The motives for visiting this café, which rather lacked atmosphere and was decorated in bad taste, were described by Gabriele Tergit in her 1931 novel "Käsebier erobert den Kurfürstendamm." (Käsebier conquers the Kurfürstendamm): "People come to Berlin to find a job, to make music, to film and to paint, to act, to write, to direct, to sculpt, to sell cars, pictures, plots of land, carpets, antiques; to open shops, clothes shops, shoe shops, perfume shops; to starve and to study. And they are all sitting in the Romanisches Café."[25] Alongside the

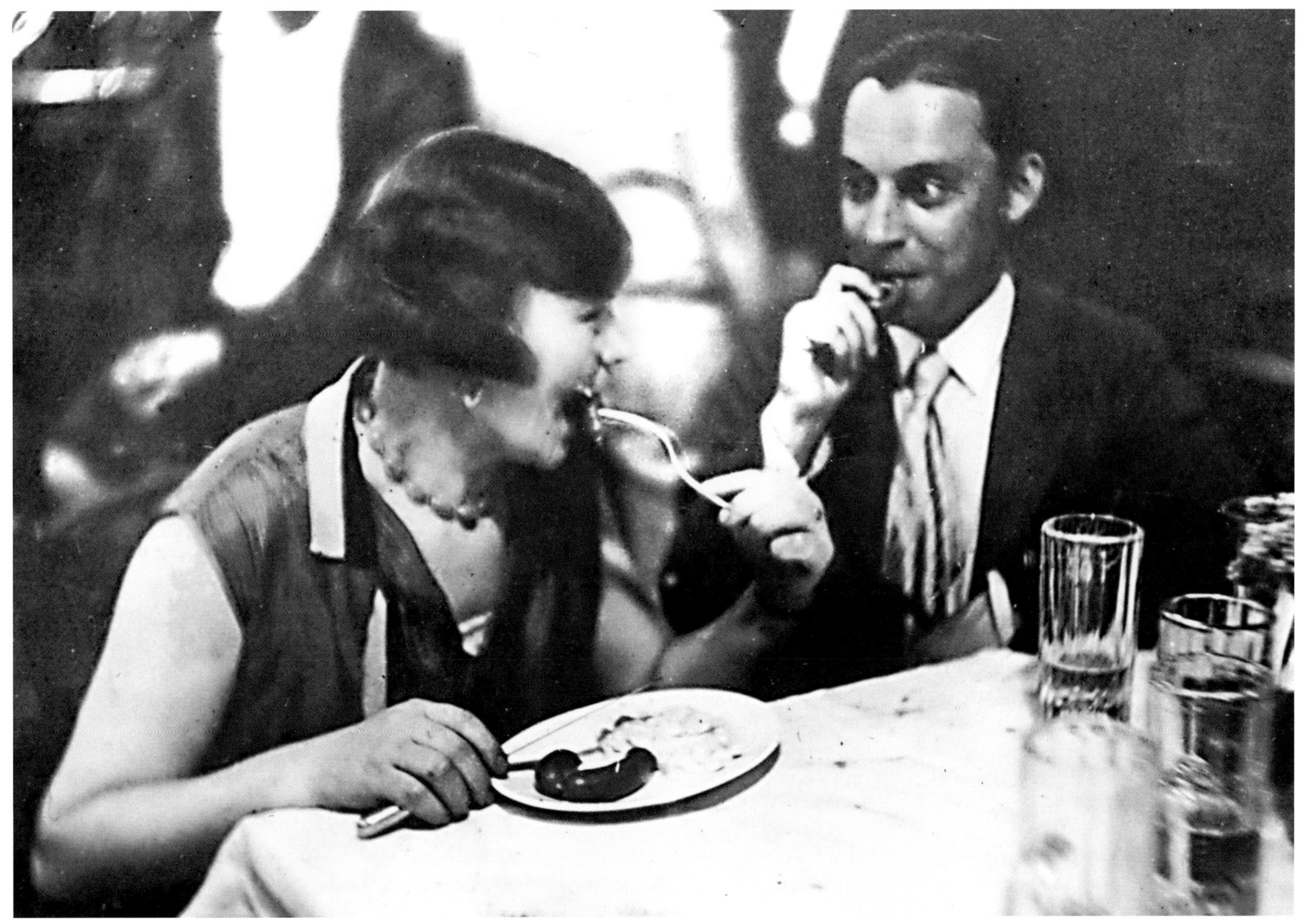

Stimmung auf einem Witwenball in den »Behrens Festsälen« in der Behrenstraße. *1920er Jahre.*

In good spirits at a 'Witwenball' in the "Behrens banqueting halls" in Behrenstrasse. *1920s.*

Autos zu verkaufen, Bilder, Grundstücke, Terrains, Teppiche, Antiquitäten; um Läden aufzumachen, Schuhläden, Kleiderläden, Parfümläden; um zu darben und zu studieren. Sie alle sitzen im Romanischen Café.«[25]

Neben den Stars der Literatur- und Kunstszene – wie dem Maler Max Slevogt, dem Verleger Bruno Cassirer, dem Theaterdirektor Max Reinhardt, der Bildhauerin Renée Sintenis, der Tänzerin Anita Berber oder der Dichterin Else Lasker-Schüler – konnte man dort auch Mitglieder der vom Soziologen Siegfried Kracauer beschriebenen »Angestellten-Bohème« treffen, etwa den Typus der »netten Fabrikantentochter aus Westdeutschland«, »die oft im Romanischen Café residiert«, weil es ihr dort besser gefällt »als bei der Familie, der sie in ihrer Baskenmütze mit dem Zipfelchen drauf eines Tages durchgebrannt ist«.[26]

Dieses Buch will das Berlin der Zwanzigerjahre nicht als Kunst- und Literaturmetropole in Szene setzen. Auch die Architektur der Moderne, deren wichtiges Experimentierfeld die deutsche Hauptstadt damals war, steht nicht im Mittelpunkt des Interesses. Die Fotografien sollen stattdessen etwas vom Lebensgefühl der Zeit einfangen, soweit das in einem statischen und zweidimensionalen Medium möglich ist. Gezeigt werden soll die pulsierende Metropole, wie sie Einheimische und Besucher in ihrer Freizeit erlebt haben. Es geht nicht um Politik, nicht um soziale Probleme, nicht um die Mühen des Alltags, sondern vor allem um das, was die Menschen von diesen Dingen ablenken sollte und abgelenkt hat: Unterhaltung, Sport, Sensation, Konsum, Innovation. In diesem Sinne ist die Bildauswahl einseitig und zeigt nur einen kleinen Ausschnitt der Realität. Für die Masse der Bevölkerung bestand der größte Teil des Lebens natürlich nicht aus Vergnügen, sondern aus Arbeit, oft sogar aus dem Kampf gegen Armut und Obdachlosigkeit. Und natürlich nahmen die meisten Zeitgenossen an den politischen Kämpfen und Debatten ihrer Zeit teil. Aber sie waren eben auch Menschen, die den Ernst des Lebens gelegentlich vergessen wollten, die gern staunten und feierten und fröhlich waren. Heute wissen wir, dass es ein »Tanz auf dem Vulkan« war, dass im Trubel und Lärm der Theater und Tanzpaläste – von vielen unbemerkt oder fahrlässig verdrängt – der Boden immer dünner wurde, auf dem Demokratie und Zivilisation fußten.

---

stars of the literary and art scene, like painter Max Slevogt, publisher Bruno Cassirer, theatre director Max Reinhardt, sculptress Renée Sintenis, dancer Anita Berber or poetess Else Lasker-Schüler, you could also see members of the "employed bohemian class" as described by sociologist Siegfried Kracauer – for example the "nice daughter of a factory owner from West Germany", "who often resides in the Romanisches Café", because she likes it better there than "at home with the family who she ran away from one day, in her beret with the little spike on top."[26]

This book doesn't intend to portray the Berlin of the 1920s as a metropolis of art and literature. The architecture of Modernism, for which Berlin was an important testing ground, is not the focus of interest either. Instead, the photographs should capture the lifestyle of that era, as far as this is possible in a static and two-dimensional medium. They show the vibrant metropolis as experienced by its inhabitants and its visitors in their free time. They are not about politics, not about social problems, not about the troubles of everyday life, but above all about the things that were supposed to and did distract people: Entertainment, sport, sensation, consumerism, innovation. In this sense, the choice of pictures is one-sided and only shows a small snippet of reality. Of course, for the mass of population the largest part of life consisted not of pleasure but of work, and often the struggle against poverty and homelessness as well. Most people also participated in the political struggles and debates of their time. But equally, they were also people who sometimes wanted to forget the serious side of life, who liked to marvel, to party and to be happy. Today, we know that it was a "dance on a volcano"; in the excitement and noise of the theatres and dance halls, many people didn't notice or carelessly ignored the fact that the ground beneath them supporting democracy and civilisation, was getting thinner and thinner.

Using the concept of strolling around the city which was popular in the Berlin of the 1920s, this book undertakes a photographic promenade. It guides us from the tourist centre of Berlin, around the Brandenburg Gate, along Unter den Linden and Friedrichstrasse as far as Alexanderplatz, then across

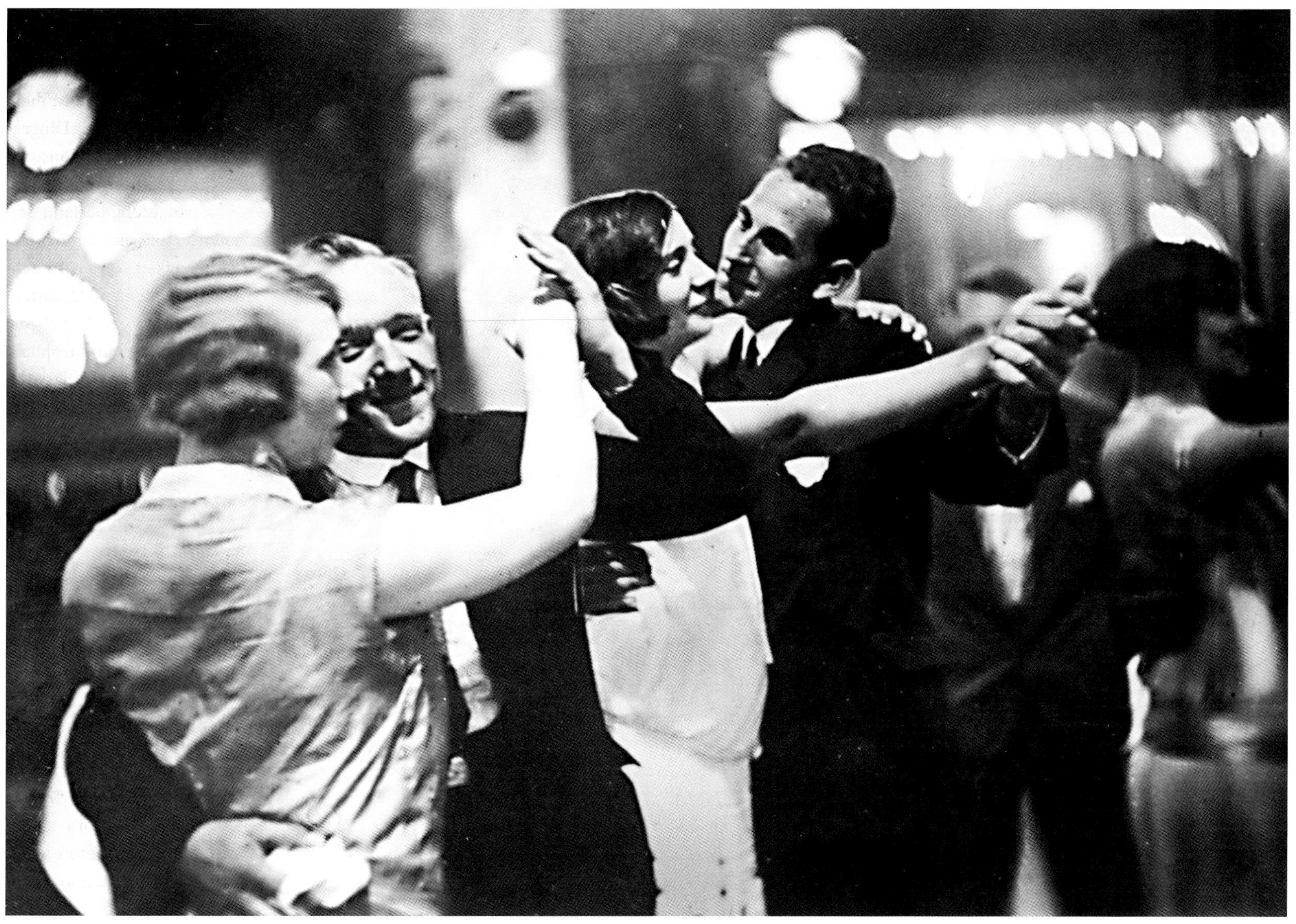

Tanzende Paare auf einem Witwenball in den »Behrens Festsälen«. *1920er Jahre.*

Couples dancing at a 'Witwenball' in the "Behrens banqueting halls" in Behrenstrasse. *1920s.*

Das Buch greift das damals beliebte Konzept des urbanen Flanierens auf und unternimmt einen fotografischen Spaziergang, der vom touristischen Zentrum Berlins rund um das Brandenburger Tor, Unter den Linden und Friedrichstraße bis zum Alexanderplatz führt, dann über Leipziger Straße und Potsdamer Platz bis in den angesagten Westen der Stadt an den Kurfürstendamm und seine Umgebung, wo sich vor allem das junge, moderne, anspruchsvolle Publikum vergnügte. Der Blick schweift dabei über Straßen voller Menschen und Fahrzeuge, bleibt gelegentlich an auffälligen Gebäuden oder Gesichtern hängen, lässt sich zu Abstechern in Seitenstraßen, in Kaufhäuser und Geschäfte verführen. Da wir nicht im Sightseeing-Bus sitzen, müssen wir nicht jede Sehenswürdigkeit abhaken, die im Baedeker steht. Stattdessen geraten wir hin und wieder ins Träumen und lassen uns von Assoziationen treiben. Dabei gibt es einige Leitmotive, die in den Bildern wiederkehren und die auch von den Zeitgenossen als prägend für das damalige Berlin betrachtet wurden. Das sind unter anderem das Tempo der Großstadt, die Faszination für technische Innovationen und elektrische Beleuchtung, der Drang zu sportlicher Betätigung und die neue Rolle der Frau in Gesellschaft und Öffentlichkeit.

Die Hektik Berlins ist vielfach beschrieben und gefeiert worden. »Tempo, Tempo!« war nach Ansicht von Walter Kiaulehn »die Parole der zwanziger Jahre, in der sich Berlin seinen eigenen Weltstadtcharakter zimmerte«.[27] »Der Berliner hat keine Zeit«, schrieb Kurt Tucholsky 1919. »Der Berliner ist meist aus Posen oder Breslau und hat keine Zeit. Er hat immer etwas vor, er telefoniert und verabredet sich, kommt abgehetzt zu einer Verabredung und etwas zu spät – und hat sehr viel zu tun.«[28] An dieser, sicher von vielen auch kultivierten Attitüde hat sich bis zum Ende der Zwanzigerjahre wenig geändert. Der französische Philosoph Georges Friedmann beschrieb Berlin 1930 als eine »unruhige Stadt, wo die Morgenausgaben der großen Zeitungen am Abend des Vortags zum Verkauf angeboten werden, wo zu jeder Tages- und fast jeder Nachtzeit die Druckpressen die Nachrichten der allerletzten Minute absondern, wo unter dem Namen ›Tempo‹ der amerikanische Lebensrhythmus Gott ist«.[29]

Inbegriff von Geschwindigkeit und Lieblingskind der modernen und zahlungskräftigen Berlinerinnen und Berliner war das Automobil. Wer etwas auf sich hielt, der besaß einen Ford Roadster, ein Cabriolet von Mercedes-Benz

---

Leipziger Strasse and Potsdamer Platz into the fashionable west of the city on the Kurfürstendamm and its surrounding area, where especially the young, modern and discerning crowd went to enjoy themselves. The gaze of the camera wanders through streets full of people and vehicles, occasionally rests on interesting buildings or faces and is tempted to take detours into side streets, department stores and shops. We are not seated in a sight-seeing bus, so we don't have to tick off every tourist attraction in the Baedeker guidebook. Instead, we can occasionally drift into dreams and allow ourselves to be carried away by associations. In the process, there are several leitmotifs that keep recurring in the pictures and which were also seen by contemporaries as characteristic for the Berlin of that time. Among them are the fast pace of the city, the fascination for technical innovations and electric light, the craving for sports activities and the new role of women in society and in public life.

Berlin's hectic pace has often been described and celebrated. According to Walter Kiaulehn, "'Tempo, Tempo!' was the watchword of the 1920s which Berlin used to make a world city character for itself."[27] In 1919, Kurt Tucholsky wrote, "The Berliner has no time. The Berliner usually comes from Poznań or Wrocław and has no time. He always has plans, he is on the telephone, arranges to meet people, arrives in a rush and rather late – and has a lot to do."[28] Not much changed in this attitude – which was undoubtedly cultivated by many people – until the end of the 1920s. In 1930, French philosopher, Georges Friedmann, described Berlin as: "a restless city where the morning editions of the big newspapers are on sale on the previous day, where the printing presses are rolling out the very latest news all day and most of the night, and where in the name of 'Tempo' the American pace of life is God."[29]

The epitome of speed and favourite toy of all Berliners, male and female, was the automobile. Anyone who was anyone had a Ford Roadster or a Mercedes-Benz Cabriolet; for the more modest purse there were small cars like the Hanomag 2/10 PS, which people nicknamed the "bread loaf" because of its shape, and which could manage up to 60 kilometres an hour. "The neon signs and the cars made Berlin look like New York," recalled writer Elias Canetti who spent the summer of 1928 in Berlin as a 23-year old.[30] Even left-wing intellec-

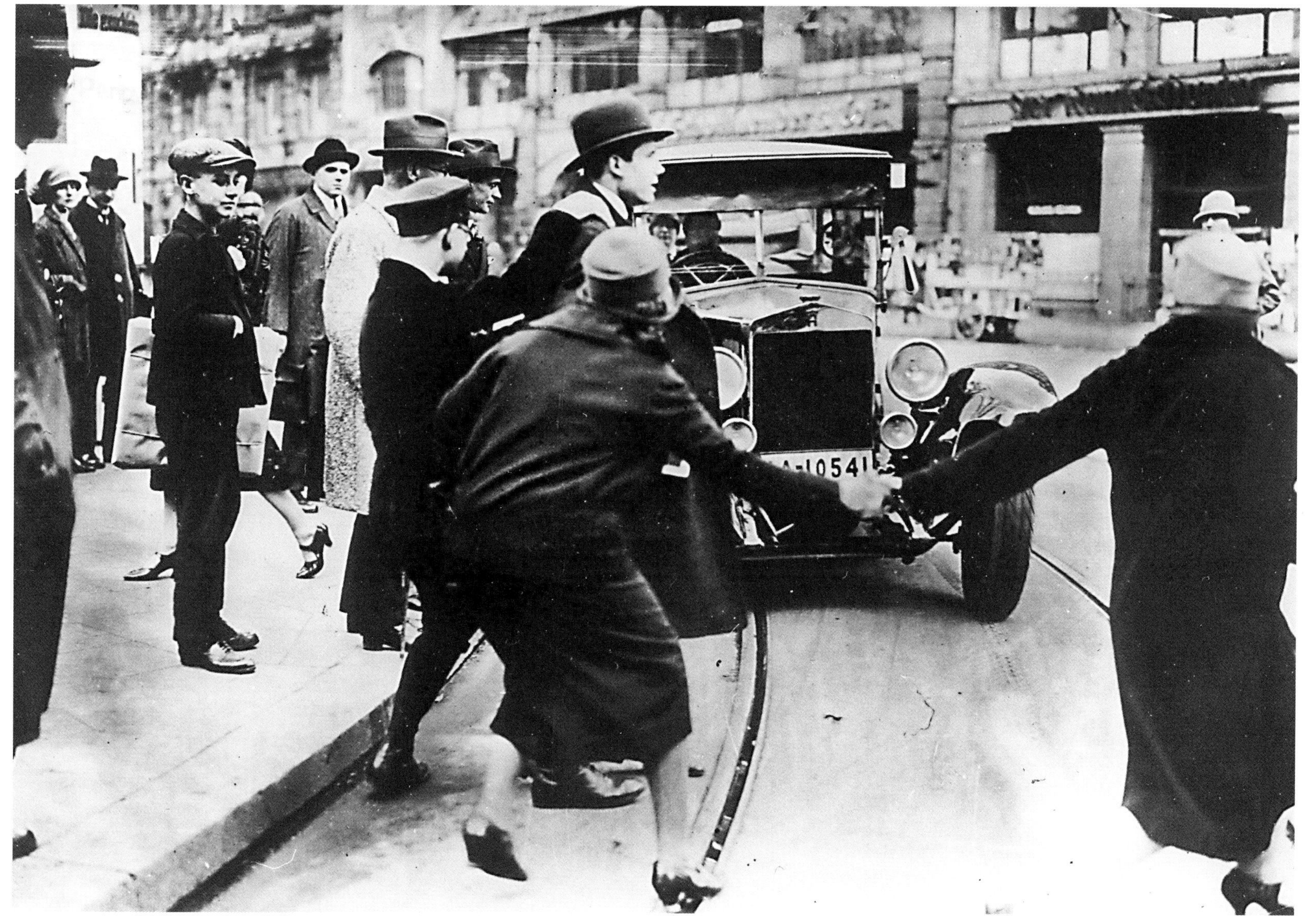

»Tempo! Tempo!« – Fußgänger beim Überqueren einer Straße in Berlin-Mitte. *1926.*

"Tempo! Tempo!" – pedestrians crossing a street in the Mitte district. *1926.*

oder ein anderes elegantes Gefährt; für den schmalen Geldbeutel gab es Kleinwagen wie den Hanomag 2/10 PS, der wegen seiner Form im Volksmund »Kommißbrot« genannt wurde und mit dem man bis zu 60 Stundenkilometer schnell fahren konnte. »An Lichtreklamen und Autos tat es Berlin New York gleich«, erinnert sich der Schriftsteller Elias Canetti, der als Dreiundzwanzigjähriger den Sommer 1928 in Berlin verbrachte.[30] Auch linke Intellektuelle wie Bertolt Brecht seien damals dem »Kult des Amerikanischen« erlegen: »Für nichts verriet Brecht so viel Zärtlichkeit wie für sein Auto.«

Auch wenn motorisierte Fahrzeuge im Stadtbild omnipräsent waren, lag die Verkehrsdichte in Berlin wohl unter der von Metropolen wie Paris oder New York.[31] Für 1922 verzeichnete die amtliche Statistik in Berlin 10.068 Automobile, 4.648 LKW und 2.020 Motorräder; das entsprach einem Kraftfahrzeug auf 237 Einwohner. 1929 lag dieser Wert mit 42.844 Autos, 14.766 LKW und 35.676 Motorrädern bereits bei 46.[32] An neuralgischen Punkten kam immer wieder der Straßenverkehr zum Erliegen – insbesondere am Potsdamer Platz, wo man bei einer Verkehrszählung im Juli 1928 mehr als 33.000 Fahrzeuge an einem Tag registrierte.[33] Kurt Tucholsky erkannte hier jedoch vor allem den Berliner Drang zur Selbstüberschätzung. »Die Berliner Presse ist dabei, dem Berliner eine neue fixe Idee einzutrommeln: den Verkehr«, schrieb er 1926. »Die Polizei unterstützt sie dabei aufs trefflichste. Es ist geradezu lächerlich, was zur Zeit in dieser Stadt aufgestellt wird, um den Verkehr zu organisieren, statistisch zu erfassen, zu schildern, zu regeln, abzuleiten, zuzuleiten ... Ist er denn so groß? Nein.«[34]

Das sah auch der bereits zitierte Franzose Amédée Ozenfant so; als er 1931 durch Berlin fuhr, stellte er fest: »Nicht sehr viele Autos. Man kommt leicht und schnell vorwärts. Wer an die Schwierigkeiten des Pariser Verkehrs gewöhnt ist, an die intelligente Beweglichkeit des Beamten, der von Fall zu Fall entscheidet, der amüsiert sich über den strengen Automatismus des Berliner Verkehrspolizisten: Starr, überlebensgroß steht er auf seinem kleinen Sockel, wie ein Zeigertelegraph (...). Er streckt genau rechtwinklig und in exakten Zeitabständen erst den rechten, dann den linken Arm aus, um oft gar nicht vorhandenen Wagen die Durchfahrt freizugeben oder zu verwehren.«[35]

Zu den modernen Errungenschaften, die das Berliner Stadtbild zunehmend prägten, gehörte auch das elektrische Licht. Straßenlaternen, Fassa-

---

tuals like Bertolt Brecht seemed to have succumbed to the "Cult of everything American": "Brecht showed more tenderness for his car than for anything else."

But even though motorised vehicles were an omnipresent part of the cityscape, the traffic certainly wasn't nearly as heavy as in other cities like Paris or New York.[31] In 1922 official statistics showed that there were 10,068 cars, 4,648 lorries and 2,020 motorbikes in Berlin, which corresponded to one vehicle per 237 inhabitants. In 1929, with 42,844 cars, 14,766 lorries and 35,676 motorbikes, this figure had already risen to 46.[32] There were critical points where the traffic would repeatedly come to a standstill – especially Potsdamer Platz, where on one day in July 1928 a traffic census recorded 33,000 vehicles.[33] But Kurt Tucholsky recognised here the Berliners' tendency to boast and in 1926 he wrote, "The Berlin press is intent on drumming a new obsession into the mind of the Berliner: Traffic. The police are fully behind them as well. It's almost laughable what is currently being done in this city in the way of organising traffic, collecting statistics, signposting, regulating, diverting, re-routing... Is the traffic so heavy? No."[34]

That was also the way that Frenchman Amédée Ozenfant – who has already been quoted – saw things; when he drove through Berlin in 1931, he observed: "Not very many cars. It's easy and quick to get around. Anyone used to the traffic difficulties in Paris and the intelligent agility of the official who makes decisions on the spot, would laugh at the strict automatism of the Berlin traffic policeman: he stands stiffly, larger than life on his little pedestal like a telegraph pole (...). At an exact right-angle he stretches out first his right arm, then his left in precise intervals, with the result he either doesn't let cars through at all or blocks them."[35]

Among the modern achievements that increasingly characterised the Berlin cityscape was the electric light. Street lamps, façade illuminations and neon lights gave the night city a new and fascinating character. The department stores that had been established during the German Empire as true temples of consumption attached great importance to appearing in the right light; the legendary Wertheim store on Leipziger Platz, the Tietz store on Alexanderplatz, the Kaufhaus des Westens on the Kurfürstendamm or Karstadt on

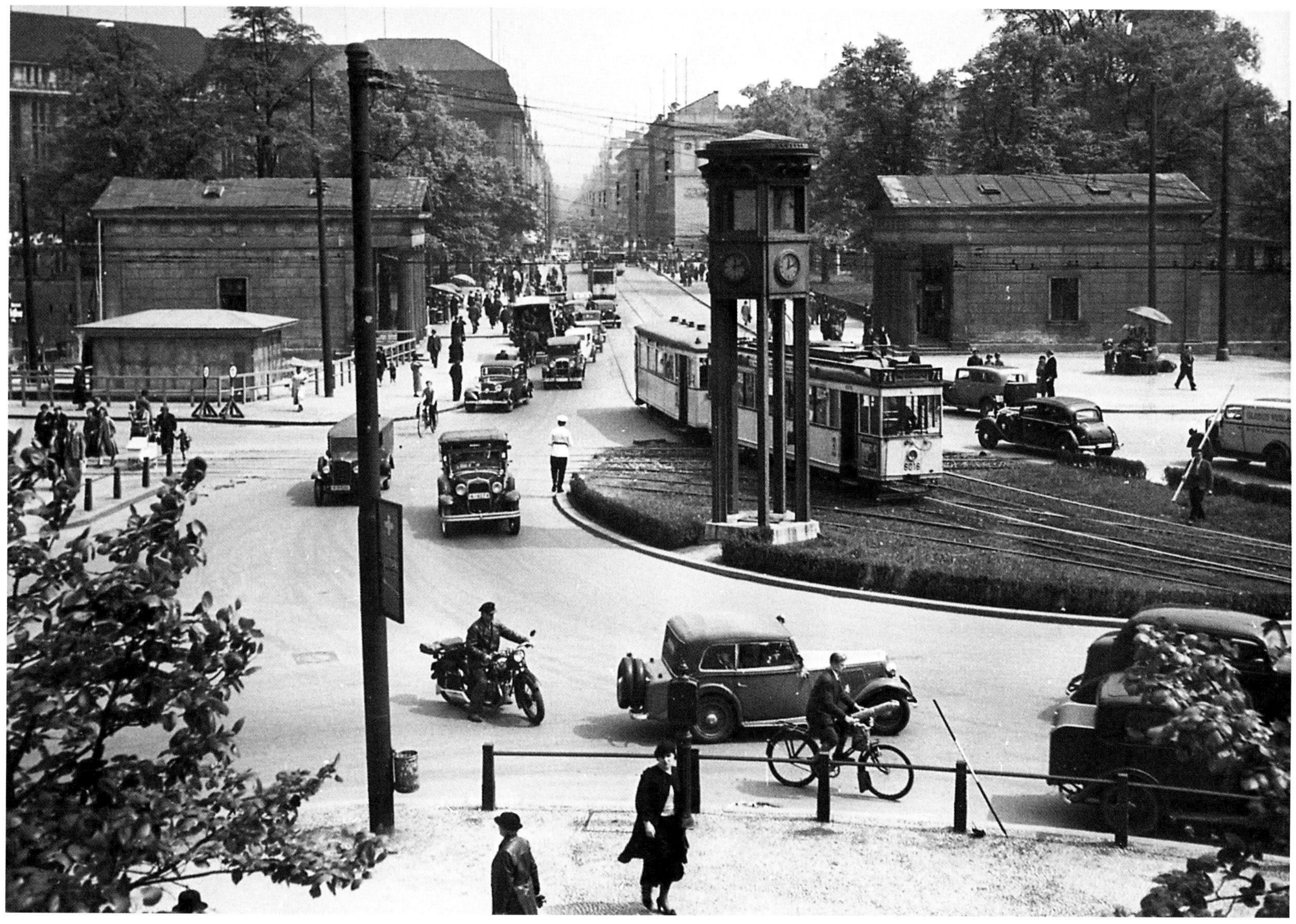

Großstadtverkehr. – Blick auf den Verkehrsturm und die Torhäuser am Leipziger Platz. *Um 1930.*

City traffic. – View of the traffic tower and the gatehouses on Leipziger Platz. *Around 1930.*

denbeleuchtung und Leuchtreklame gaben der Stadt bei Nacht ein neues, faszinierendes Gepräge. Besonderen Wert darauf, im richtigen Licht zu erscheinen, legten die Warenhäuser, die sich schon seit der Kaiserzeit als wahre Tempel des Konsums etabliert hatten; das legendäre Wertheim am Leipziger Platz, das Kaufhaus Tietz am Alexanderplatz, das Kaufhaus des Westens am Kurfürstendamm oder das erst in den Zwanzigerjahren gebaute Karstadt am Hermannplatz – sie alle warben nachts mit Lichteffekten und Leuchtschrift für ihr Angebot. Aber auch an normalen Wohn- und Geschäftshäusern beeindruckten oft »gewaltige faustische und mephistophelische Wunder«, wie Amédée Ozenfant notierte: »Riesige Schnörkel preisen die hunderttausend Überflüssigkeiten der Zivilisation an, vom Auto bis zum Parfüm.«[36]

Im Oktober 1928 zelebrierte der Magistrat gemeinsam mit Berliner Unternehmen ein mehrtägiges Spektakel mit besonderen Illuminationen von Straßen und Gebäuden. »Vier Tage lang erstrahlte Berlin in bisher noch nicht dagewesener Helligkeit«, berichtete das Berliner Tageblatt. »Millionen von Glühbirnen und Neonröhren, Tausende von Scheinwerfern erhellten Straßen und Häuser. (...) ›Berlin im Licht‹ wurde ein einziges großes Volksfest, die hellbeleuchteten Hauptstraßen mit ihren strahlenden Schaufenstern, Lichtreklame-Korso, bunte Wasserfälle und Springbrunnen lockten Millionen an. Menschenmengen waren auf den Straßen, wie sie Berlin noch nicht gesehen hat.«[37] Im begleitenden Festprogramm freute man sich, »dass im In- und Auslande Stimmen laut geworden sind, die Berlin als die neue Lichtstadt Europas bezeichnen«.[38]

Tagsüber gehörten Sport und Bewegung zu den beliebtesten Freizeitbeschäftigungen der Berliner – wenn nicht aktiv, dann doch wenigstens als Zuschauer. »Der Sport wurde das Berliner Massenvergnügen«, erinnerte sich Walter Kiaulehn.[39] Der französische Schriftsteller und Diplomat Jean Giraudoux, der das aus seiner Heimat nicht kannte, notierte verwundert: »Dann gibt es für jeden Berliner, was selbst Amerika nur einigen privilegierten Amerikanern bieten kann: das sportliche Leben. (...) Es gibt keinen Weg, der den Berliner nicht wenigstens einmal am Tag zu einem Hallen- oder Freibad führt, zur Nacktheit, zum Kontakt mit Wasser und zur Begegnung mit dem Licht«, schrieb er 1931.[40] Neben den exklusiven Sportarten wie Tennis, Segeln, Golf oder Reiten gab es auch viele, die für breitere Kreise erschwinglich waren.

Hermannplatz, only built in 1920 – they all advertised their wares at night with lighting effects and neon signs. But even on ordinary residential and office buildings there were often impressive "huge Faustian and Mephistophelean miracles", as Amédée Ozenfant noted: "Giant embellishments advertise the hundred thousand luxuries of civilisation, from cars to perfume."[36]

In October 1928, together with Berlin businessmen, the city authorities celebrated a spectacle lasting several days where streets and buildings were lit with special illuminations. "For four days Berlin was shone brightly with an intensity that has never been seen before," reported the Berliner Tageblatt. "Millions of light bulbs and neon tubes, thousands of spotlights lit up the streets and buildings. (...) 'Berlin in the Light' turned into a unique, enormous public festival; the brightly-lit main streets with their radiant shop windows, the neon-lit boulevard, the colourful waterfalls and fountains attracted millions. Berlin had never seen such crowds thronging the streets."[37] The festival programme proudly stated, "at home and abroad people are all acclaiming Berlin as the new European City of Light"[38]

During the day, sport and physical activity were the favourite pastimes of the Berliners – if not actively then at least as spectators. "Sport became the mass leisure activity for the Berliners", recalled Walter Kiaulehn.[39] French writer and diplomat, Jean Giraudoux, who was not familiar with this phenomenon in his own country, noted in 1931 with surprise: "Every Berliner has something which America can offer only a few privileged Americans: the sporting life. (...) There is no path that doesn't lead the Berliner at least once a day to an indoor or outdoor swimming pool, to nudity, to contact with water and to an encounter with daylight."[40] As well as exclusive sports such as tennis, sailing, golf or riding, there were many others that were affordable for the wider public. In 1930, the most popular sports among young Berliners were football, cycling, athletics and swimming for the boys and swimming, athletics, cycling and rowing for the girls.[41] In 1929, a vicar from the Moabit district wrote about the enthusiasm for sport among young people: "The sports news in the newspapers is the first thing they read. They know all the boxing champions, cyclists and other champions by name and take a passionate interest in their

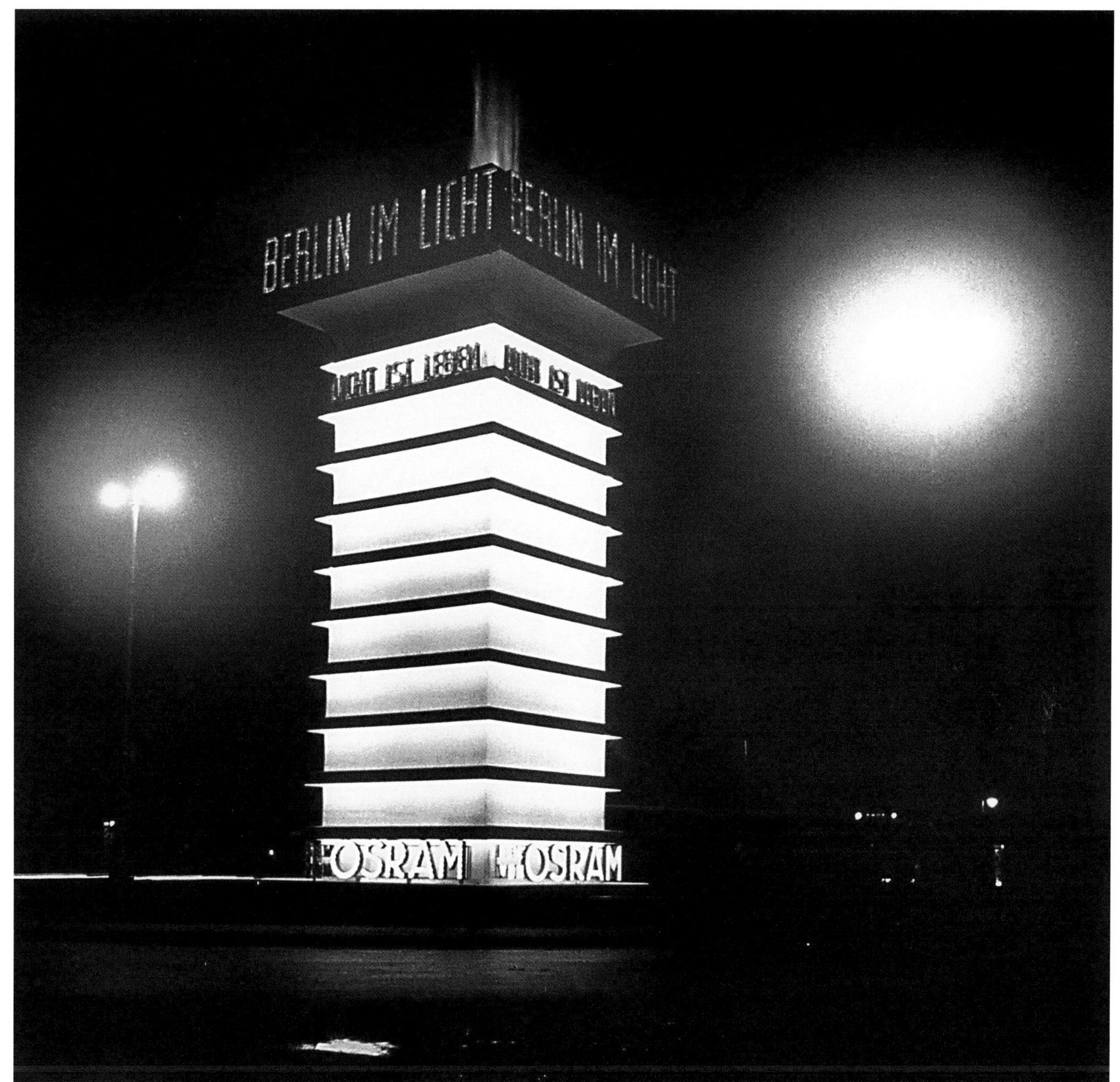

»Berlin im Licht« – Reklameturm der Firma Osram bei der Lichtwoche. *Oktober 1928.*

"Berlin in the light" – The Osram advertising tower during the light festival week. *October 1928.*

Die beliebtesten Sportarten unter Berliner Jugendlichen waren im Jahr 1930 bei den Jungen Fußball, Radfahren, Leichtathletik und Schwimmen, bei den Mädchen Schwimmen, Leichtathletik, Radfahren und Rudern.[41] Ein Moabiter Pastor beschrieb im Jahr 1929 die Sportbegeisterung der Jugend so: »Die Sportnachrichten in den Zeitungen werden zuallererst gelesen. Man kennt die großen Boxmeister und Rennfahrer und sonstige Champions mit Namen und nimmt leidenschaftlichen Anteil an ihren Erfolgen und Misserfolgen. Auch die persönliche Teilnahme am Sport ist sehr groß.«[42]

Man pilgerte zum Fußball in das Poststadion hinter dem Lehrter Bahnhof, in das Deutsche Stadion, den Vorläufer des späteren Olympiastadions, zu Ruder- und Segelwettbewerben an die Regattastrecke in Grünau, auf die Tennisplätze im Grunewald oder in den Sportpalast an der Potsdamer Straße, wo man Boxkämpfe, Eishockeyspiele und das legendäre Sechstagerennen der Radsportprofis sehen konnte. Zum Schwimmen wurden die Seen und Flüsse Berlins und der Umgebung genutzt. Besonders beliebt war das Strandbad Wannsee, das mit beträchtlichem Aufwand 1929 zum größten Binnenbad Europas ausgebaut wurde. »An allen Frühlings- und Sommernachmittagen stürmt Berlin zum Wannsee«, beobachtete auch Jean Giraudoux. »An Feiertagen lassen sich dreißigtausend Badegäste für den ganzen Tag am Strand nieder, der am Wellensaum von den Fluten durch die Muster, die die unzähligen nackten Kinder in den Sand eingraben, zerschnitten wird.«[43]

Beim Sport zeigte sich besonders deutlich, wie stark Frauen im Vergleich zur Vorkriegszeit am öffentlichen Leben teilnahmen und zum sichtbaren Teil des Straßenbildes geworden waren. In der Weimarer Republik erhielten Frauen nicht nur das Wahlrecht, es fielen auch die ungeschriebenen moralischen Gesetze, nach denen sie nicht ohne männliche Begleitung unterwegs zu sein hatten. Viele nutzten die neuen Freiheiten, um allein oder mit Freundinnen ins Kino, in Cafés und Vergnügungslokale zu gehen, sie schnitten buchstäblich die alten Zöpfe ab, trugen kurze Haare und kurze Kleider und rauchten in der Öffentlichkeit. Sie traten vielfach in politische Organisationen, in Gewerkschaften, in Wander- und Sportvereine, in Theater- und Gesangsgruppen ein. Und sie bezahlten diese Aktivitäten aus ihrem eigenen Einkommen, das sie immer öfter nicht als Dienstmädchen verdienten, sondern als Verkäuferin oder Büroangestellte – oder auch als Ärztin, Fotografin oder Journalistin. Der

---

success and failures. And their own participation in sport is very high."[42] They headed religiously to the Poststadion behind Lehrter Station, to the Deutsches Stadion, the forerunner of the Olympic Stadium, to watch football and to the rowing and sailing competitions on the Grünau regatta courses. They went to the tennis courts in the Grunewald, to the Sportpalast on Potsdamer Strasse where they could see boxing fights, ice hockey matches and the legendary six-day cycling races. The lakes and rivers of Berlin and its surroundings were used for swimming. The Wannsee lake beach was particularly popular and in 1929 it was further developed at considerable expense to become the largest inland beach in Europe. "On every spring and summer afternoon the Berliners rush to the Wannsee", Jean Giraudoux also observed. "On public holidays, 30,000 bathers settle down for the whole day on the beach. At the waters' edge the beach is dissected by flooded channels created by patterns which the countless naked children dig into the sand."[43]

In sport, it was particularly noticeable how women were taking a much more active part in public life in comparison with pre-war times, and how they had become more visible on the streets. In the Weimar Republic, women didn't just get the vote, the unwritten laws disappeared that said that women shouldn't be out in public without a man accompanying them. Many women used their new freedom to go to the cinema, to cafés and to nightclubs on their own or with female friends. They literally cut off their antiquated traditions by wearing short hair and short skirts and they smoked in public. Many of them joined political organisations, trade unions, hiking and sports associations, theatre groups and choirs. And they paid for these activities with their own income which they earned less and less as housemaids, but as shop assistants or office workers – or even as doctors, photographers or journalists. In 1931, the French writer, René Jouglet, was clearly impressed: "The big difference is that at the moment German girls and women find themselves swept along in a tide of freedom that is hardly known to us in France."[44] However, many men were rather uneasy about women embracing traditionally male domains, such as driving cars and boxing. In 1929, the passionate car driver, Erika Mann, felt forced to read the riot act to her contemporaries: "By the way, you Berliners in

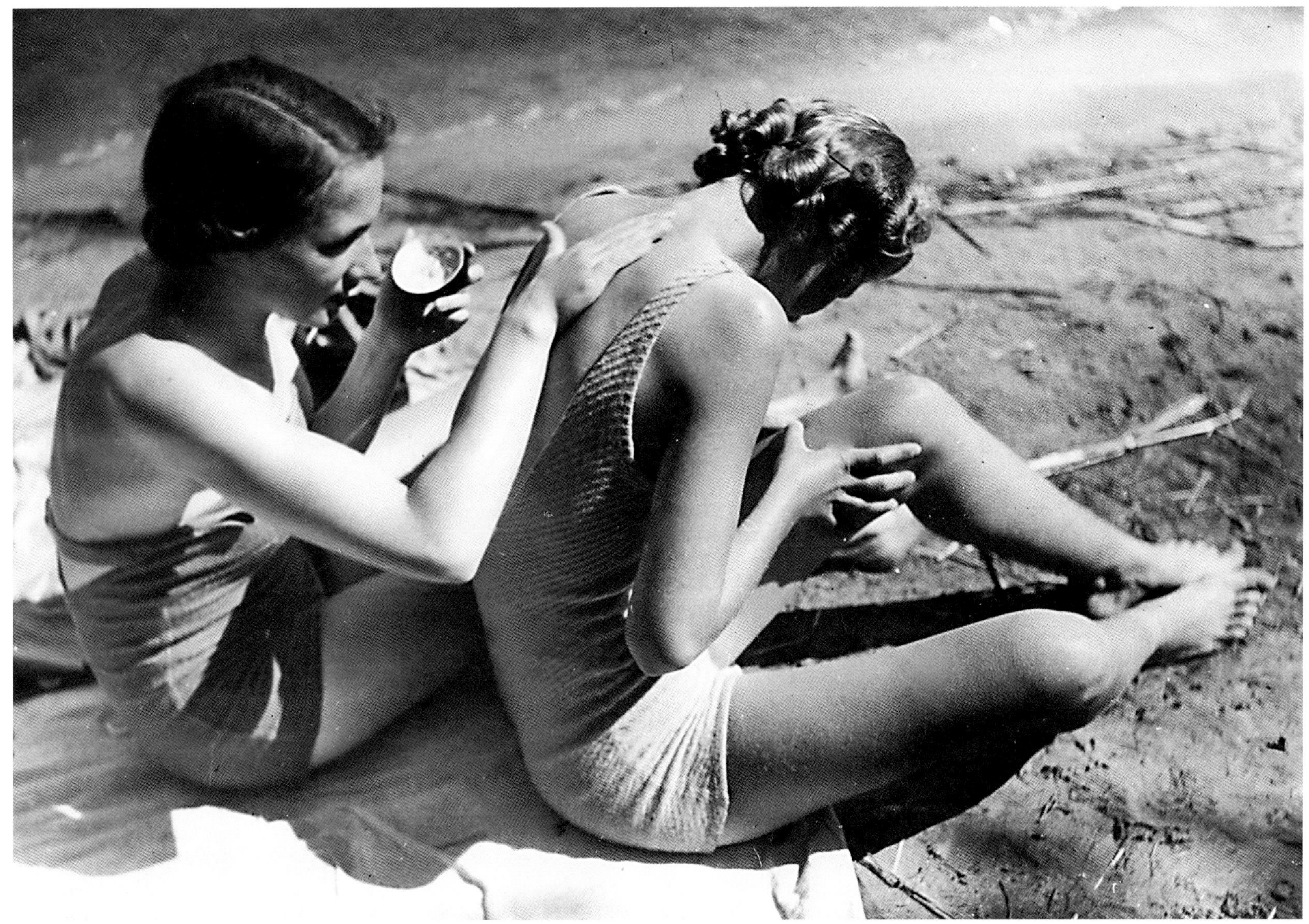

Im Frühling und Sommer stürmt Berlin an die Seen. – Zwei junge Frauen beim Eincremen im Strandbad am Wannsee. *Um 1920.*

In spring and summer Berlin rushes to the lakes. – Two young women putting on sun cream on Wannsee Beach. *Around 1920.*

französische Schriftsteller René Jouglet zeigte sich 1931 beeindruckt: »Der große Unterschied liegt darin, dass die deutschen jungen Mädchen und Frauen sich zur Zeit in einem Strom der Freiheit platziert befinden, in einem Zustand der Selbstbestimmung, der bei uns in Frankreich kaum bekannt ist.«[44] Dass Frauen sich auch traditionell männliche Domänen wie Autofahren oder Boxen zu eigen machten, war vielen Männern allerdings nicht geheuer. So sah sich die passionierte Autofahrerin Erika Mann 1929 veranlasst, ihren Zeitgenossen die Leviten zu lesen: »Übrigens, Berliner in den Knickerbockers: wenn wir zusammen Auto fahren, so ergibt sich meist das Folgende: entweder du kannst fahren, dann fährst du, lässt uns höchst ungern ans Steuer. (…) Kannst du aber nicht fahren, dann verstehst du von Autos gleich gründlich nichts, stehst da, die Hände in den Knickerbocker-Taschen, während wir, von Öl und Müh' verdorben, unterm Wagen liegen müssen, die Panne zu reparieren.«[45]

Als Zuschauer konnten Männer und Frauen dem Autosport dagegen konfliktfrei gemeinsam frönen. Im äußersten Westen der Stadt lockte dazu die 1921 eröffnete Automobil-Verkehrs- und Übungs-Straße (AVUS), die mit ihren beiden steilen Kurven als Ort spektakulärer Automobil- und Motorradrennen diente. Zu den gesellschaftlichen Ereignissen Berlins gehörten auch die Pferderennen, deren wichtigste Schauplätze die Rennbahnen Grunewald und Hoppegarten waren. Auch sie lagen – wie der Wannsee und die AVUS – fernab vom Zentrum. So führt unser fotografischer Spaziergang von der geschäftigen Mitte über den mondänen Westen bis an die Ränder der großen Stadt. Nicht alles, was uns unterwegs begegnen wird, konnte hier erwähnt werden. Wer mehr über die Geschichte Berlins in den Zwanzigerjahren erfahren möchte, der wird eine Fülle tiefschürfender Bücher zur weiteren Lektüre finden. Wir aber begeben uns einfach hinein in den »rauschenden Strudel« der Großstadt. Denn Großstädte sind, das wusste schon Curt Moreck, »unbestimmte Verheißungen. Sie sind ein Konglomerat von unendlichen Möglichkeiten. Sie sind Labyrinthe, in denen die schönsten Straßen nicht ahnen lassen, wohin sie führen werden.«[46]

Wenn das kein Versprechen ist!

---

plus fours: when we go for a drive together, this is usually what happens: either you can drive, so you do so and are very loathe to let us at the wheel. (…) If you can't drive, then you don't understand anything about cars and you stand there, with your hands in the pockets of your plus fours, while we have to lie under the car to repair the burst tyre, covered in oil and sweat."[45]

On the other hand, men and women could indulge in enjoying motor sport together without any conflict. In 1921, the AVUS (Automobil-Verkehrs- und Übungs-Strasse = Automobile Traffic and Testing Road) opened on the western edge of the city. With its two steep bends it was a great attraction as a venue for spectacular car and motorbike races. Horse racing was another one of Berlin's social events with its two most important venues being Grunewald and Hoppegarten. Like the Wannsee and the AVUS, they too were located well outside the city centre. So, our photographic journey takes us from the bustling district of Mitte across the sophisticated West End of Berlin as far as the outer edges of the big city. Not everything that we encountered en route can be mentioned. Those who would like to learn more about Berlin's story in the 1920s can find a wealth of detailed books for further reading. We will simply make our way into the "maelstrom" of the city. For cities are – as Curt Moreck described them – "vague promises. They are a mass of unending possibilities. They are labyrinths in which it is unclear, where the most beautiful of streets will lead to."[46]

What a promise that is!

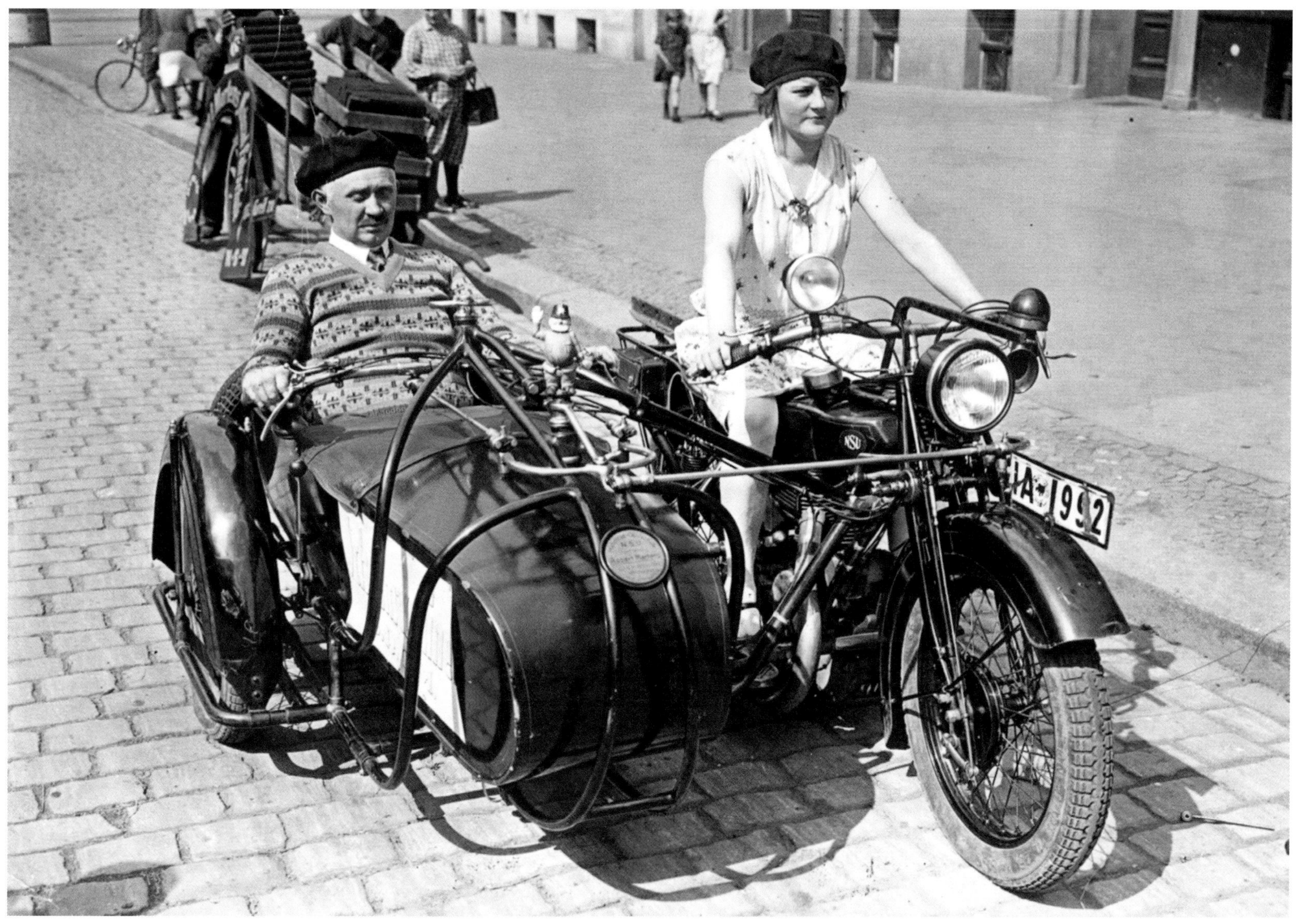

Frau am Steuer. – Eine Fahrschülerin mit Motorradgespann. *Um 1925.*

Woman at the wheel. – A woman learning to drive with motorcycle combination. *Around 1925.*

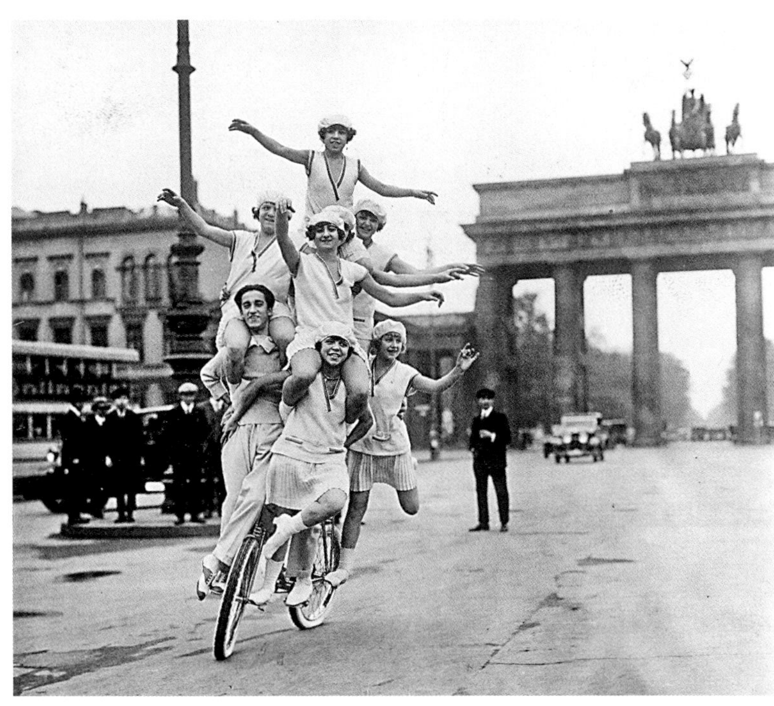

Das Brandenburger Tor ist eine beliebte Kulisse für Darbietungen aller Art. *Um 1930.*

The Brandenburg Gate is a popular backdrop for all kinds of artistic offerings. *Around 1930.*

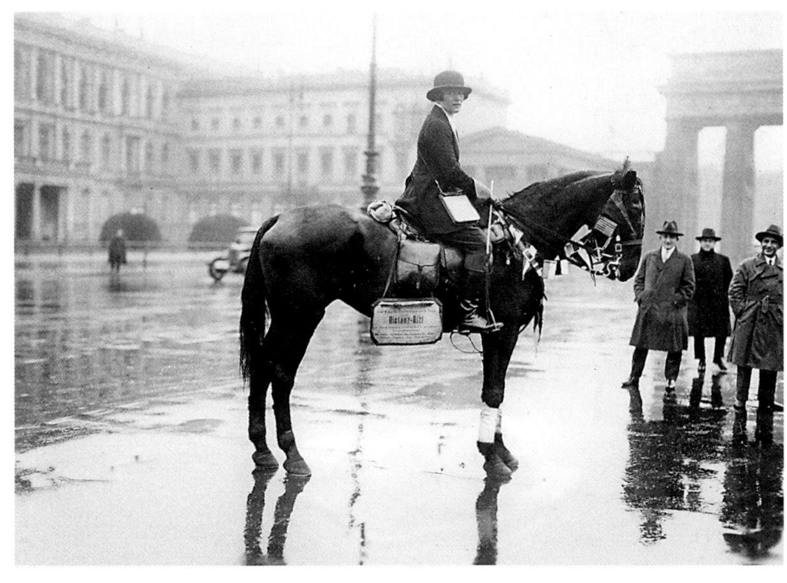

Die Schauspielerin Sylvia von Klüchner-Jeske und ihr Pferd ›Friedenspalme‹ machen auf ihrem Ritt vom litauischen Kibarti nach Paris Station vor dem Brandenburger Tor. *Um 1920.*

Actress Sylvia von Klüchner-Jeske and her horse 'Friedenspalme' stop in front of the Brandenburg Gate on their ride from Kibarti in Lithuania to Paris. *Around 1920.*

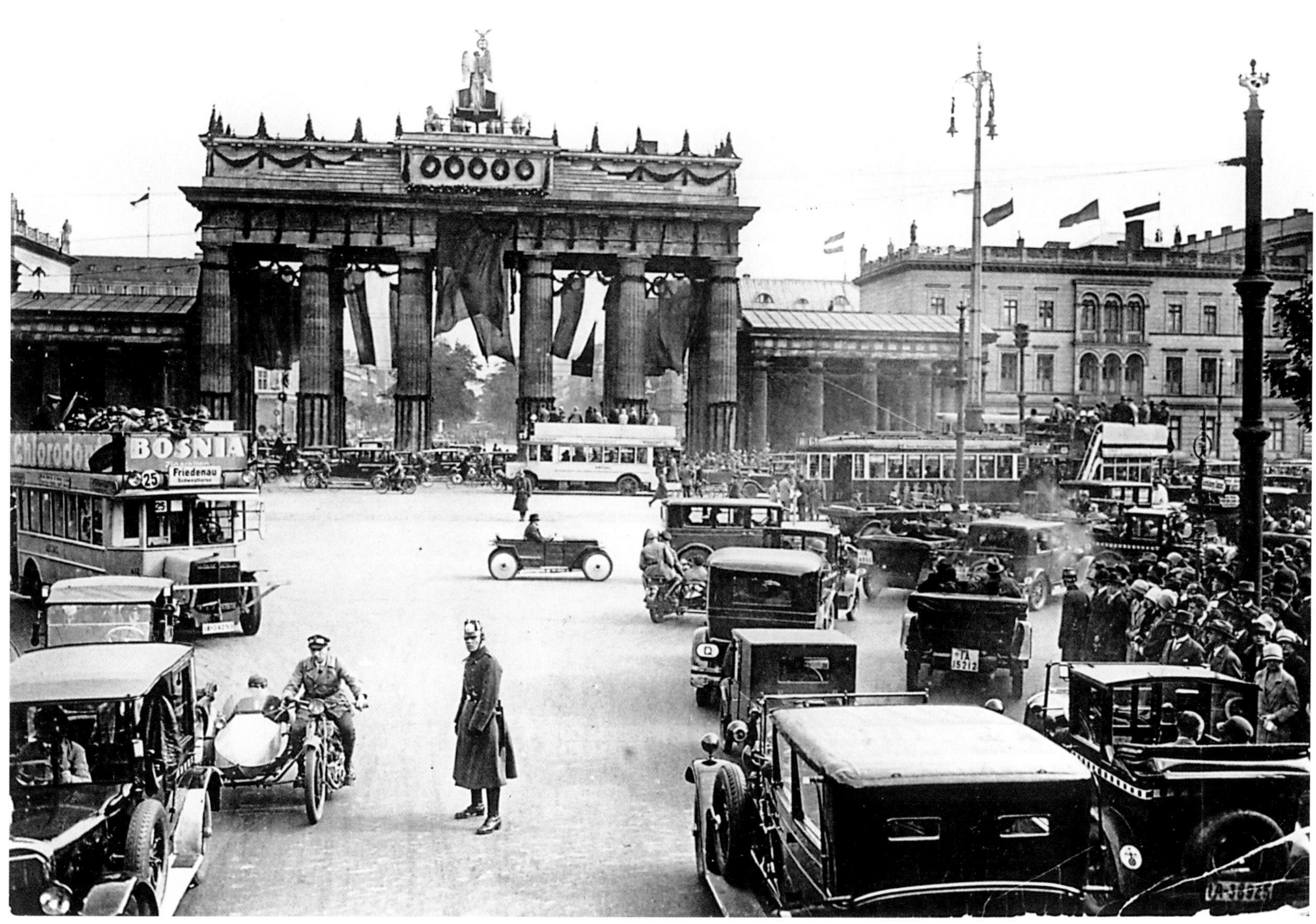

Verkehrsgewühl auf dem Pariser Platz. Das Brandenburger Tor ist zur Feier des 80. Geburtstags von Paul von Hindenburg festlich geschmückt. Der greise Weltkriegsgeneral war 1925 zum Reichspräsidenten gewählt worden und bleibt es bis zu seinem Tod im Jahr 1934. *Oktober 1927.*

Traffic turmoil on Pariser Platz. The Brandenburg Gate is festively decorated for the 80th birthday celebrations of Paul von Hindenburg. The old First World War General was elected as Reich President in 1925 and remains in the post until his death in 1934. *October 1927.*

»Das Adlon spielt in Berlin die gleiche Rolle, wie das Ritz in Paris. Hier wohnen die reichen Amerikaner.« – »Die Halle des Adlon ist ein Kapitel für sich. (...) Pagen laufen in ihren himmelblauen Jacken hin und her, rufen Namen aus, es herrscht ein ewiges Kommen und Gehen, auf silbernen Tabletts werden Besuchskarten präsentiert, schöne Frauen passieren auf dem Wege zum Fünf-Uhr-Tee die Halle. Gerüchte, Klatsch, Börsentips, gesellschaftliche Sensationen und Nichtsensationen schwirren in der Luft.«

EUGEN SZATMARI, DAS BUCH VON BERLIN

"The Adlon plays the same role in Berlin as the Ritz in Paris. The rich Americans live there." – "The hotel foyer of the Adlon is another story. (...) Bellboys run here and there in their sky-blue jackets, calling out names. There is a sense of eternal coming and going, visiting cards are presented on silver trays, beautiful women walk through on their way to afternoon tea. Rumour, gossip, stock exchange tips, social sensations and non-sensations fill the air."

EUGEN SZATMARI, DAS BUCH VON BERLIN

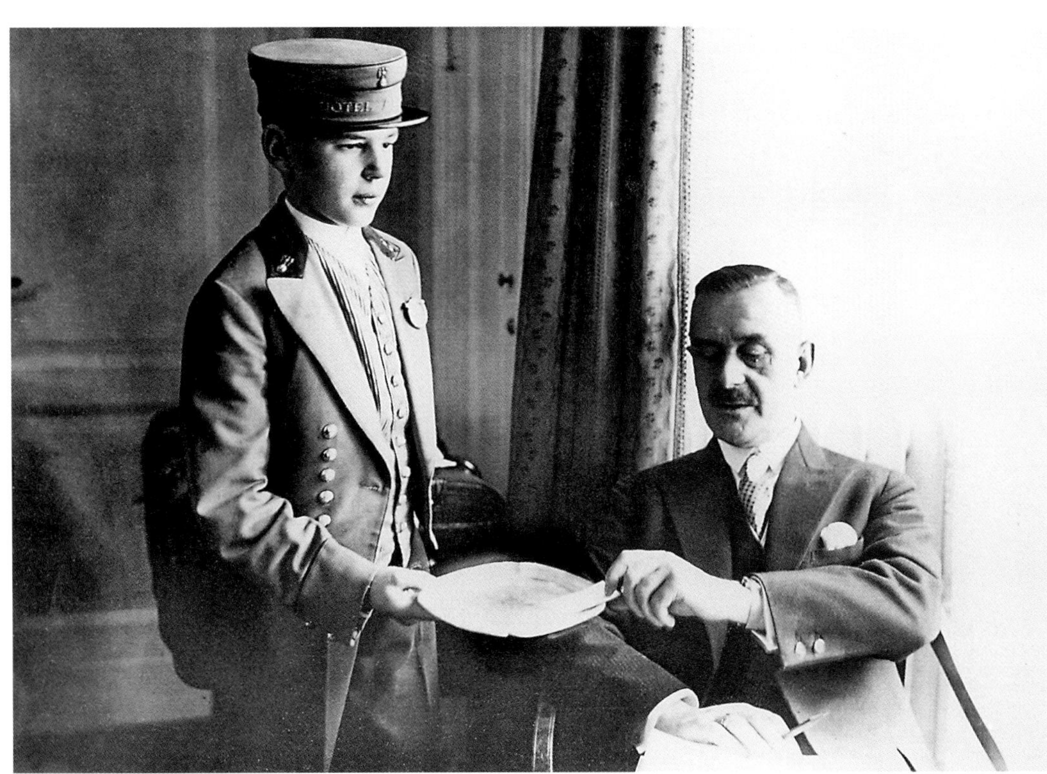

Auf der Durchreise zur Verleihung des Literaturnobelpreises in Stockholm logiert der Schriftsteller Thomas Mann selbstverständlich stilbewusst im Hotel Adlon. *Dezember 1929.*

On his journey to receive the Nobel Prize for Literature in Stockholm, Thomas Mann naturally stays in style at the Adlon Hotel. *December 1929.*

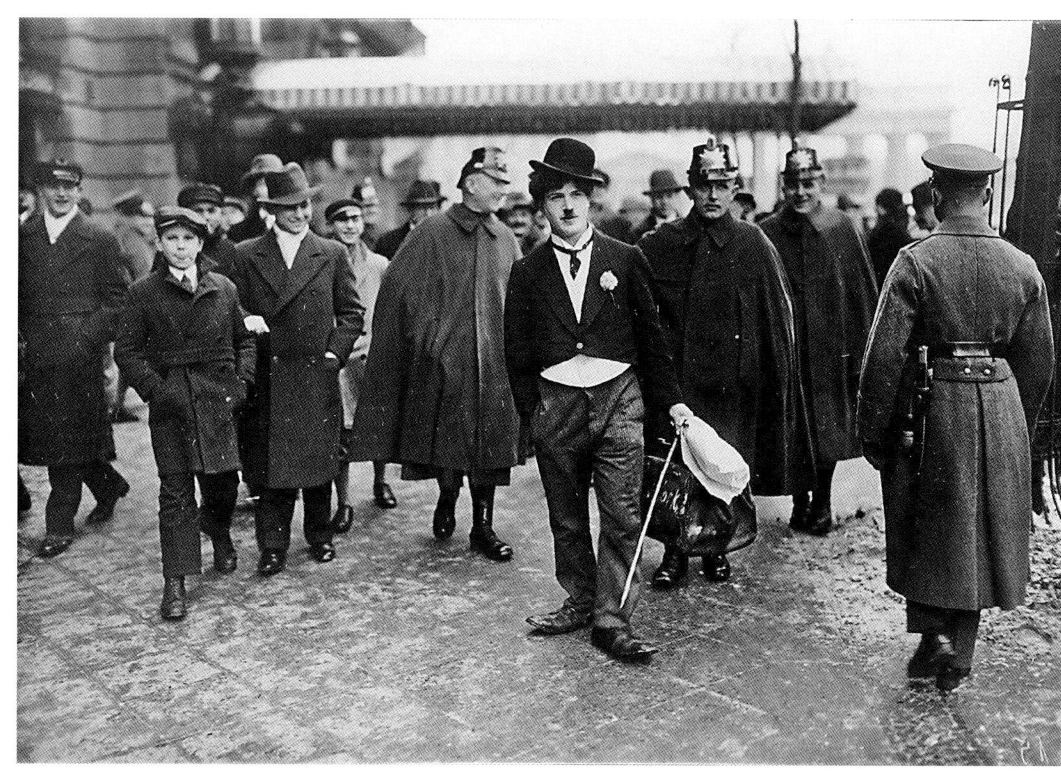

Ein Doppelgänger von Charlie Chaplin vor dem Eingang des Hotels Adlon am Pariser Platz. Der echte Chaplin war zwei Tage zuvor angereist, um in Berlin seinen Film ›Lichter der Großstadt‹ zu präsentieren. *12. März 1931.*

Charlie Chaplin's double in front of the entrance to the Adlon Hotel on Pariser Platz. The real Chaplin had arrived two days earlier to present his film "City Lights" in Berlin. *12th March 1931.*

Auch das amerikanische Schauspielerpaar Mary Pickford und Douglas Fairbanks (bekannt als ›Zorro‹ und ›Robin Hood‹) steigt am Pariser Platz ab, als es im Sommer 1926 Berlin besucht. *Um 1930.*

Even Mary Pickford und Douglas Fairbanks from America (well-known as 'Zorro' and 'Robin Hood') stop off at Pariser Platz when they visit Berlin in the summer of 1926. *Around 1930.*

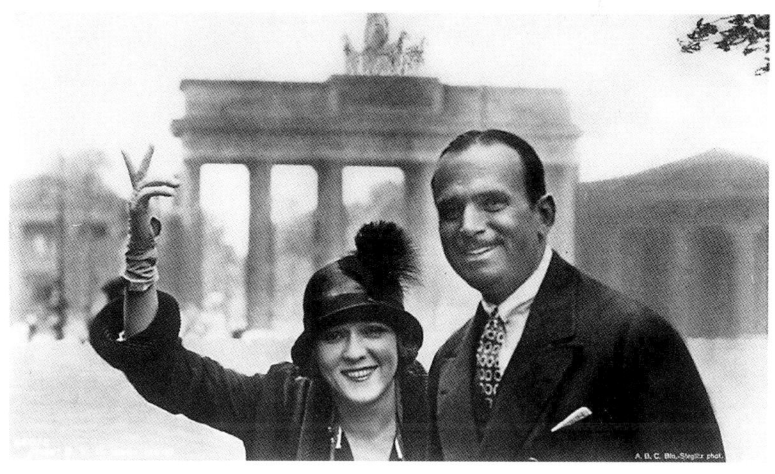

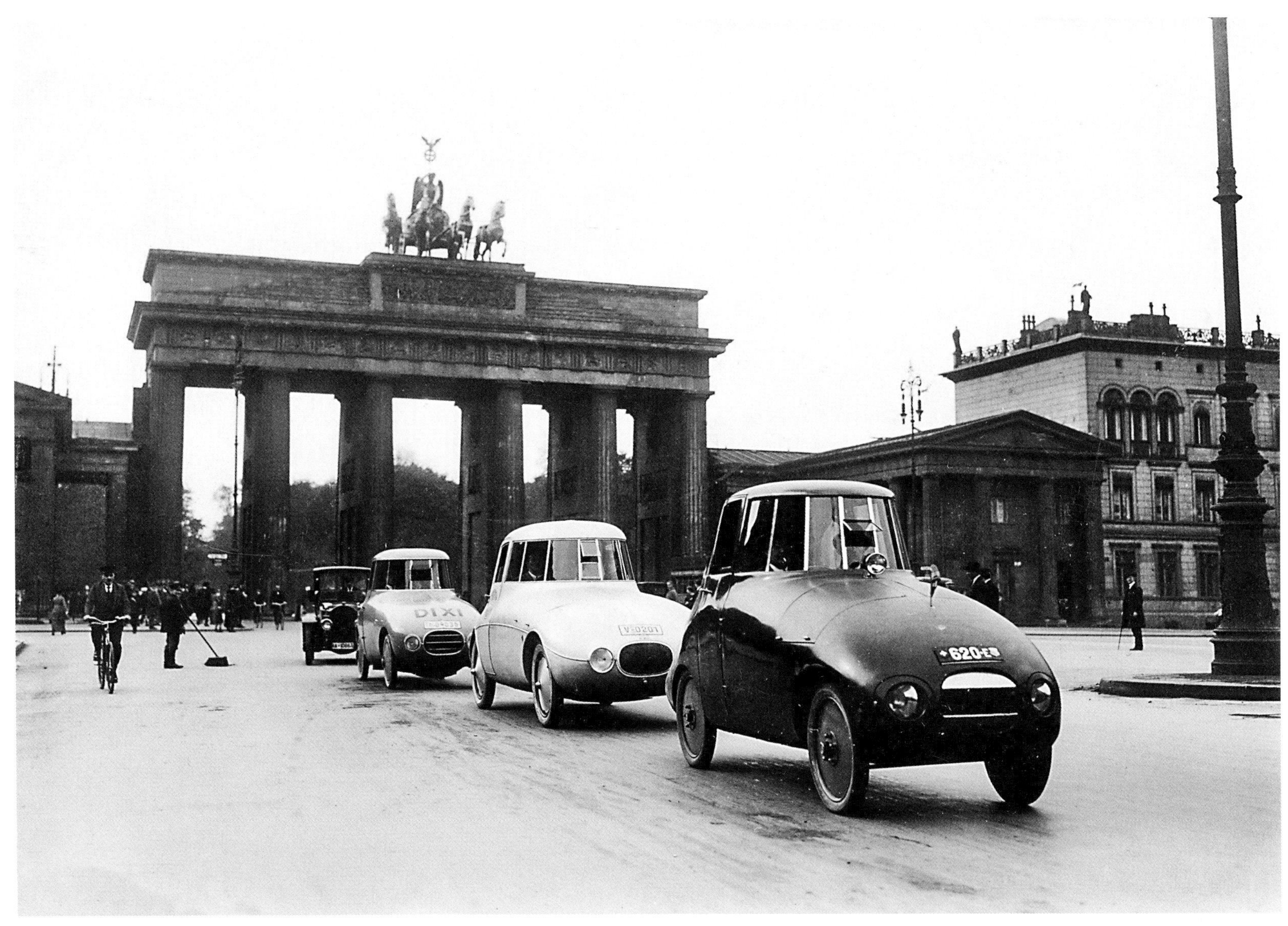

Der österreichische Ingenieur Paul Jaray ist als Pionier des aerodynamischen Fahrzeugbaus seiner Zeit voraus. Prototypen des von ihm konstruierten Stromlinienautos fahren, natürlich, durch das Brandenburger Tor. *Um 1921.*

As a pioneer of aerodynamic car design, Austrian engineer, Paul Jaray, is ahead of his time. Prototypes of his new streamlined car drive through Brandenburg Gate – naturally. *Around 1921.*

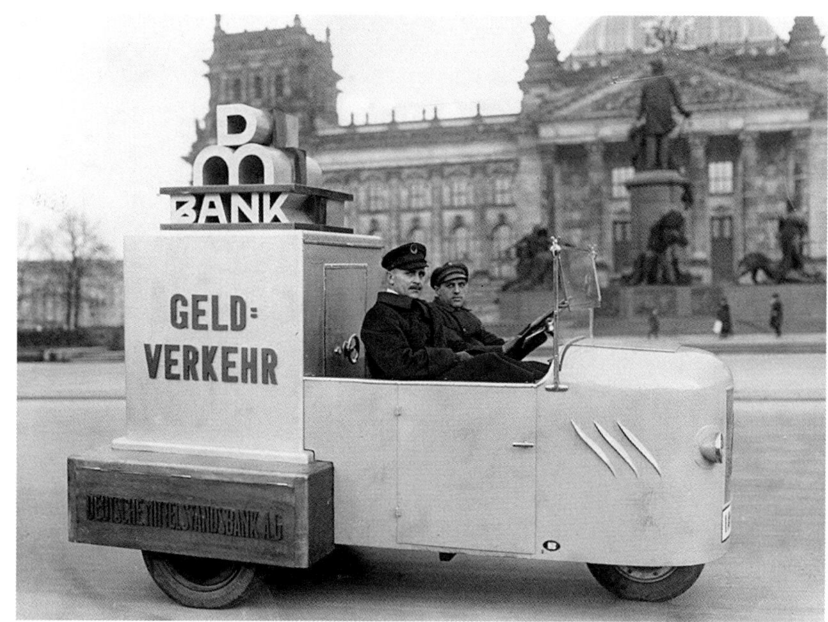

Innovation und Design: Ein gepanzerter Geldtransporter der Deutschen Mittelstandsbank vor dem Reichstag. *Robert Sennecke, um 1925.*

Innovation und Design: An armoured money transporter belonging to the German Mittelstandsbank in front of the Reichstag. *Robert Sennecke, around 1925.*

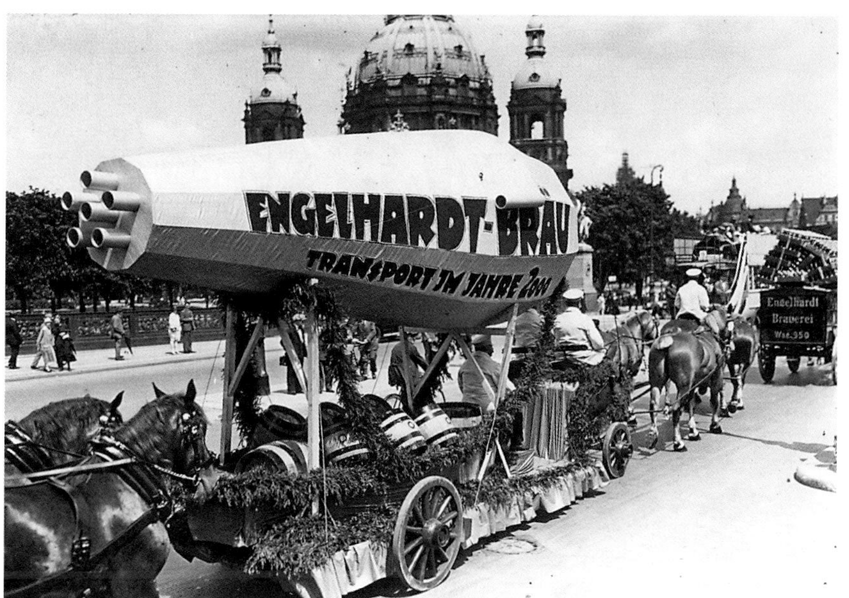

»Transport im Jahre 2000«: Ein visionärer Reklamewagen der Engelhardt-Brauerei im Lustgarten vor dem Berliner Dom. *Um 1925.*

“Transport in the year 2000”: A visionary advertising waggon belonging to the Engelhardt Brewery in the Lustgarten in front of the Berlin Cathedral. *Around 1925.*

»Die Linden lang! Galopp! Galopp!
Zu Fuß, zu Pferd, zu zweit!
Mit der Uhr in der Hand,
mit'm Hut aufm Kopp,
keine Zeit! Keine Zeit! Keine Zeit!
(...)
Da habt ihr uns, die Weltstadt schreit:
›Neue Zeit, neue Zeit, neue Zeit!‹«

WALTER MEHRING, BERLINER TEMPO

"Along the Linden! Gallop! Gallop!
On foot, on horseback, the two of us!
With our watch in hand,
with our hat on head,
no time! No time! No time!
(...)
The world city shouts, there you have us:
'New Time, New Time, New Time'"

WALTER MEHRING, BERLINER TEMPO

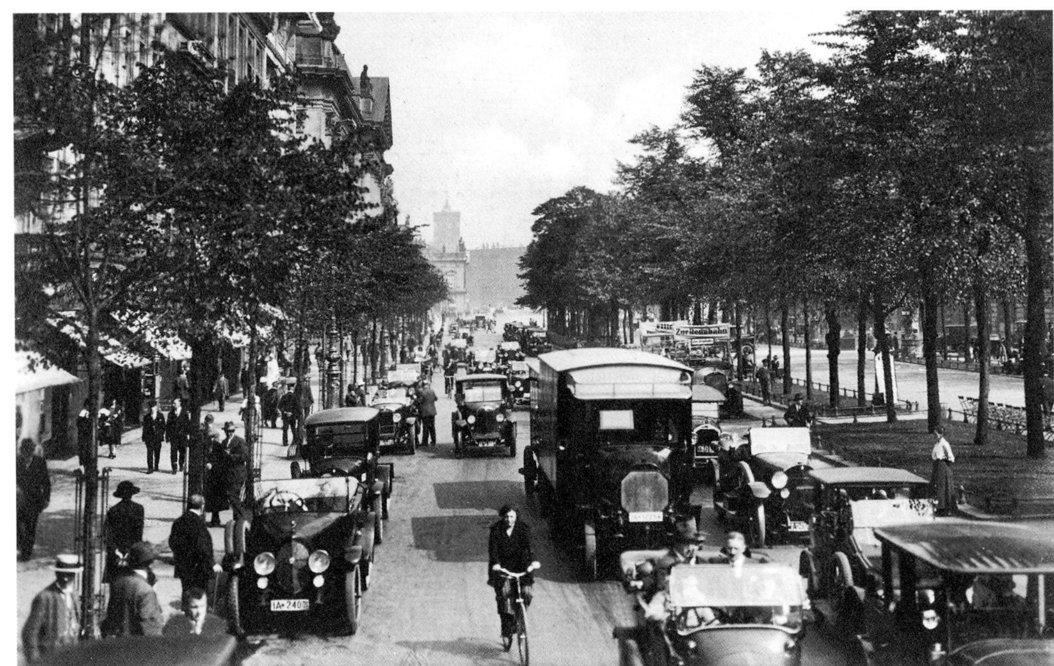

Unter den Linden, Blick Richtung Stadtschloss. *Um 1925.*

Unter den Linden, view towards the City Palace. *Around 1925.*

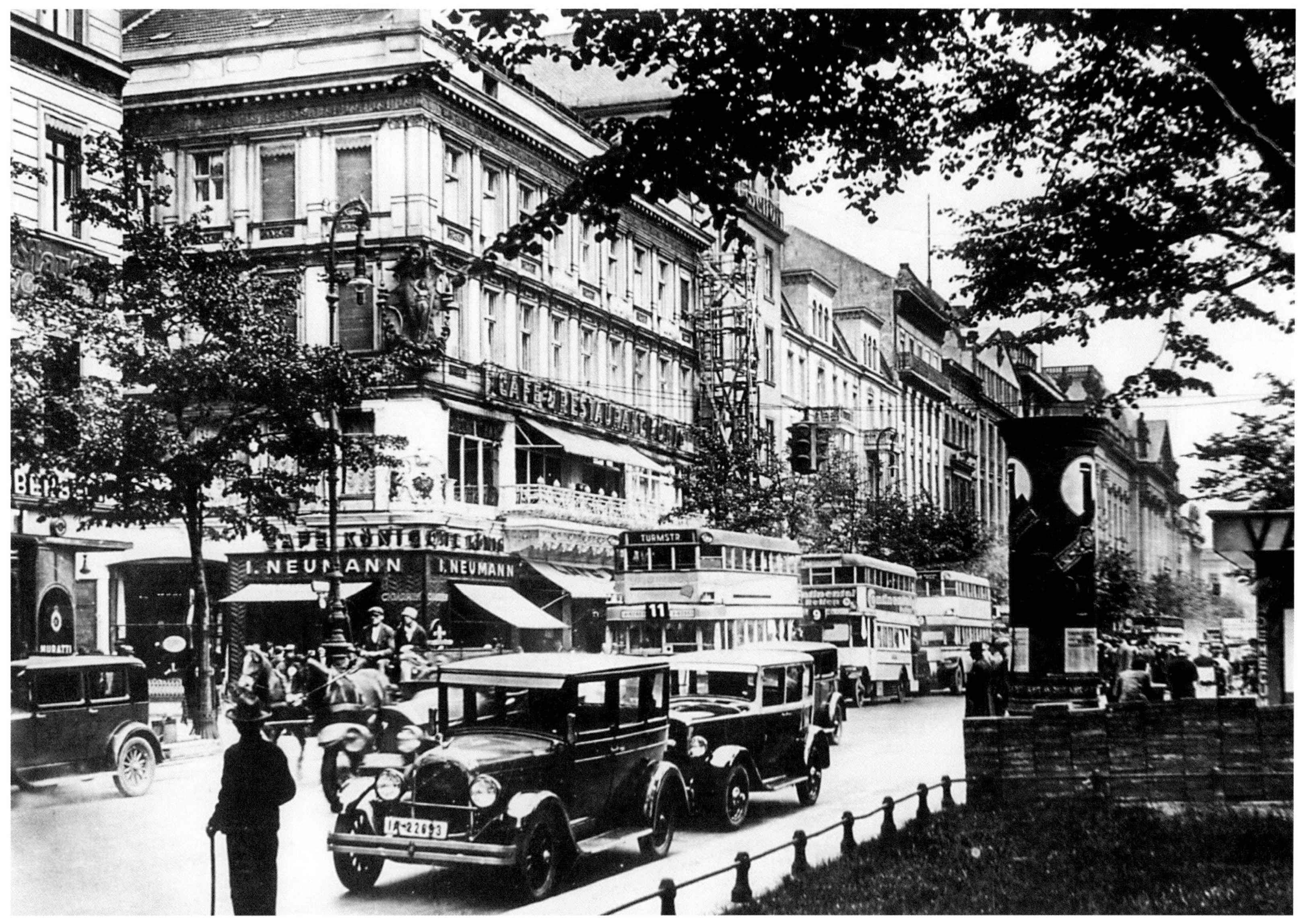

Die berühmte Prachtmeile Unter den Linden. Blick auf die nördliche Straßenseite an der Ecke Friedrichstraße. *Conrad Junga, 1928.*

The famous boulevard of Unter den Linden. View of the northern side of the street on the corner with Friedrichstrasse. *Conrad Junga, 1928.*

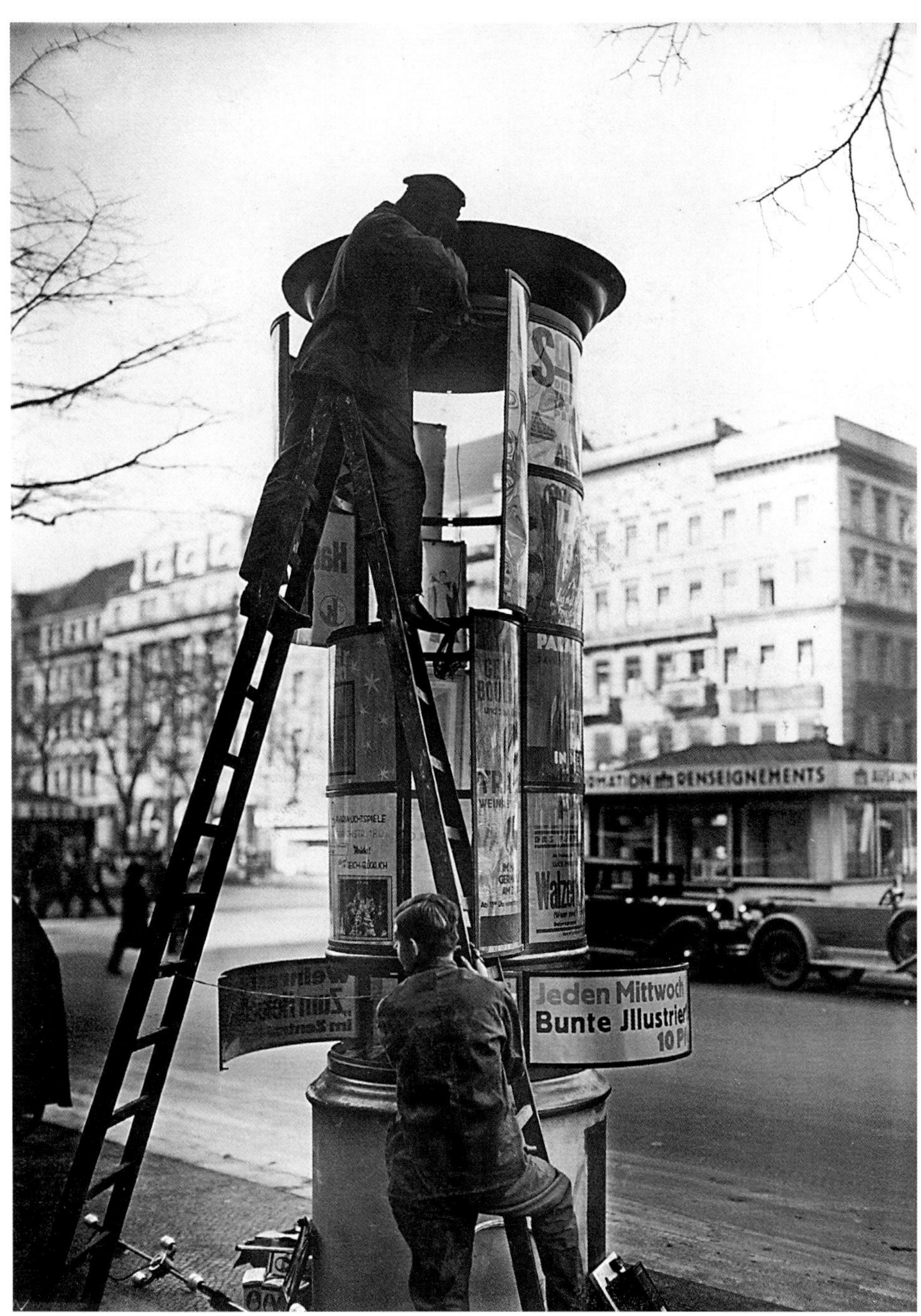

Unter den Linden/Ecke Friedrichstraße wird die erste leuchtende Litfaß-Säule in Betrieb genommen. *Oktober 1930.*

Unter den Linden/Friedrichstrasse has the first illuminated Litfass-Säule (advertising column designed by Ernst Litfass). *October 1930.*

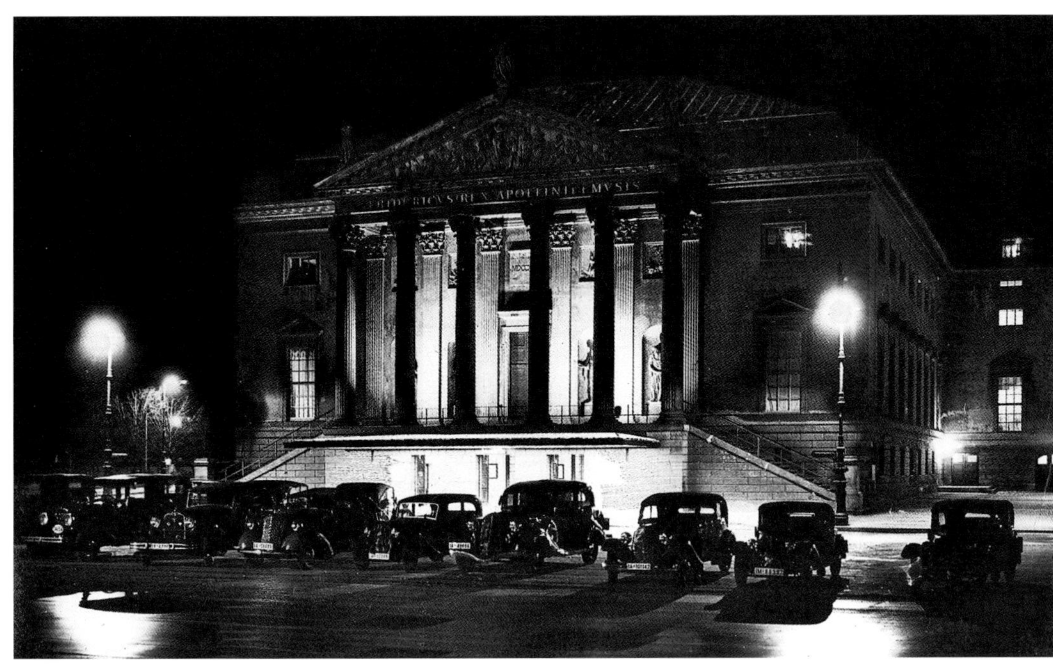

Berlin hat – als einzige Metropole der Welt – gleich drei Opernhäuser: Hier im Bild die Staatsoper Unter den Linden. *Um 1920.*

Berlin is the only city in the world to have three opera houses: in this picture is the Staatsoper Unter den Linden. *Around 1920.*

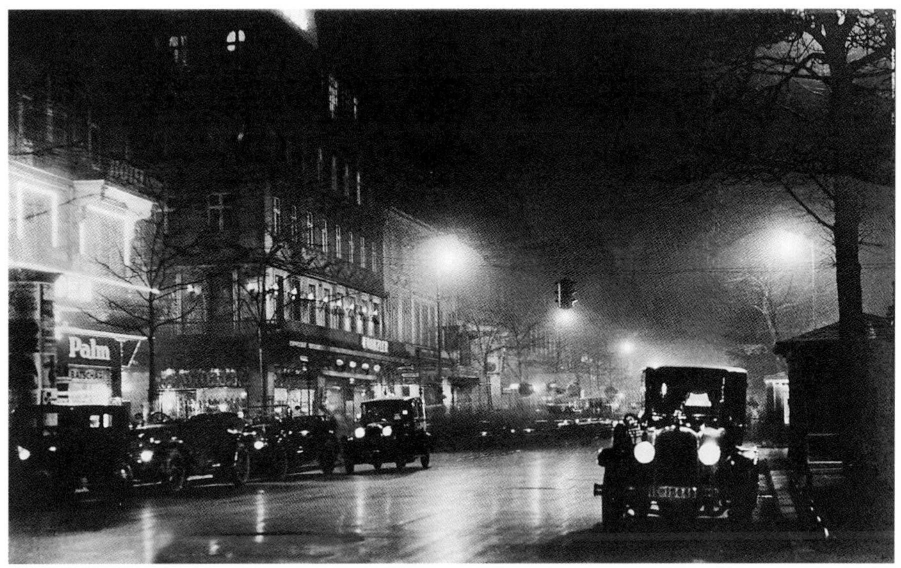

»Berlin bei Nacht«. Unter den Linden/ Ecke Friedrichstraße. *Um 1928.*

"Berlin by Night". Unter den Linden/Friedrichstrasse. *Around 1928.*

»Jenseits der ›Linden‹, bis zur Spree, zum Bogen der Stadt- und Fernbahn, ist der Verkehr (auf der Friedrichstraße) auf schärfstes Tempo, auf atemlose Eile eingestellt, auf das Furioso einer unbedingten Geschäftigkeit. Aber abends flammen hier die Lichtfassaden zweier der größten Vergnügungsstätten auf, die schon vor Jahrzehnten zum provinziellen Verruf der berlinischen Sündenhaftigkeit beitrugen.«

CURT MORECK, EIN FÜHRER DURCH DAS LASTERHAFTE BERLIN

"Beyond the 'Linden' as far as the Spree to the bend in the railway, the traffic (on Friedrichstrasse) travels at great speed, in a breathless hurry, at the furious pace of desperate bustle. But in the evening blaze the illuminated façades of two of the largest places of entertainment, which decades ago already accounted for Berlin's reputation for sinfulness in the provinces."

CURT MORECK, EIN FÜHRER DURCH DAS LASTERHAFTE BERLIN

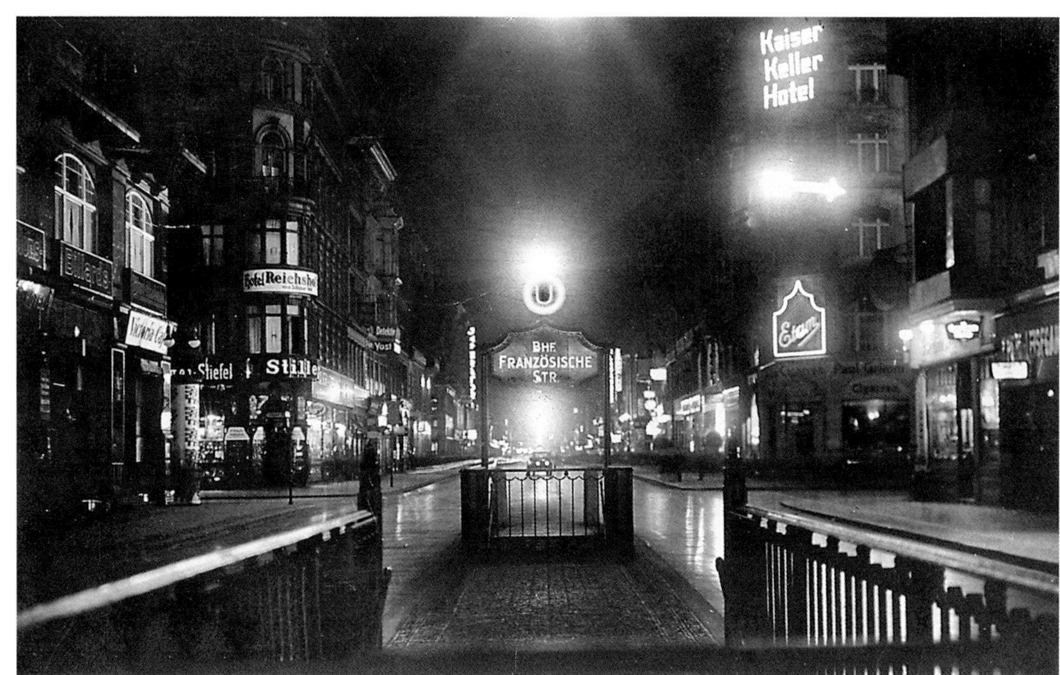

Die Friedrichstraße bei Nacht. *1928.*

Friedrichstrasse at night. *1928.*

Werbung für den Auftritt des Tanzduos Ernst Matray und Katta Sterna im Wintergarten. Katta Sterna (eigentlich: Katharina Stern) ist eine Nichte von Käthe Kollwitz und arbeitet auch als Film- und Theaterschauspielerin. *Plakat, 1920.*

Advertisement for a performance by dance duo Ernst Matray and Katta Stern (Katharina Stern). Katharina Stern was Käthe Kollwitz's niece, who also works as a film and stage actress. *Poster, 1920.*

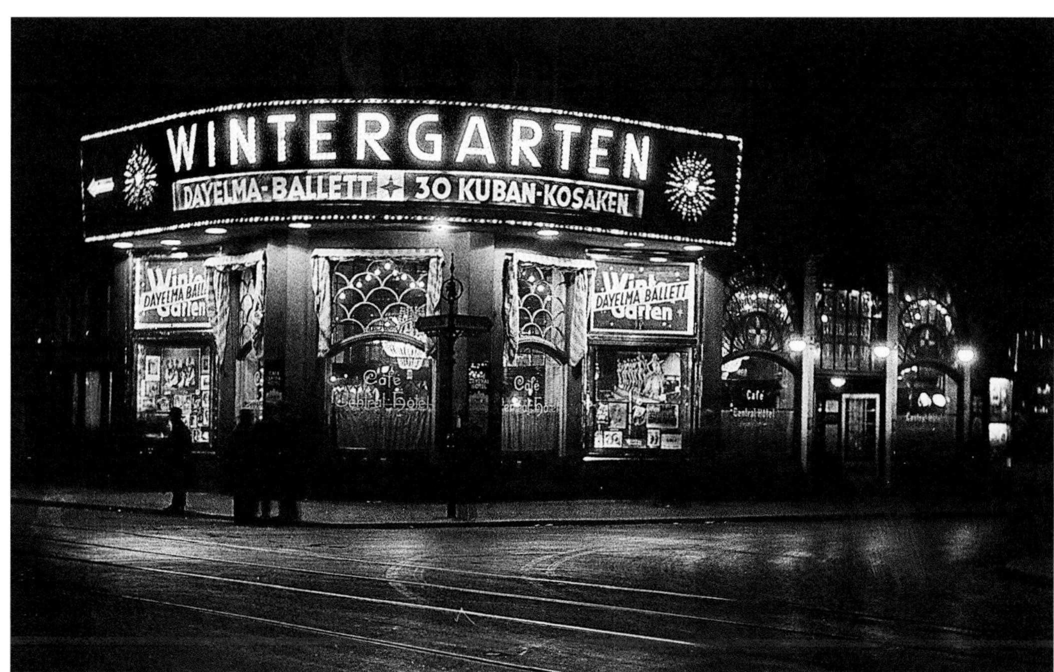

Das Varieté-Theater Wintergarten, Friedrichstraße/Ecke Dorotheenstraße. *Um 1930.*

The Wintergarten Variety Theatre, Friedrichstrasse/Dorotheenstrasse. *Around 1930.*

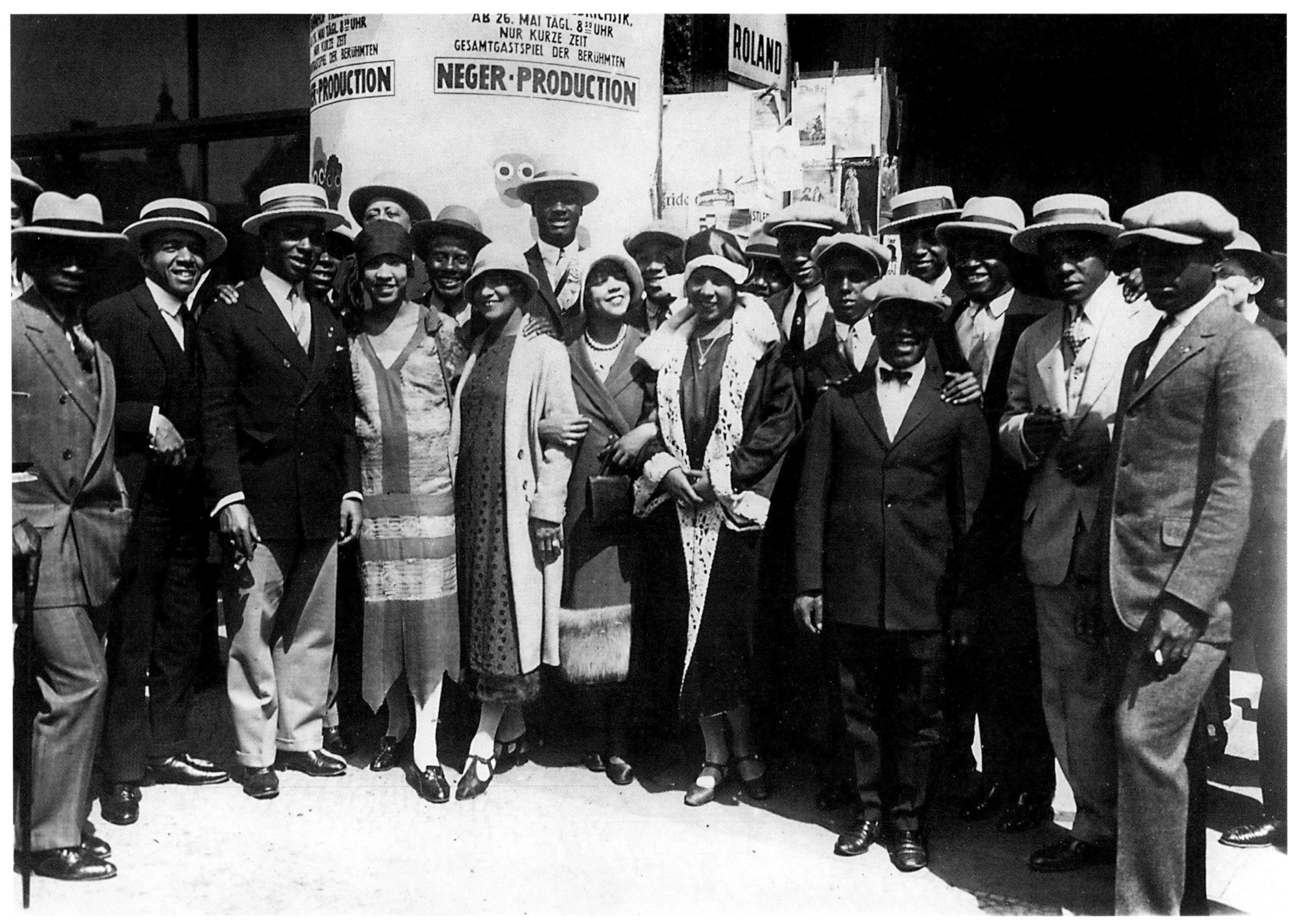

Nach dem Ende der Inflationszeit wird Berlin interessant als Markt für Gastspiele internationaler Stars. Vor dem Admiralspalast in der Friedrichstraße machen Mitglieder des Sam Wooding Orchestras aus New York Werbung für die Revue ›Chocolate Kiddies‹. *26. Mai 1926.*

After inflation was over, Berlin attracted international stars. Members of the Sam Wooding Orchestra from New York promote the revue, “Chocolate Kiddies”, outside the Admiralspalast on Friedrichstrasse. *26th May 1926.*

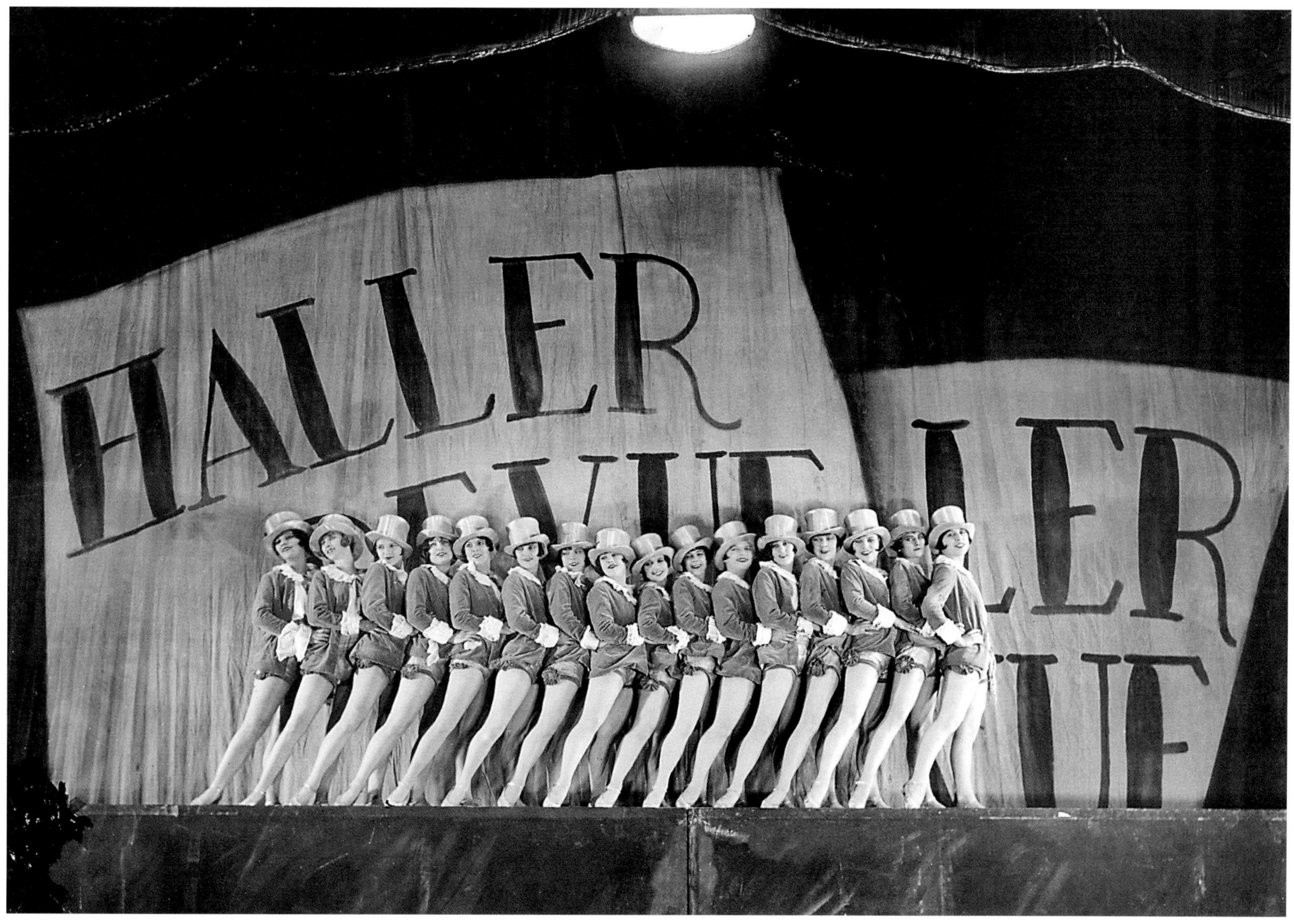

»Im Admiralspalast residiert wieder Haller, der König der Revue, der zaubermächtige Kommandeur von hundert Girlbeinen.«
Curt Moreck, Ein Führer durch das lasterhafte Berlin – *Szenenfoto aus dem Stummfilm ›Das Girl von der Revue‹, 1928.*

"Haller, king of the revue, spell-binding commander of a hundred pairs of girls' legs, is back at the Admiralspalast."
Curt Moreck, Ein Führer durch das lasterhafte Berlin – *Still from the silent film "Das Girl von der Revue", 1928.*

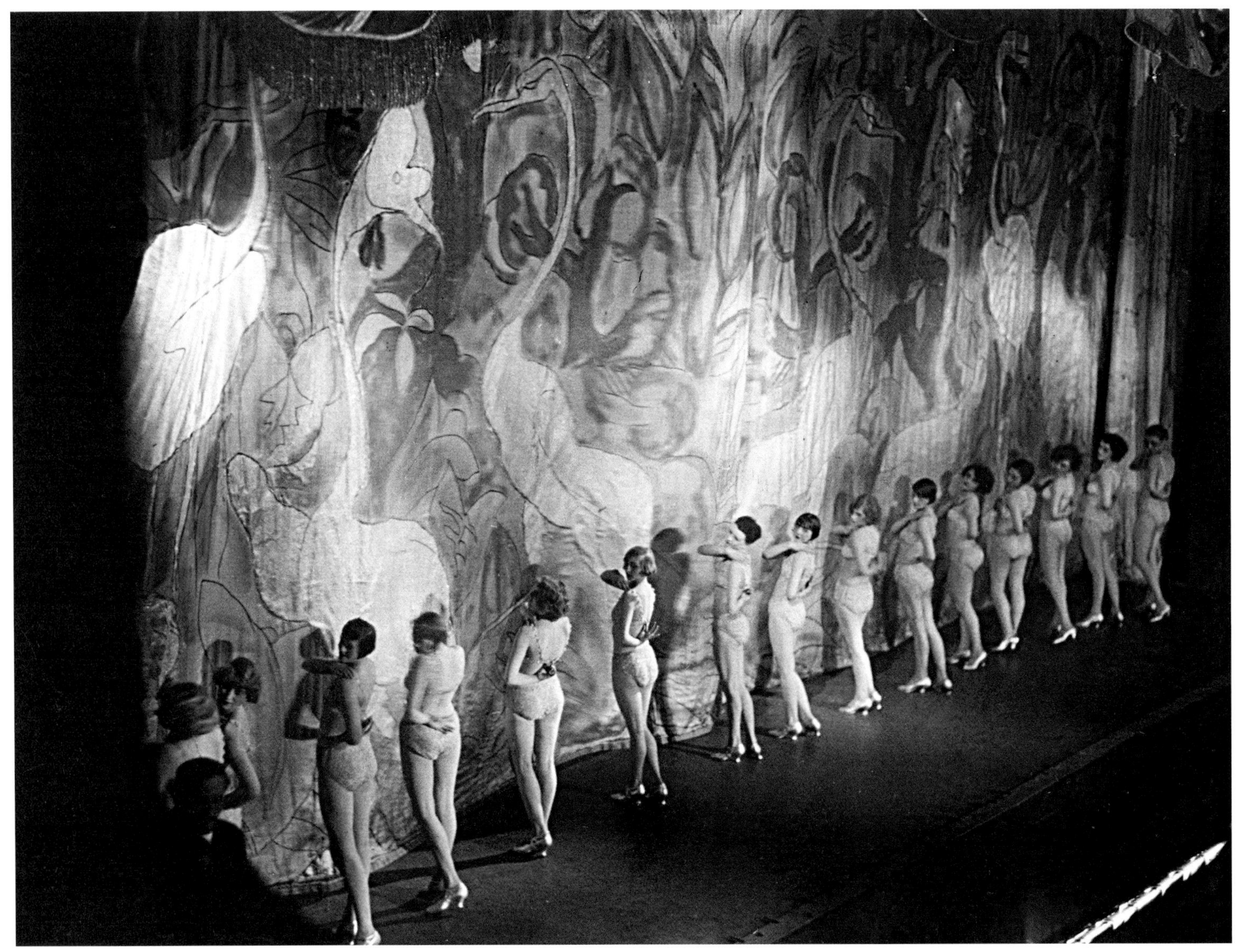

Tänzerinnen in der Revue »Wann und Wo« von Herman Haller im Admiralspalast. *1928.*

Dancers in the revue, “Wann und Wo” by Herman Haller in the Admiralspalast. *1928.*

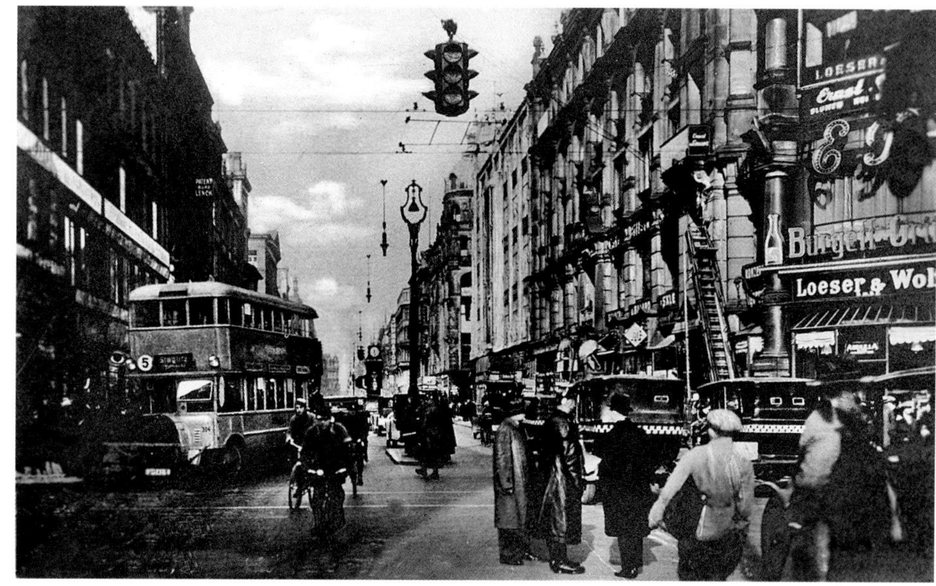

Am Tage ist die Friedrichstraße eine turbulente Geschäftsstraße. *Um 1930.*

A busy shopping street by day: Friedrichstrasse. *Around 1930.*

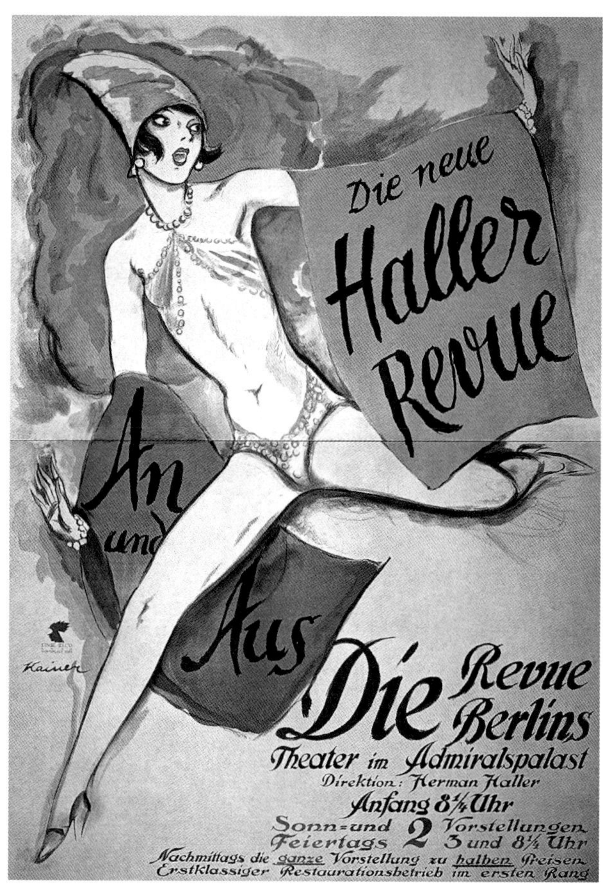

Werbung für den Admiralspalast. *Plakat, um 1926.*

Publicity for the Admiralspalast. *Poster, around 1926.*

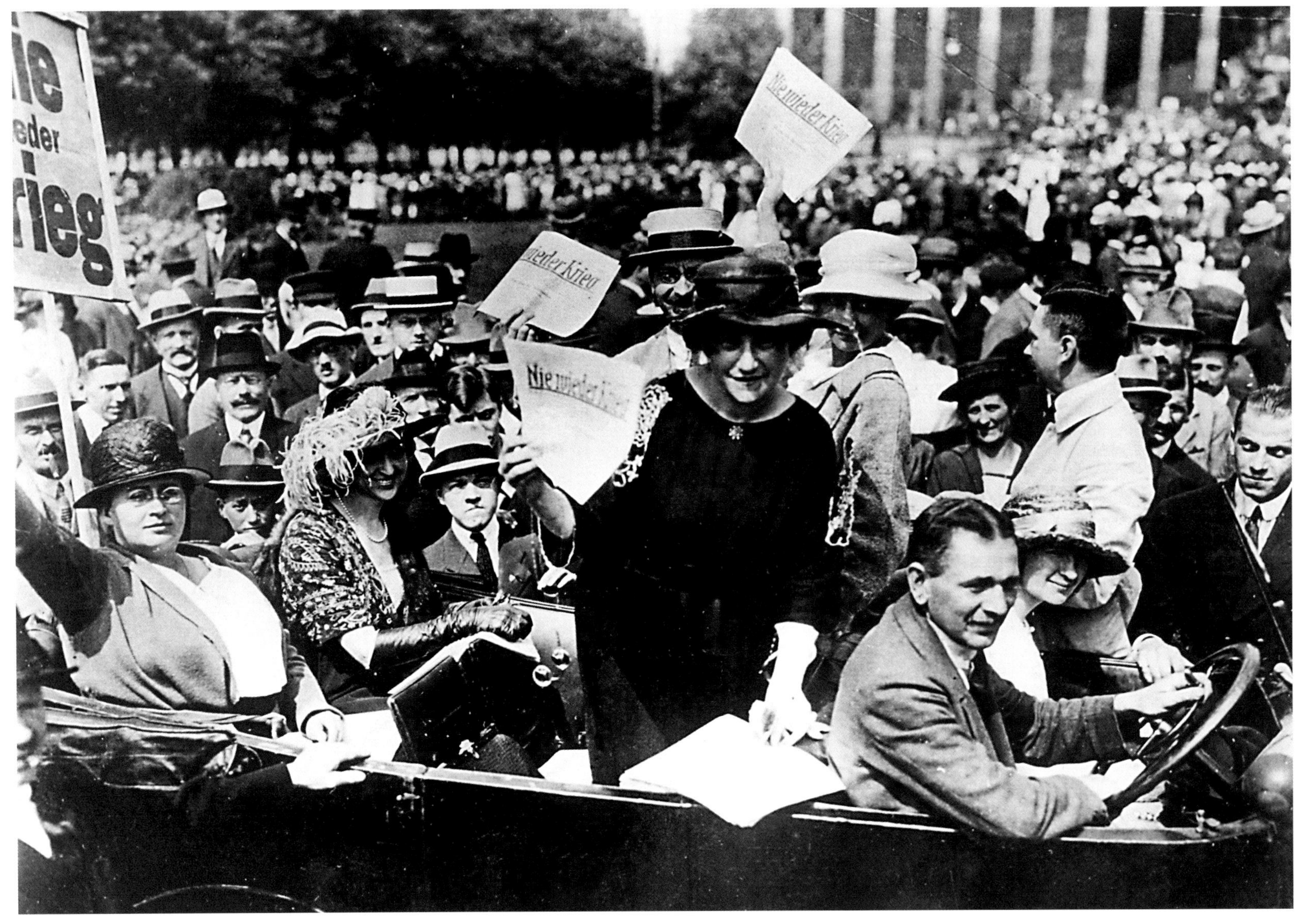

Antikriegsdemonstration am Lustgarten. Im Wagen stehend Elsa Einstein, die Ehefrau des Physikers Albert Einstein, mit amerikanischen Pazifisten. *31. Juli 1921.*

Anti-war demonstration in the Lustgarten. In the car stands Elsa Einstein, wife of physicist Albert Einstein, with American pacifists. *31st July 1921.*

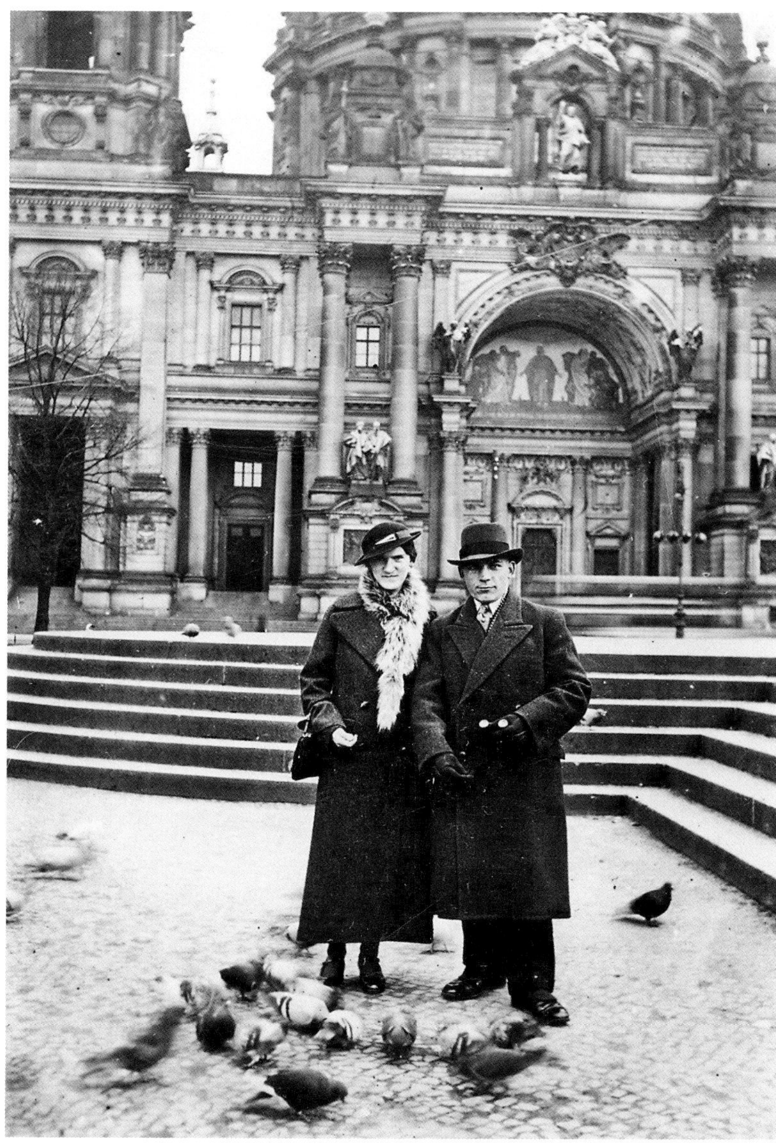

Für Touristen gehört der Berliner Dom zu den Hauptsehenswürdigkeiten. *1929.*

The Berlin Cathedral is one of the main attractions for tourists. *1929.*

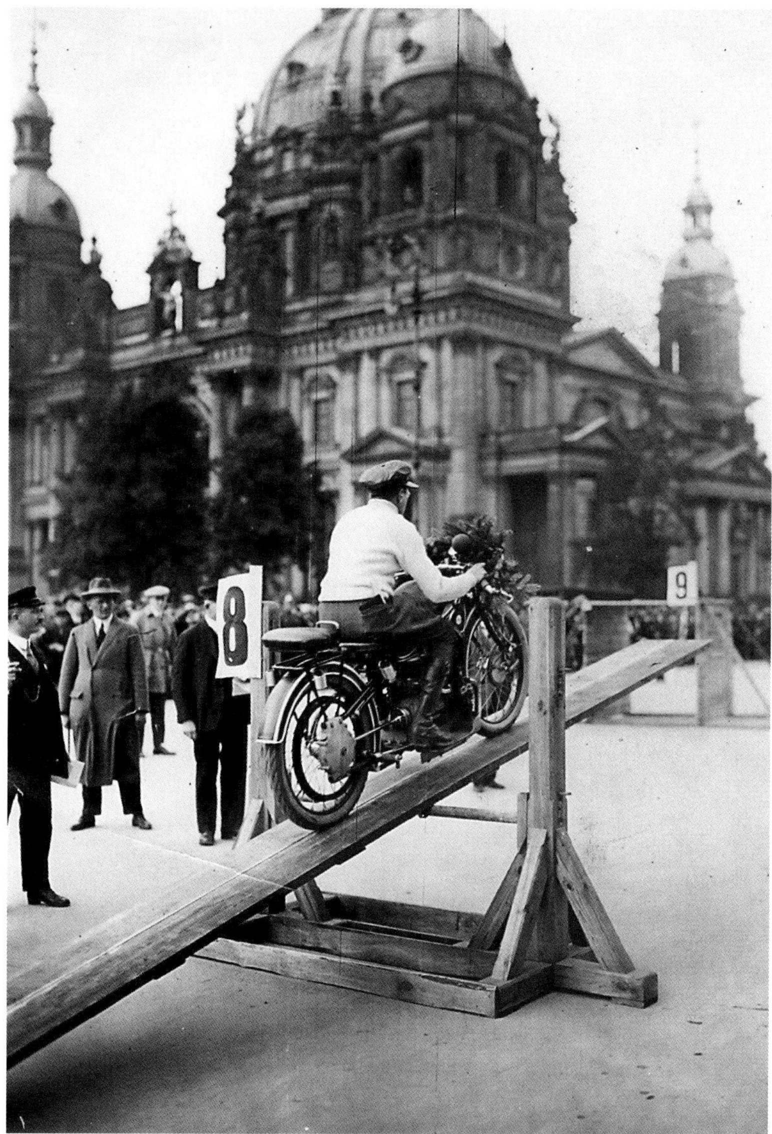

Motorrad-Geschicklichkeits-Wettbewerb im Lustgarten, veranstaltet vom Allgemeinen Deutschen Automobil-Club. *26. Juni 1925.*

Motorcycle skills competition in the Lustgarten, organised by the General German Automobile Club. *26th June 1925.*

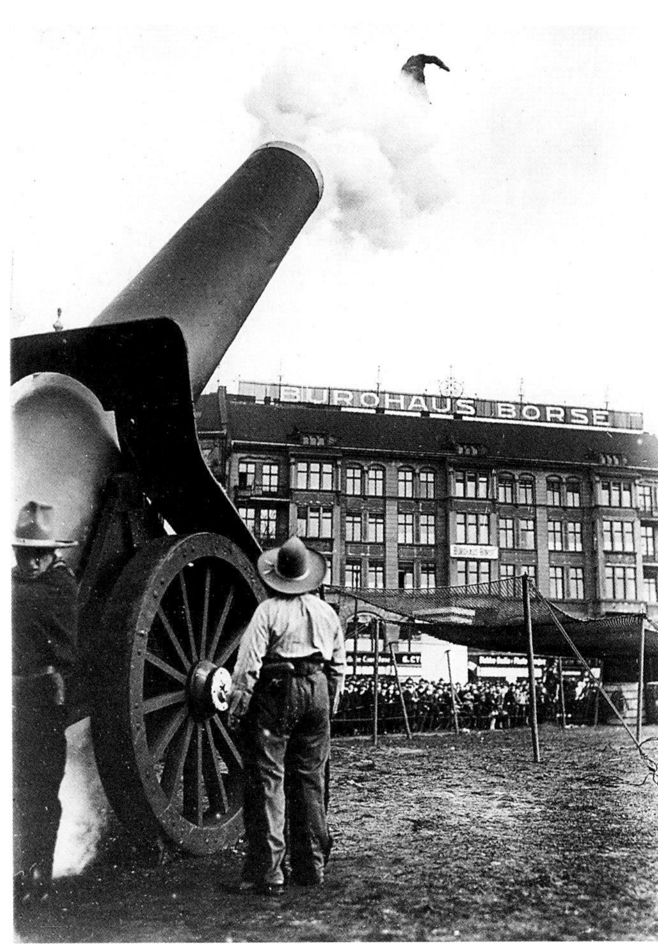

Am 10. November 1918 hatten sich in der Kuppelhalle des Circus Busch in der Burgstraße die Berliner Arbeiter- und Soldatenräte versammelt. Wenige Jahre später hat das Vergnügen wieder Einzug gehalten. Hier wird auf dem Außengelände ein Artist mit einer Pressluftkanone in die Luft geschossen. *Um 1925.*

On 10th November 1919 the Berlin workers' and soldiers' councils had met up in the domed hall of Circus Busch. A few years later, amusement finds its way back. On the grounds outside, an artist is shot into the air with a compressed air cannon. *Around 1925.*

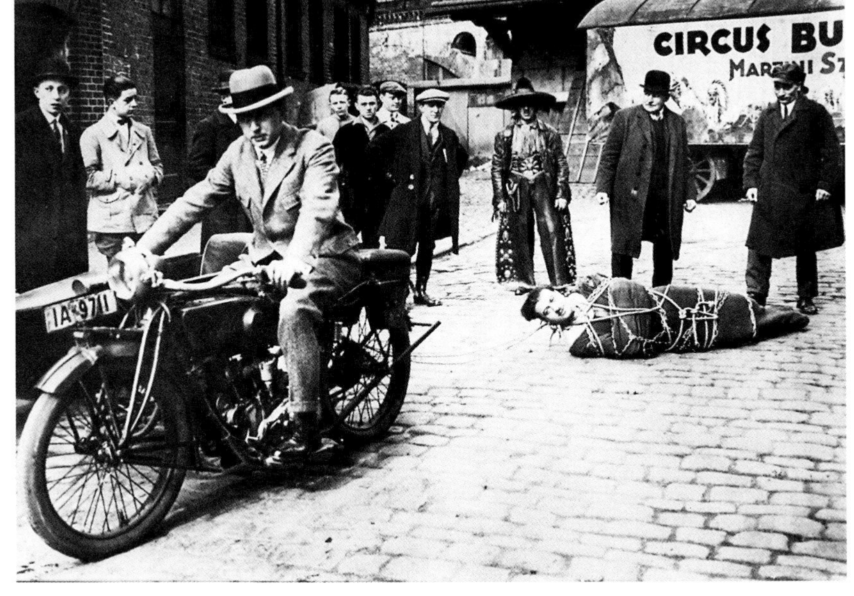

Open-Air-Darbietung des Circus Busch: Der mexikanische Entfesselungskünstler Martini Szeny befreit sich von seinen Fesseln, während er von einem Motorrad durch die Straßen geschleift wird. *Um 1920.*

Open air performance by Circus Busch: the Mexican escape artist, Martini Szeny, frees himself from his fetters while he is being dragged through the streets by a motorbike. *Around 1920.*

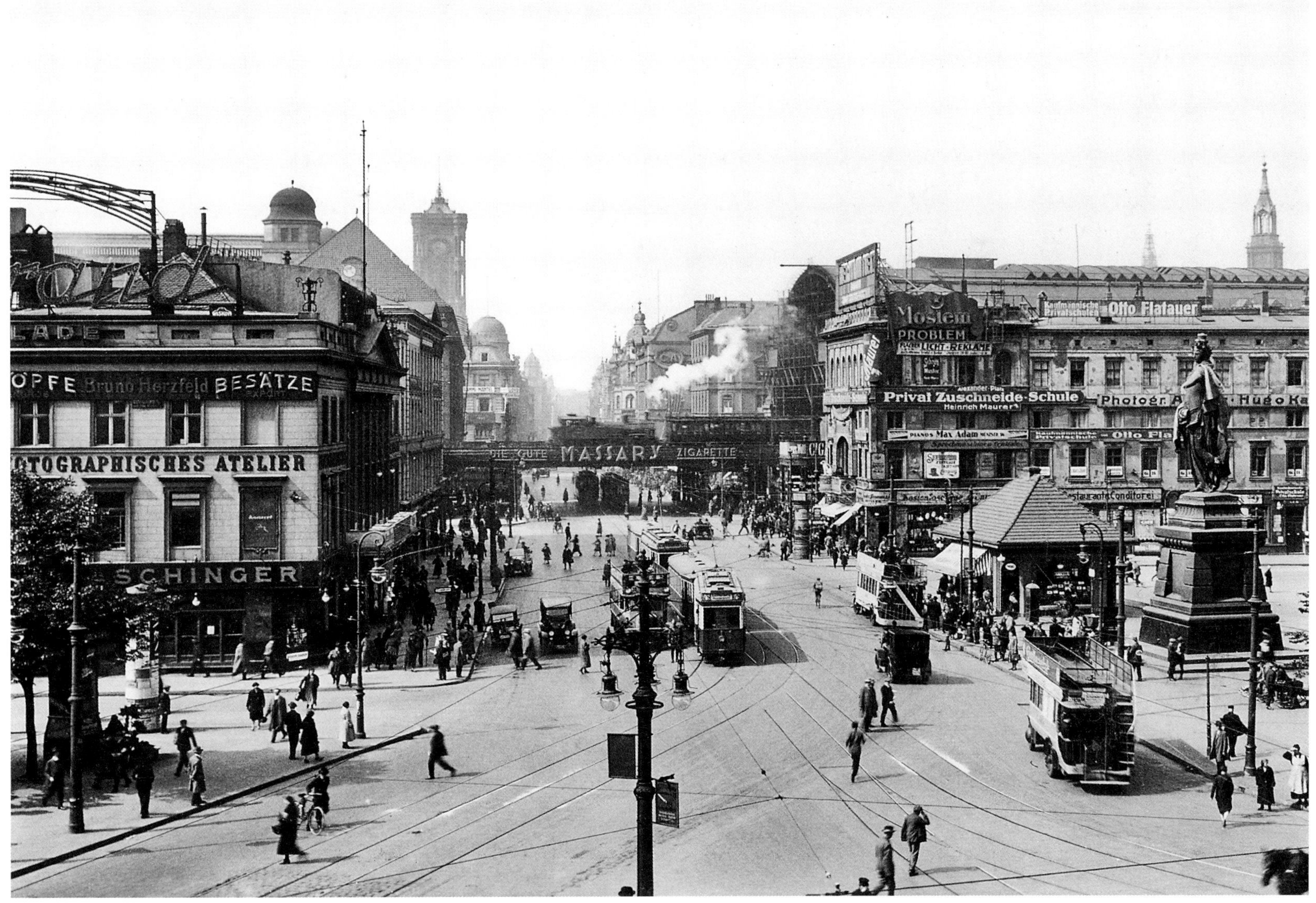

Der Alexanderplatz, einer der größten und belebtesten Plätze Berlins, markiert das östliche Zentrum der Innenstadt. Hier ein Blick nach Südwest in die Königstraße Richtung Rotes Rathaus. Rechts steht noch das später abgebaute Denkmal der Berolina, im Hintergrund die Eisenbahnbrücke zum Bahnhof Alexanderplatz. *Vor 1925.*

Alexanderplatz, one of the largest and most lively squares in Berlin, marks the east centre of the inner city. Here, a view to the south-west into Königstrasse towards the Rotes Rathaus. On the right stands the Berolina Monument, which was later dismantled and in the background is the railway bridge to Alexanderplatz station. *Before 1925.*

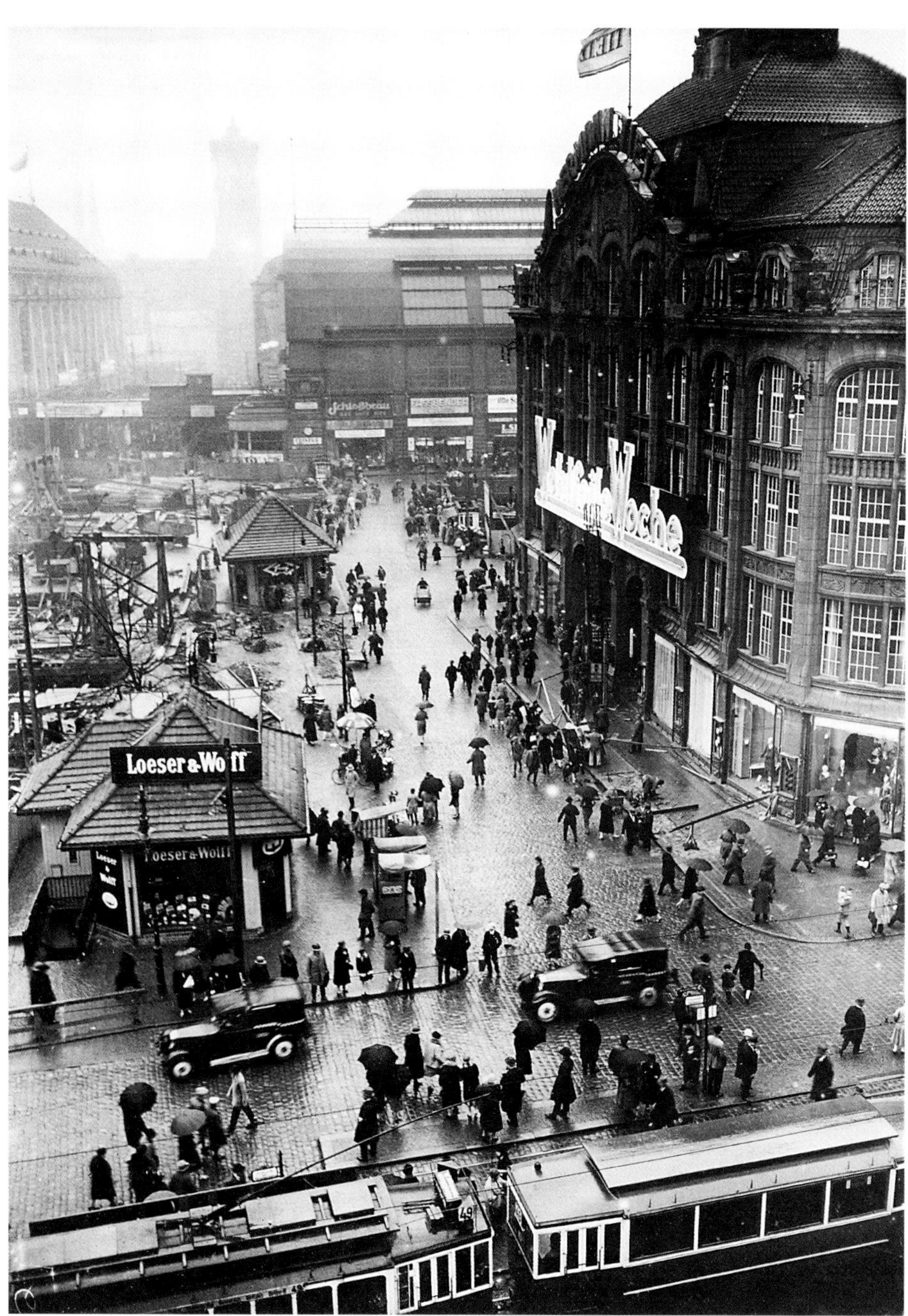

Gedränge auf dem Alexanderplatz während der Umgestaltung. Rechts das Kaufhaus Tietz mit Werbung für die »Wohlfeile Woche«, im Hintergrund der Bahnhof Alexanderplatz. *November 1929.*

Crowds on Alexanderplatz while it is being revamped. On the right the Tietz department store with an advert for "Bargain Week", and in the background Alexanderplatz station. *November 1929.*

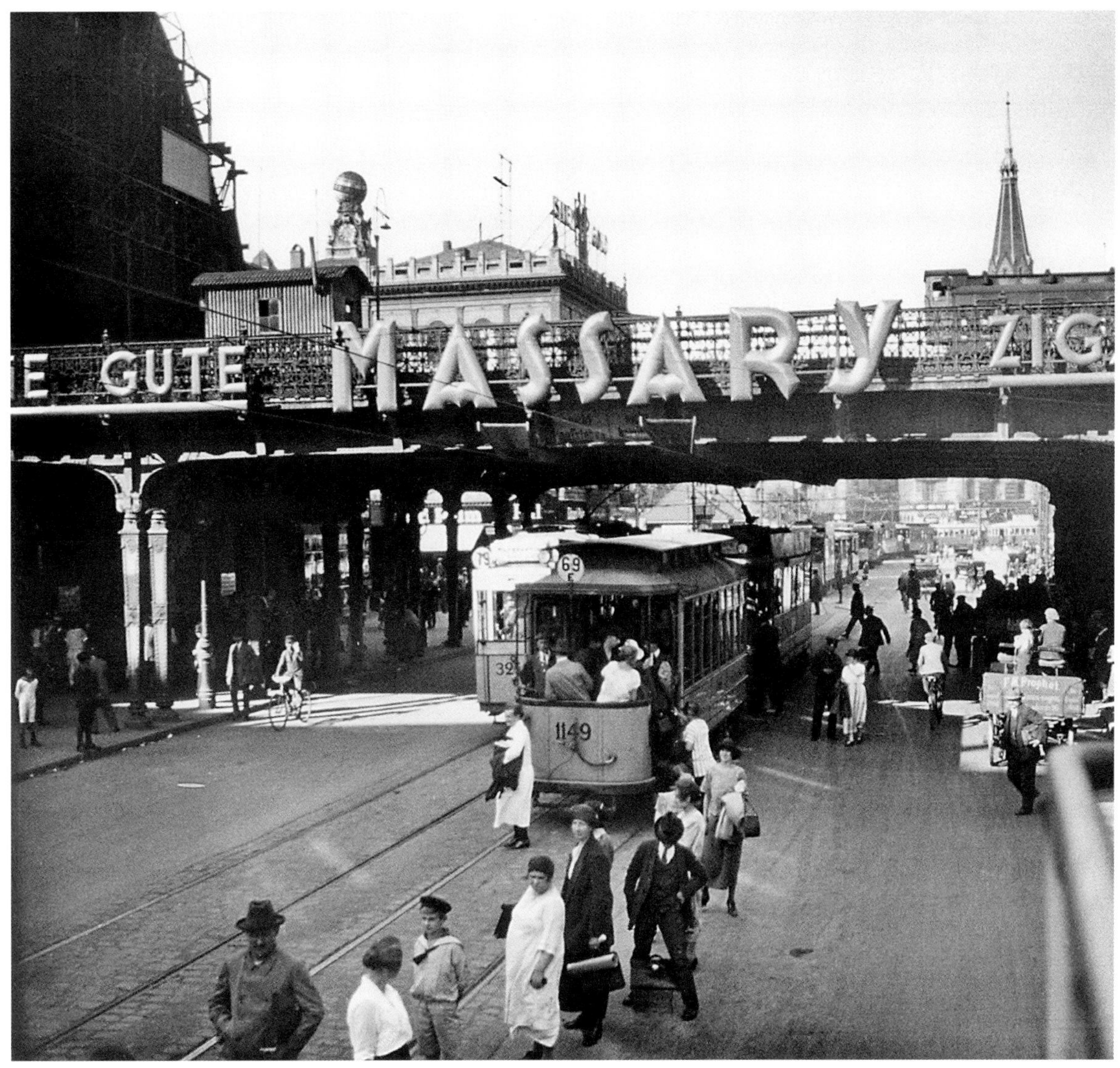

Zigaretten-Werbung an der Stadtbahnbrücke am Bahnhof Alexanderplatz. Die Firma Massary hatte schon vor dem Ersten Weltkrieg die bekannte Schauspielerin Fritzi Massary als ihr Werbegesicht gewonnen. *Um 1925.*

Cigarette advertisement on the S-Bahn railway bridge at Alexanderplatz station. The Massary cigarette company had acquired the famous actress Fritzi Massary as the face for their brand. *Around 1925.*

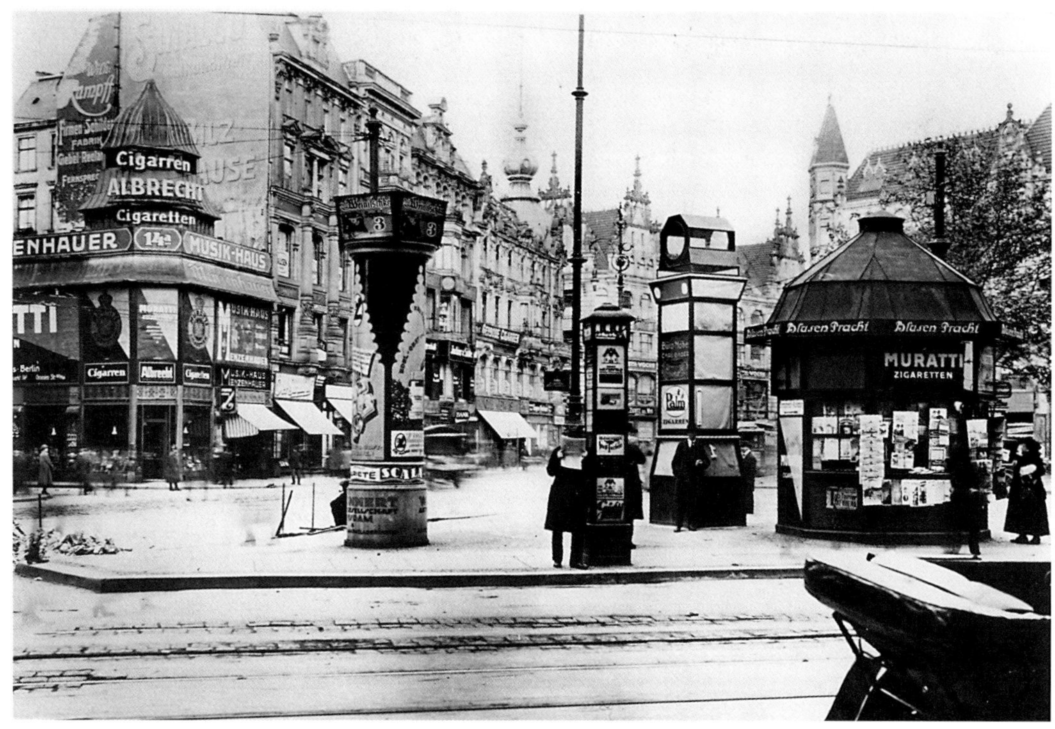

Dem Konsum dient auch die Werbung überall im Stadtbild. – Zeitungskiosk und Reklamesäulen am Spittelmarkt. *Um 1925.*

Advertisements also serve consumption all over the city. – Newspaper kiosk and poster colums on Spittelmarkt. *Around 1925.*

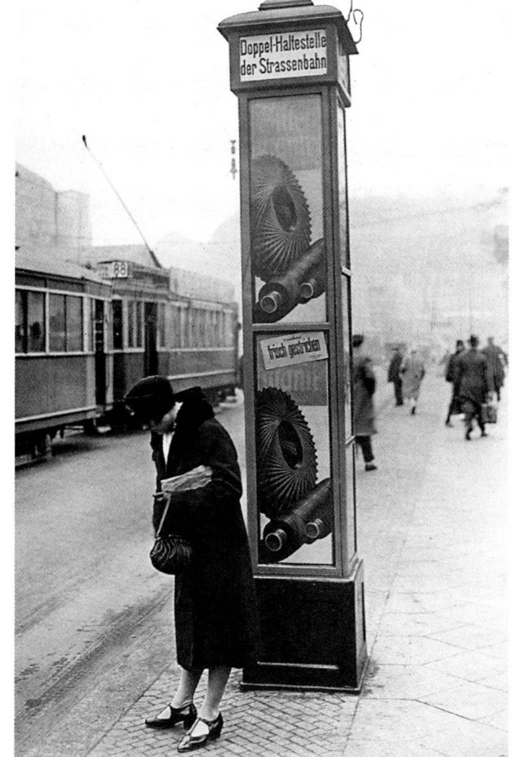

Werbung an einer modernen Doppel-Haltestelle der Berliner Straßenbahn in der Leipziger Straße. *Um 1930.*

Advertisements on a modern double tram stop in Leipziger Strasse. *Around 1930.*

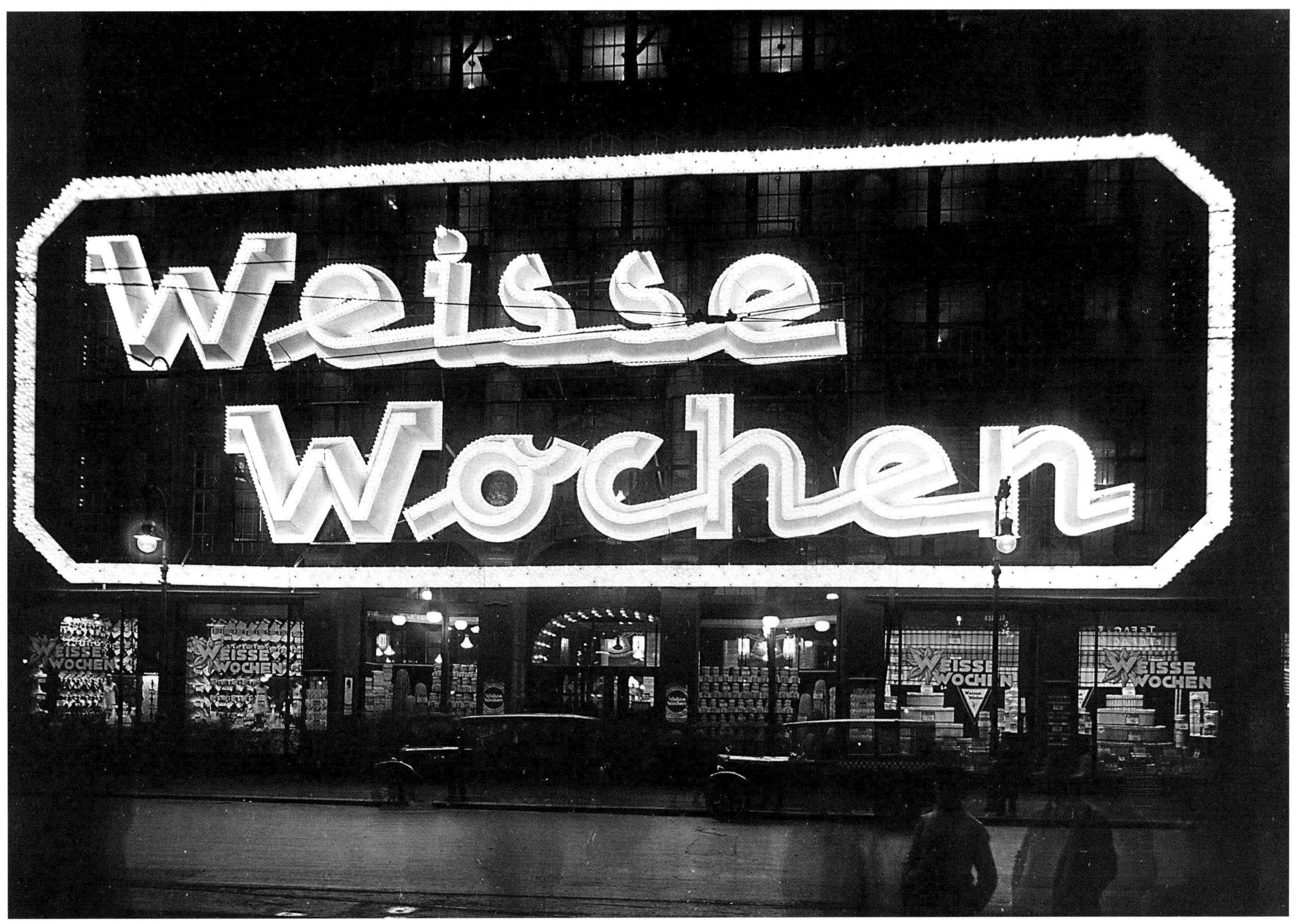

Das Kaufhaus Hermann Tietz am Alexanderplatz wirbt mit Leuchtschrift für die »Weißen Wochen«, in denen viele Produkte mit großzügigen Rabatten verkauft werden. *Um 1928.*

The Hermann Tietz department store on Alexanderplatz advertises in neon lights its "White Weeks" when many products are sold at generous discounts. *Around 1928.*

»Ihren größten Aufschwung erlebte die Massenseele im Warenhaus, und ihr schönster Tempel hieß ›Wertheim am Leipziger Platz‹. Es war vollkommen, und seine Schönheit ist niemals von einem anderen Warenhaus übertroffen worden. (...) Hunderttausend Glühbirnen erleuchteten den Palast, dessen Grundfläche doppelt so groß wie die des Reichstags war (...). Fünf Kilometer Rohrpost, tausend Telephonanschlüsse, dreiundachtzig Fahrstühle, drei Rolltreppen, dreißig andere Treppen, der Gigant wiegte sich in seinen Dimensionen.«

WALTHER KIAULEHN, BERLIN. SCHICKSAL EINER WELTSTADT

"The soul of the masses experienced its greatest inspiration in the department store, and their most beautiful temple was called 'Wertheim on Leipziger Platz'. It was perfect and its beauty has never been surpassed by another department store. (...) Hundreds of thousands of light bulbs illuminated this palace which was twice the size of the Reichstag (...). Five kilometres of pneumatic dispatch, thousands of telephone sockets, 83 lifts, three escalators, thirty other flights of stairs, it was a giant that swayed in its dimensions."

WALTHER KIAULEHN, BERLIN. SCHICKSAL EINER WELTSTADT

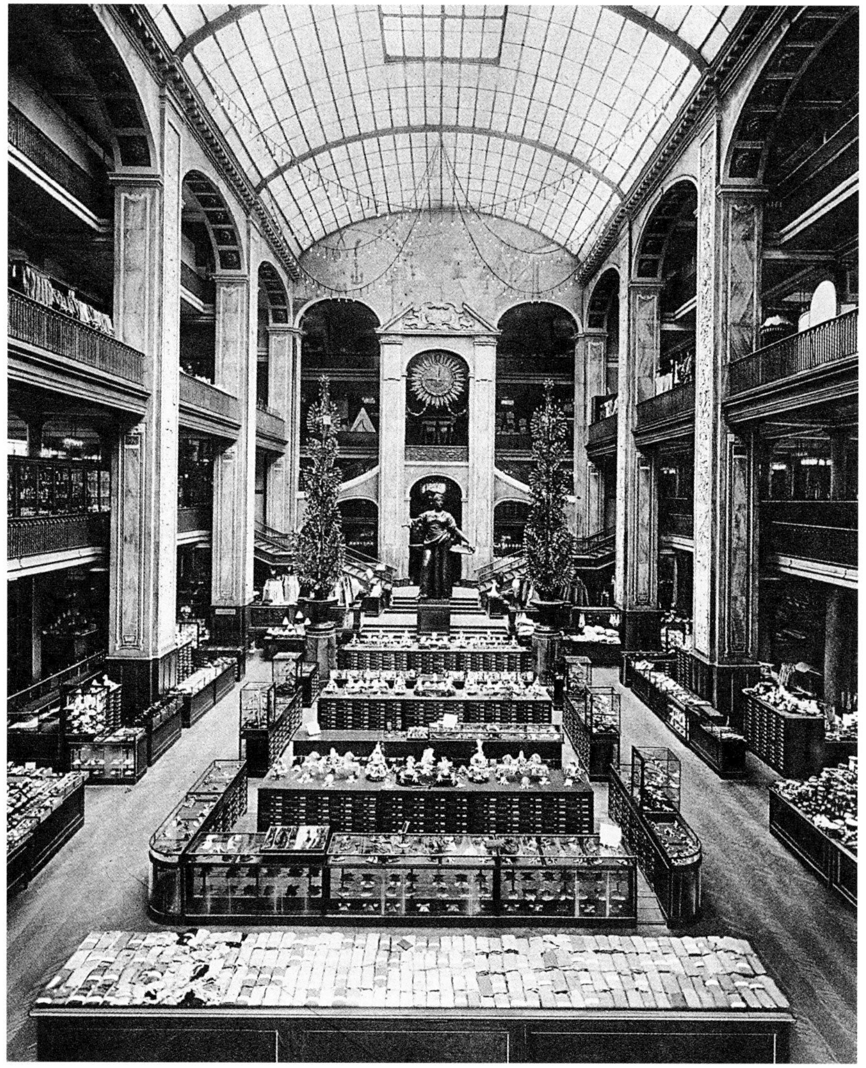

Wertheim am Leipziger Platz, Lichthof und Handschuhabteilung. *Um 1927.*

Wertheim on Leipziger Platz, atrium and glove department. *Around 1927.*

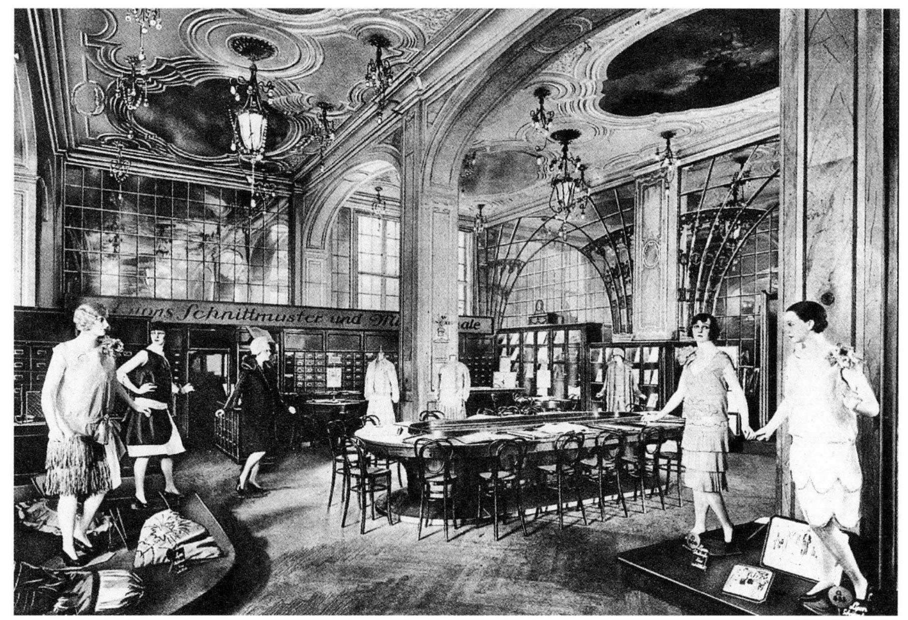

Wertheim am Leipziger Platz, Schnittmusterabteilung. *Um 1927.*

Wertheim on Leipziger Platz, sewing pattern department. *Around 1927.*

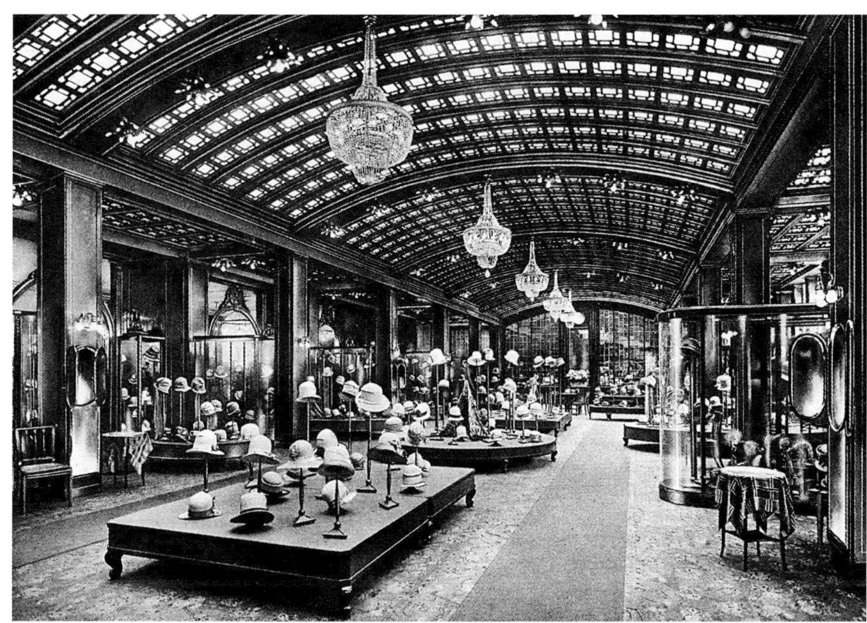

Wertheim am Leipziger Platz, Hutsalon. *Um 1927.*

Wertheim on Leipziger Platz, hat salon. *Around 1927.*

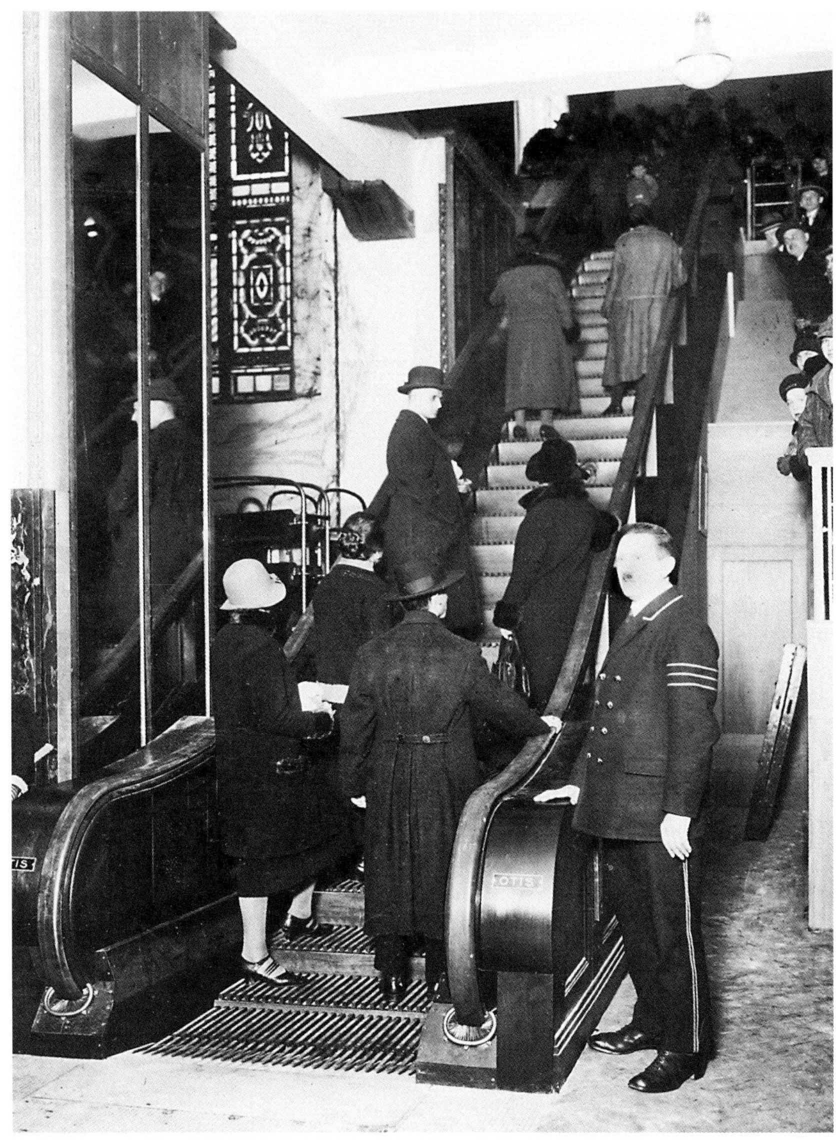

Im Kaufhaus Hermann Tietz wird die erste Rolltreppe Berlins in Betrieb genommen.
Dezember 1925.

The first escalator in Berlin is put into operation in the Hermann Tietz department store.
December 1925.

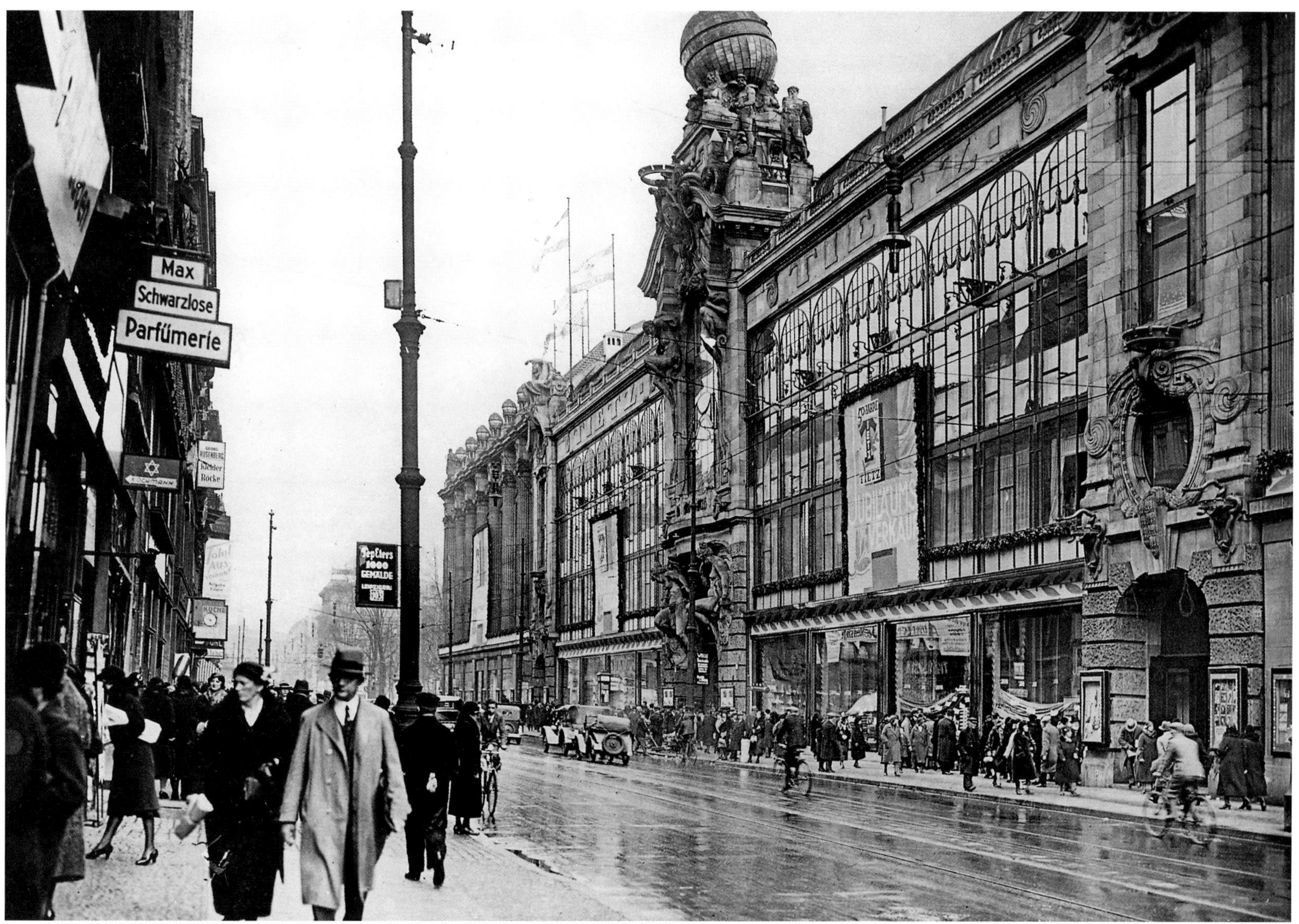

Leipziger Straße mit Blick auf die Eingangsfront des um 1900 errichteten Kaufhauses Hermann Tietz. *Um 1928.*

Leipziger Strasse with view of the entrance to Hermann Tietz department store, built in 1900. *Around 1928.*

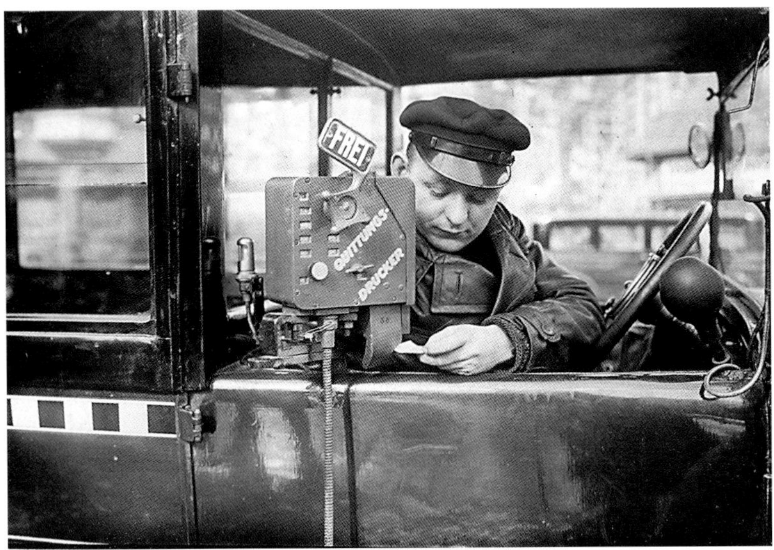

Noch eine Neuerung: Die Taxameteruhr für Autodroschken. Der Fahrgast erhält eine Quittung über den gezahlten Fahrpreis. *Um 1930.*

Another innovation: The taxi metre for cabs. The passenger gets a receipt for the journey he paid for. *Around 1930.*

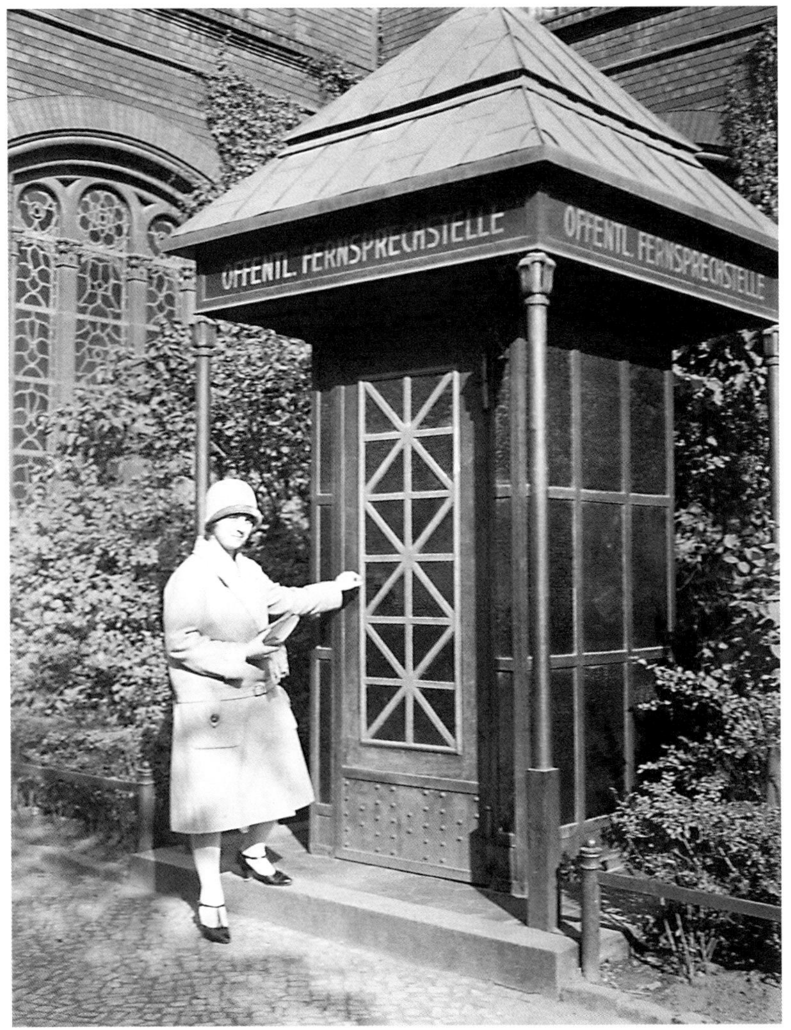

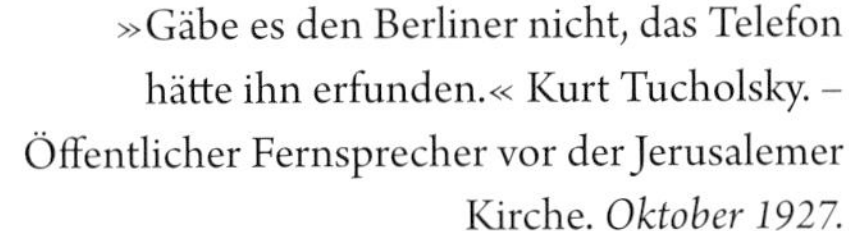

»Gäbe es den Berliner nicht, das Telefon hätte ihn erfunden.« Kurt Tucholsky. – Öffentlicher Fernsprecher vor der Jerusalemer Kirche. *Oktober 1927.*

"If the Berliner hadn't existed, then the telephone would have invented him." Kurt Tucholsky. – Public telephone in front of Jerusalem Church. *October 1927.*

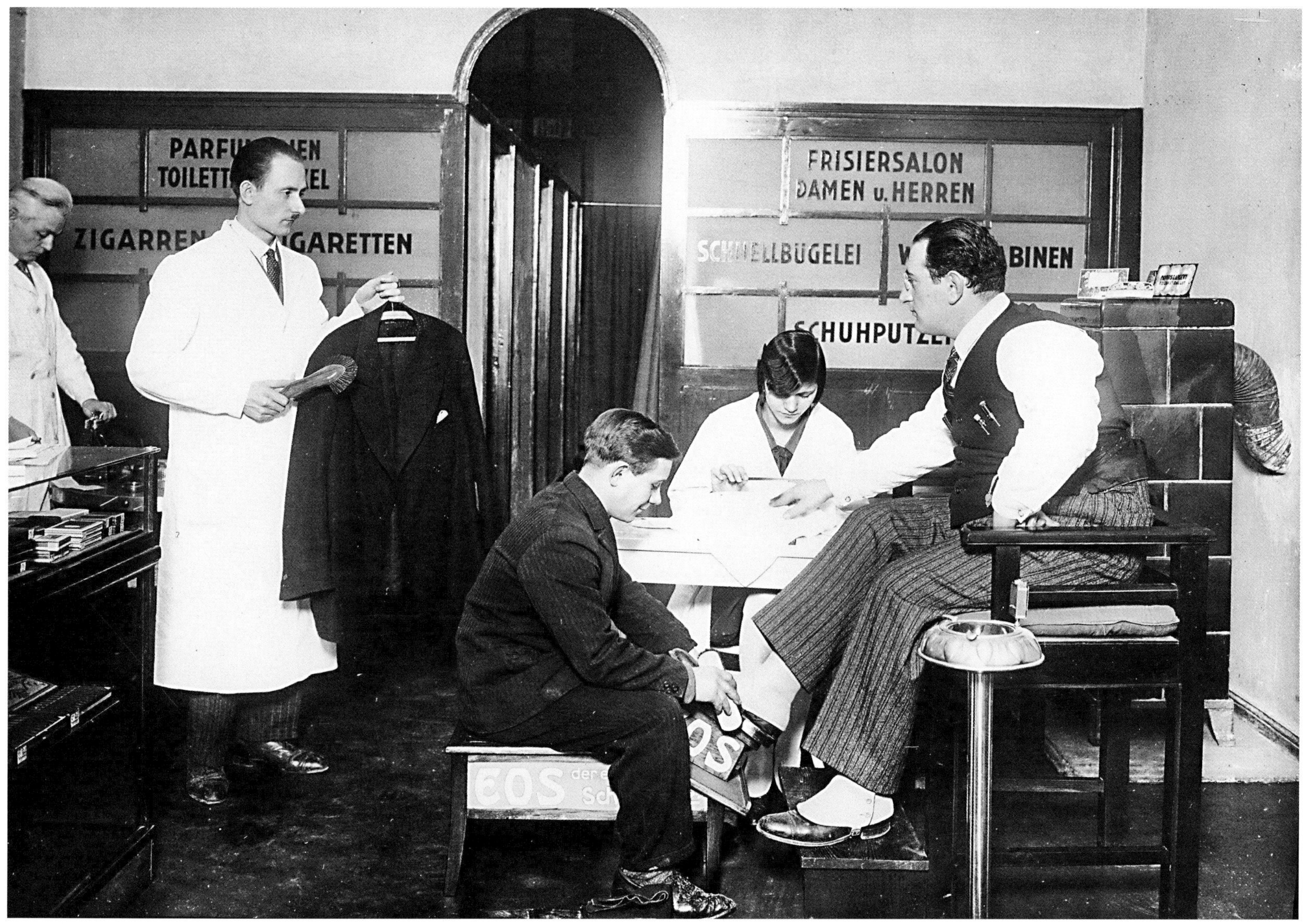

In diesem Laden in der Jerusalemer Straße kann man sich innerhalb weniger Minuten frisieren, rasieren und maniküren lassen, während gleichzeitig der Anzug gebügelt und die Schuhe geputzt werden. *Um 1920.*

In this shop in Jerusalem Strasse you can get a haircut, a shave and a manicure inside a few minutes, whilst your suit is pressed and your shoes are polished. *Around 1920.*

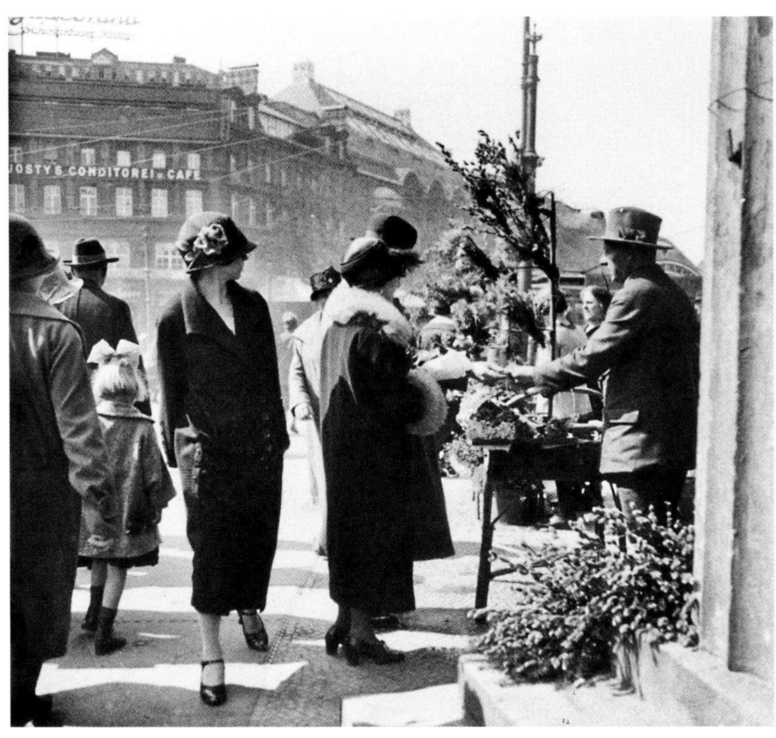

Verkäufer von Weidenkätzchen am Torhaus auf dem Leipziger Platz; im Hintergrund der Potsdamer Platz mit Café Josty und Weinhaus Rheingold. *1920er Jahre.*

Catkin seller at the Leipziger Platz gatehouse; in the background is Potsdamer Platz with Café Josty and Weinhaus Rheingold. *1920s.*

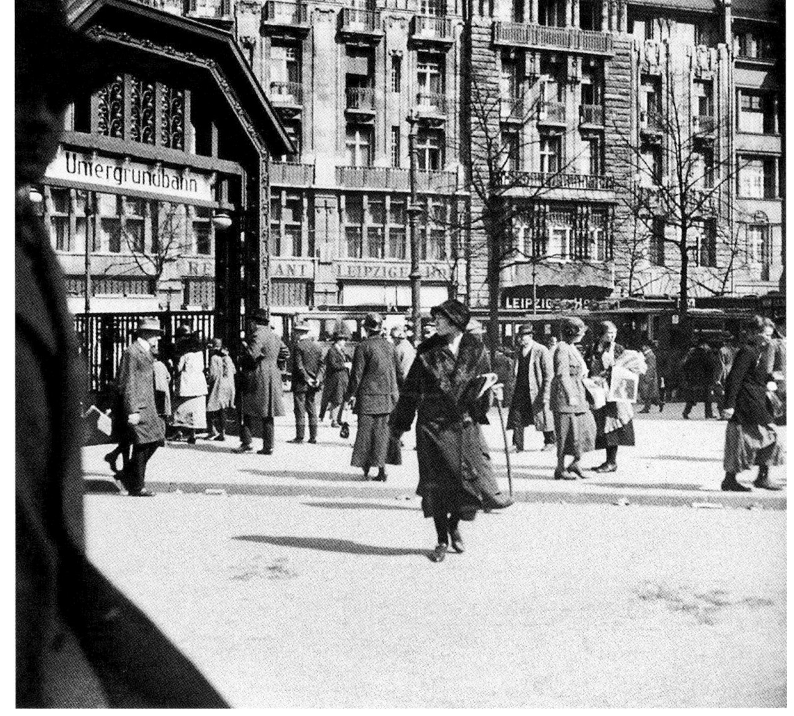

Fußgänger am Eingang zum U-Bahnhof Leipziger Platz; im Hintergrund das Restaurant Leipziger Hof. *1920er Jahre.*

Pedestrians at the entrance to Leipziger Platz underground station; in the background Leipziger Hof restaurant. *1920s.*

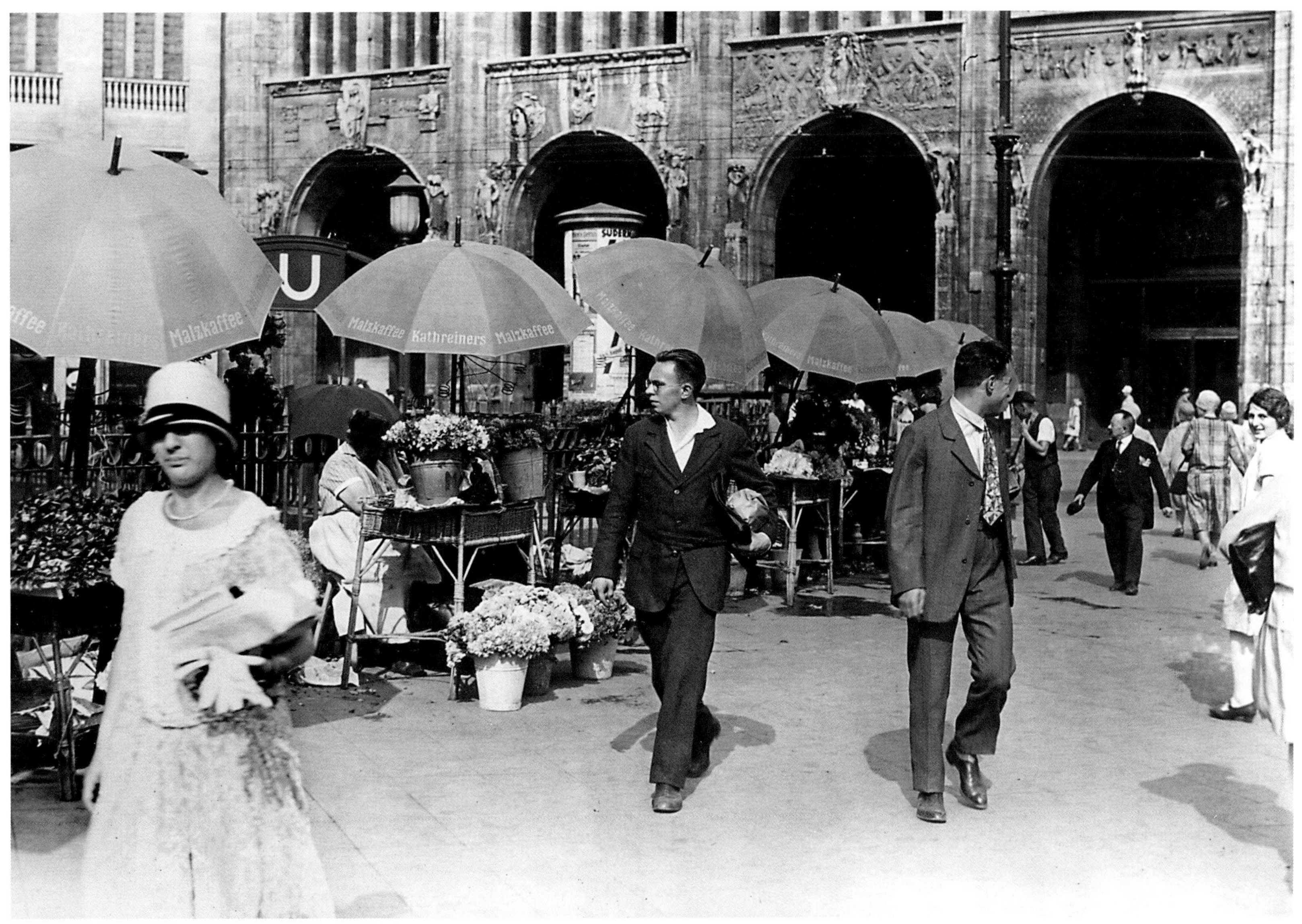

Blumenfrauen auf dem Leipziger Platz vor dem Kaufhaus Wertheim. Als Schutz vor der Hitze dienen Sonnenschirme mit Werbeaufdruck für Malzkaffee. *Um 1930.*

Women selling flowers on Leipziger Platz outside the Wertheim store. Umbrellas advertising malt coffee serve as protection from the heat. *Around 1930.*

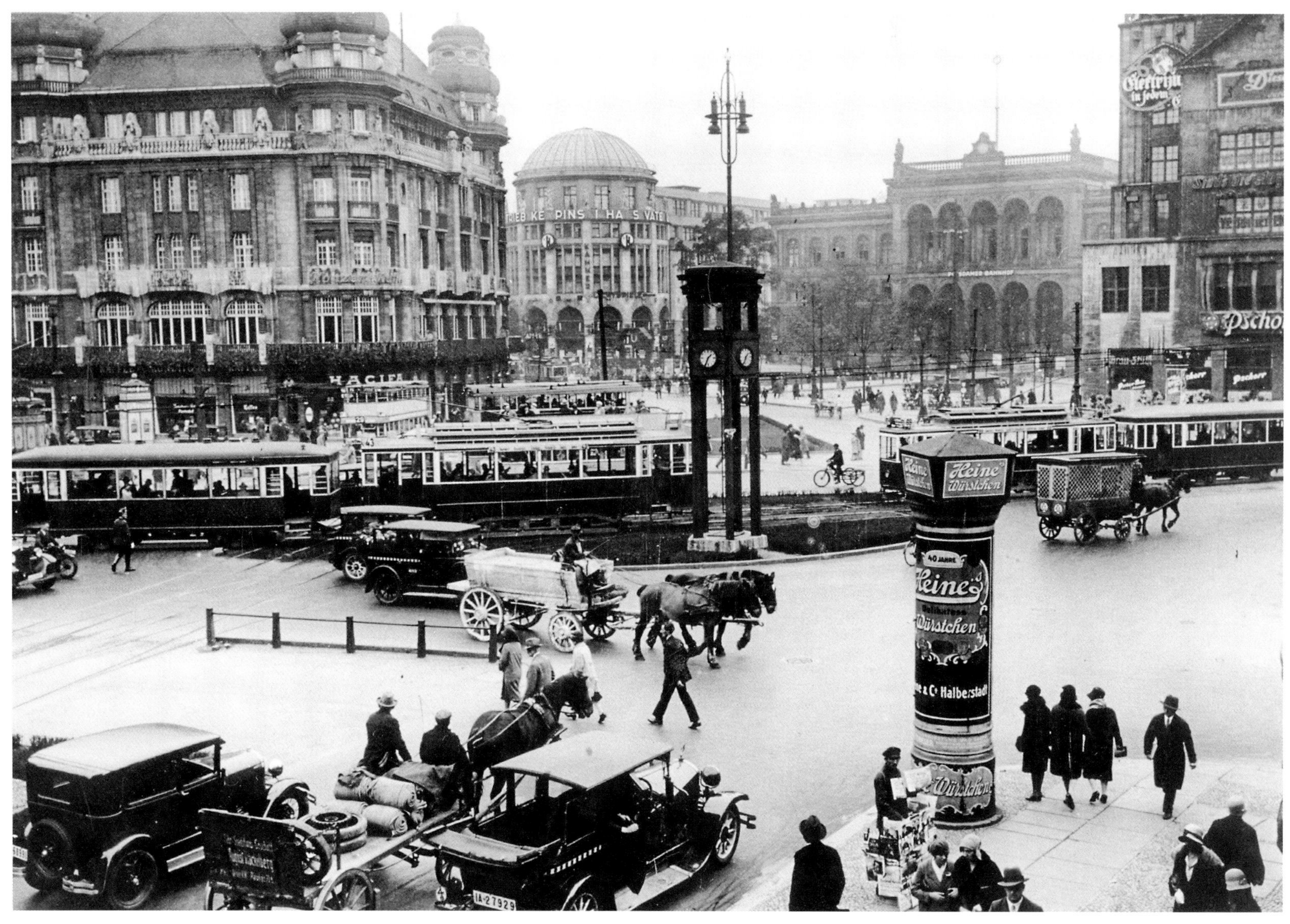

Berlins überlasteter Verkehrsknotenpunkt: der Potsdamer Platz mit dem 1924 errichteten Ampelturm. Im Hintergrund Hotel Fürstenhof, Haus Vaterland und Potsdamer Bahnhof. *Um 1925.*

Berlin's overloaded traffic junction: Potsdamer Platz with its traffic light tower erected in 1924. In the background Hotel Fürstenhof, Haus Vaterland and Potsdamer Platz station. *Around 1925.*

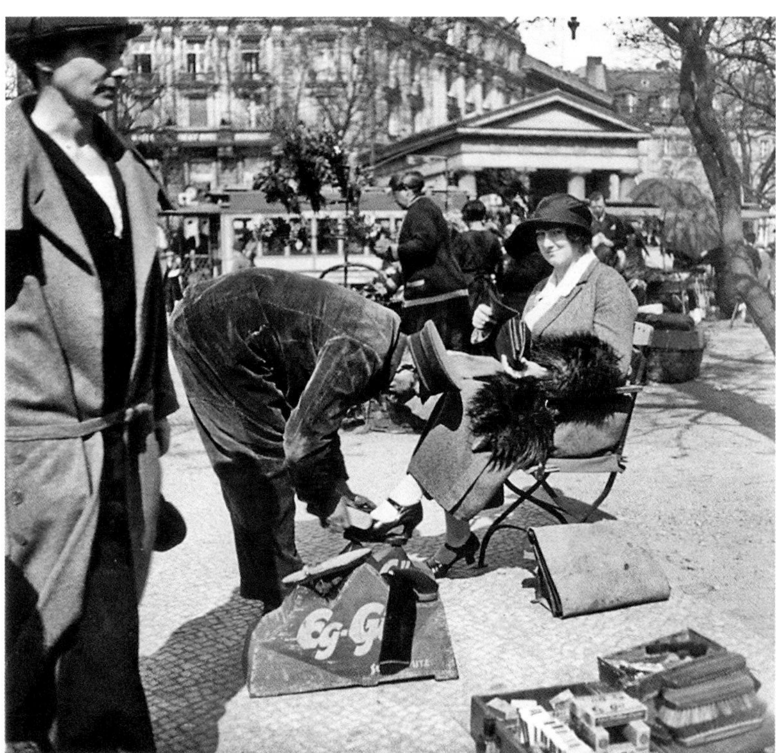

Schuhputzer auf dem Potsdamer Platz; im Hintergrund das nördliche Torhaus und das Palasthotel. *Um 1925.*

Shoeshine boy on Potsdamer Platz. In the background the northern gatehouse and the Palasthotel. *Around 1925.*

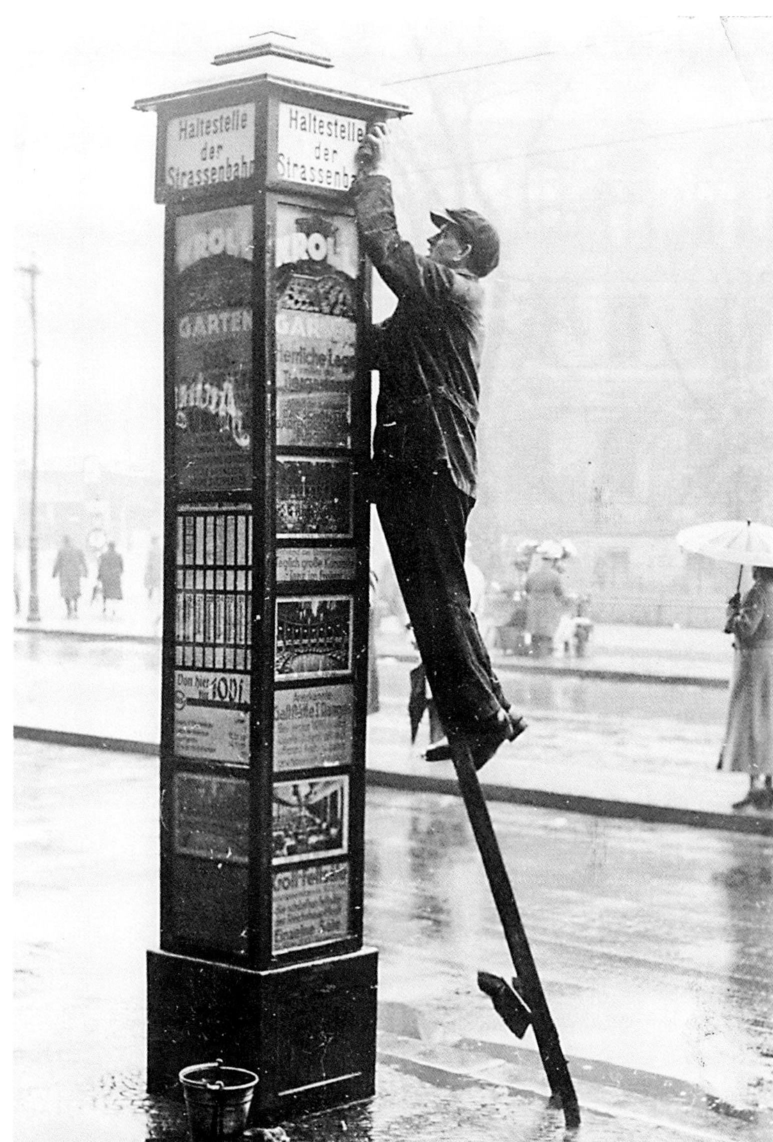

Die Haltestellensäule der Straßenbahn wird gereinigt. *Um 1925.*

The tram stop column is given a clean. *Around 1925.*

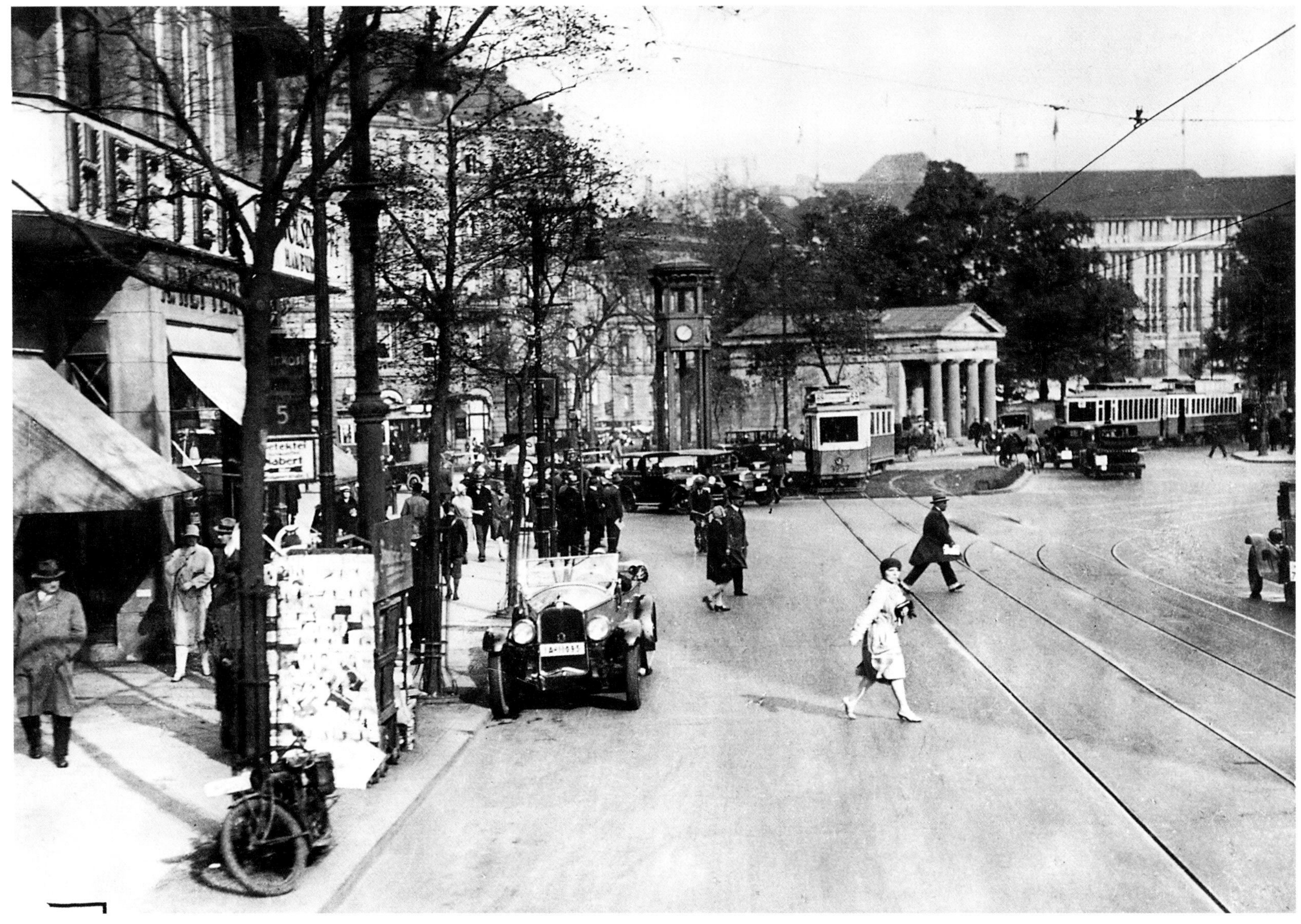

Potsdamer Platz. Blick auf den Verkehrsturm und das linke Torhaus am Leipziger Platz; im Hintergrund das Warenhaus Wertheim. *Um 1928.*

Potsdamer Platz. View of the traffic light tower and the left gatehouse on Leipziger Platz; in the background is Wertheim department store. *Around 1928.*

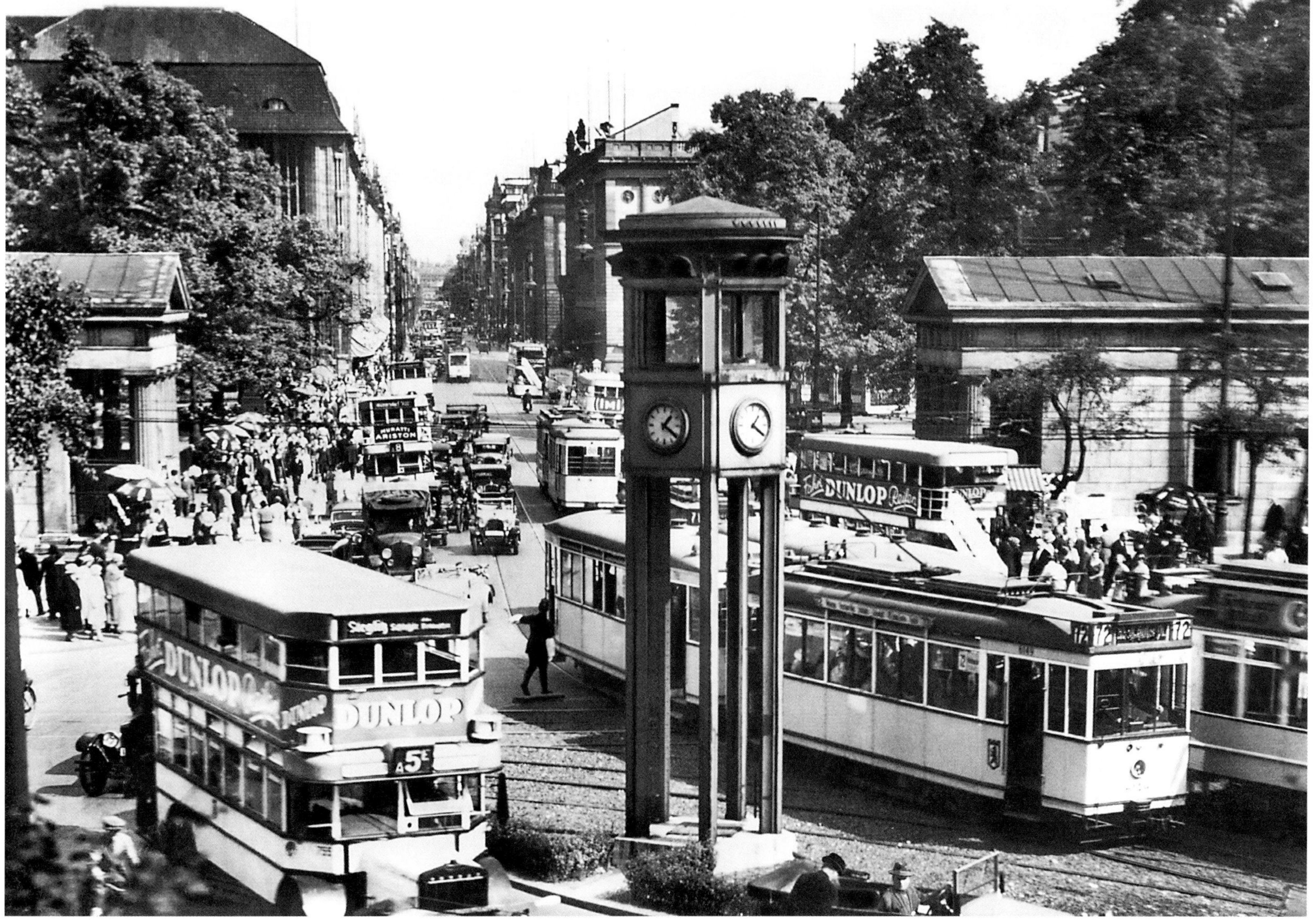

Großstadtverkehr am Potsdamer Platz; im Hintergrund die Leipziger Straße. *Um 1930.*

City traffic on Potsdamer Platz. In the background is Leipziger Strasse. *Around 1930.*

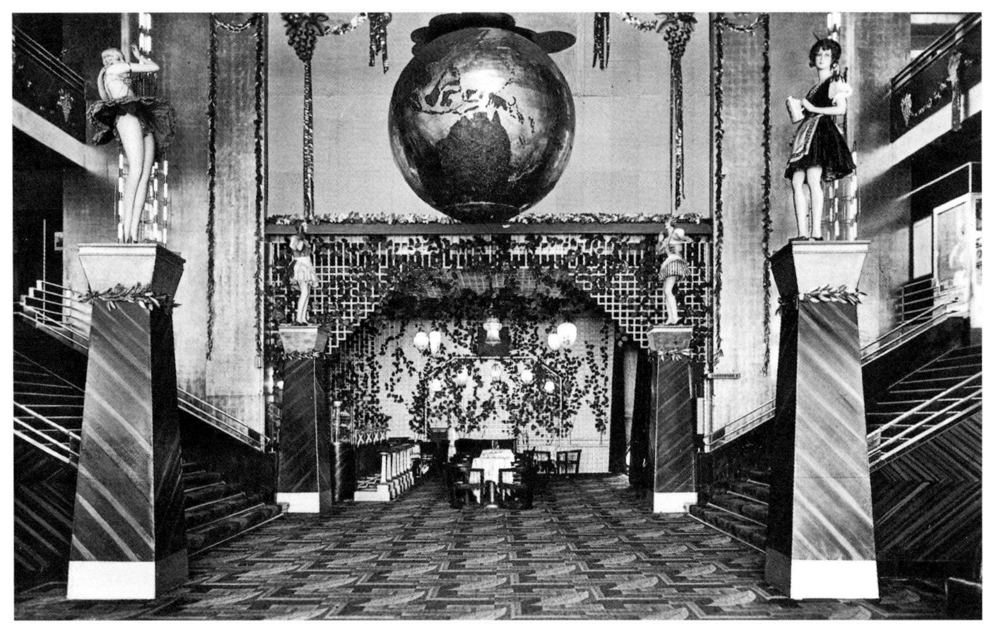

Die Mittelhalle im Haus Vaterland.
Um 1930.

The Middle Hall in Haus Vaterland.
Around 1930.

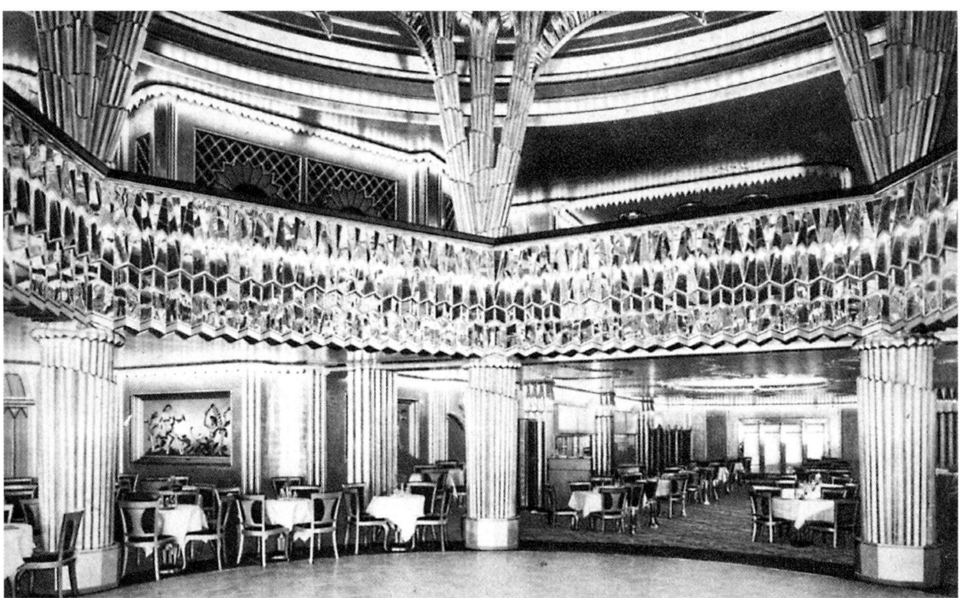

Der Ballsaal im Haus Vaterland.
Um 1925.

The ballroom in Haus Vaterland.
Around 1925.

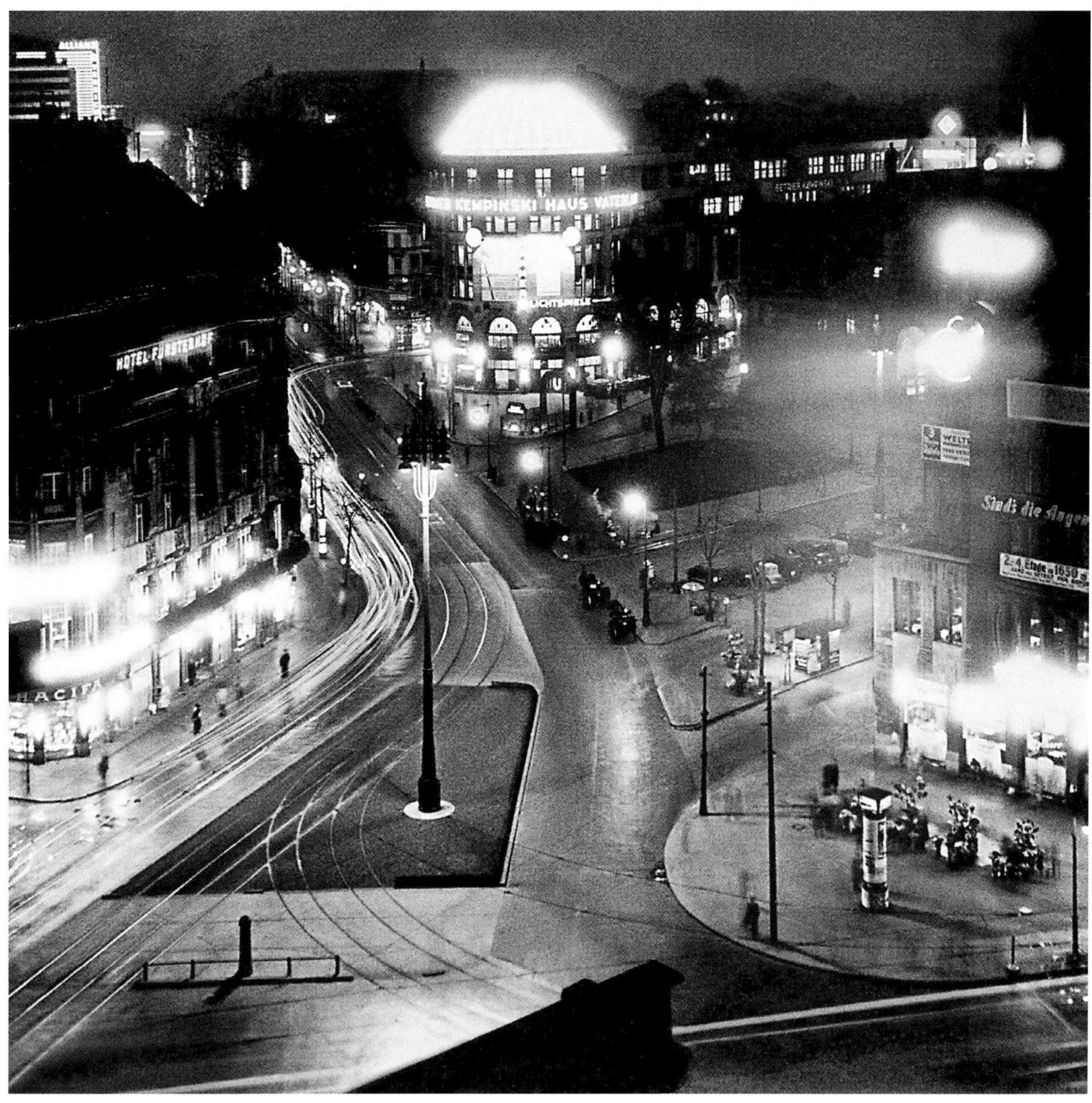

Der Potsdamer Platz bei Nacht. Blick nach Süden. In der Mitte leuchtet die Kuppel von Haus Vaterland. Um 1927.

Potsdamer Platz at night. View towards the south. In the middle the illuminated dome of Haus Vaterland. *Around 1927.*

»Berlin, Paradies der Elektrizität. (...) Riesige Schnörkel preisen die hunderttausend Überflüssigkeiten der Zivilisation an, vom Auto bis zum Parfüm. Lichtsäulen machen die Nacht sonnenhell; färben sogar die preußische Nacht blau-weiß-rot: liebenswürdige Zauberei der Wunderfee Elektrizität.«

AMÉDÉE OZENFANT

"Berlin, paradise of electricity. (...) Giant embellishments advertise the hundred thousand luxuries of civilisation, from cars to perfume. Illuminated columns turn the night into sunlight; they even colour the Prussian night blue, white and red: the genial wizardry of the miracle fairy, electricity."

AMÉDÉE OZENFANT

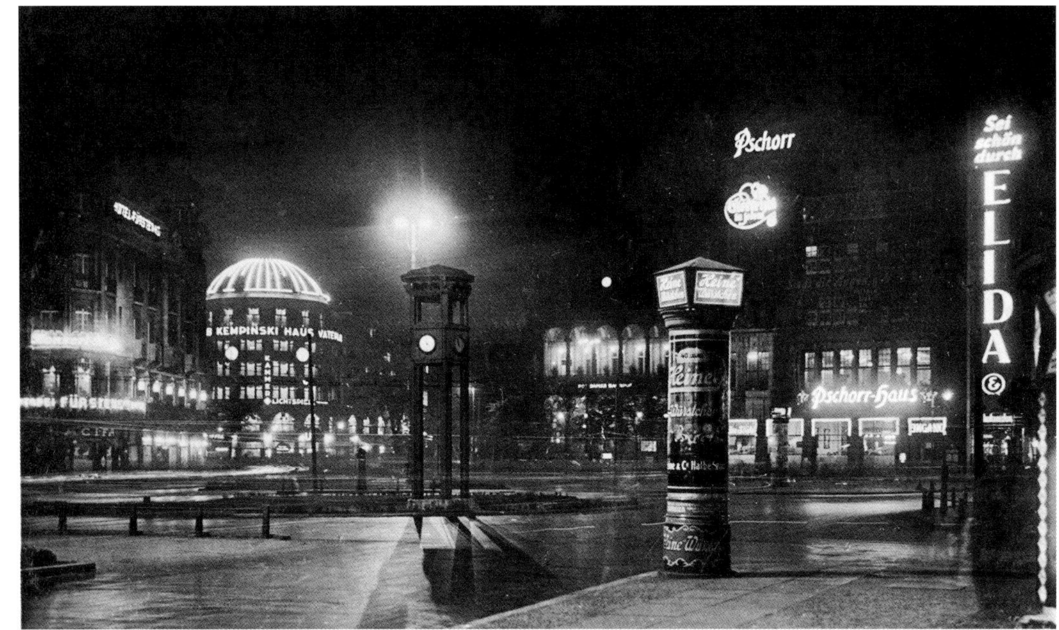

Potsdamer Platz bei Nacht. *1920er Jahre.*

Potsdamer Platz by night. *1920s.*

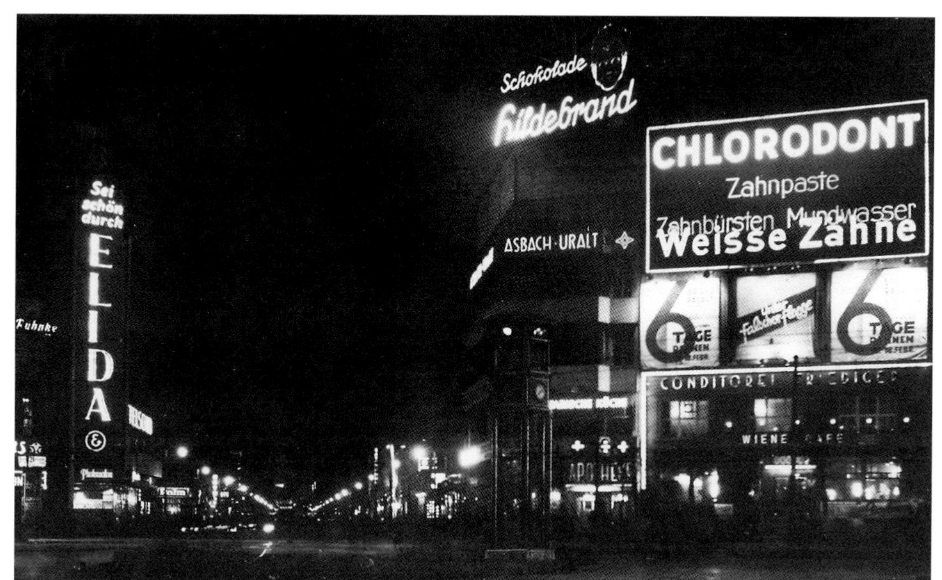

Potsdamer Platz bei Nacht. *1920er Jahre.*

Potsdamer Platz by night. *1920s.*

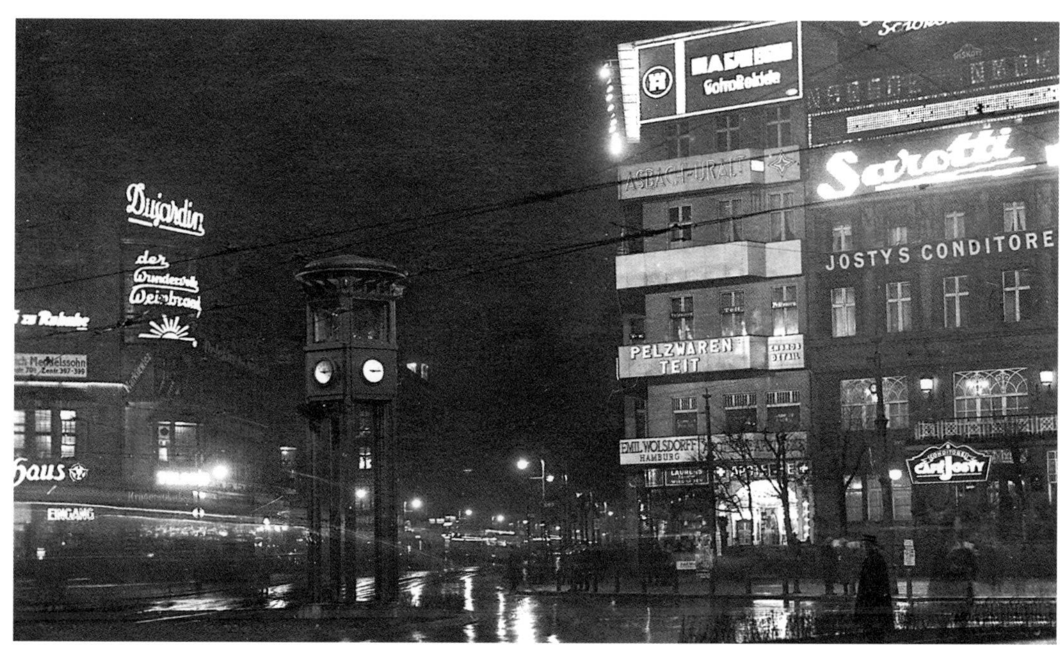

Potsdamer Platz bei Nacht. *1920er Jahre.*

Potsdamer Platz by night. *1920s.*

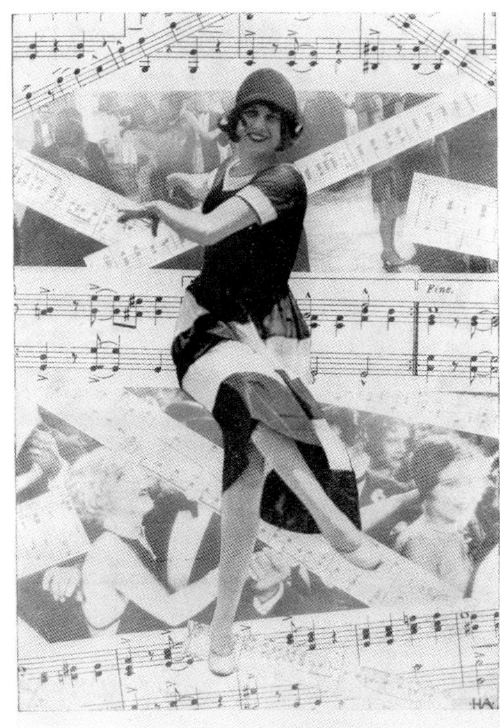

»Charleston an Bord«. *Fotomontage in der Zeitschrift »Das Magazin«, Juli 1927.*

Charleston on board. *Photo montage in "Das Magazin" magazine, July 1927.*

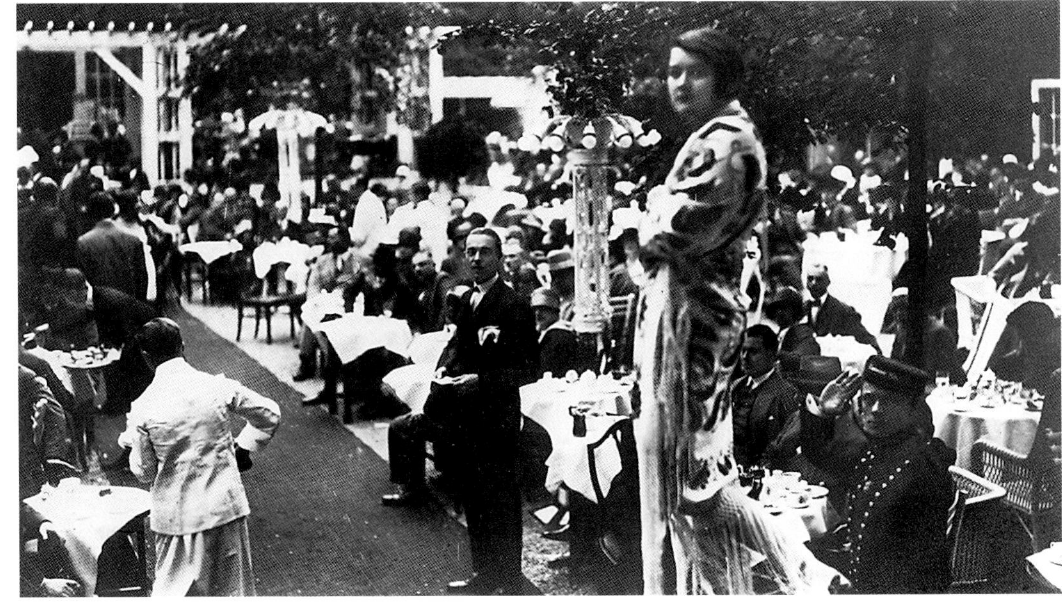

Fünfuhrtee im Garten des Hotels Esplanade. *1926.*

Afternoon tea in the Hotel Esplanade. *1926.*

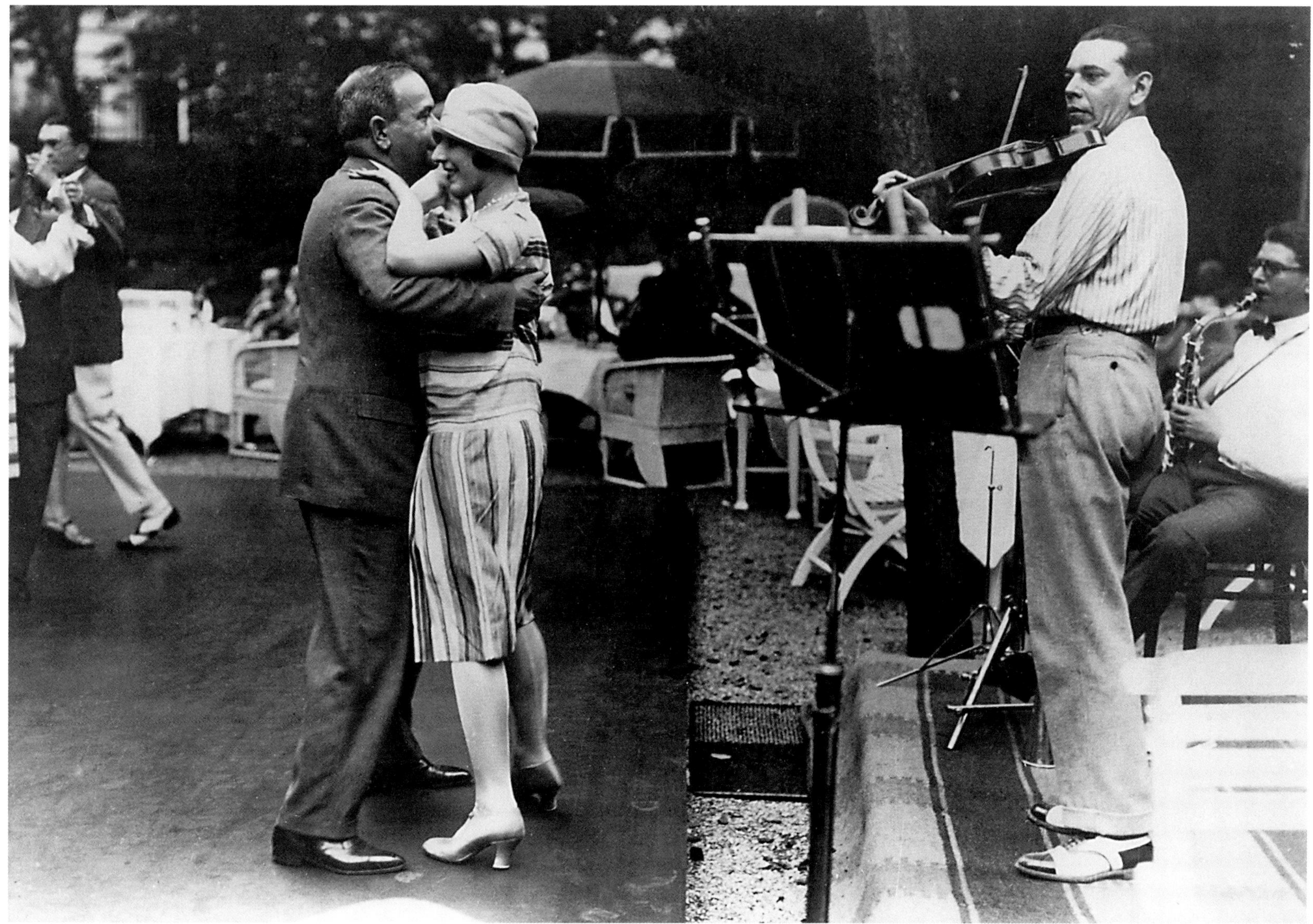

Tanztees gehören in der gehobenen Gesellschaft zum guten Ton. Neben Tanzsalons und Kaffeehäusern sind vor allem die großen Hotels Anziehungspunkt für dieses Nachmittagsvergnügen, wie hier das Hotel Esplanade in der Bellevuestraße am Potsdamer Platz. *1926*.

Tea dances are de rigueur in high society. Dance salons and coffee houses, but above all large hotels hold this afternoon entertainment, as here the Hotel Esplanade in Bellevuestrasse on Potsdamer Platz. *1926*.

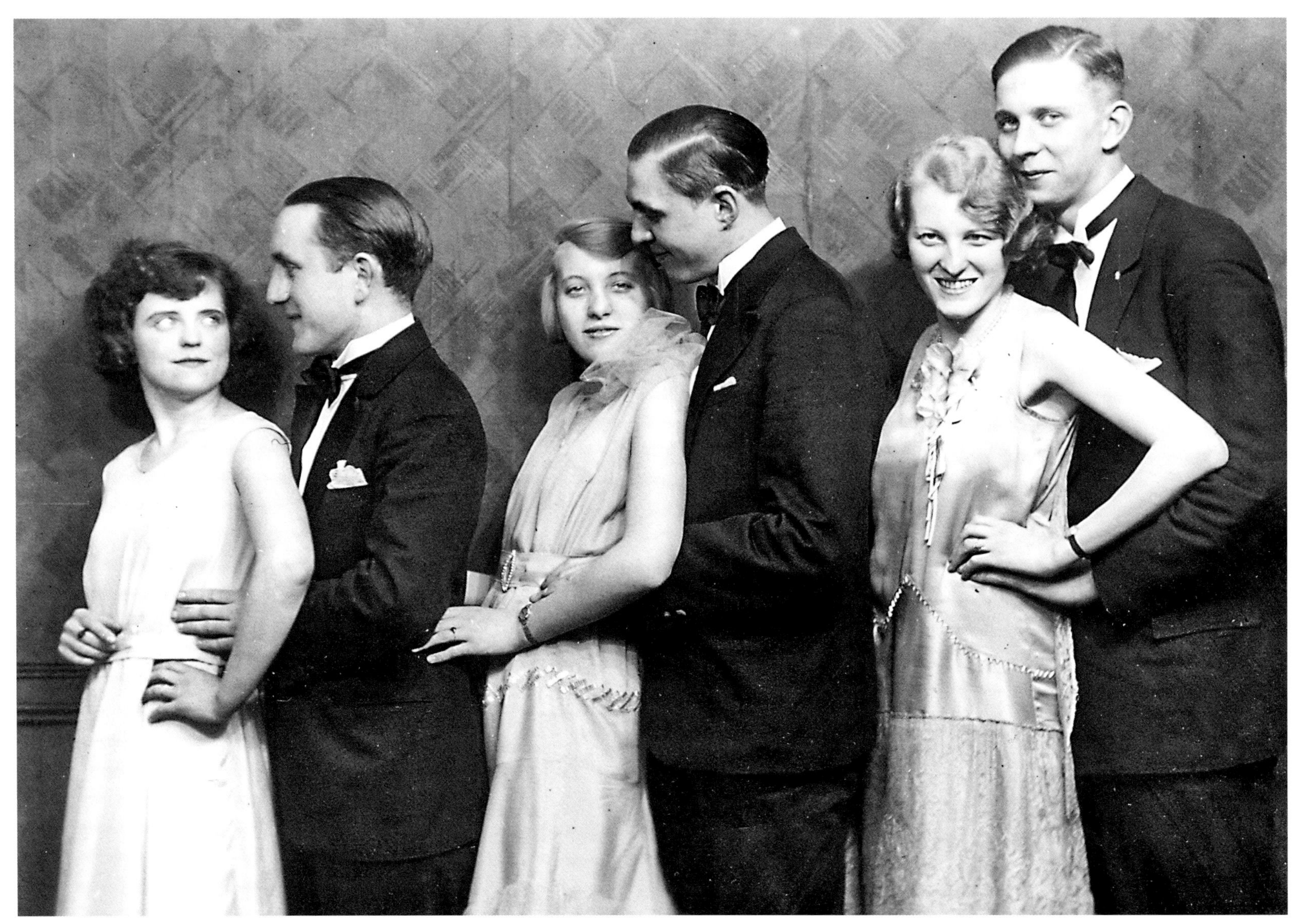

Drei Tanzpaare. *21. Februar 1931.*

Three pairs of dancers. *21st February 1931.*

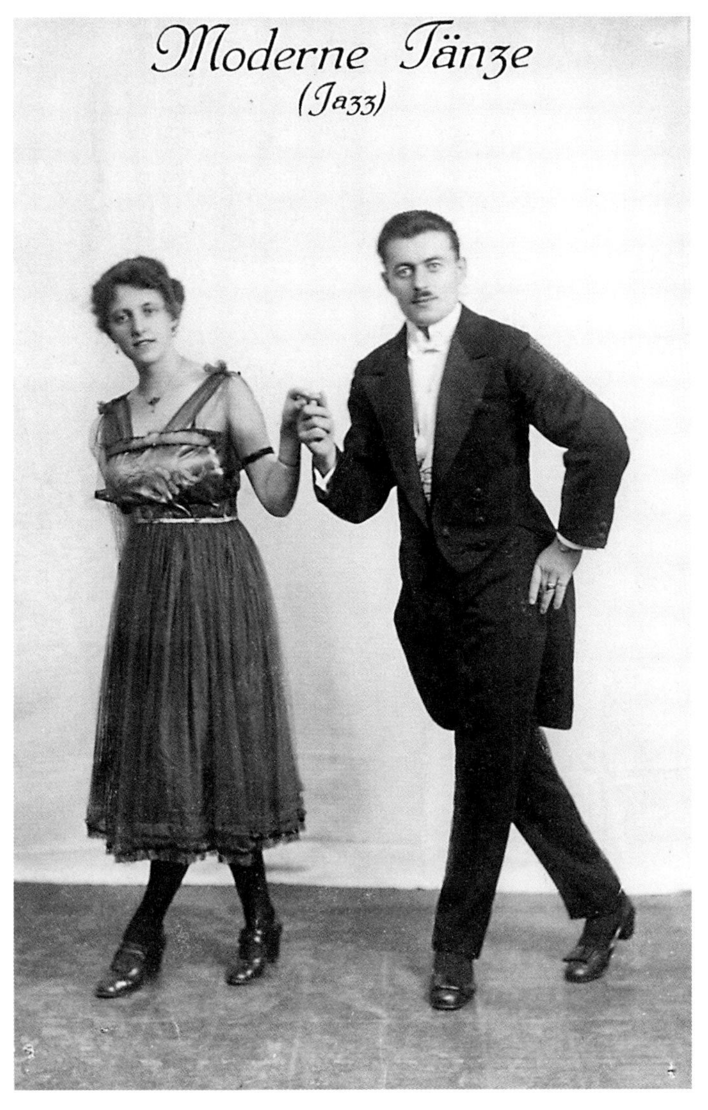

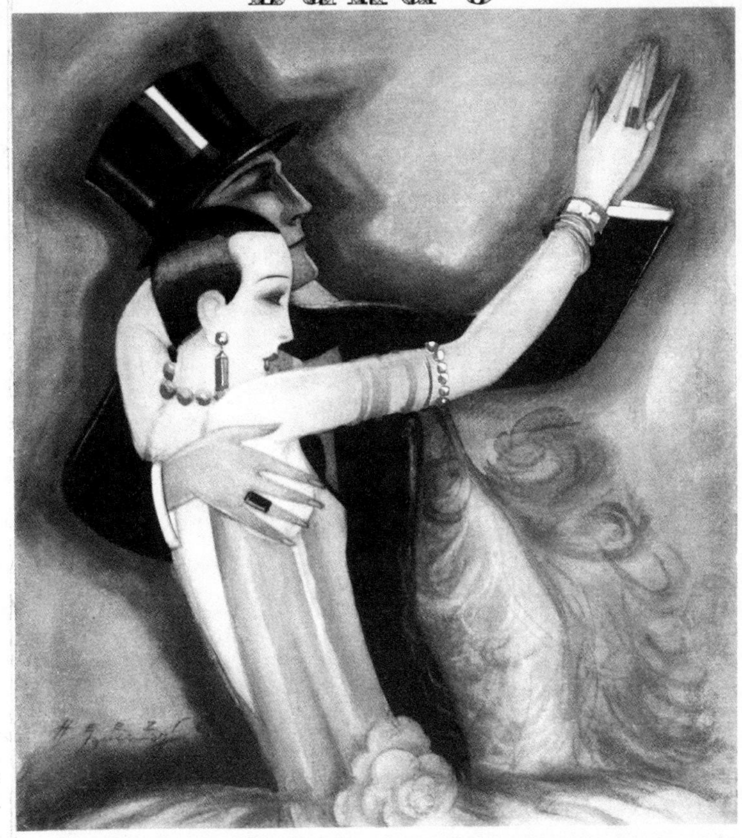

Zu Tee und Tanz, Band 9: 20 moderne Tänze, hrsg. von C. Morena. *Titelseite, 1927.*

'At Tea and Dance', Volume 9: 20 modern dances, published by C. Morena. *Cover, 1927.*

»Moderne Tänze«: Tanzlehrer mit Partnerin. *1923.*

"Modern Dances": Dance teacher with dancing partner. *1923.*

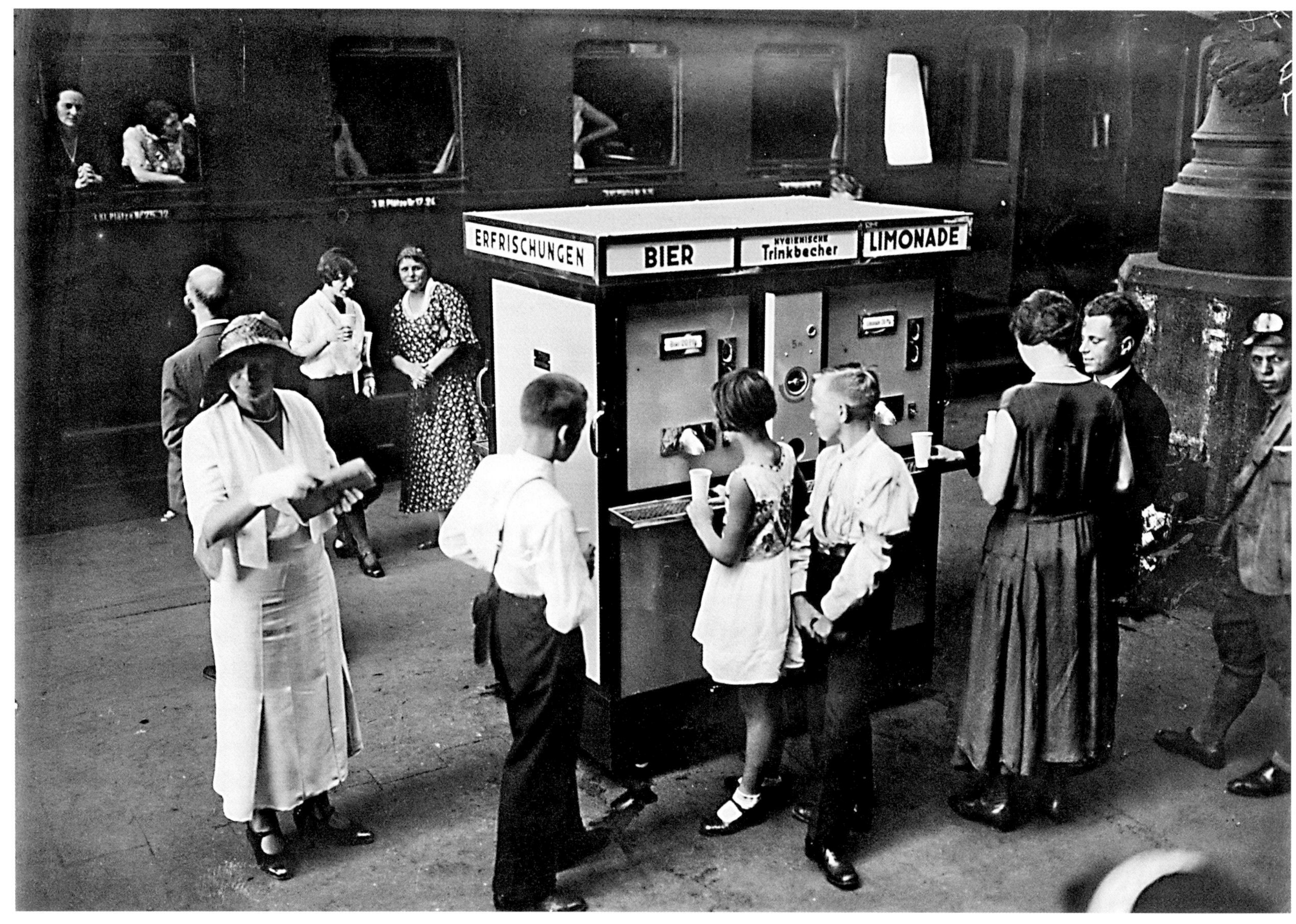

Der erste fahrbare Getränkeautomat mit Bier vom Fass wird auf dem Anhalter Bahnhof in Betrieb genommen. *22. Mai 1932.*

The first mobile vending machine for drinks is put into operation at Anhalter Station with beer on tap. *22nd May 1932.*

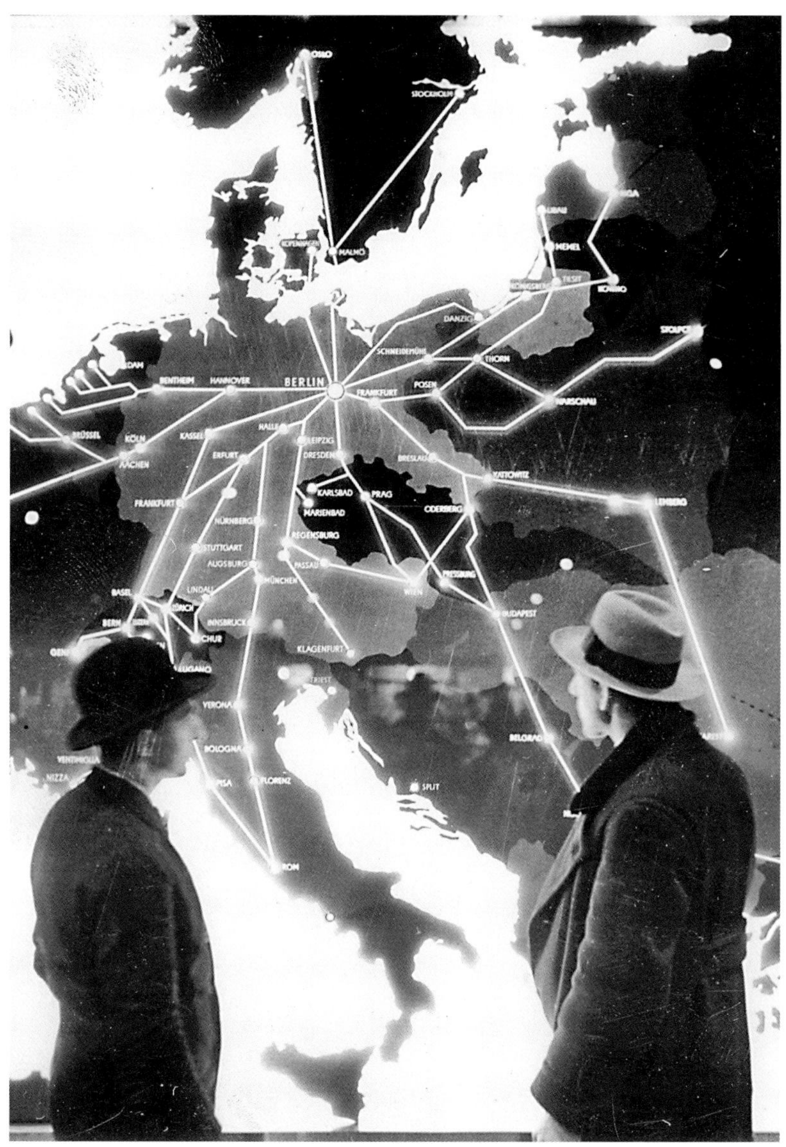

Berlin ist ein wichtiges Drehkreuz im europäischen Bahnverkehr. Leuchtender Streckenplan im Anhalter Bahnhof. *Um 1930.*

Berlin is an important hub on the European railway network. Illuminated timetable at Anhalter Station. *Around 1930.*

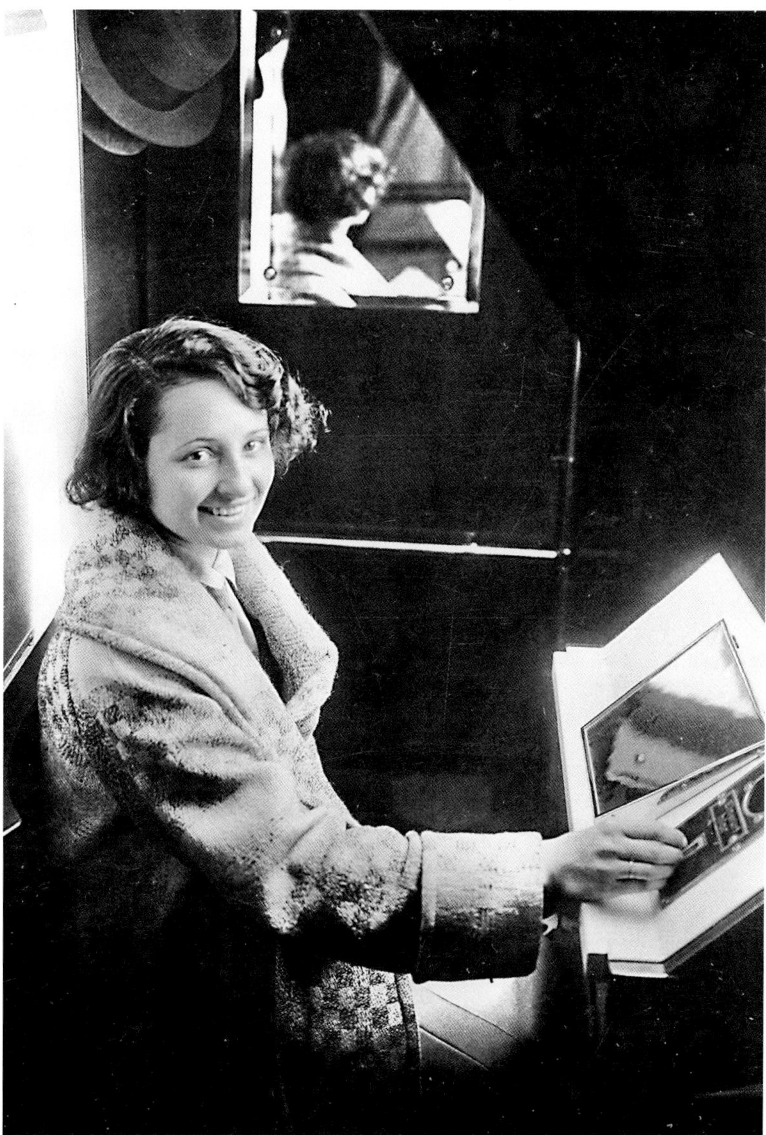

Einer der ersten Fotoautomaten in Deutschland am Potsdamer Platz. *Um 1930.*

One of the first photo booths in Germany, on Potsdamer Platz. *Around 1930.*

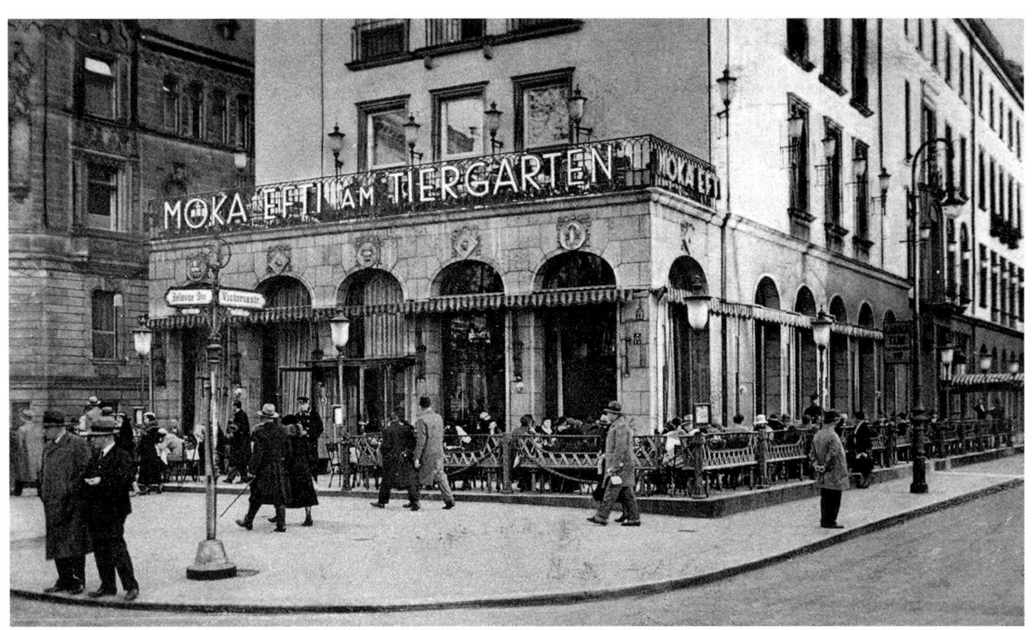

Das Café »Moka Efti« an der Victoria-/
Ecke Bellevuestraße. *Um 1930.*

Café "Moka Efti" on Victoriastrasse/
Bellevuestrasse. *Around 1930.*

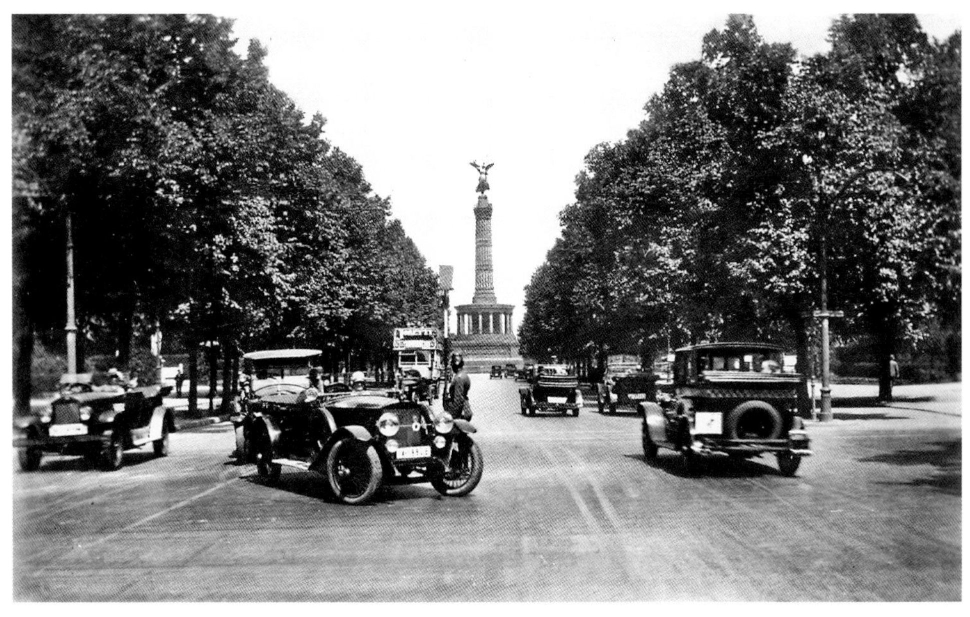

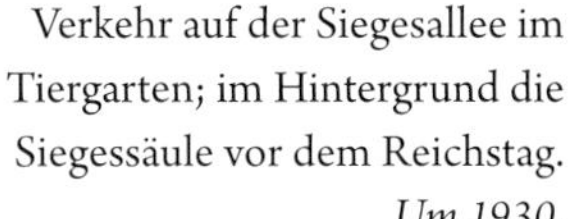

Verkehr auf der Siegesallee im Tiergarten; im Hintergrund die Siegessäule vor dem Reichstag. *Um 1930.*

Traffic on the Siegesallee in the Tiergarten; in the background the Berlin Victory Column. *Around 1930.*

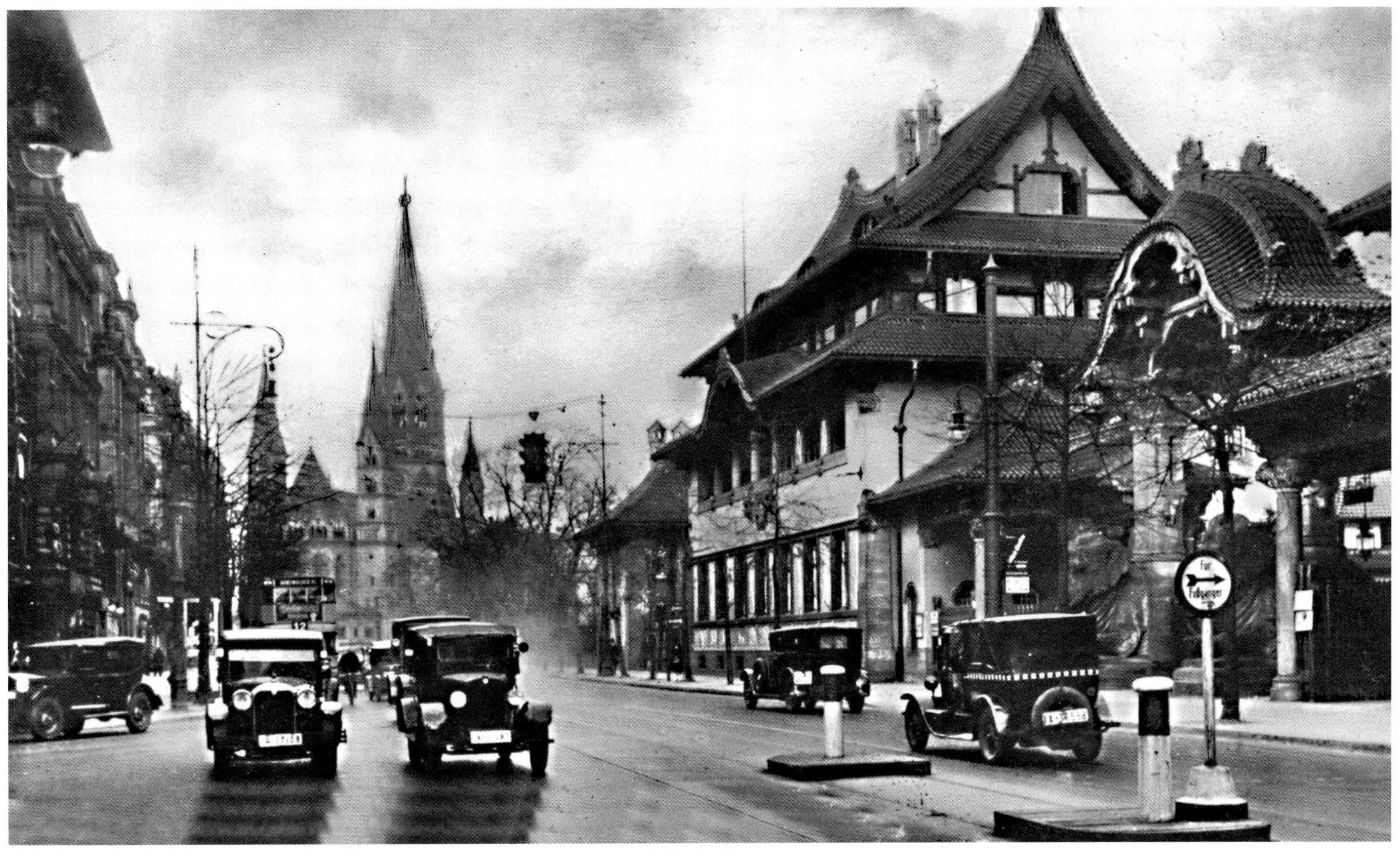

Der Eingang zum Zoologischen Garten in der Budapester Straße. Im Hintergrund die Kaiser-Wilhelm-Gedächtniskirche. *1925*.

The entrance to the Zoological Gardens in Budapester Strasse. In the background is the Kaiser Wilhelm Memorial Church. *1925*.

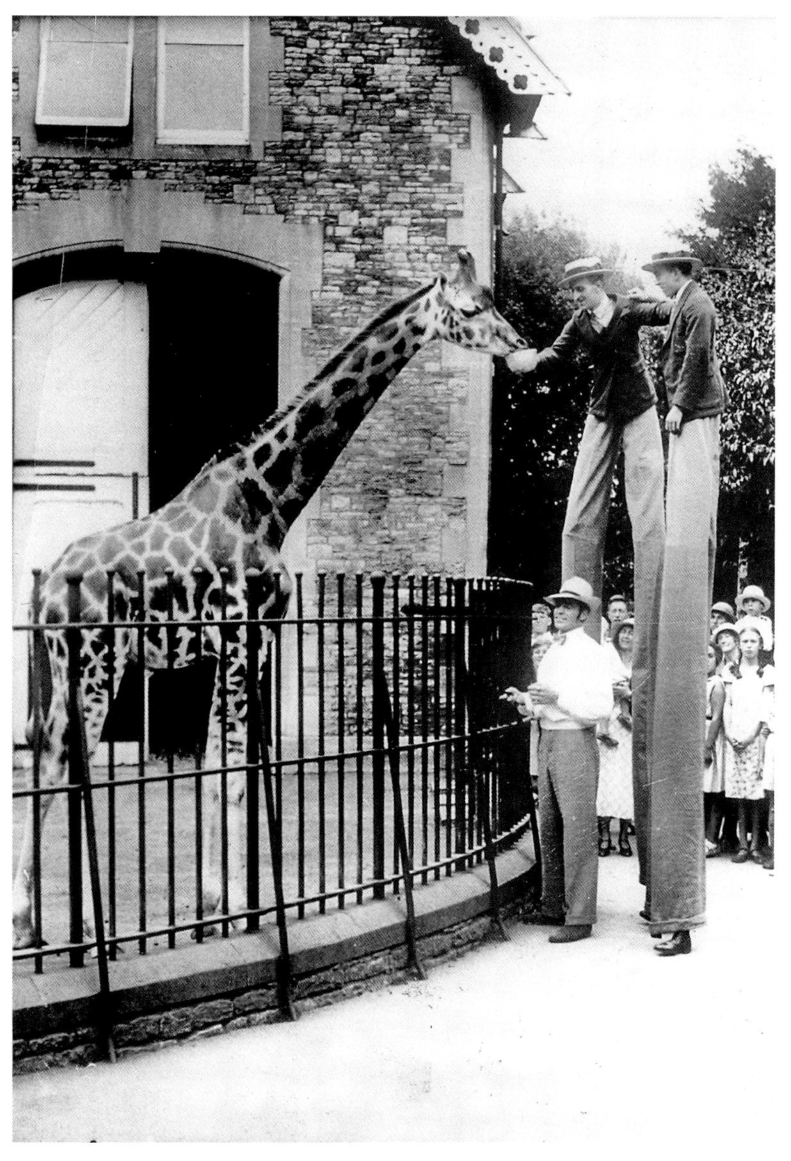

Stelzenläufer im Zoo. *Um 1930.*

Stilt walkers in the zoo. *Around 1930.*

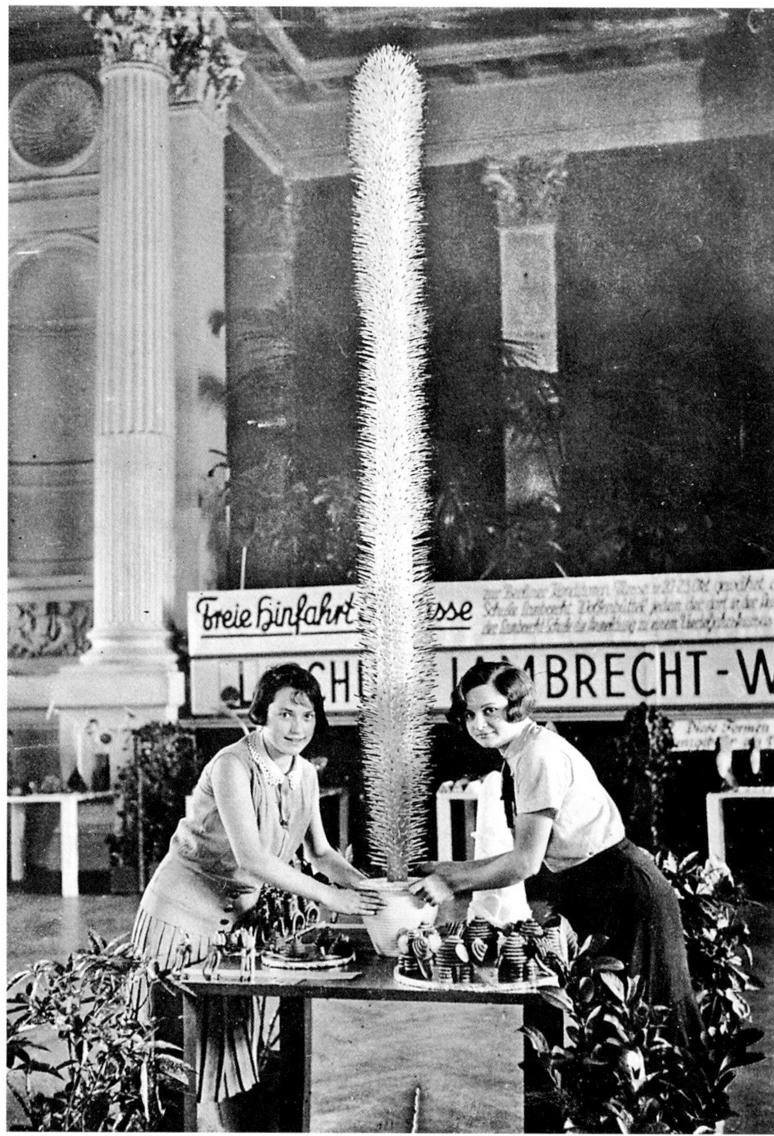

Ein drei Meter hoher Kaktus aus Karamell wird bei einer Bäckerei-Ausstellung im Zoologischen Garten präsentiert. *Um 1930.*

A three-meter high cactus made of toffee is presented at a bakery exhibition in the zoo. *Around 1930.*

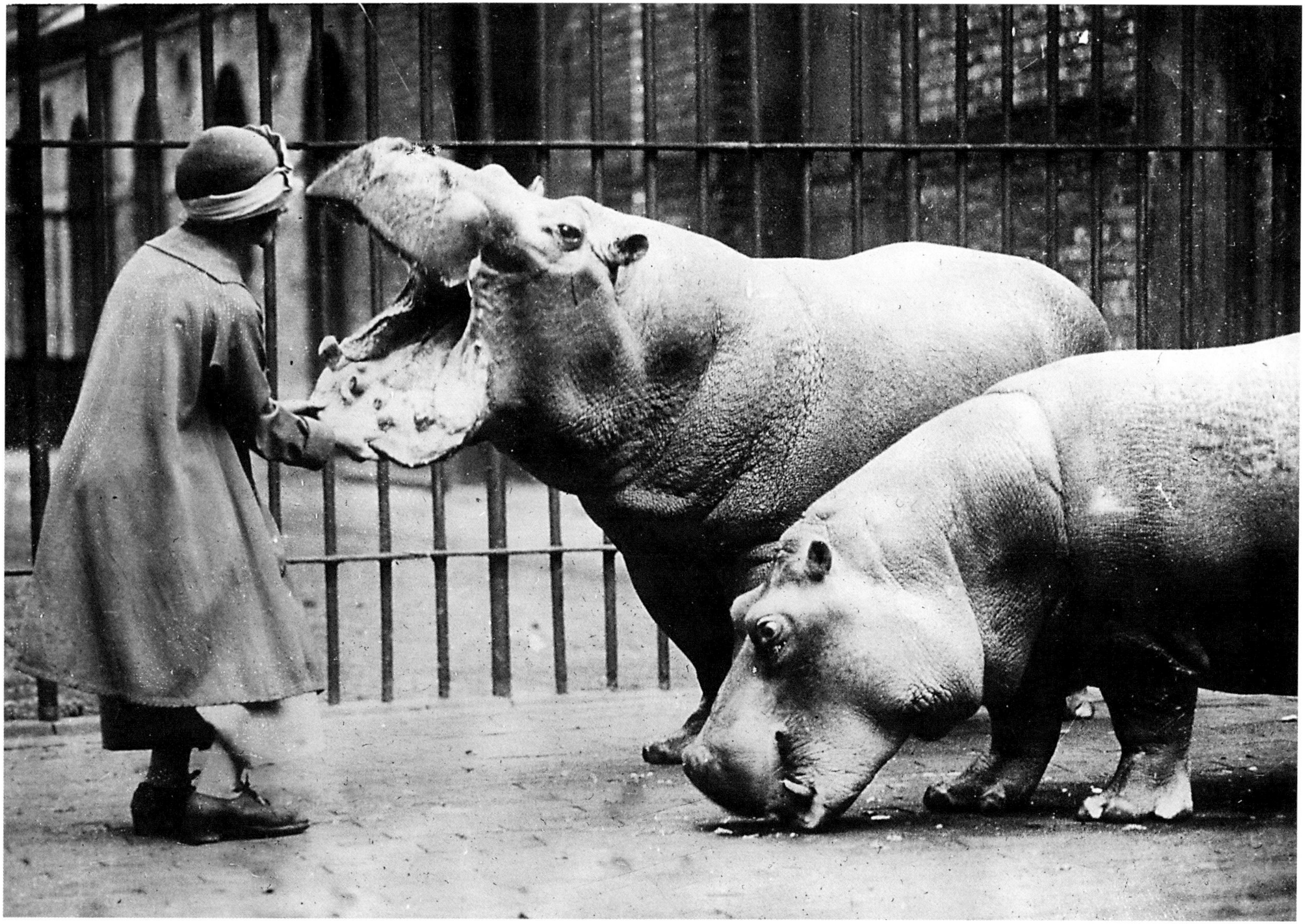

Nur Mut! – Junge Dame mit Nilpferden im Zoologischen Garten. *Um 1922.*

Be brave! – Young woman with hippopotamuses in the Zoological Gardens. *Around 1922.*

»Nehmen wir also einen großen Berliner Kostümball, der vor wenigen Tagen im Zoo stattfand. (...) Die 3.531 Herren und Damen, die sich in dieses Massenvergnügen gestürzt haben, saßen an 468 Tischen in 17 Sälen und wurden von 150 Kellnern bedient. (...) Zwölf Kapellen spielten in den zehn Stunden, die der Ball andauerte, 545 Tänze, wovon mehr als zwei Drittel auf das Konto des Charlestons ging, während der Rest sich zwischen Tango, Boston und einigen Outsiders verteilte.«

BERLINER TAGBLATT, 25. JANUAR 1927.

"Let's take a big Berlin fancy dress ball, that took place a few days ago in the Zoo. (...) The 3,531 ladies and gentlemen which turned up to this mass entertainment sat at 468 tables in 17 rooms and were served by 150 waiters. (...) Twelve bands played during the ten hours that the ball lasted and the Charleston was played for two thirds of that time and the rest was divided between the Tango, the Boston and other foreign dances."

BERLINER TAGBLATT, 25TH JANUARY 1927.

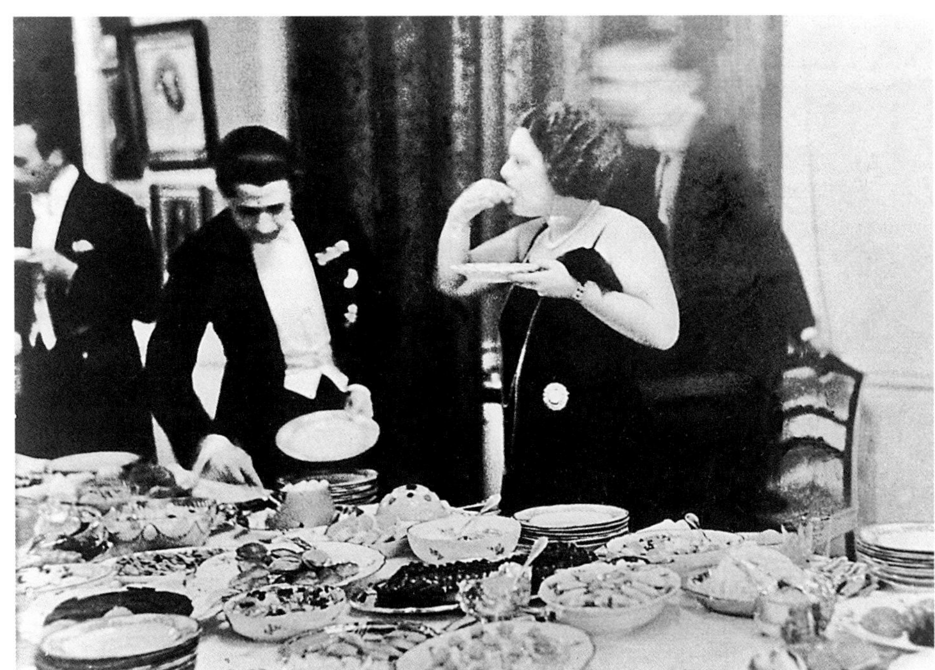

Presseball: Am kalten Buffet.
Erich Salomon, 1930.

Press Ball – at the cold buffet.
Erich Salomon, 1930.

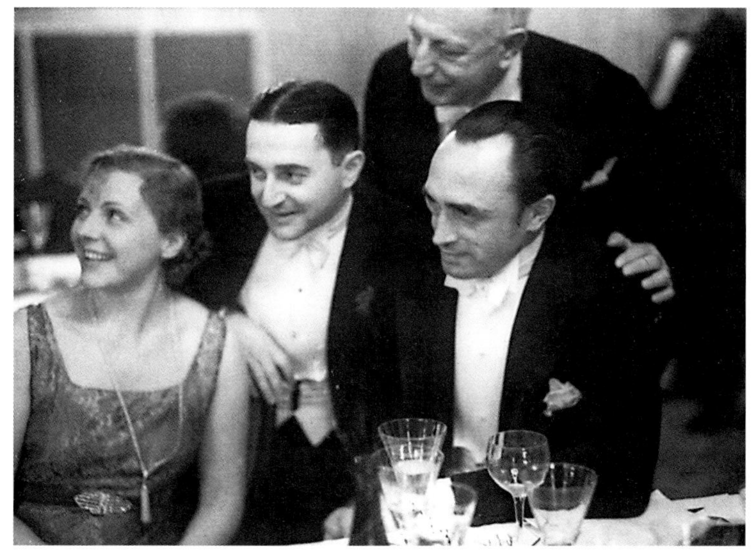

Die österreichische Schauspielerin Mady Christians (links) und der Schauspieler Conrad Veidt (rechts) mit weiteren Gästen des Filmballs. *Alfred Eisenstaedt, 16. November 1929.*

The Austrian actress Mady Christians (left) and the actor Conrad Veidt (right) with other guests at the Film Ball. *Alfred Eisenstaedt, 16th November1929.*

Filmball im »Marmorsaal« des Zoologischen Gartens: Die aus Russland stammende Sängerin Mary Losseff, der mit ihr liierte Startenor Richard Tauber und die Schauspielerin Hella Kürty (von links nach rechts). *15. November 1930.*

Film Ball in the "Marble Hall" of the Zoological Gardens: the Russian singer Mary Losseff, her partner the star tenor Richard Tauber and the actress Hella Kürty (from left to right). *15th November 1930.*

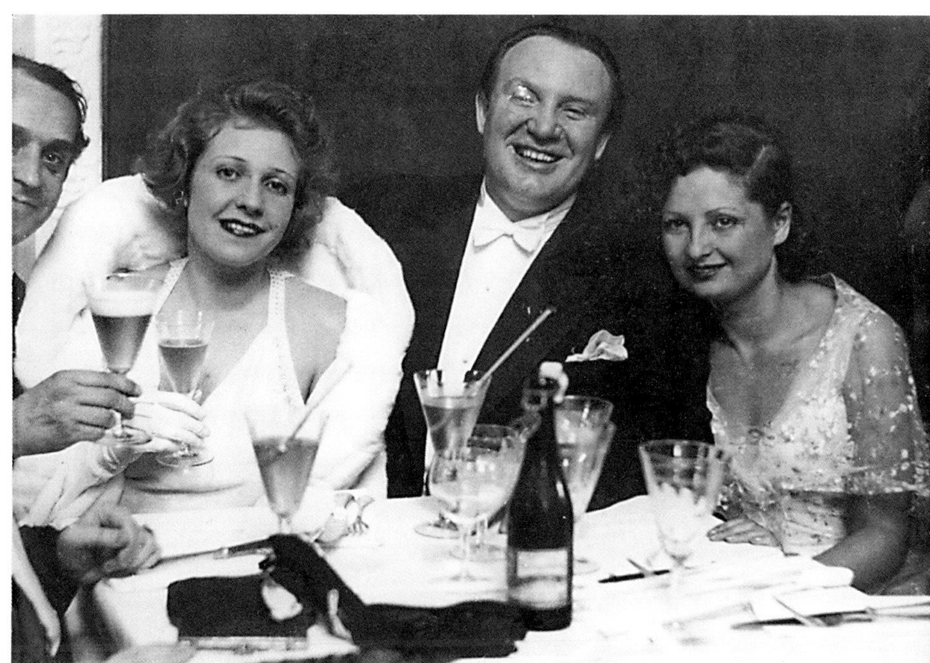

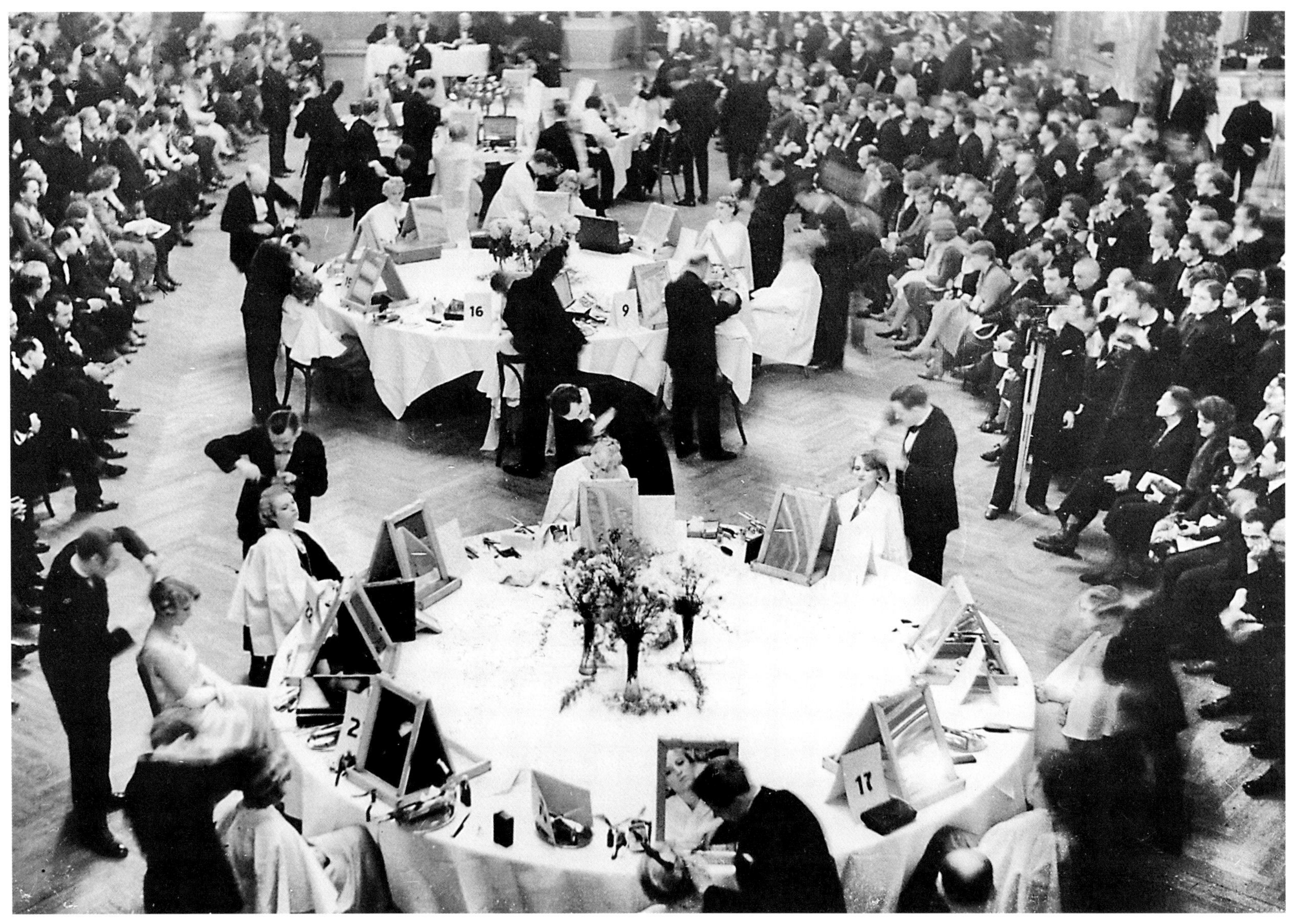

Internationaler Frisier-Wettbewerb im »Marmorsaal«. *21. Oktober 1930.*

In International hairdressing competition in the "Marble Hall". *21st October 1930.*

Sonnenbad bei einem Berliner Friseur.
3. Februar 1931.

Sunbathing in a Berlin hair salon.
3rd February 1931.

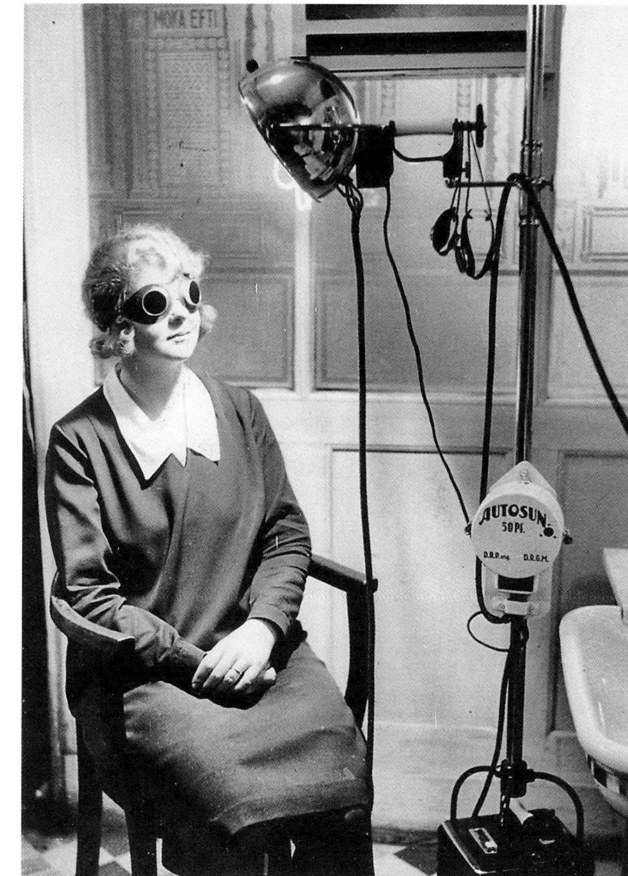

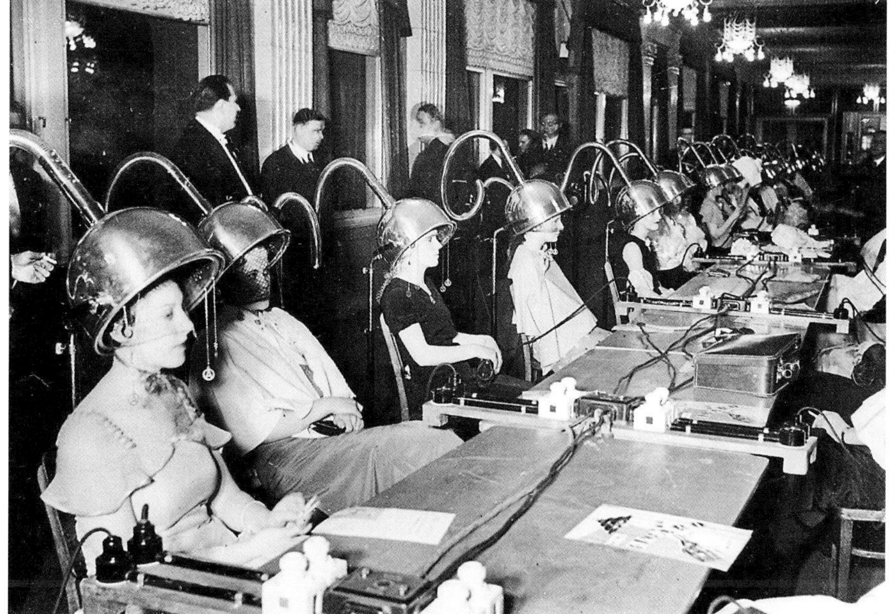

Internationaler Frisier-Wettbewerb im »Marmorsaal«. *15. März 1932.*

International hairdressing competition in the "Marble Hall". *15th March 1932.*

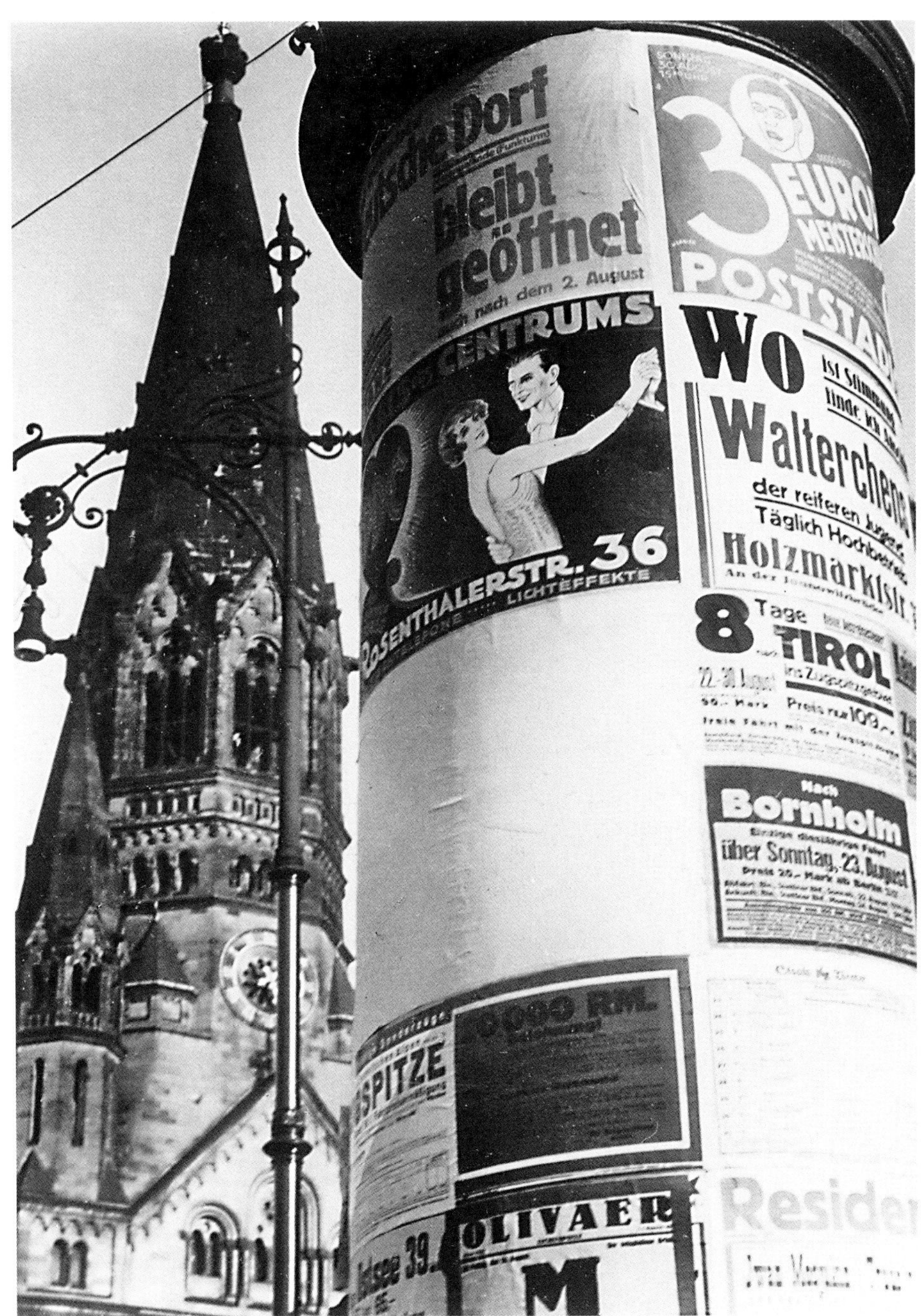

Litfaßsäule vor der Kaiser-Wilhelm-Gedächtniskirche. *Um 1930.*

Litfass column in front of Kaiser Wilhelm Memorial Church. *Around 1930.*

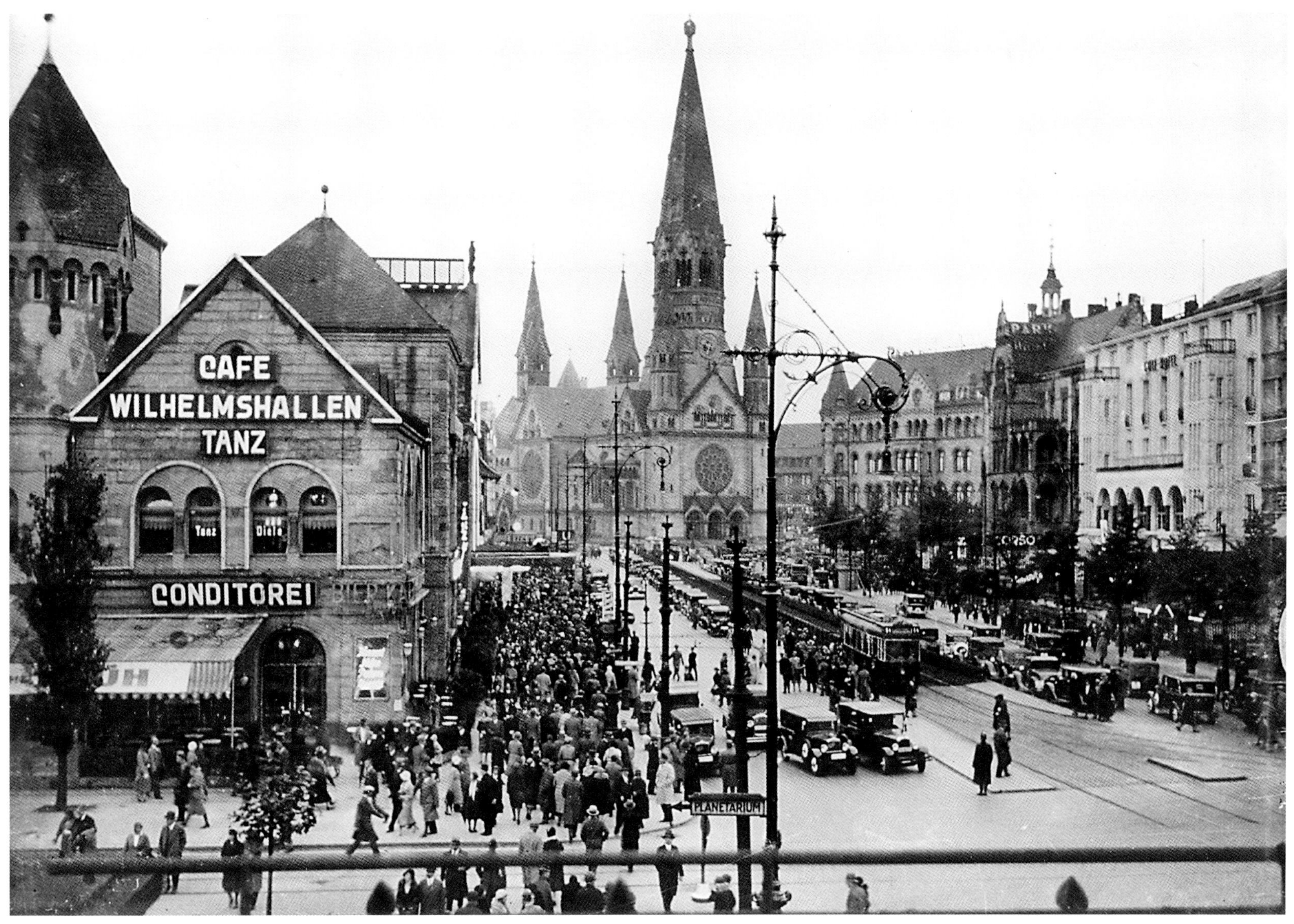

Blick vom Bahnhof Zoologischer Garten auf die Kreuzung Hardenbergstraße/Ecke Joachimsthaler Straße in Richtung Gedächtniskirche. *Um 1930.*

View of the junction of Hardenbergstrasse/Joachimsthaler Strasse towards the Memorial Church. *Around 1930.*

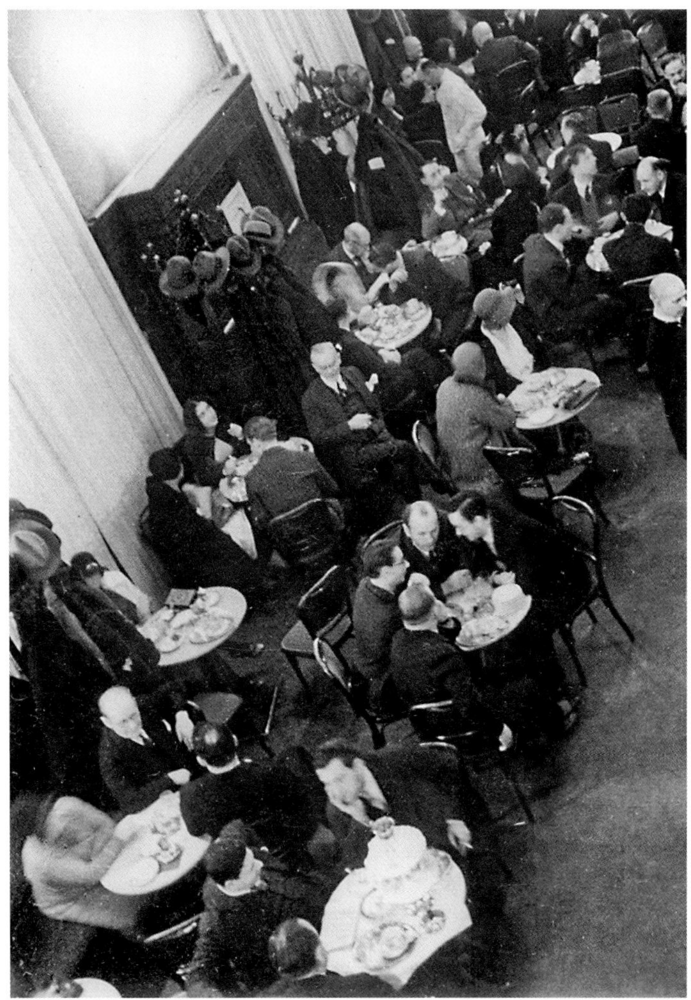

Hochbetrieb im Romanischen Café am Auguste-Viktoria-Platz. Nach einem ungeschriebenen Gesetz waren die Bereiche für arrivierte Persönlichkeiten und aufstrebende Talente streng getrennt. *Um 1930.*

Peak period in the Romanisches Café on Auguste-Viktoria-Platz. According to an unwritten law, there was a strict divide between the areas for established personalities and those with aspiring talents. *Around 1930.*

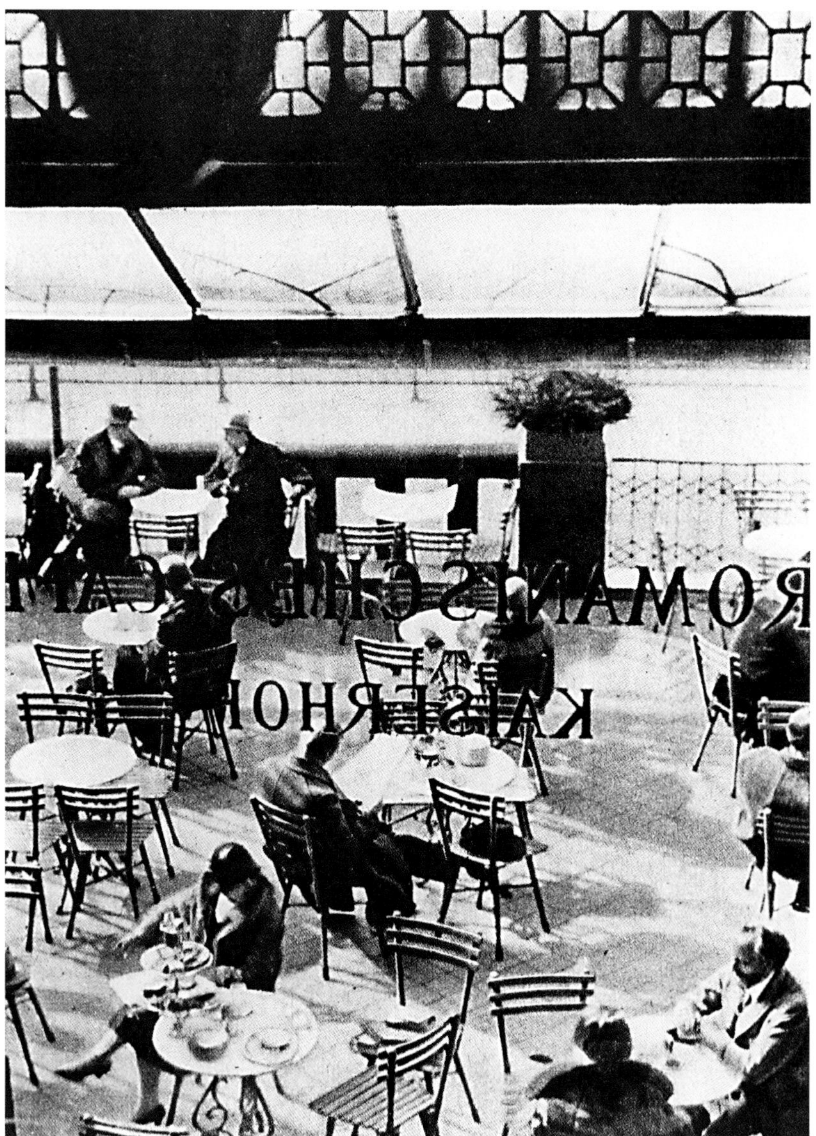

Auf der großen Außenterrasse tummelten sich fast ausschließlich Touristen und neugierige Berliner. *Erich Engel, 1929.*

The outdoor terrace was almost exclusively filled with tourists and inquisitive Berliners. *Erich Engel, 1929.*

»Am nächsten Tag fährt um zwölf Uhr ein Auto von Käse's Rundfahrten um die Gedächtniskirche. Der Führer schreit: ›Meine Damen und Herren, Ladies and Gentlemen, Mesdames et Messieurs – und rechts sehen Sie das Romanische Café, den Olymp der brotlosen Künste, den Sitz der Berliner Bohème ...‹«

PAUL MARCUS, ROMANISCHES CAFÉ. DER BERLINER OLYMP DER BROTLOSEN KÜNSTE, IN: MÜNCHNER ILLUSTRIERTE PRESSE, 14. APRIL 1929.

"On the next day at twelve noon a car from Käse's Tours drives around the Memorial Church. The driver shouts: 'Meine Damen und Herren, Ladies and Gentlemen, Mesdames et Messieurs – on the right you can see the Romanisches Café, the Olympia of destitute arts, the seat of Berlin bohemianism ..."

PAUL MARCUS, ROMANISCHES CAFÉ. DER BERLINER OLYMP DER BROTLOSEN KÜNSTE, IN: MÜNCHNER ILLUSTRIERTE PRESSE, 14TH APRIL 1929.

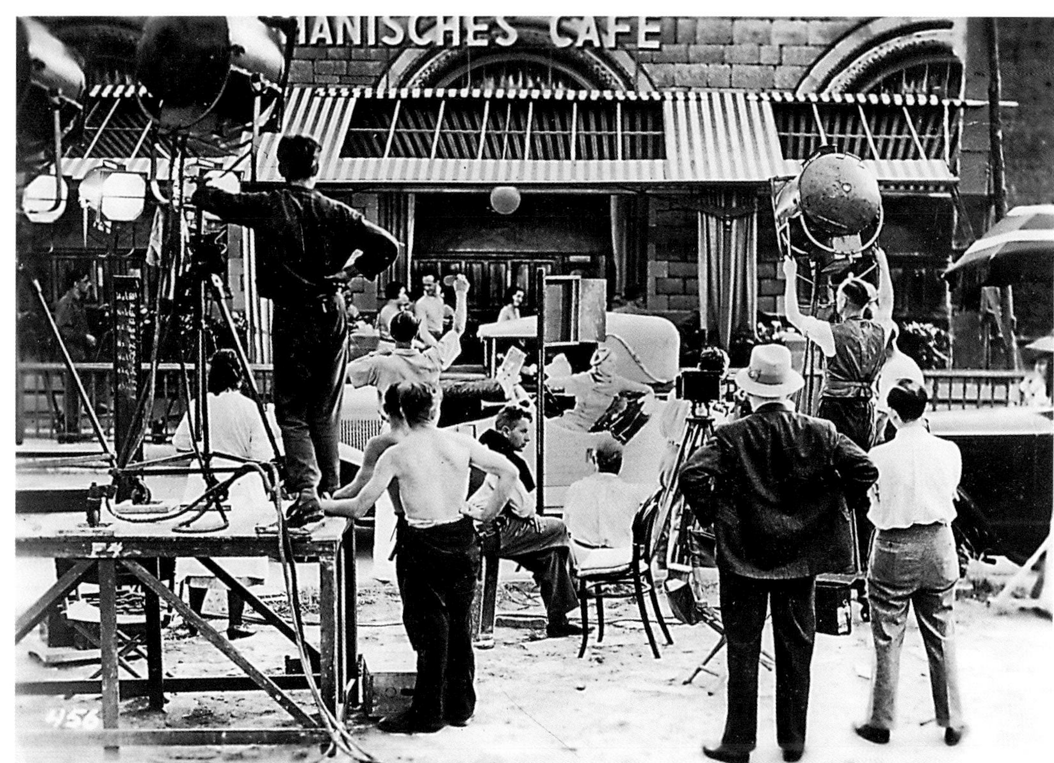

Dreharbeiten vor dem Romanischen Café. Der Name des Lokals leitet sich vom neoromanischen Stil des Gebäudes und der gegenüberliegenden Gedächtniskirche ab. *Um 1930.*

Filming in front of the Romanisches Café. The name of the restaurant derives from the neo-romantic style of the building and the Memorial Church opposite it. *Around 1930.*

»In diesem Viertel erscheint das großstädtische Leben am konzentriertesten, ist es am meisten europäisch, gleicht es zumeist dem Leben auf den Boulevards in Paris oder in der Gegend des Piccadilly Circus in London.«

KARL SCHEFFLER, BERLIN. WANDLUNGEN EINER STADT

"City life seems at its most concentrated in this quarter, it is the most European and is for the most part similar to life on the boulevards of Paris or in the area of Piccadilly Circus in London."

KARL SCHEFFLER, BERLIN. WANDLUNGEN EINER STADT

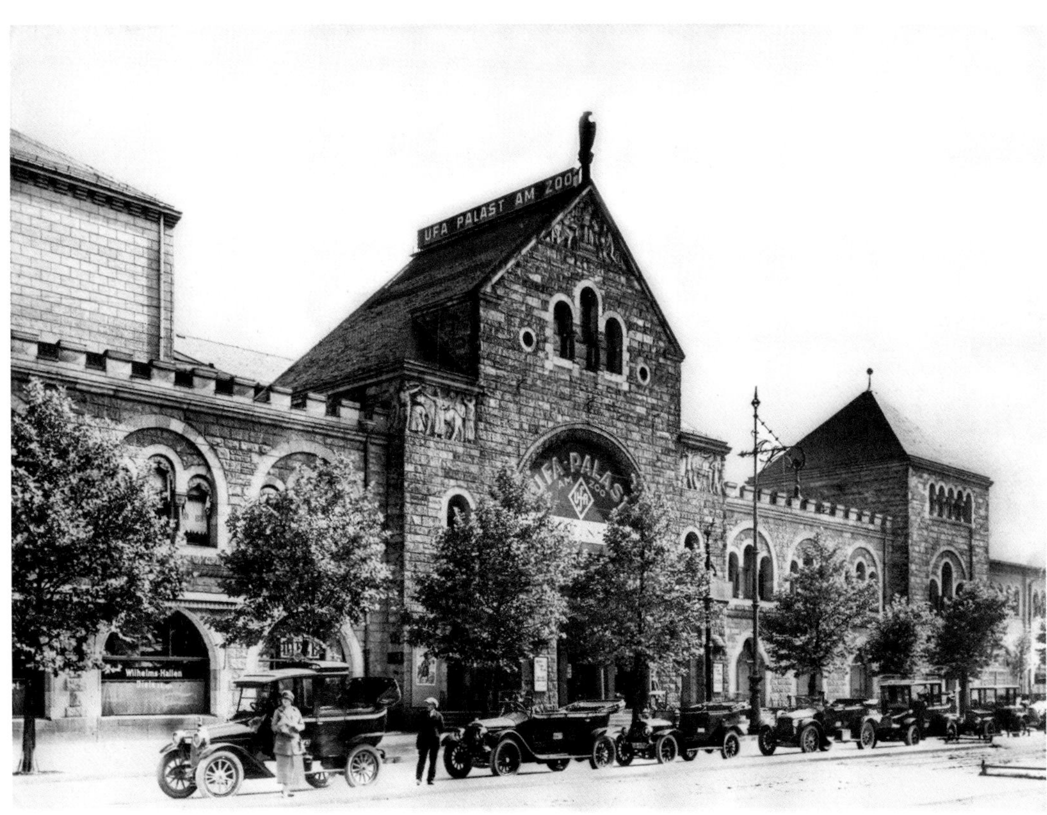

Die Hardenbergstraße mit dem Ufa-Palast am Zoo. *Um 1925.*

Hardenbergstrasse with Ufa-Palast cinema by the zoo. *Around 1925.*

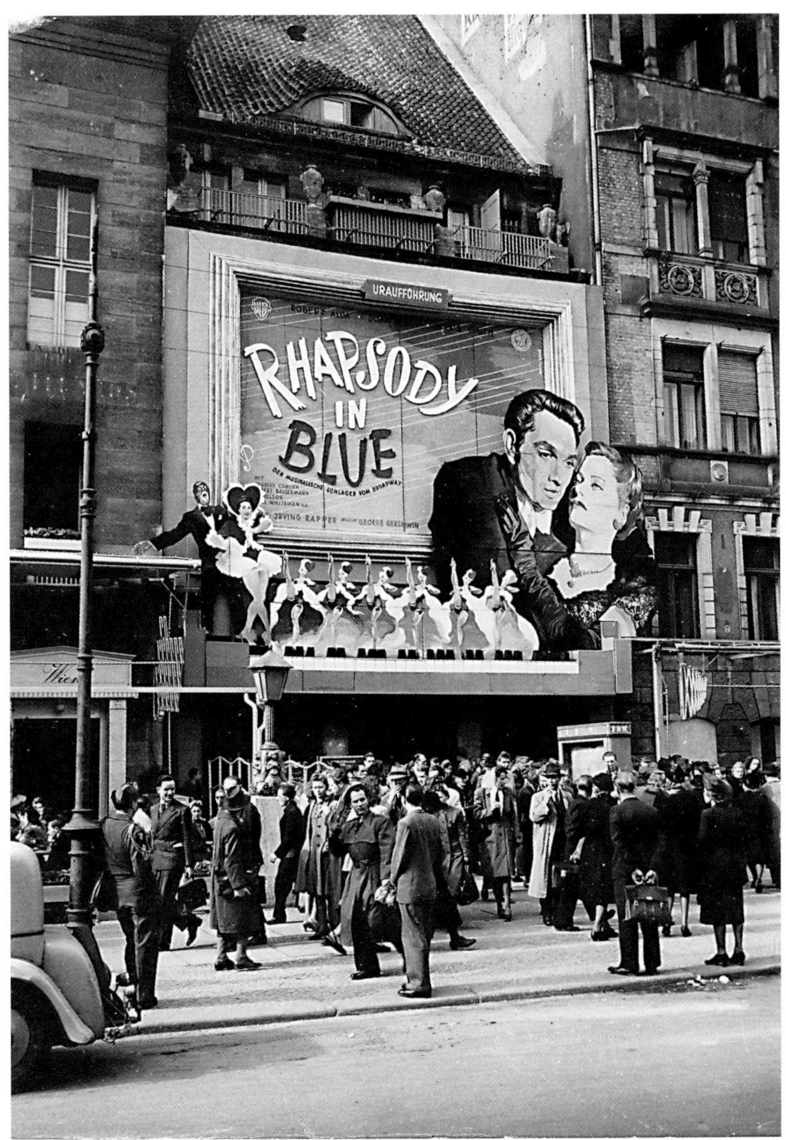

Filmbühne Wien am Kurfürstendamm 26. *Um 1930.*

Filmbühne Wien cinema at 26, Kurfürstendamm. *Around 1930.*

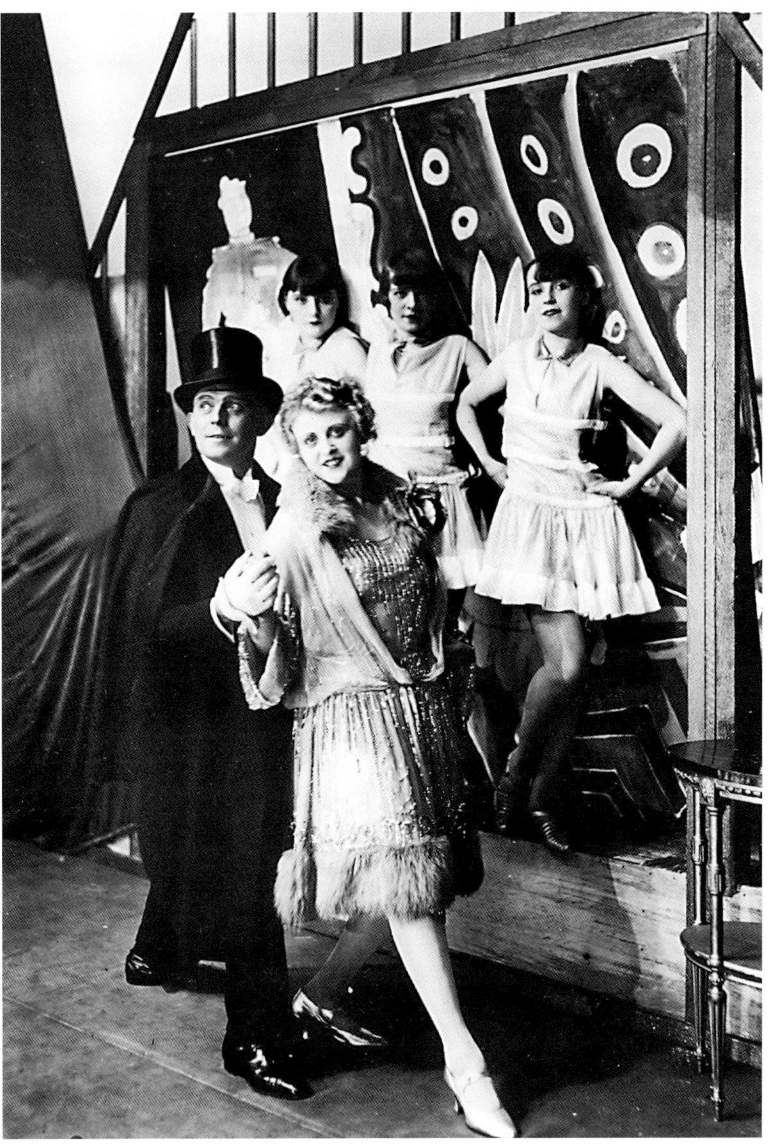

Uraufführung der Revue »Das bist du« von Friedrich Holländer im Theater am Kurfürstendamm. *Um 1925.*

Premiere of the revue "Das bist du" by Friedrich Holländer in the Theater am Kurfürstendamm. *Around 1925.*

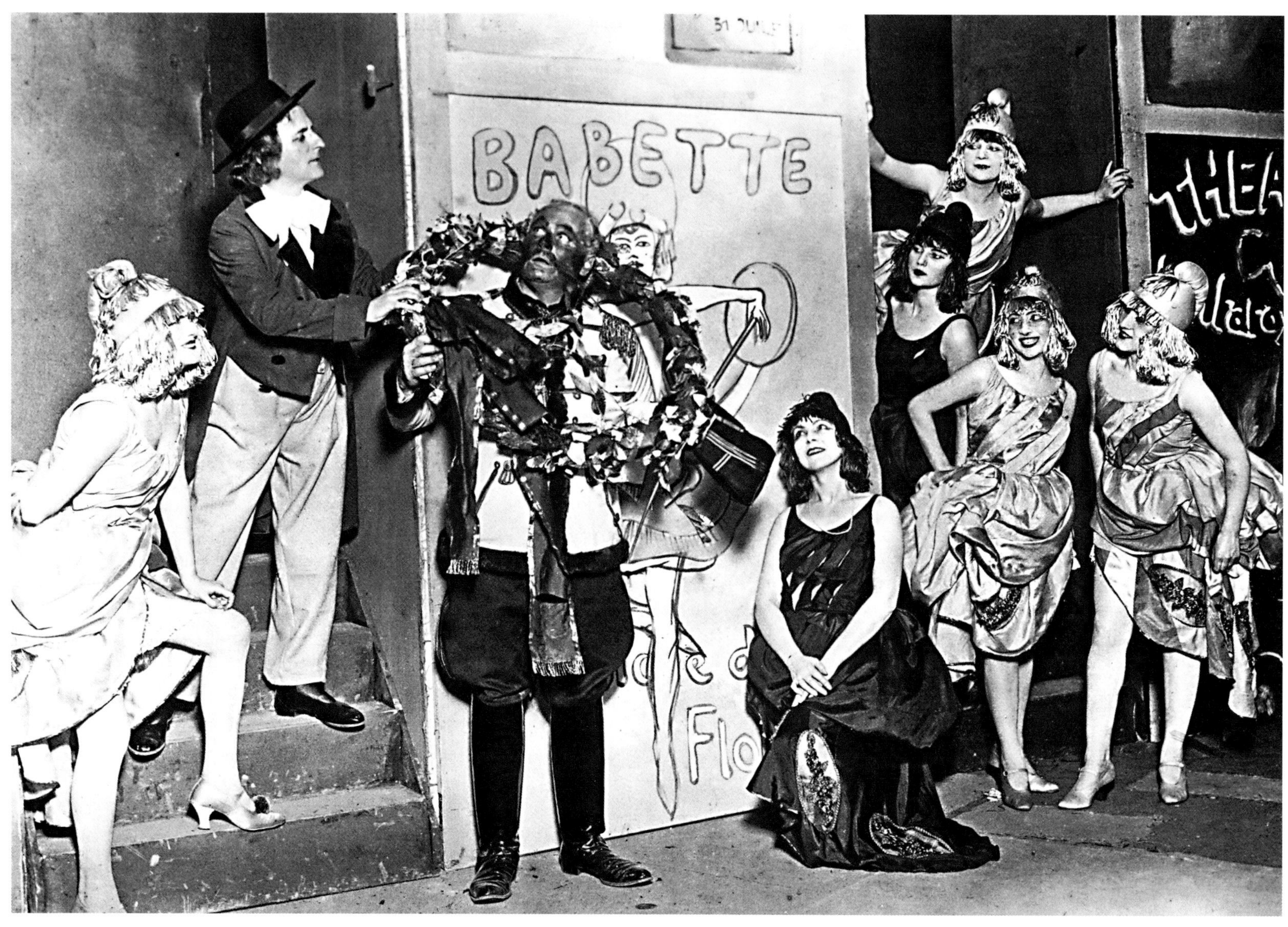

Aufführung der Operette »Mamsell Nitouche« im Theater am Kurfürstendamm. *1920er Jahre.*

Performance of the operetta "Mamsell Nitouche" in the Theater am Kurfürstendamm. *1920s.*

Moderne Zeiten: Ein Informationsautomat auf dem Kurfürstendamm gibt auf Knopfdruck Auskunft über 180 Adressen von Geschäften, Polizeirevieren, Konsulaten, Ministerien und Theatern. *Um 1925.*

Modern times: At the press of a button, an information machine on the Kurfürstendamm provides over 180 addresses of businesses, shops, police stations, consulates, ministries and theatres. *Around 1925.*

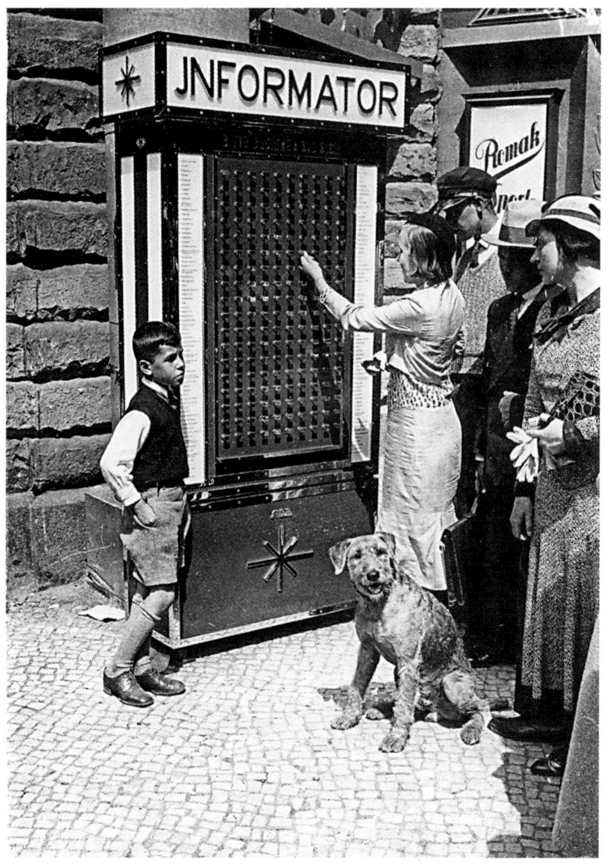

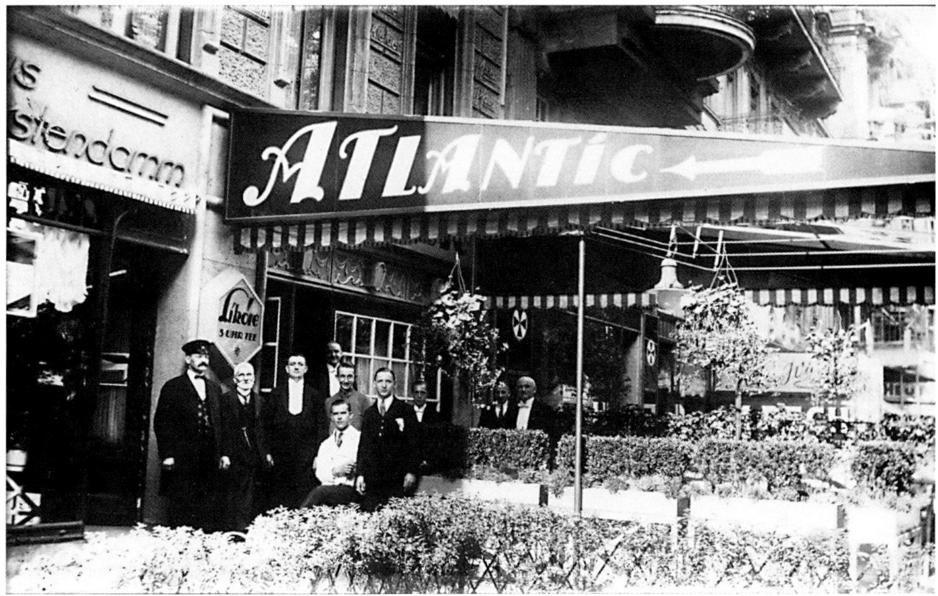

Das Café Atlantic ist eines von vielen Lokalen am mondänen Kurfürstendamm. *Um 1925.*

Café Atlantic is one of many restaurants on the fashionable Kurfürstendamm. *Around 1925.*

»Draußen ist Winter, erkältete Freunde vom Romanischen disputieren Mitleid und Pfennige, und wissen nicht, gleich wie ich gestern, wo übernachten. Ich aber bin Tänzer. Die große Welt wird um mich sein –. Im Tanzsaal sitzen schlankbeinige Frauen, an kleinen Tischen Mokka schlürfend. Sie setzen die Tasse ab, und werden mich durch ihr goldgerändertes Stielglas mustern, die Karminlippen zu einem süßen, unbefriedigten Lächeln verzogen (…).«

BILLY WILDER, AUS DEM LEBEN EINES EINTÄNZERS

"Outside it is winter, friends from the Romanisches Café who are suffering from a cold argue about sympathy and pennies and like me yesterday, they don't know where to spend the night. But I am a dancer. The wide world will be around me –. In the dance hall sit slim-legged women, sipping mocca at small tables. They put down their cups and will inspect me through their gold-rimmed stemmed glass, their crimson lips puckered into a sweet, dissatisfied smile (…)."

BILLY WILDER, AUS DEM LEBEN EINES EINTÄNZERS

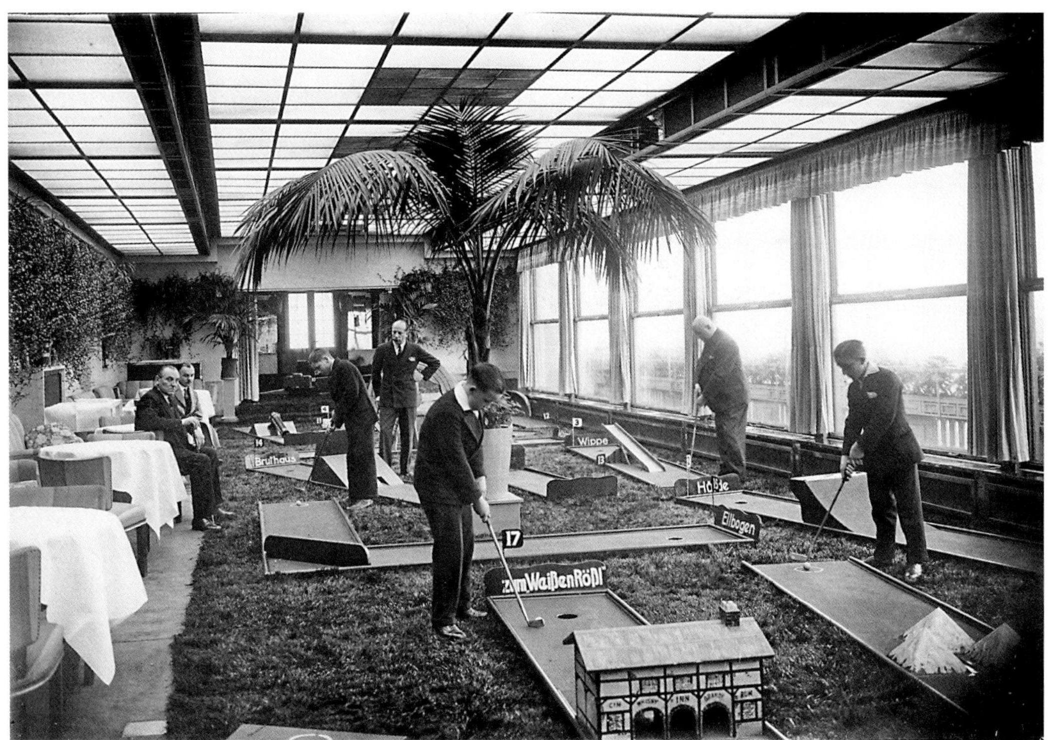

Minigolfanlage im Dachgarten des Eden-Hotels. *28. Oktober 1930.*

Mini-golf course in the rooftop garden of the Eden-Hotel. *28th October 1930.*

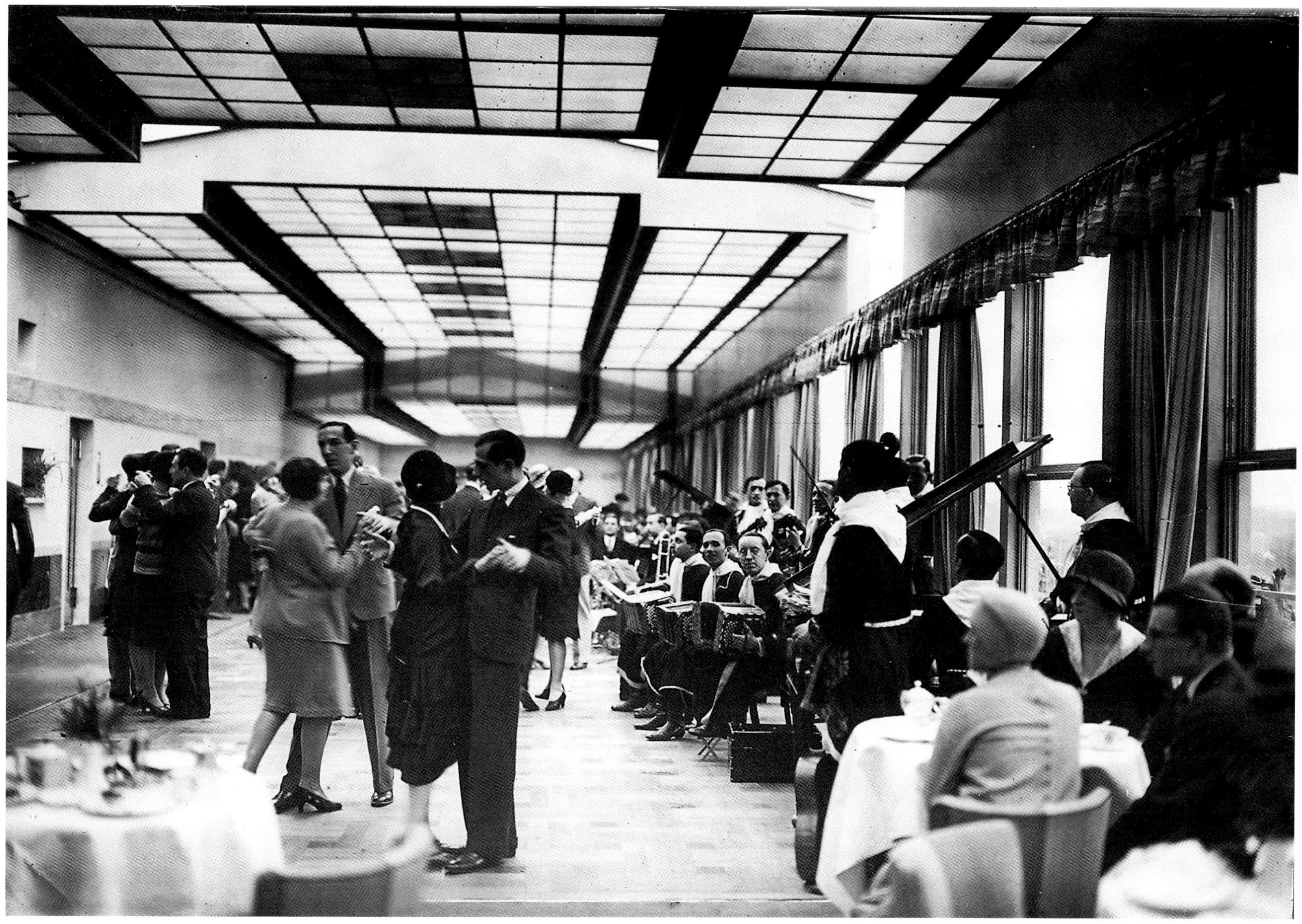

Fünfuhrtee im neu eröffneten Dachgarten des Eden-Hotels am Kurfürstendamm. Im Eden-Hotel arbeitete Billy Wilder 1926 für zwei Monate als Eintänzer. *1928.*

Afternoon tea in the newly-opened rooftop garden of the Eden-Hotel on the Kurfürstendamm. Billy Wilder worked in the Eden-Hotel in 1926 for two months as a gigolo. *1928.*

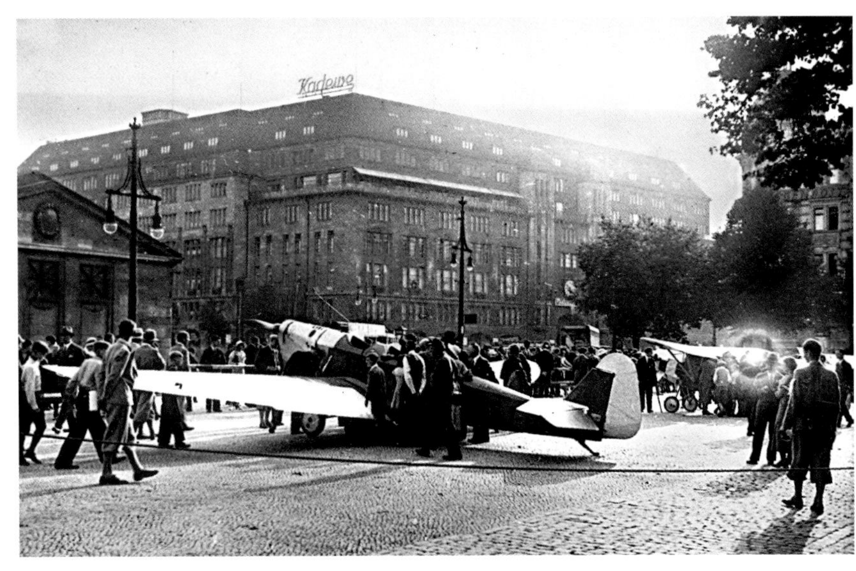

Flugzeugausstellung auf dem Wittenbergplatz; im Hintergrund das KaDeWe. *4. Juli 1932.*

Aircraft exhibition on Wittenbergplatz; in the background is KaDeWe. *4th July 1932.*

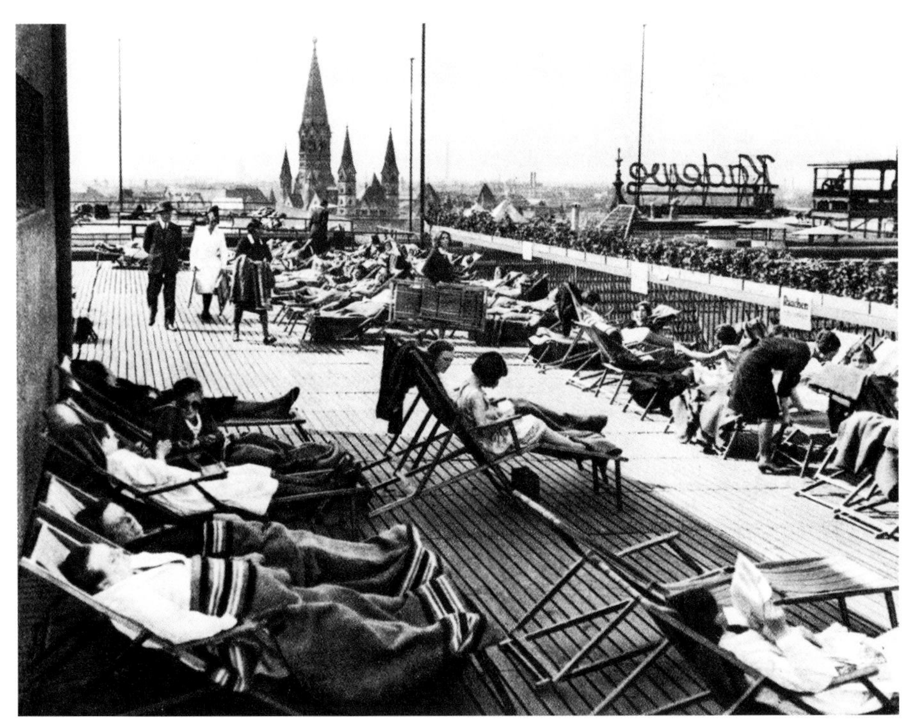

Auf dem Dachgarten des KaDeWe. *Um 1932.*

On the rooftop garden of KaDeWe. *Around 1932.*

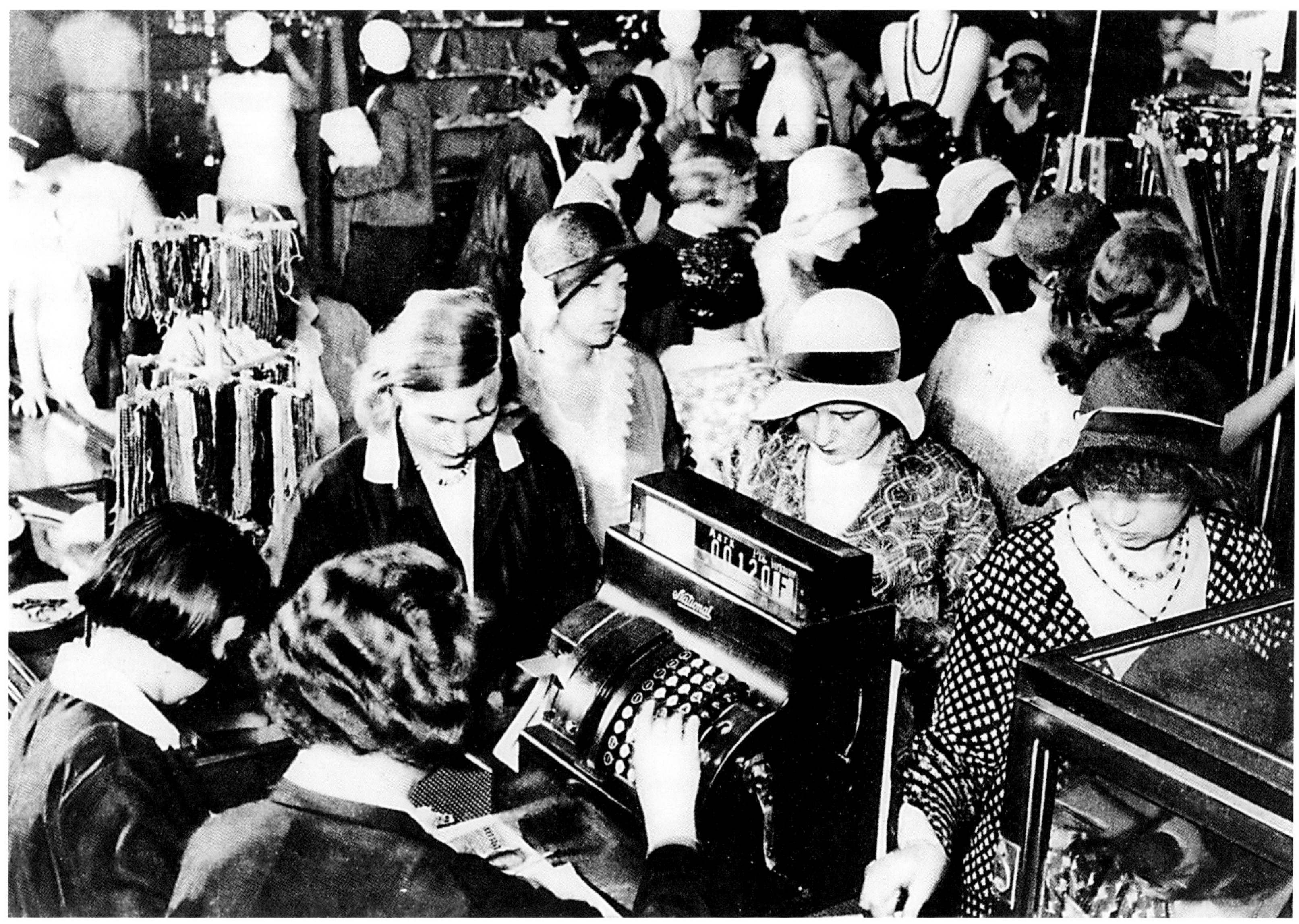

Gedränge an den Kassen im KaDeWe am Wittenbergplatz. *Um 1925.*

Crowds at the tills in the KaDeWe department store on Wittenbergplatz. *Around 1925.*

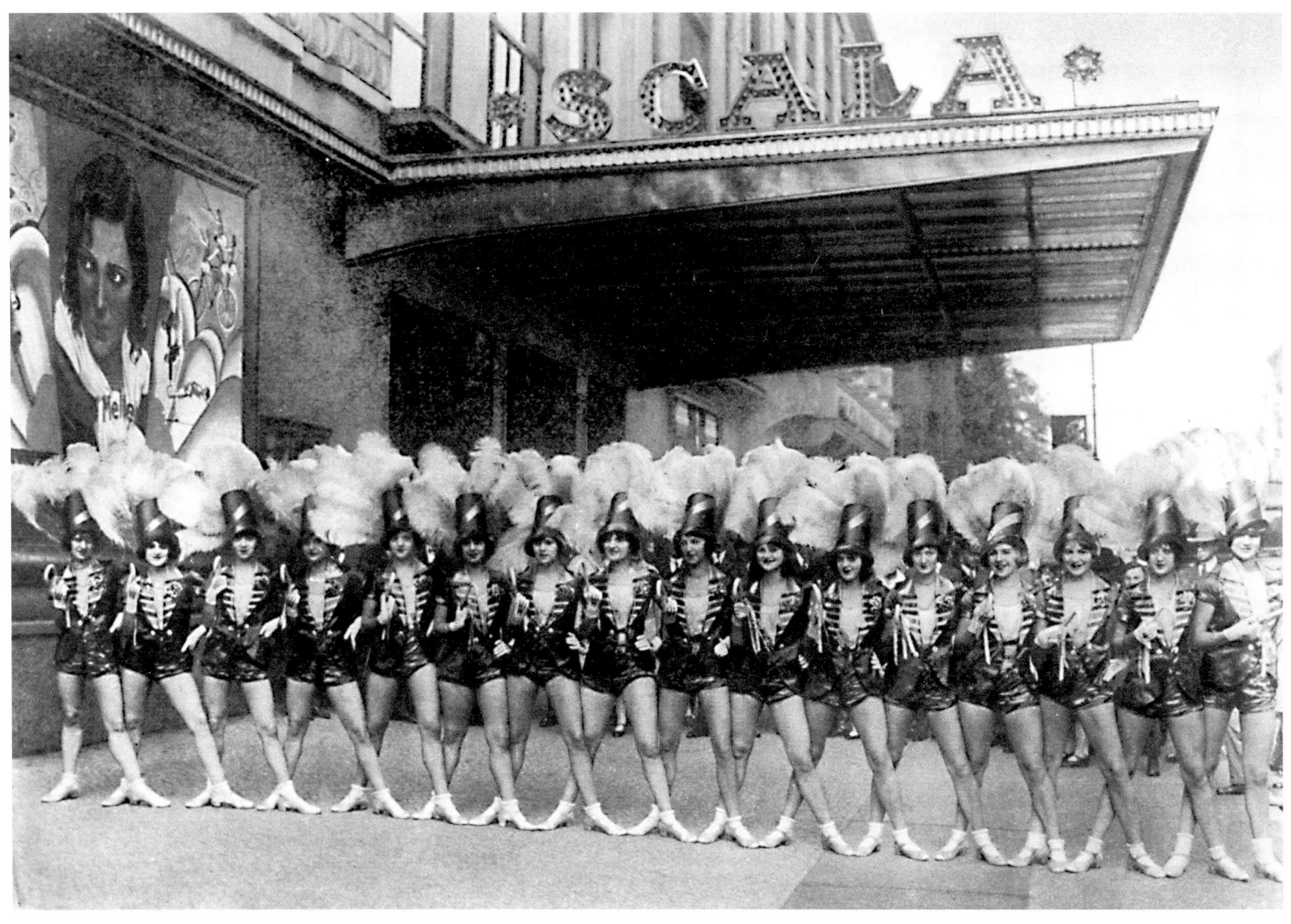

»Und abends in die Scala!« – So wirbt das Varietétheater Scala für seine Programme.
Hier die legendären Scala-Girls vor dem Eingang in der Lutherstraße. *Um 1925.*

"And off to the Scala in the evening!" – This is the slogan the Scala Varietétheater used to advertise their shows.
Here are the legendary Scala Girls in front of the entrance in Lutherstrasse. *Around 1925.*

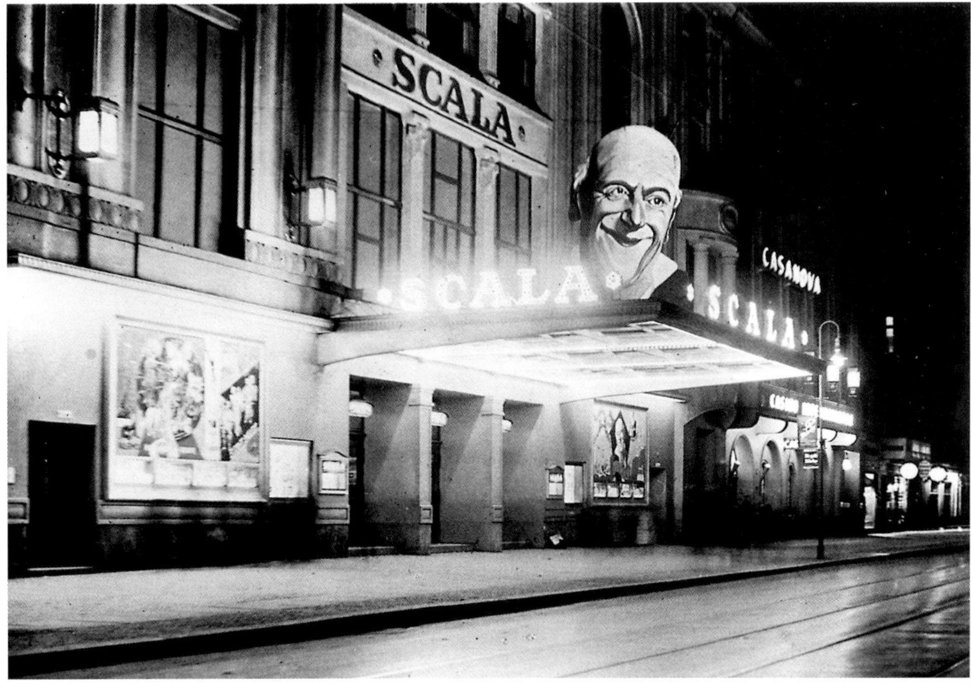

Außenansicht der Scala bei Nacht. Im Gebäude befand sich auch der Nachtclub Casanova. *Um 1929.*

A view outside the Scala at night. Inside the building was also the Casanova nightclub. *Around 1929.*

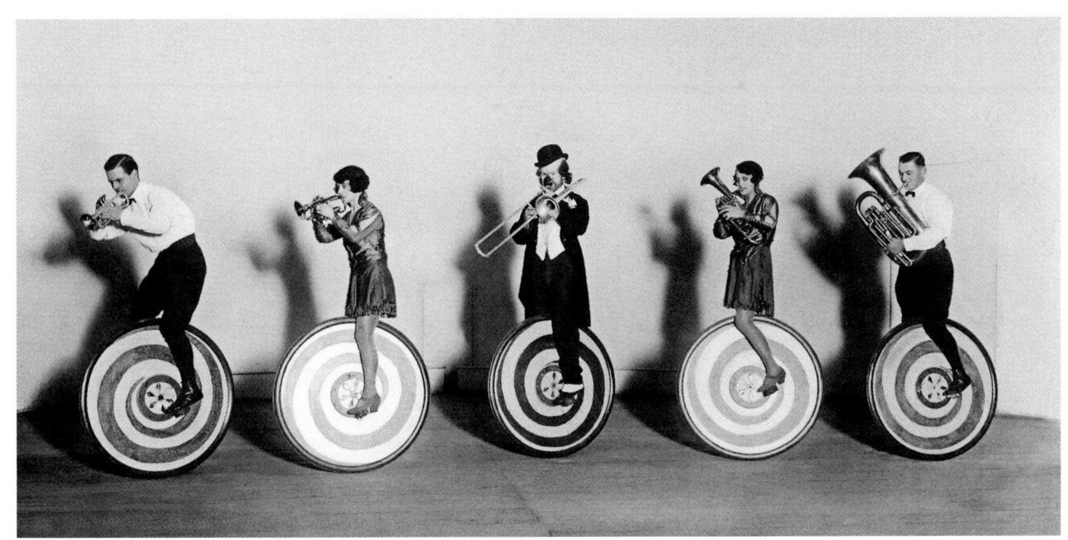

Gastspiel der Arthur-Klein-Familie auf der Bühne der Scala. *Um 1927.*

Guest performance by the Arthur Klein Family on the Scala stage. *Around 1927.*

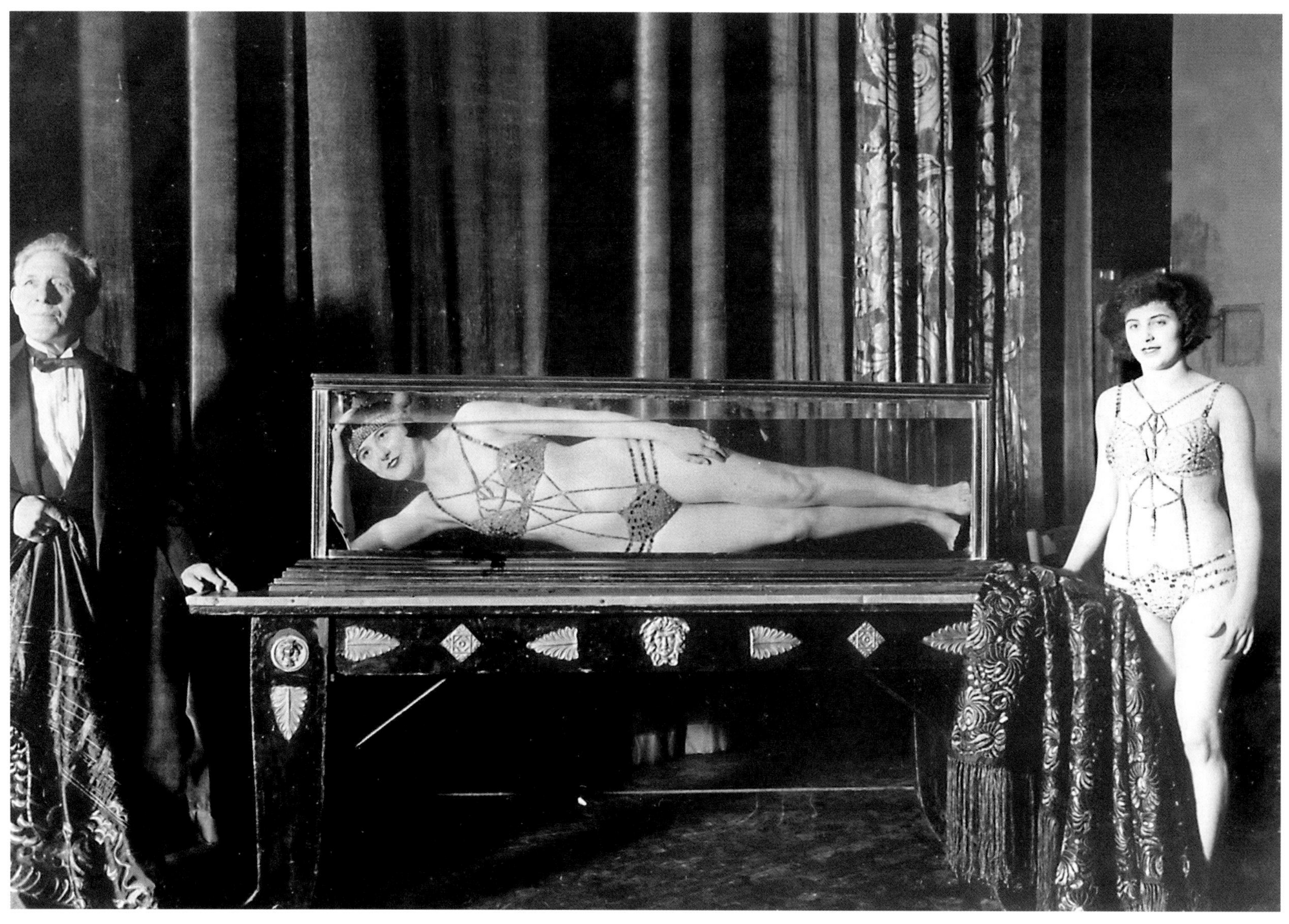

Auf der Bühne der Scala: Wasser-Illusion mit zwei Nereiden. *Um 1925.*

On the stage of the Scala: Water illusion with two water nymphs. *Around 1925.*

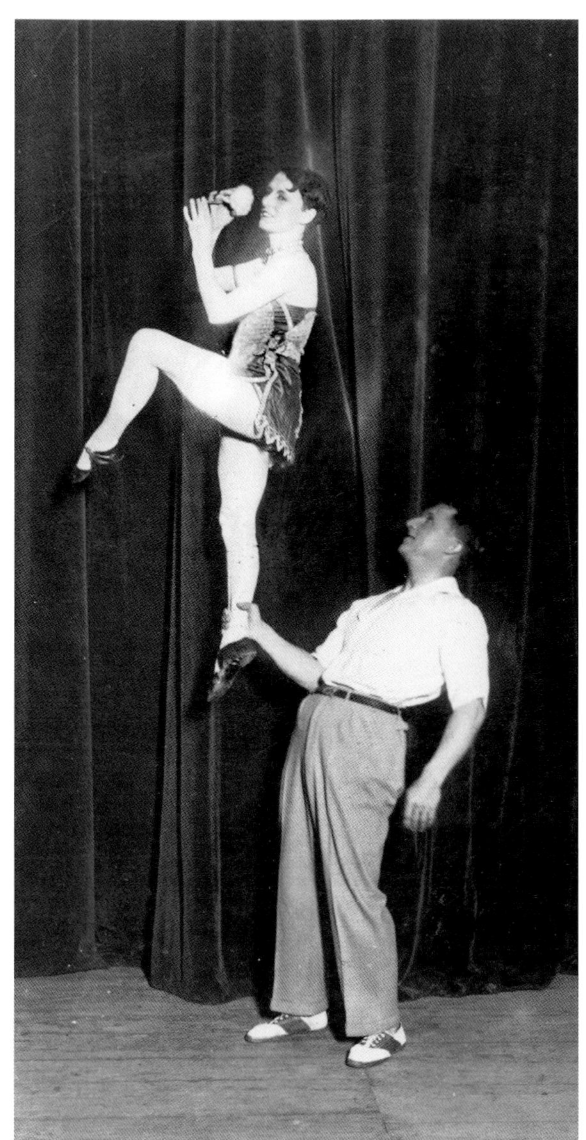

Tanz-Equilibristen in der Scala. *Um 1927.*

Dance equilibrists at the Scala. *Around 1927.*

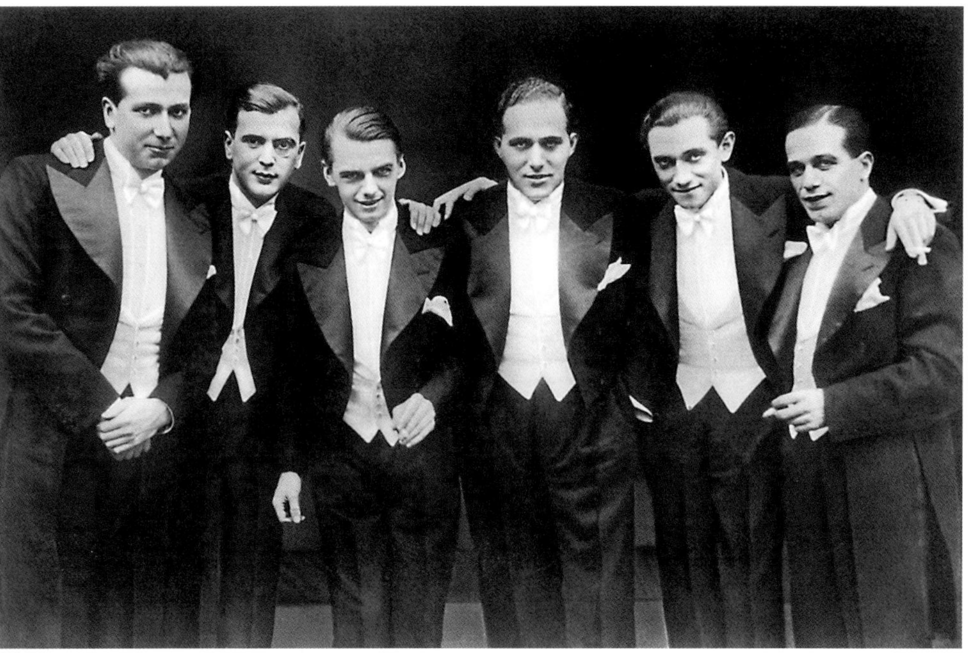

Auch das beliebte Gesangsensemble Comedian Harmonists gastiert häufig in der Scala. *Nach 1927.*

The popular singing group, the Comedian Harmonists, also frequently appeared at the Scala. *After 1927.*

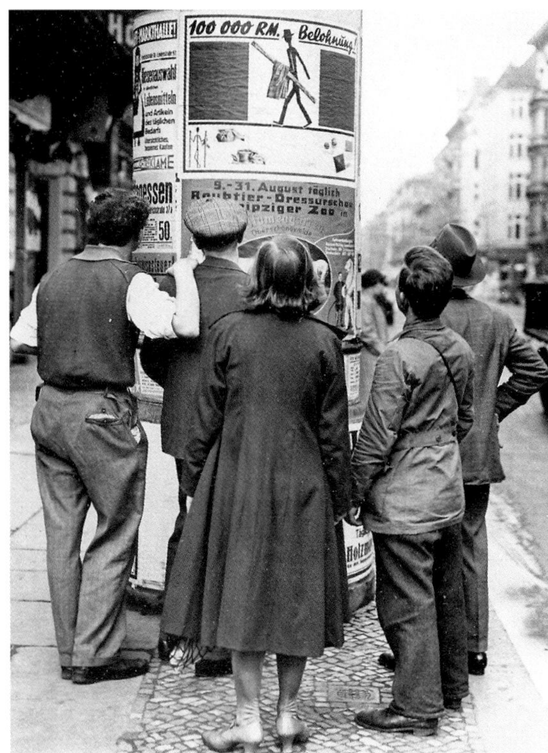

Werbung an einer Litfaßsäule.
19. August 1931.

Advertisements on a Litfass column.
19th August 1931.

»Der Schwindel Berlin unterscheidet sich von allen anderen Schwindeln durch seine schamlose Großartigkeit.«

BERTOLT BRECHT

"The dizziness of Berlin is different from any other kind of dizziness because of its shameless magnificence."

BERTOLT BRECHT

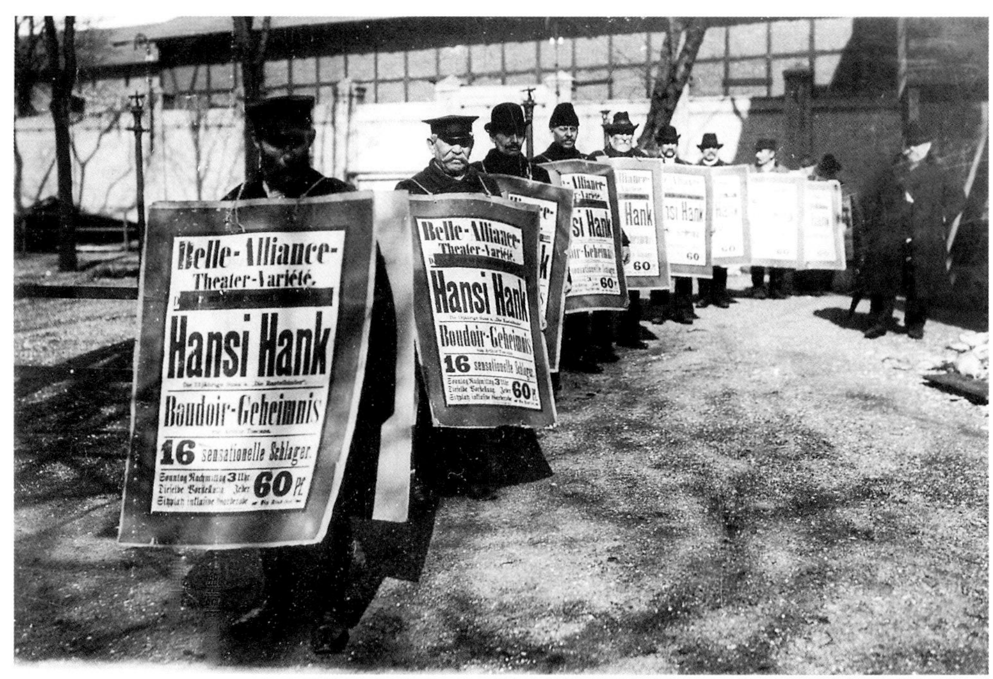

Reklamezug mit Werbeplakaten für ein Berliner Varietétheater.
Nach 1920.

Poster procession for a Berlin varieté theatre. *After 1920.*

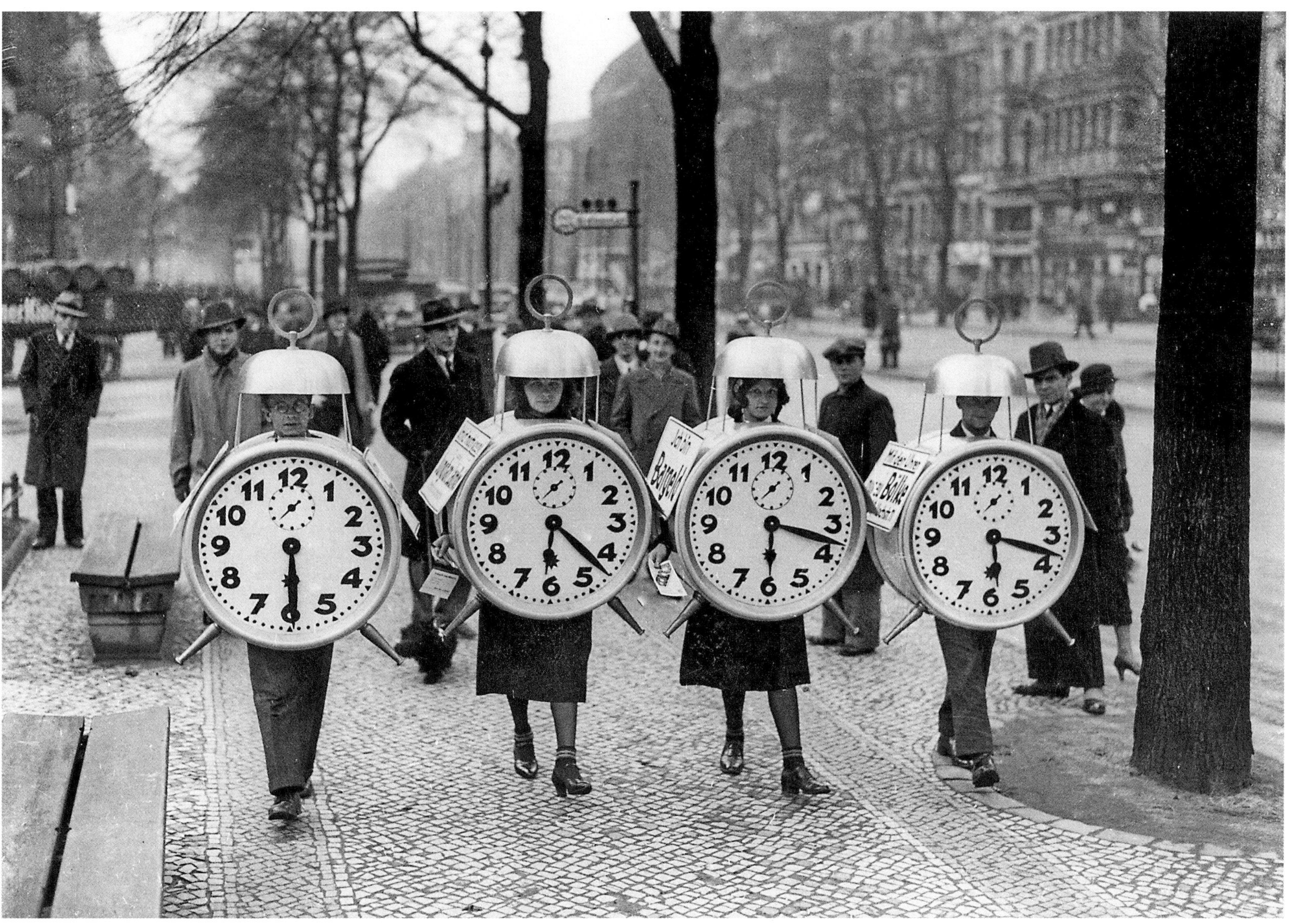

Auffallen ist alles! Werbung für ein Uhrengeschäft: Vier Menschen als Wecker verkleidet auf einer Berliner Straße. *Um 1930.*

Attracting attention is everything! Promotion for a clock shop: Four people dressed up as alarm clocks on a Berlin street. *Around 1930.*

»Von morgens bis mitternachts ist das Haus voll, und von mitternachts bis morgens ist der Betrieb noch toller. Eine Brücke überwölbt hoch die Rennbahn und führt in den Innenraum; die Brückenmaut beträgt zweihundert Mark pro Person. Im Innenraum sind zwei Bars mit Jazzbands, ein Glas Champagner kostet dreitausend Papiermark. Nackte Damen in Abendtoilette sitzen da, Verbrecher im Berufsanzug (Frack und Ballschuhe), Chauffeure, Neger, Ausländer, Offiziere und Juden.«

EGON ERWIN KISCH, ELLIPTISCHE TRETMÜHLE

"From morning until midnight the building is full, and from midnight to morning it is even busier. A bridge spans the race track and leads into the interior. The bridge toll is two hundred Marks a person. Inside there are two bars with jazz bands, a glass of champagne costs three thousand paper Marks. Naked women in evening dress sit there, criminals in working dress (tails and ball shoes), chauffeurs, negroes, foreigners, officers and Jews."

EGON ERWIN KISCH, ELLIPTISCHE TRETMÜHLE

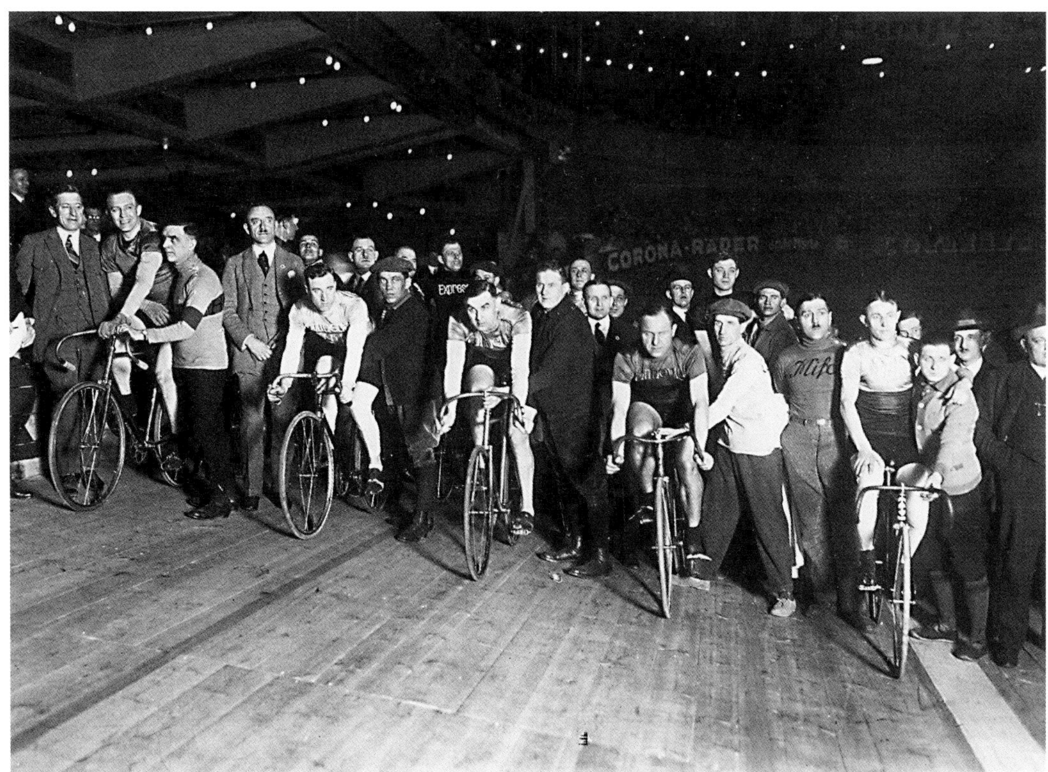

Im Wettbewerb stehen Zweierteams, von denen für sechs Tage und sechs Nächte immer ein Fahrer auf der Bahn ist. *Robert Sennecke, 5. März 1925.*

There are two teams in the race who each always have a rider on the track for six days and six nights. *Robert Sennecke, 5th March 1925.*

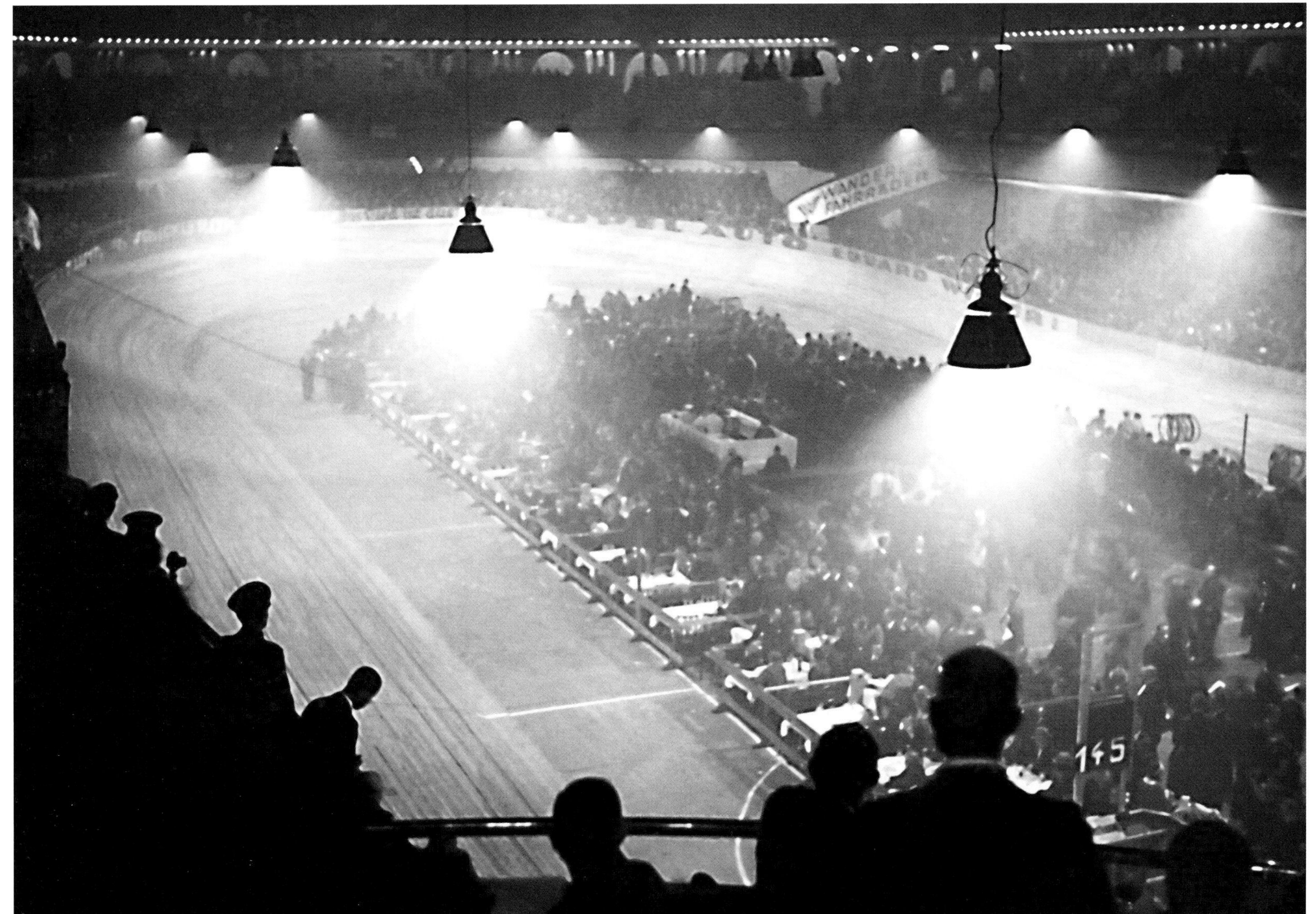

Die Sechstagerennen im Sportpalast gehören zu den Höhepunkten des gesellschaftlichen und sportlichen Lebens. *7. November 1930.*

The six-day races in the Sportpalast are among the highlights of social and sporting life. *7th November1930.*

»In den ersten Reihen (...) sitzen dann die Großen der Hochfinanz und Industrie, die Männer der Literatur, der Bühne und der Kunst, die Gladiatoren des Geistes, sie sitzen da, gehen mit, regen sich auf, kriegen hochrote Köpfe und begeistern sich nicht weniger als die schönen und eleganten Frauen, die Stammgäste bei den Boxkämpfen sind.«

EUGEN SZATMARI, DAS BUCH VON BERLIN

"In the front rows (...) sit the leading members of high finance and industry, men of literature, the stage and art, the gladiators of the spirit, they sit there, are carried away, get excited, turn bright red in the face and are no less enthusiastic than the beautiful and elegant women who are regular guests at the boxing fights."

EUGEN SZATMARI, DAS BUCH VON BERLIN

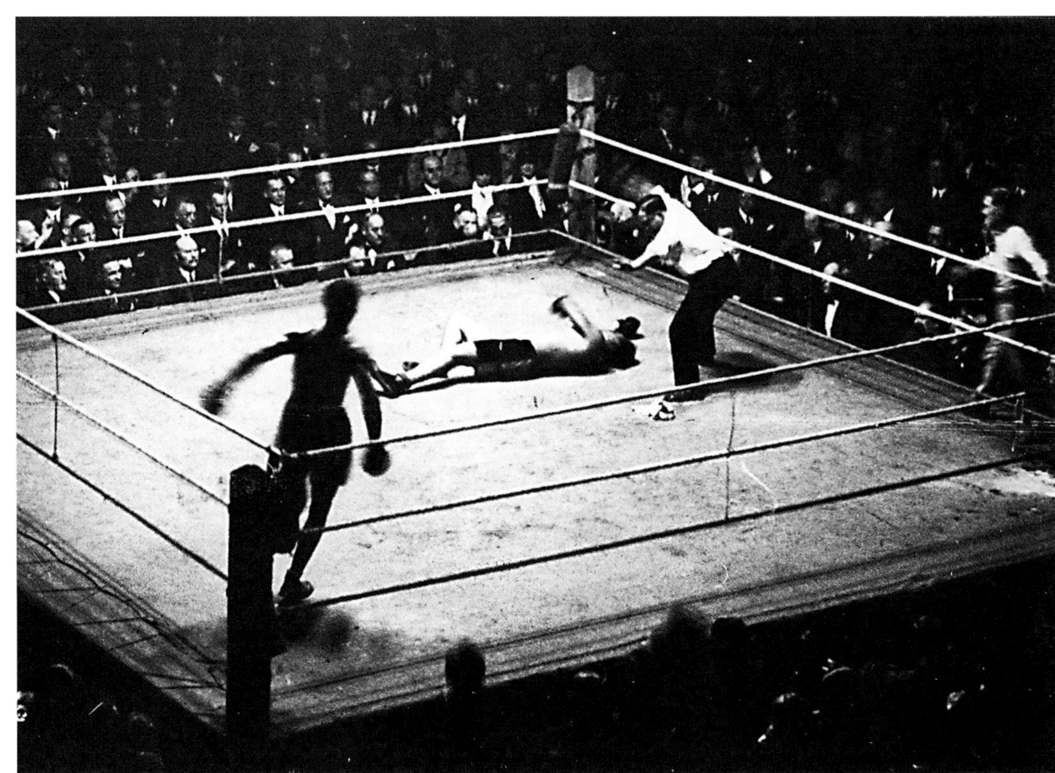

Max Schmeling, der wohl bekannteste deutsche Boxer seiner Zeit, streckt bei einem Kampf im Berliner Sportpalast den Briten Jack Stanley in der 8. Runde zu Boden. *7. Januar 1927.*

Max Schmeling, certainly the most well-known boxer of his time, floors Briton Jack Stanley in the 8th round of a fight in the Berliner Sportpalast. *7th January 1927.*

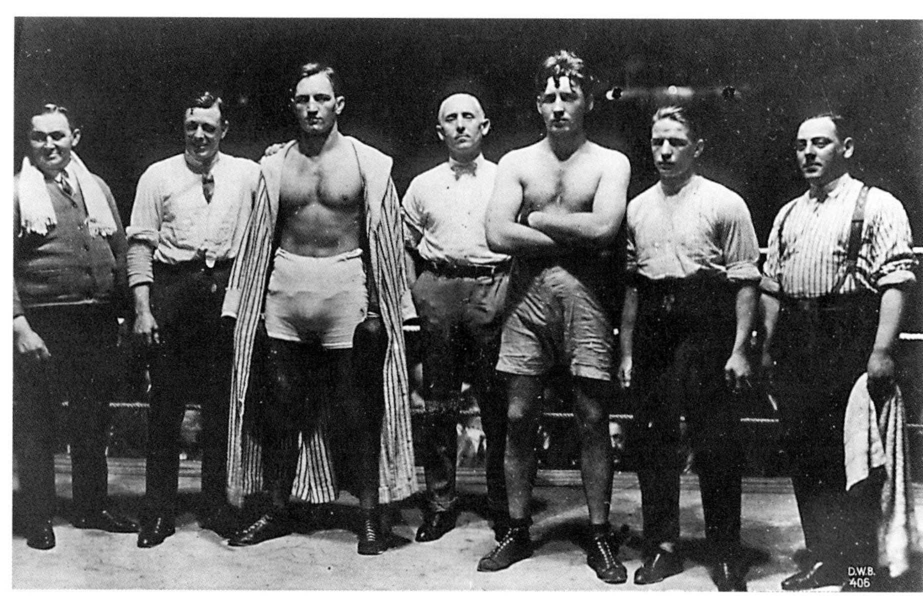

»Deutsch-englischer Box-Großkampftag«: Ludwig Haymann (vorne links) und Stanley Glenn (vorne rechts) im Sportpalast. *27. Februar 1925.*

"German-English Big Fight Day": Ludwig Haymann (front left) and Stanley Glenn (front right) in the Sportpalast. 27th *February 1925.*

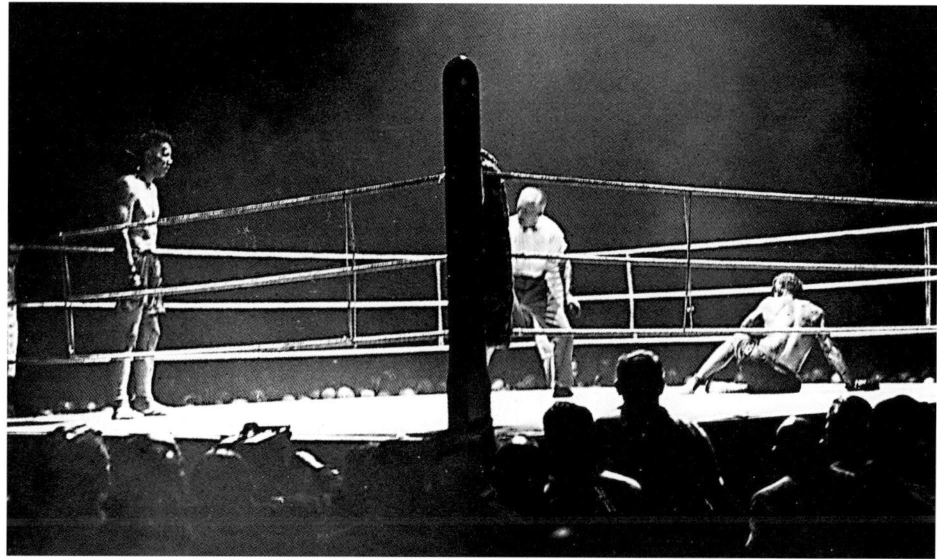

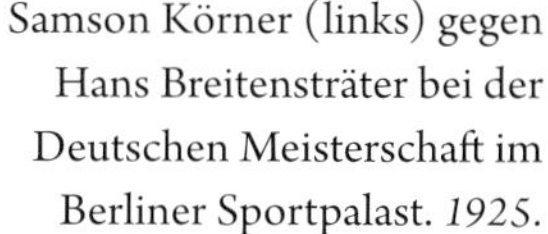

Samson Körner (links) gegen Hans Breitensträter bei der Deutschen Meisterschaft im Berliner Sportpalast. *1925.*

Samson Körner (left) against Hans Breitensträter at the German Championships in the Berliner Sportpalast. *1925.*

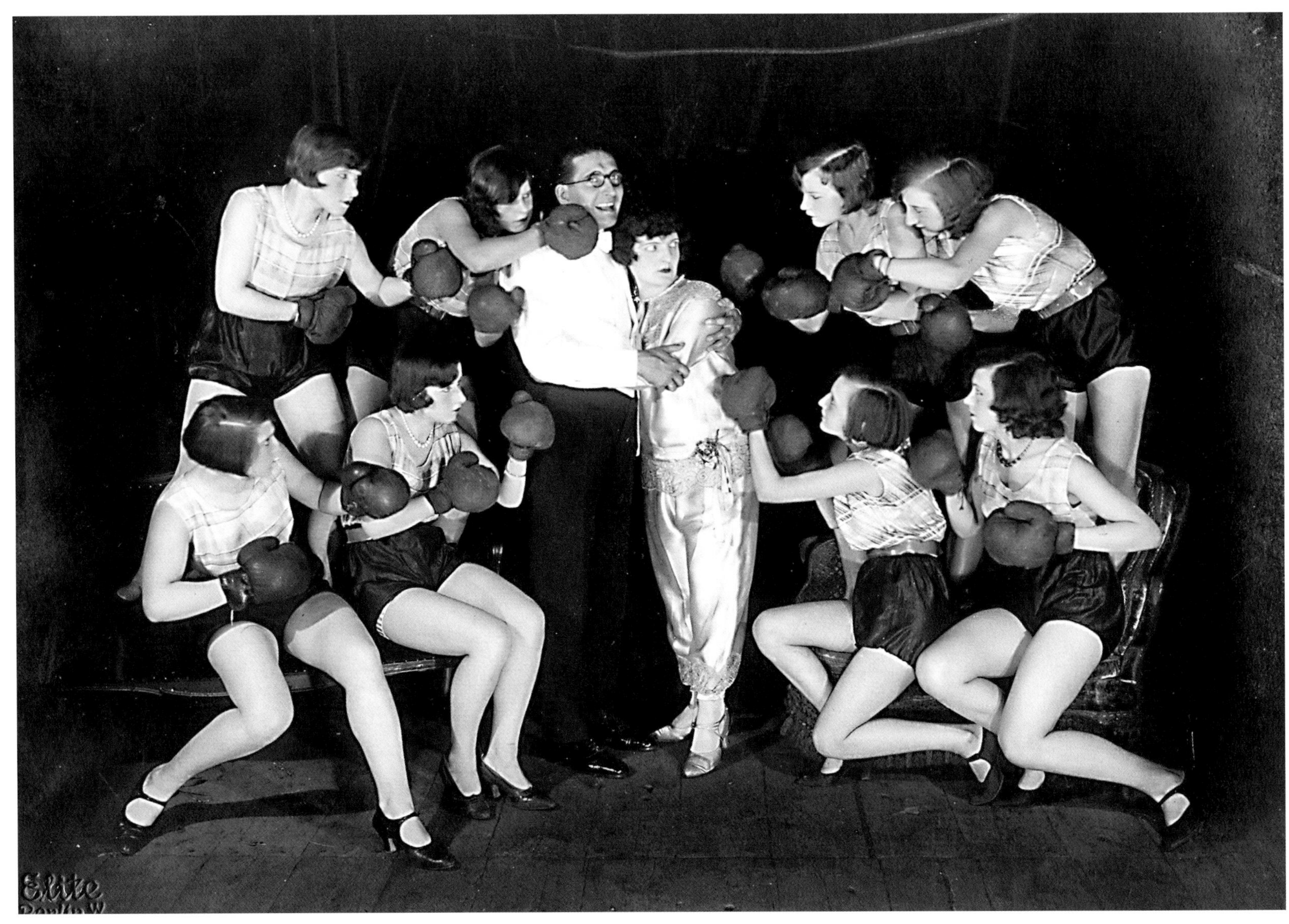

Ein beliebtes Motiv: Frauen mit Boxhandschuhen. So auch bei dieser Aufführung des Lustspiels »Die Scheidungsreise« von Leo Walther Stein, 1918 vom Komponisten Hugo Hirsch zur erfolgreichen Operette umgeschrieben. *1920er Jahre.*

A favourite motif: Women with boxing gloves. As in this premiere of the comedy "Die Scheidungsreise" ("The Divorce Holiday") by Leo Walther Stein, adapted as a successful operetta by composer Hugo Hirsch in 1918. *1920s.*

Ganz ohne Pose: Studentinnen der Preußischen Hochschule für Leibesübungen beim Boxtraining im Schnee. *Um 1928.*

No posing: female students of the Prussian Academy for Physical Education, boxing training in the snow. *Around 1928.*

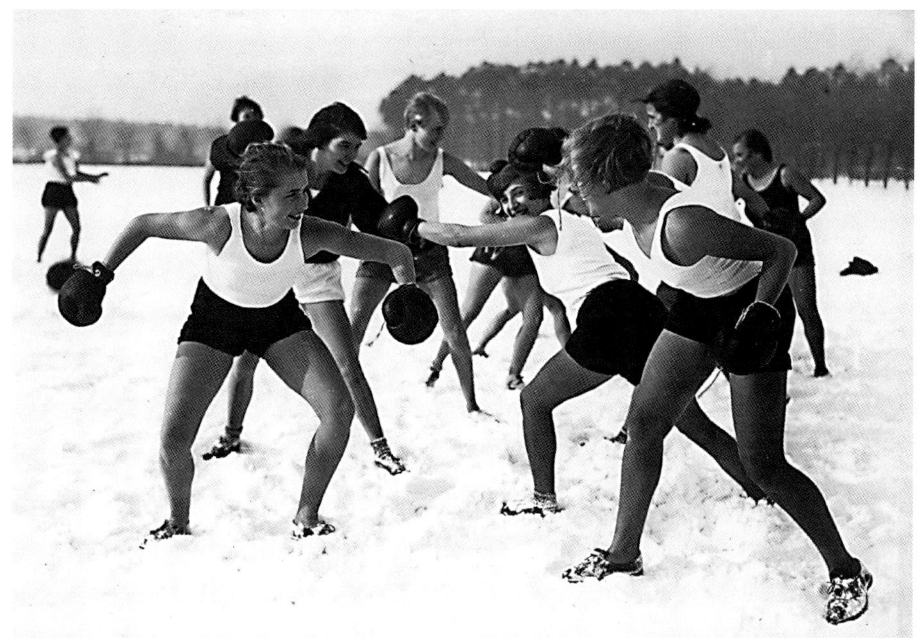

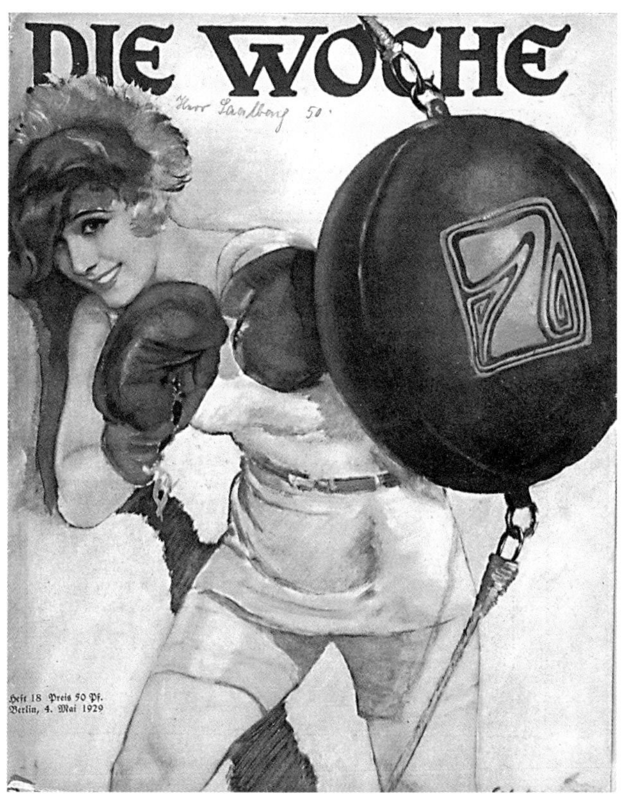

Junge Frau beim Training am Punching Ball. Titelseite der Zeitschrift »Die Woche« nach einem Aquarell von Ernst Heilemann. *Heft 18, 4. Mai 1929.*

A young woman training with a punch ball. Front page of the magazine "Die Woche" from a watercolour by Ernst Heilemann. *4th May 1929.*

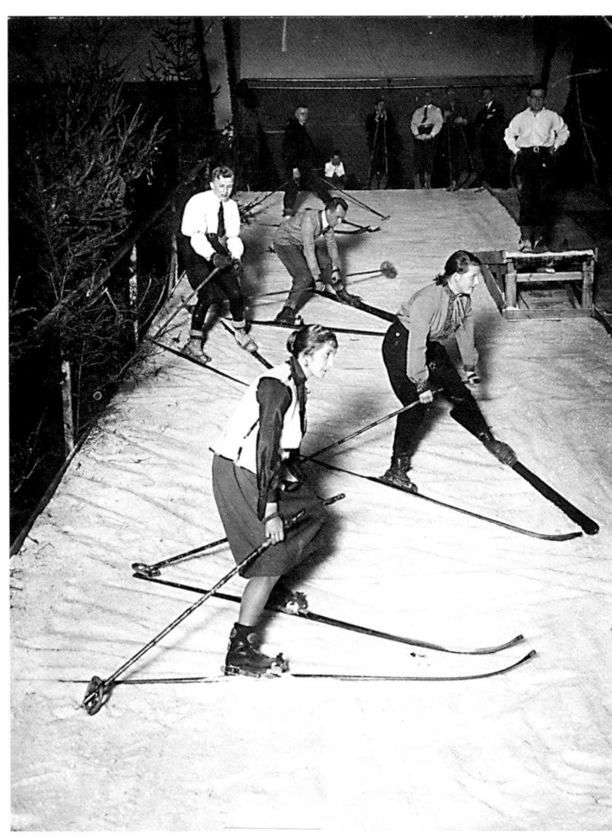

Abfahrtstraining in einer Indoor-Skihalle.
Robert Sennecke, um 1925.

Descent training in an indoor ski hall.
Robert Sennecke, around 1925.

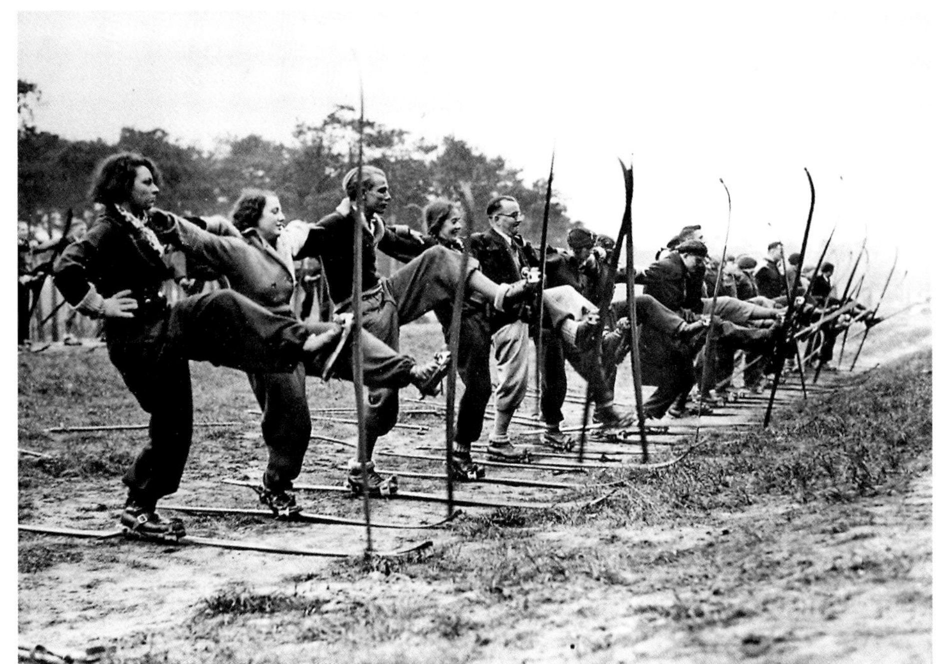

Trockenübung von Berliner Skisportlern im Grunewald. *Um 1930.*

Berlin skiers dry training in the Grunewald. *Around 1930.*

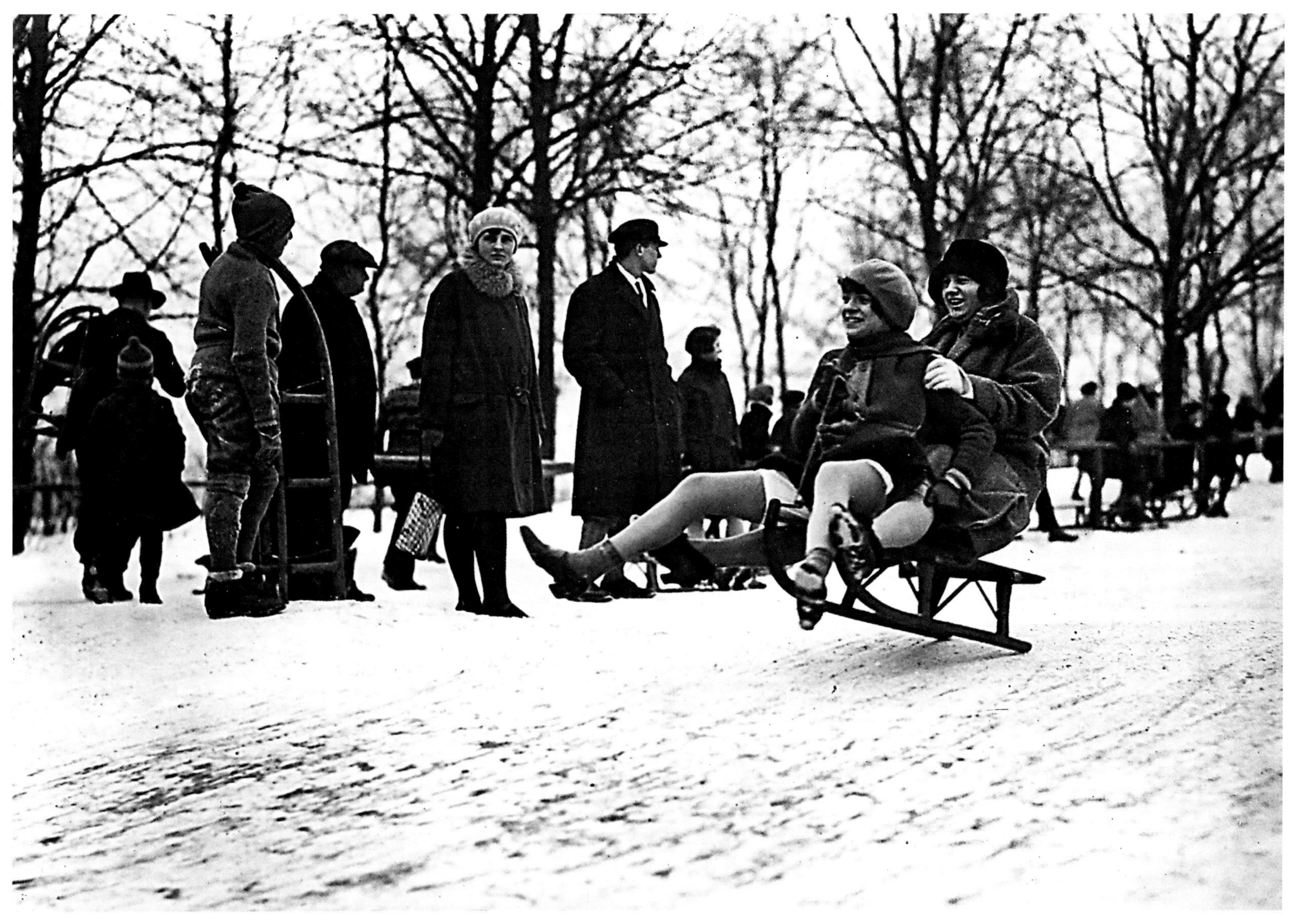

Rodelvergnügen in Berlin-Wilmersdorf. *Um 1925.*

Sledging fun in the Berlin borough of Wilmersdorf. *Around 1925.*

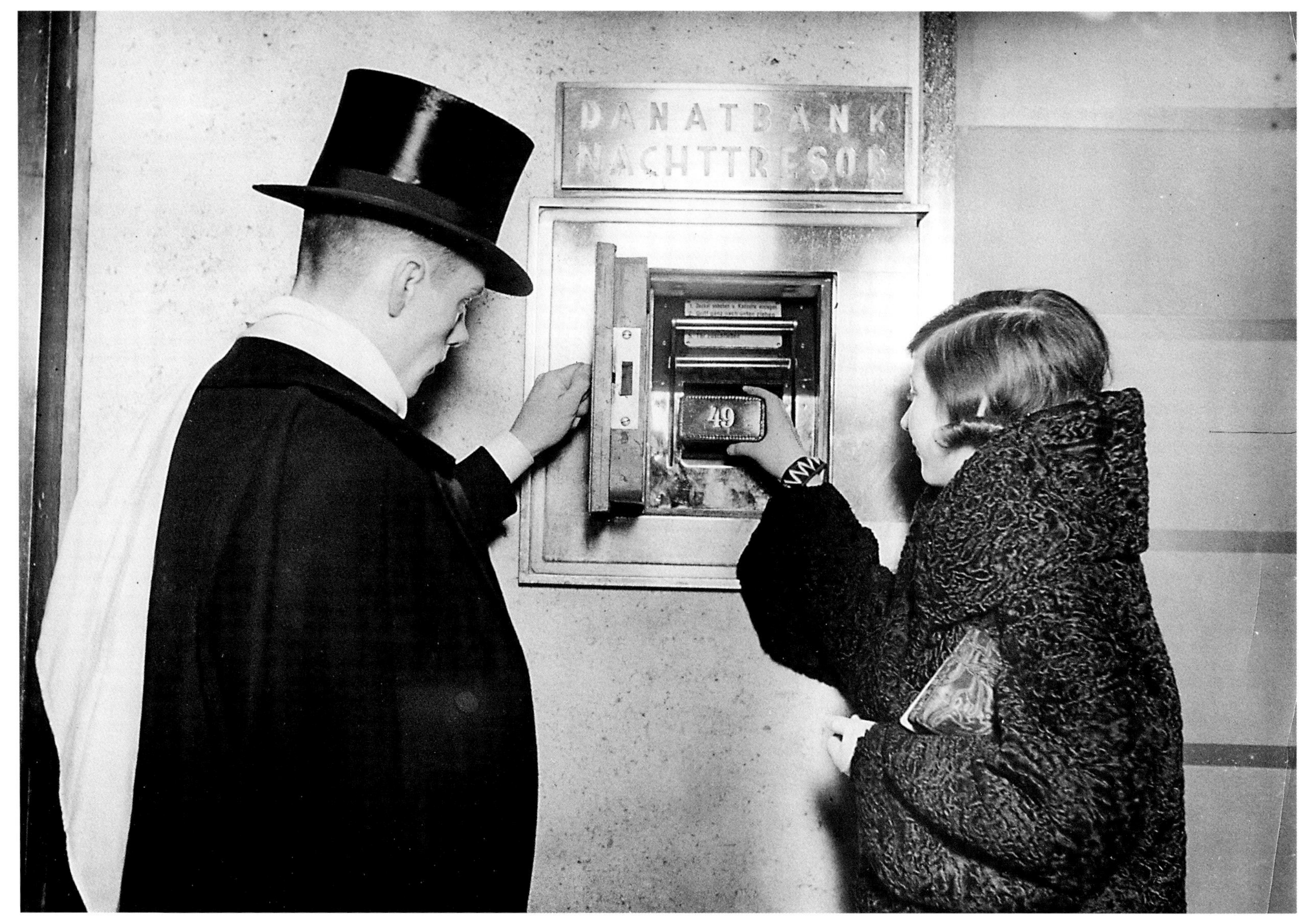

Seit 1930 bieten Berliner Banken ihren zahlungskräftigen Kunden Nachttresore zur Aufbewahrung ihres Besitzes an. *26. Februar 1931.*

From 1930 Berlin banks offer their affluent customers night safes for their possessions. *26th February 1931.*

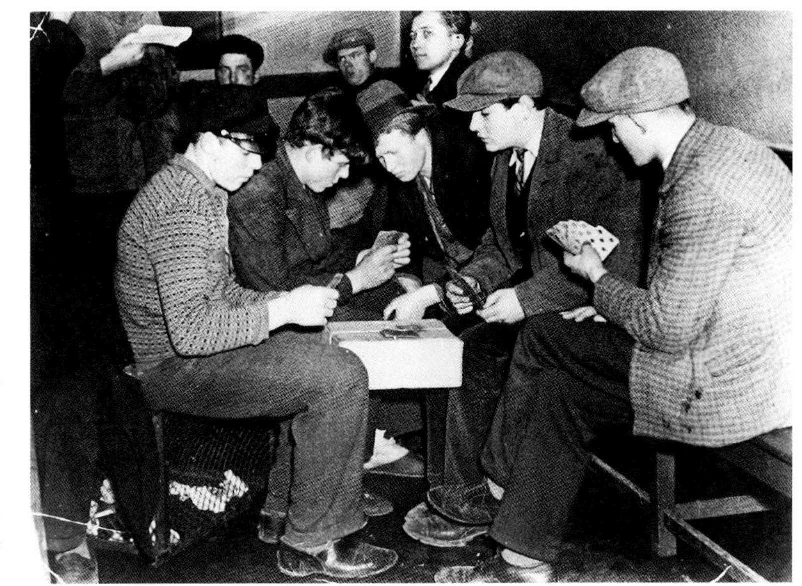

Die Weltwirtschaftskrise wirft ihre Schatten voraus: Arbeitslose Jugendliche vertreiben sich die Zeit beim Kartenspielen. *1930.*

The world financial crisis casts its shadow: Unemployed youths pass their time playing cards. *1930.*

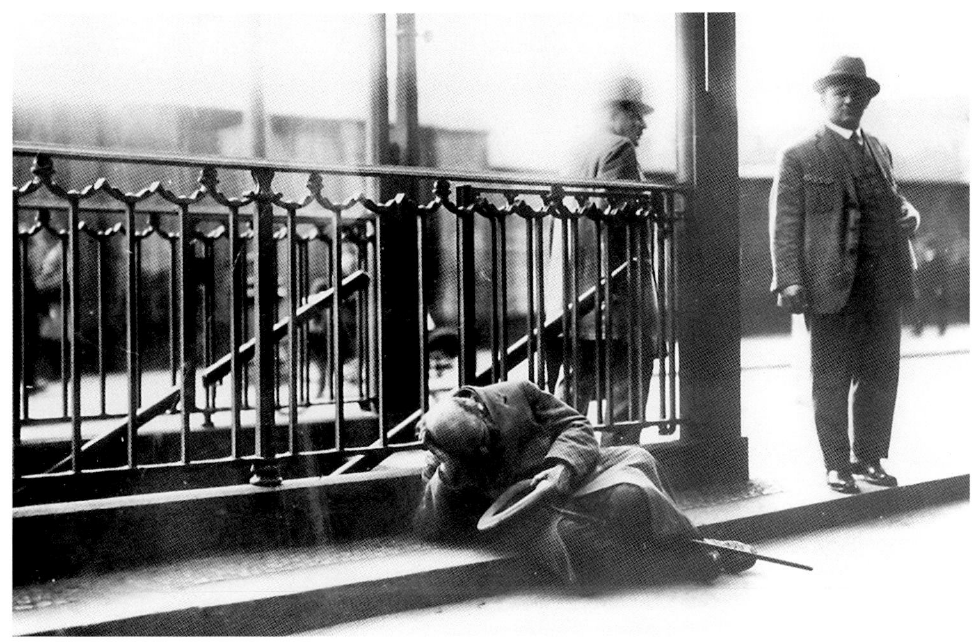

Auch in den »goldenen« Jahren ist Armut überall in der Stadt präsent: Bettler an einem U-Bahneingang. *1928.*

Even during the "golden" years, poverty is evident all over the city: beggars at an underground station entrance. *1928.*

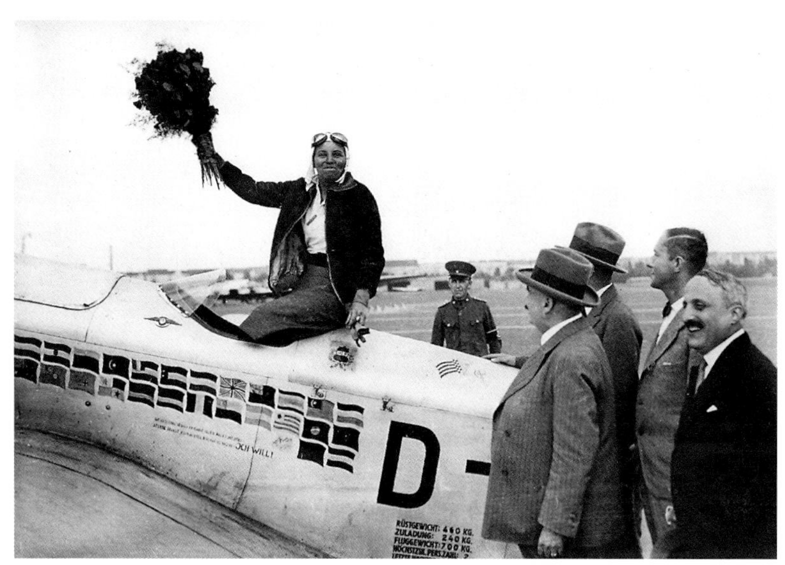

Ihr Alleinflug nach Afrika hat sie im Januar 1931 berühmt gemacht: Die Sportfliegerin Elly Beinhorn nach einer Landung auf dem Flughafen Tempelhof. *27. Juli 1931.*

In January 1931, her solo flight to Africa made her famous: Amateur pilot Elly Beinhorn after a landing at Tempelhof Airport. 27th *July 1931.*

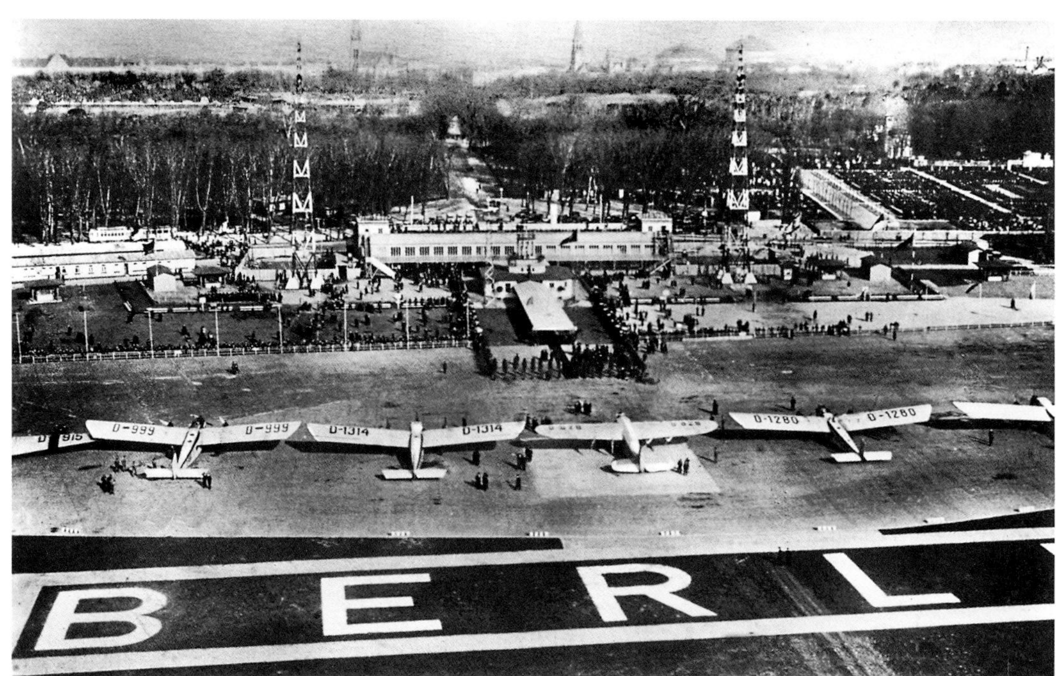

Modernste Technik am Rande der Stadt. *Um 1928.*

The latest technology on the city outskirts. *Around 1928.*

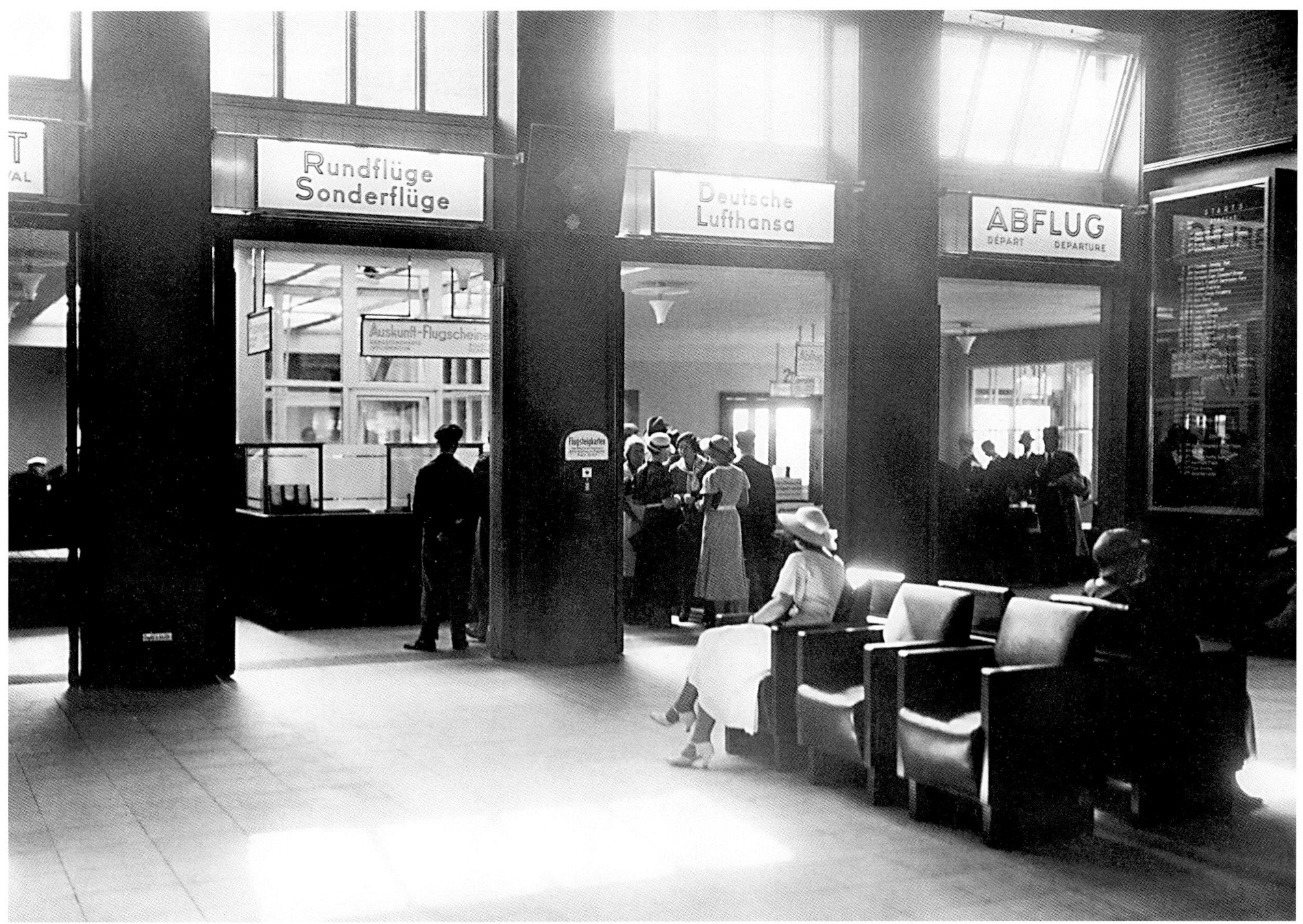

1928 werden am Flughafen Tempelhof 41.214 Passagiere abgefertigt. Die Warte- und Abfertigungshalle im Flughafengebäude bietet den nötigen Komfort. *Um 1928.*

In 1928 41.214 passengers are checked into Tempelhof Airport. The airport waiting and departure halls offer the necessary comfort. *Around 1928.*

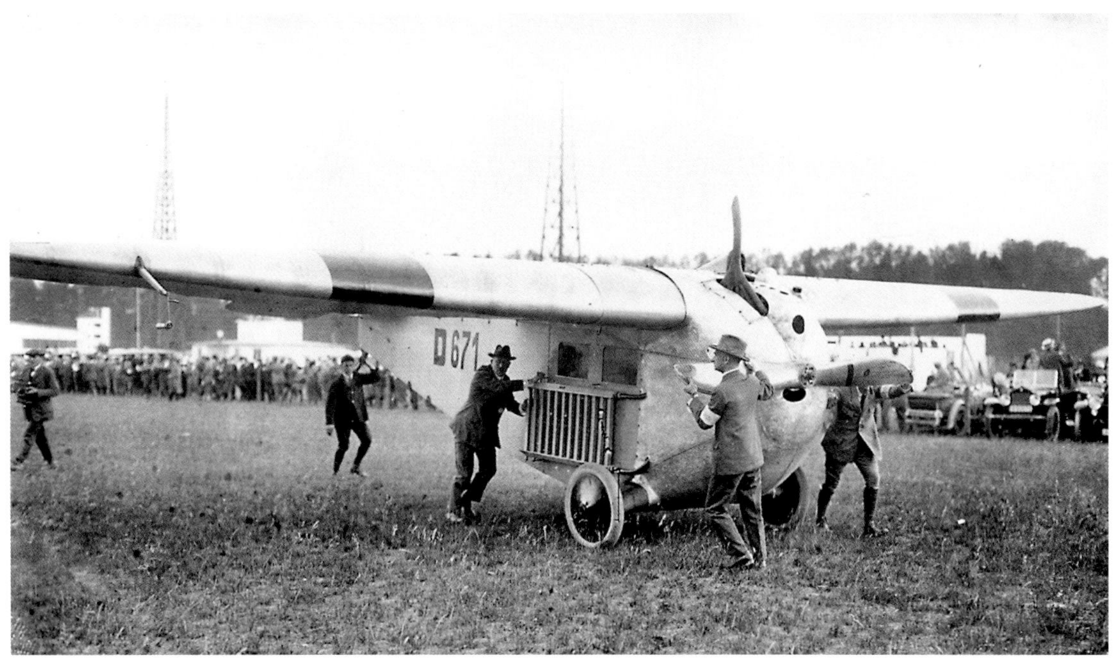

54 Piloten fliegen 1925 kreuz und quer durch Deutschland, um den B.Z.-Preis der Lüfte zu erringen, für den der Ullstein-Verlag 200.000 Mark ausgelobt hat. Hier das teilnehmende Flugzeug Focke-Wulf A/6 D–671 in Tempelhof. *1925.*

In 1925, 54 pilots fly all over Germany to compete for the B.Z. prize for which the Ullstein publishing house has offered 200,000 Marks. Here a competitor – a Focke-Wulf A/6 D–671 aeroplane at Tempelhof. *1925.*

Fotografen bei einem Luftfahrtspektakel. *Um 1932.*

Photographers at an air display. *Around 1932.*

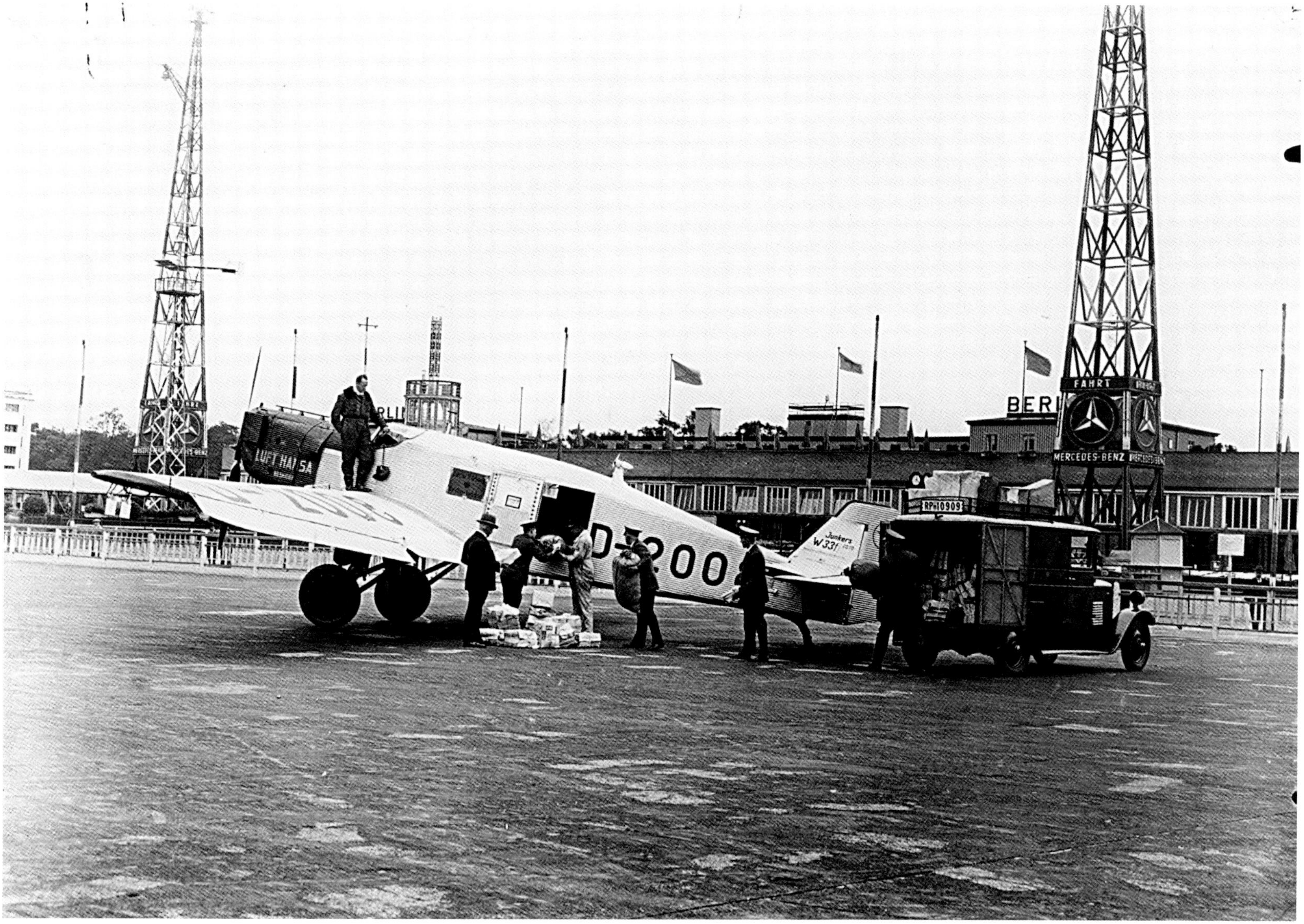

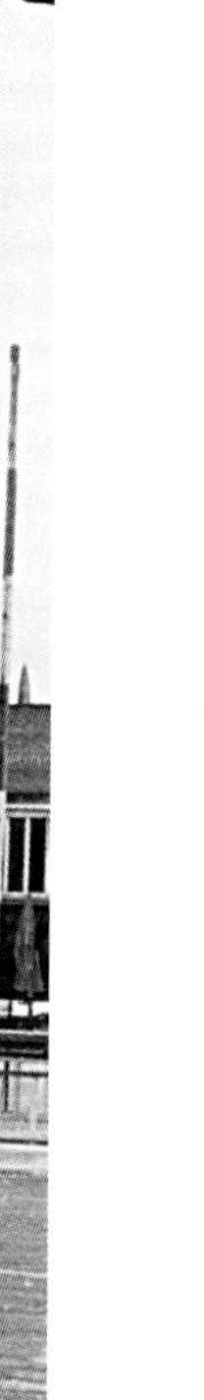

Internationales Drehkreuz: Hier wird der Reichspostflug Berlin–London beladen. *1931.*

An international hub: The Reichspost flight from Berlin to London is loaded with mail. *1931.*

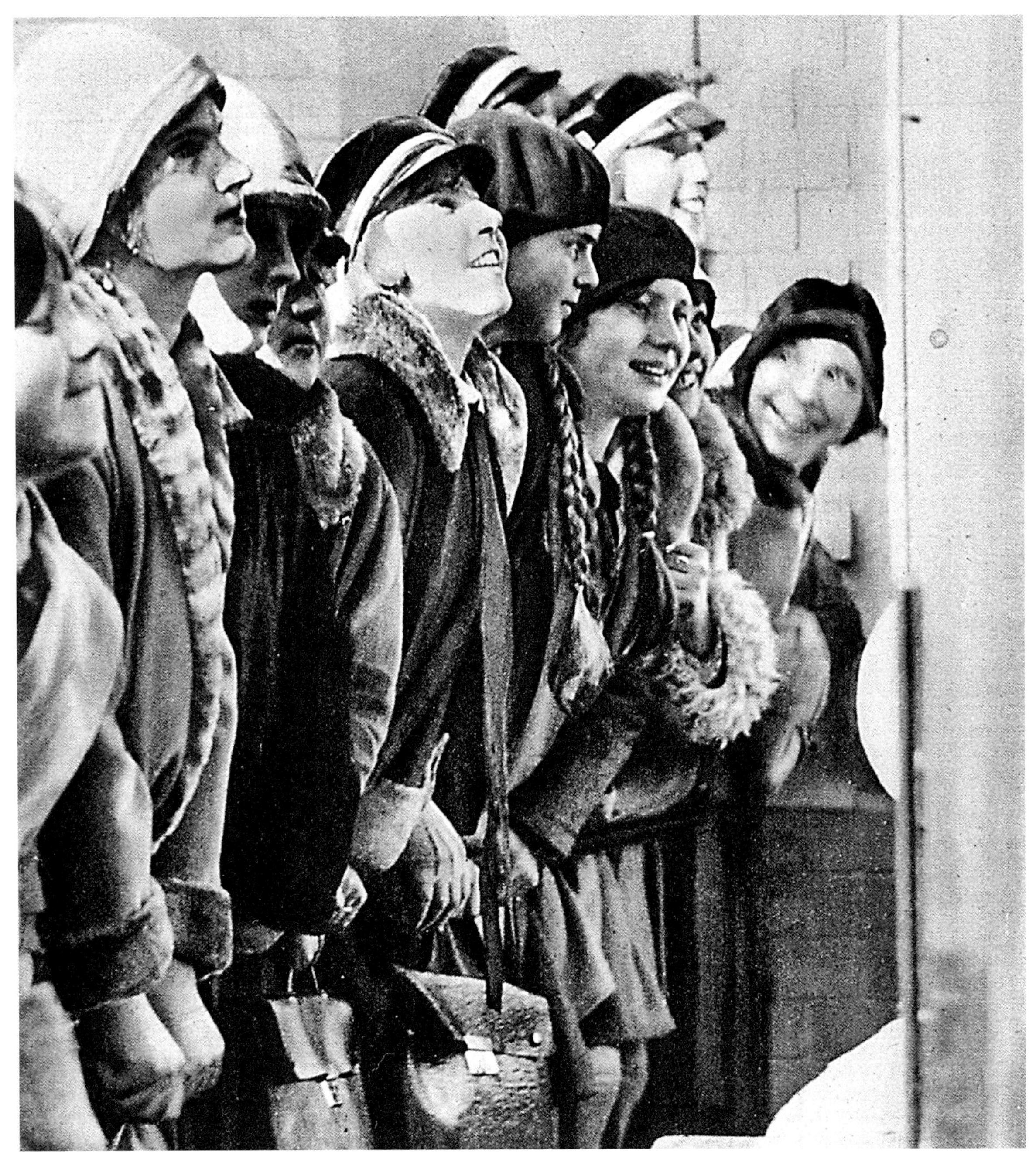

»Schaulustige Jugend.« Reproduktion nach einem Foto von Z. Kluger. *Die Woche, Heft 49, 7. Dezember 1929.*

Young onlookers, reproduction of a photograph by Z. Kluger. *Die Woche, 7th December 1929*

»Was ist das für ein Ding, das die Hälfte unseres Horizonts verdeckt, dieser monströse längliche Quader, der die höchsten Gebäude der Umgebung erdrückt, die an seiner Seite wie Behausungen von Liliputanern wirken? (...) In der Nähe der Türen werden wir von einer Menschenmenge gepackt und mitgerissen, die sich durch das Erdgeschoss zu den Fahrstühlen bewegt.«

GEORGES FRIEDMANN, REPORTAGE IN 'LE MONDE'

"What kind of thing is this that blocks out half our horizon, this monstrous oblong mass of stone that overwhelms even the tallest buildings in the area and makes them Lilliputian houses beside it? (...) When we are near the doors we are jostled by a crowd of people and are dragged along with them as they head through the ground floor to the lifts."

GEORGES FRIEDMANN, ARTICLE IN 'LE MONDE'

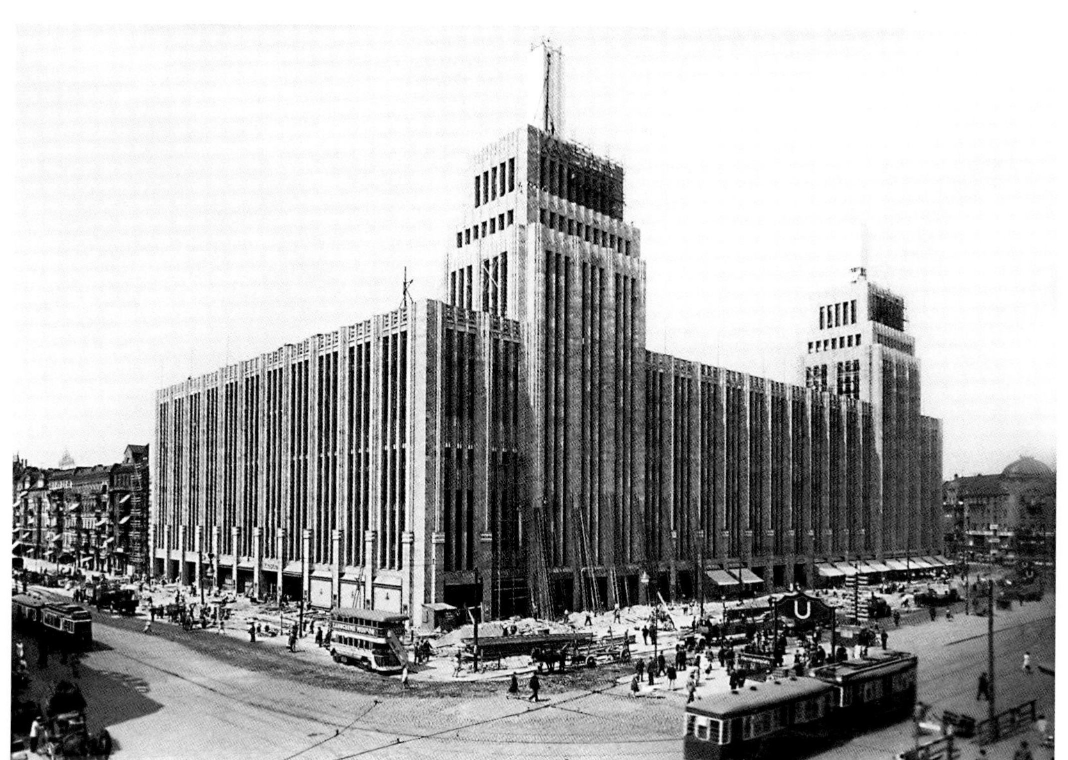

»Großstadt – Weltstadt – Karstadt«. So lautet der Werbeslogan für das 1929 eröffnete Kaufhaus Karstadt am Hermannplatz. Die monumentale Architektur erinnert bewusst an amerikanische Wolkenkratzer. *Um 1927.*

"Großstadt – Weltstadt – Karstadt". This was the advertising slogan for the Karstadt department store which opened on Hermannplatz in 1929. The monumental architecture purposely evokes American skyscrapers. *Around 1929.*

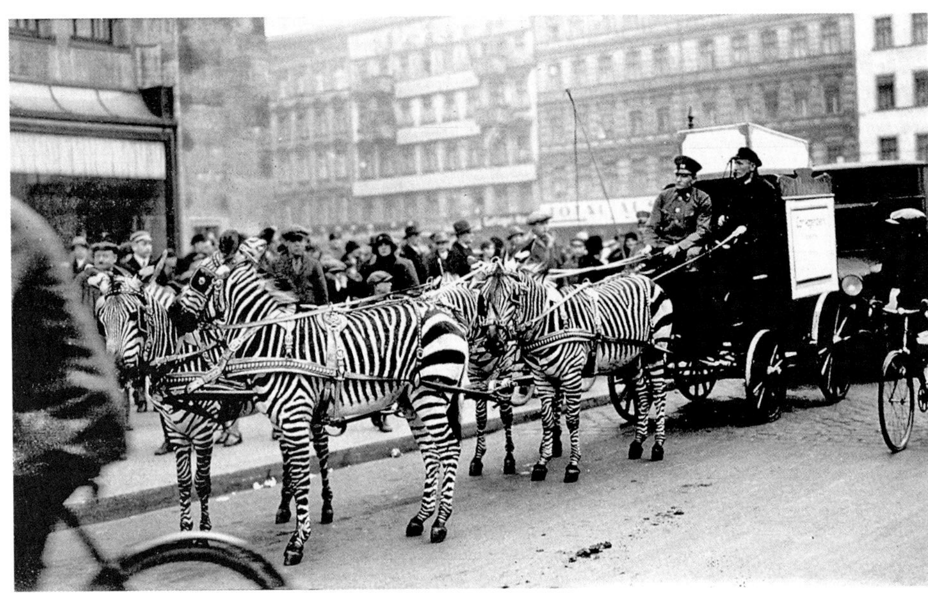

Das Hamburger Unternehmen Hagenbeck macht mit seinen exotischen Völkerschauen regelmäßig auch Station in Berlin. Werbeaktion mit Zebragespann vor dem Kaufhaus Karstadt am Hermannplatz. *21. Februar 1930.*

The Hagenbeck company from Hamburg regularly visits Berlin with its exotic human zoo. Publicity campaign using a zebra-drawn carriage outside the Karstadt department store on Hermannplatz. *21st February 1930.*

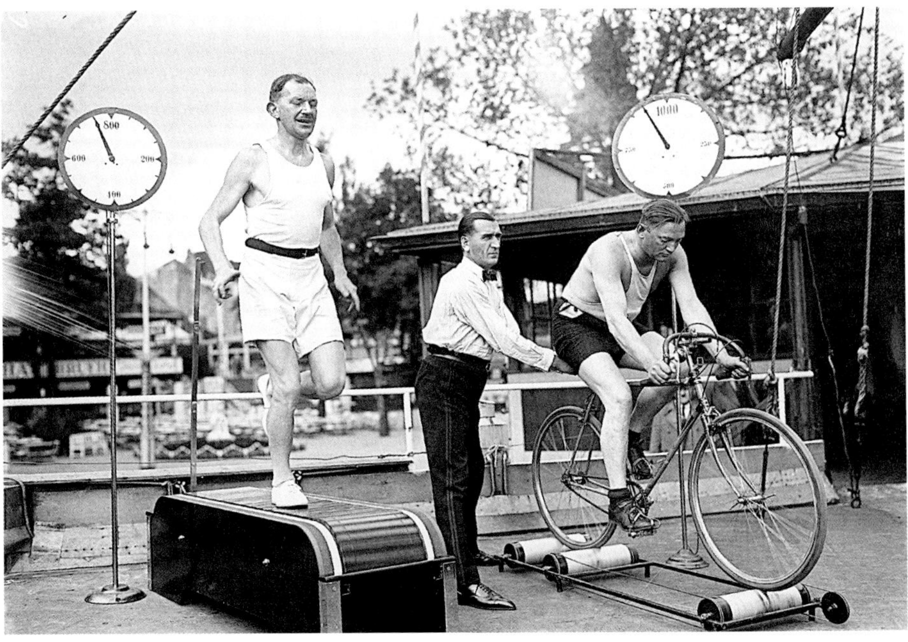

Fitness-Wettbewerb auf dem Laufband unter freiem Himmel: Wettkampf zwischen Radfahrer und Läufer, kontrolliert von zwei Uhren und einem Schiedsrichter. *1925.*

Fitness competition on treadmills in the open air: Cyclists and runners compete, checked by a referee and two clocks. *1925.*

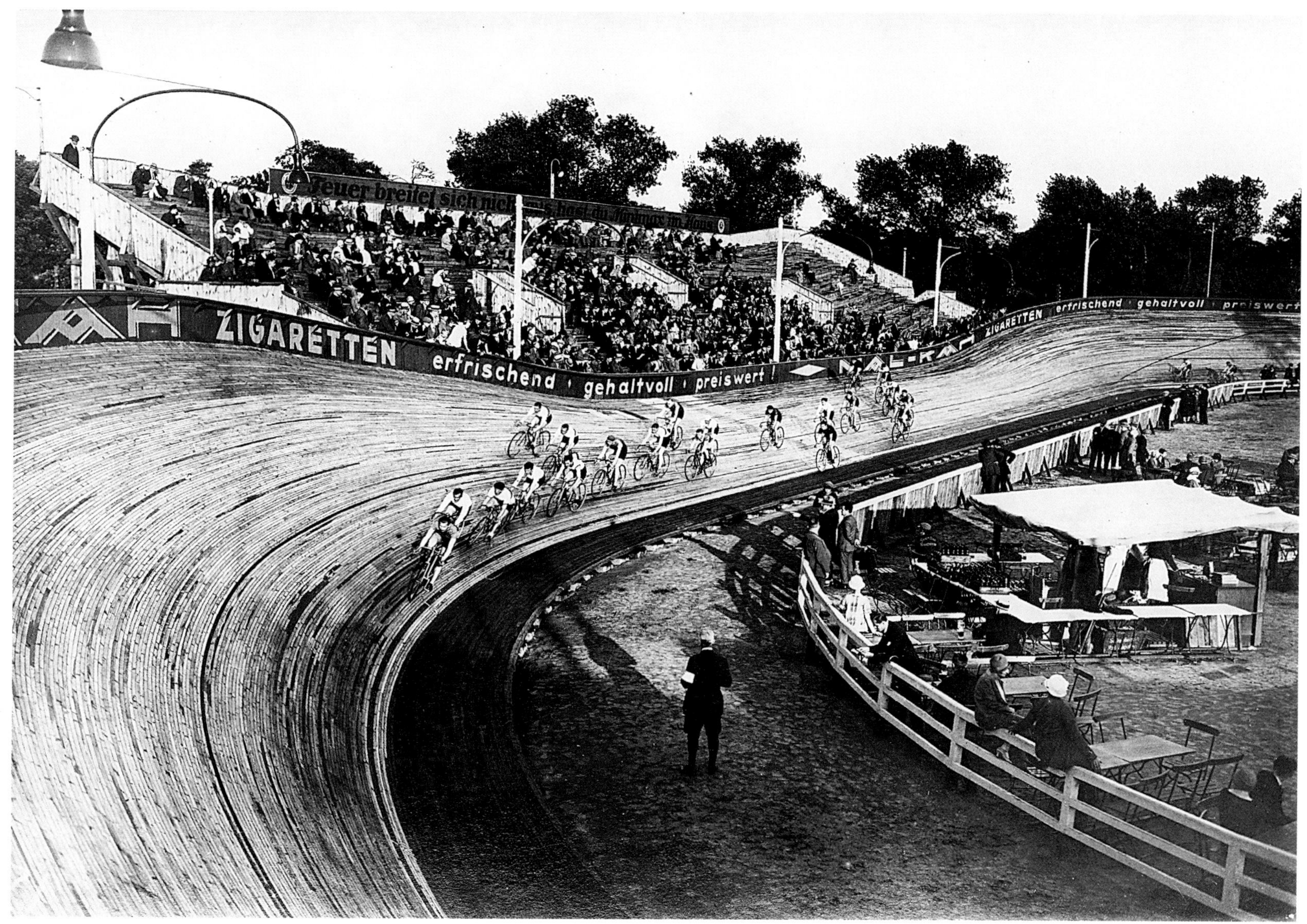

Die vom Ex-Radprofi Walter Rütt gegründete Rütt-Arena ist ein Zuschauermagnet im Volkspark Hasenheide. Hier ein Zweistunden-Mannschaftsrennen, veranstaltet vom Bund Deutscher Radfahrer. *25. Juli 1926.*

The Rütt Arena, founded by the former professional cyclist, Walter Rütt, is a magnet for spectators in the Volkspark Hasenheide. Here a two-hour team race organised by the Federation of German Cyclists. *25th July 1926.*

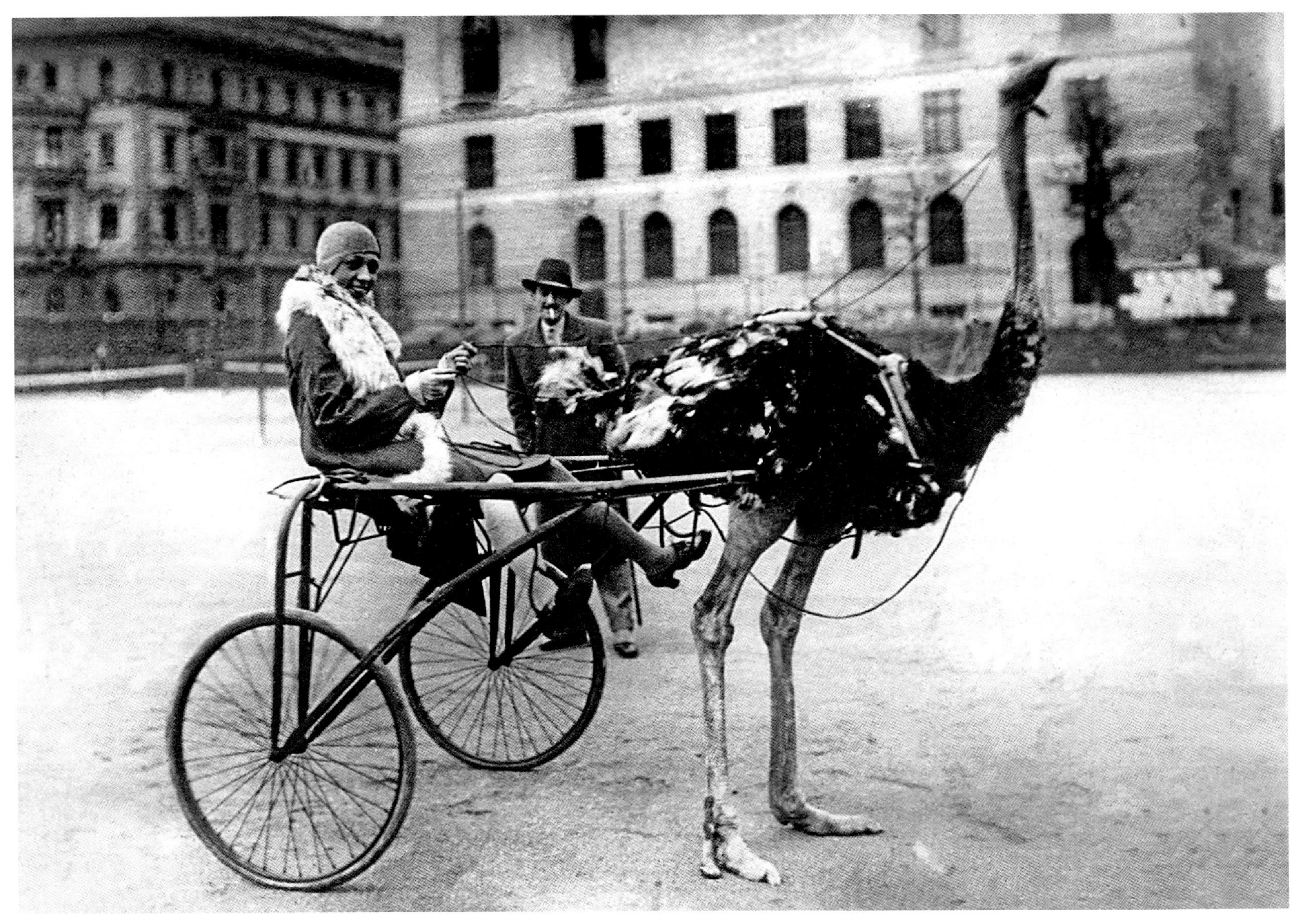

Es ist nicht leicht, auf Berlins Straßen aufzufallen. Die US-amerikanische Tanzikone Josephine Baker versucht es mit einem Straußengespann. *Februar 1926.*

It isn't easy to attract attention on Berlin's streets. The American dancing icon, Josephine Baker, attempts to do so in an ostrich carriage. *February 1926.*

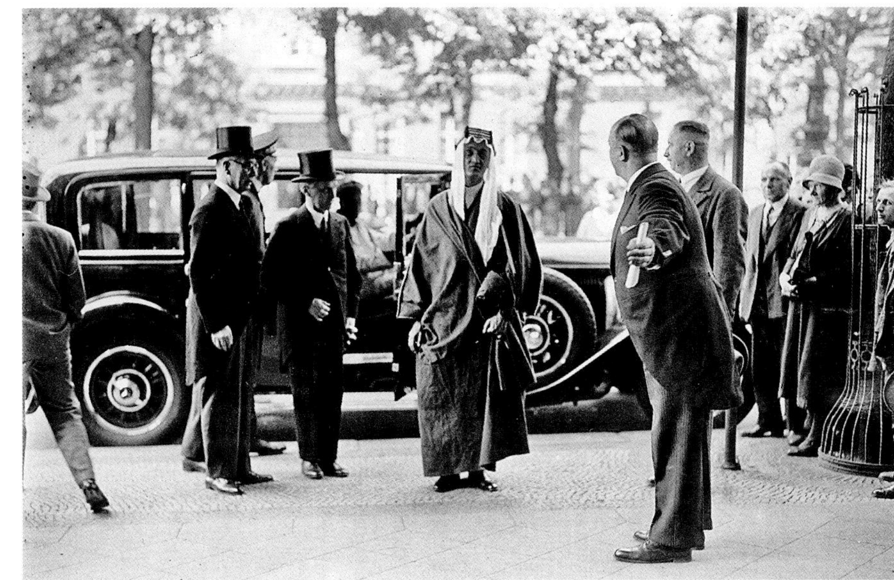

Orientalischer Flair: Faisal ibn Abd al-Aziz, der Vizekönig des Königreichs Hedschas, wird in Berlin von Regierungsvertretern begrüßt. *Mai 1932.*

Oriental flair: Faisal ibn Abd al-Aziz, the Deputy King of the Kingdom of Hedscha, is welcomed to Berlin by government representatives. *May 1930.*

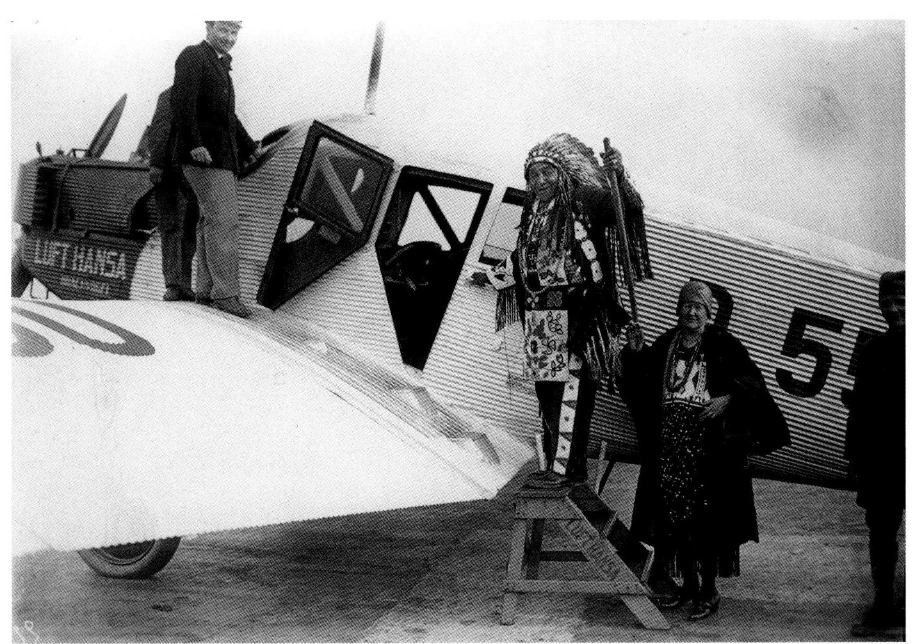

Im Land der Karl-May-Leser: Ein Indianerhäuptling besteigt ein Flugzeug, um sich Berlin von oben anzuschauen. *Um 1930.*

In the land of Karl May readers: An Indian Chief gets into a plane to see Berlin from the air. *Around 1930.*

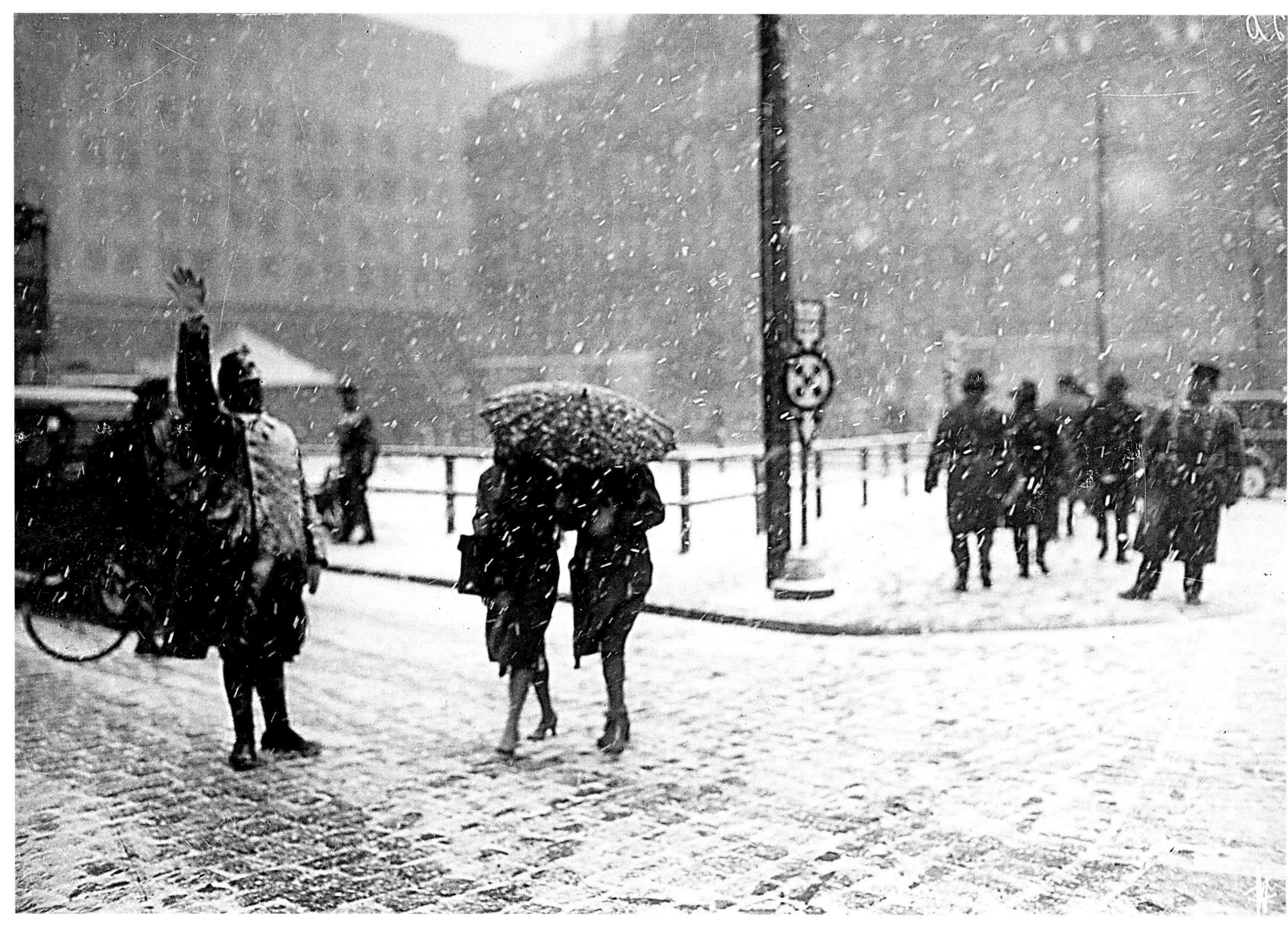

Winter in Berlin. Ein Verkehrspolizist auf seinem Posten. *Um 1930.*

Winter in Berlin: a traffic policeman at his post. *Around 1930.*

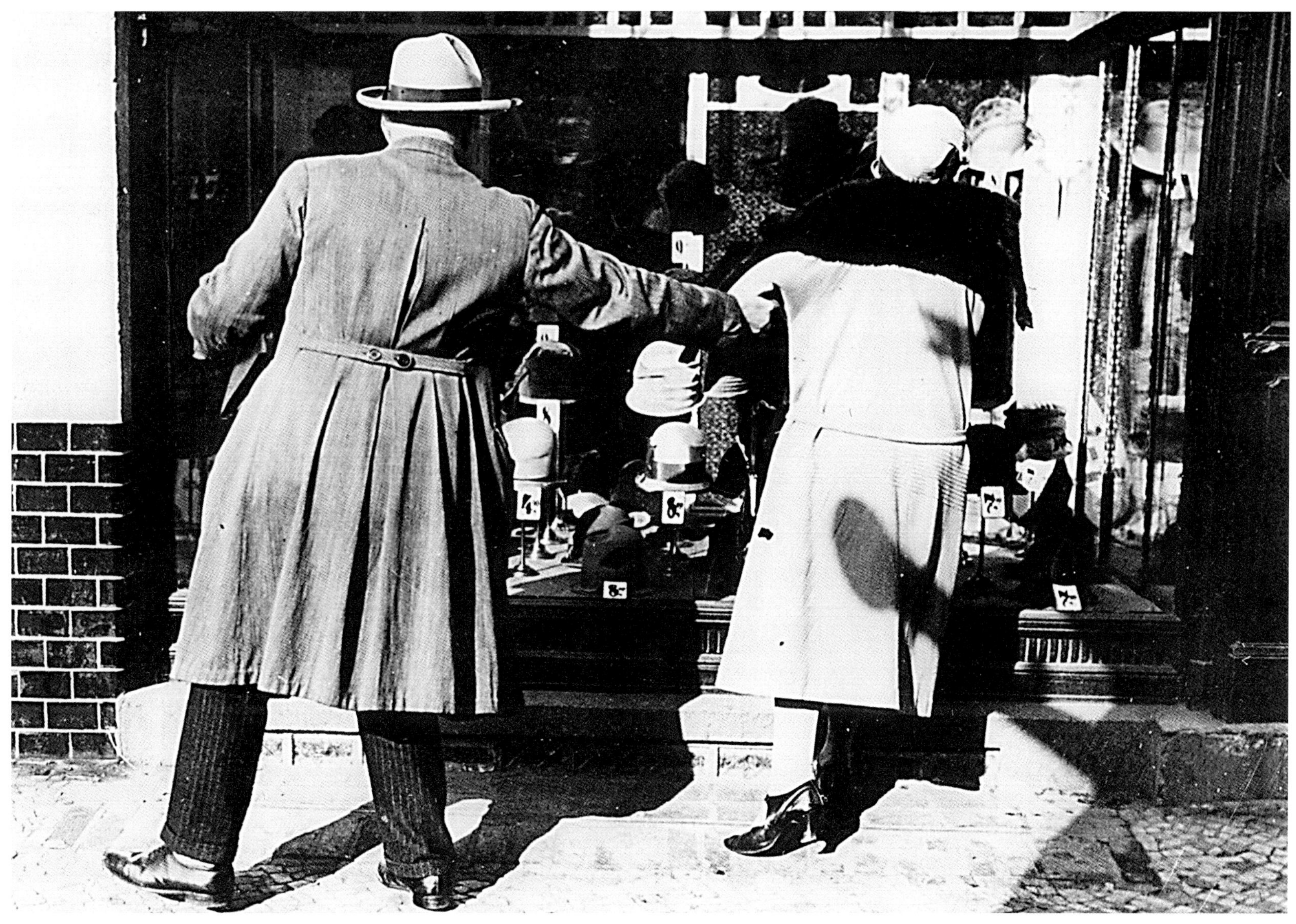

Ehepaar vor dem Schaufenster eines Hutsalons. *1926.*

A married couple in front of the window of a hat salon. *1926.*

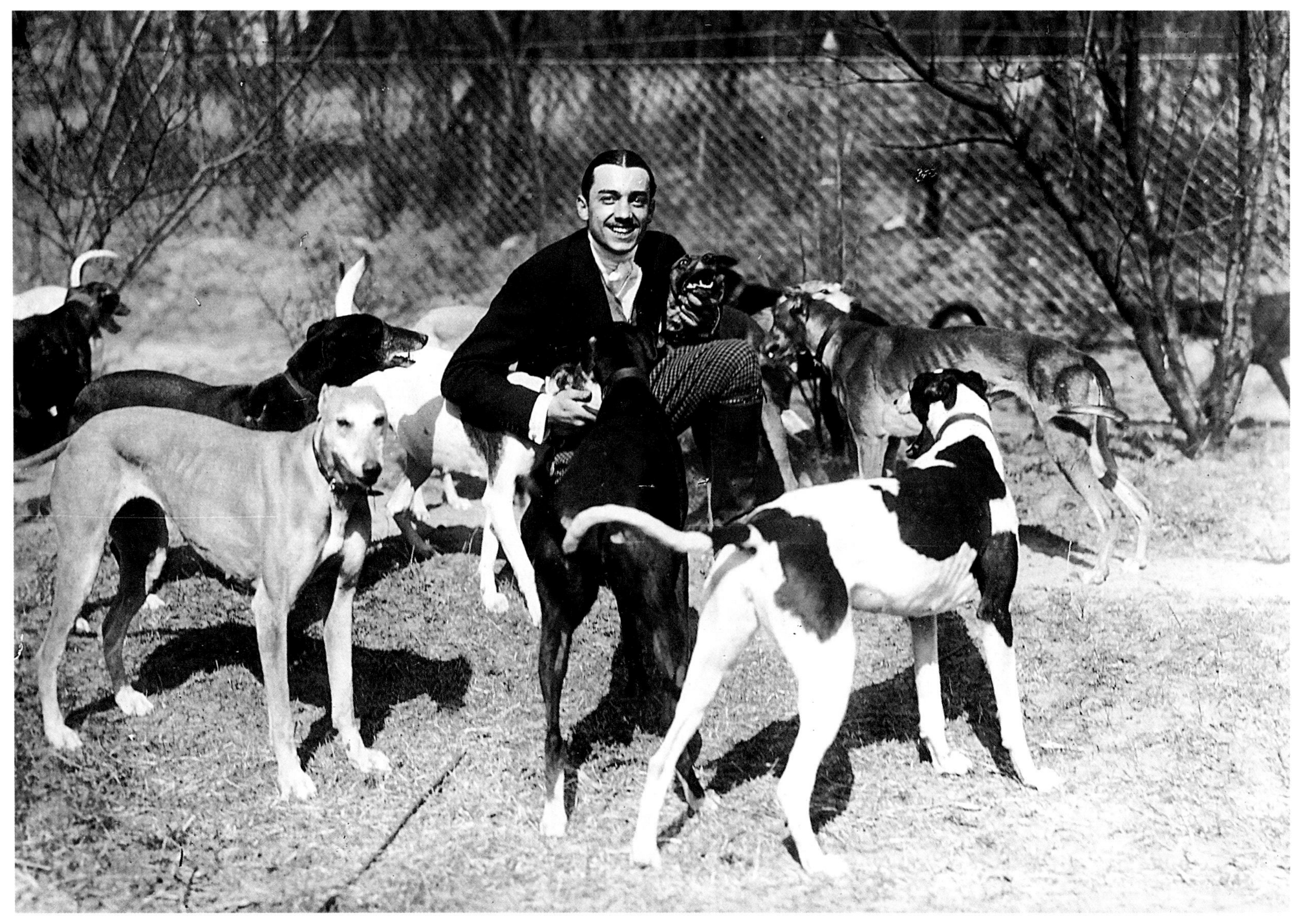

Ein Hundetrainer aus England mit seinen Windhunden. *Um 1925.*

A dog trainer from England with his greyhounds. *Around 1925.*

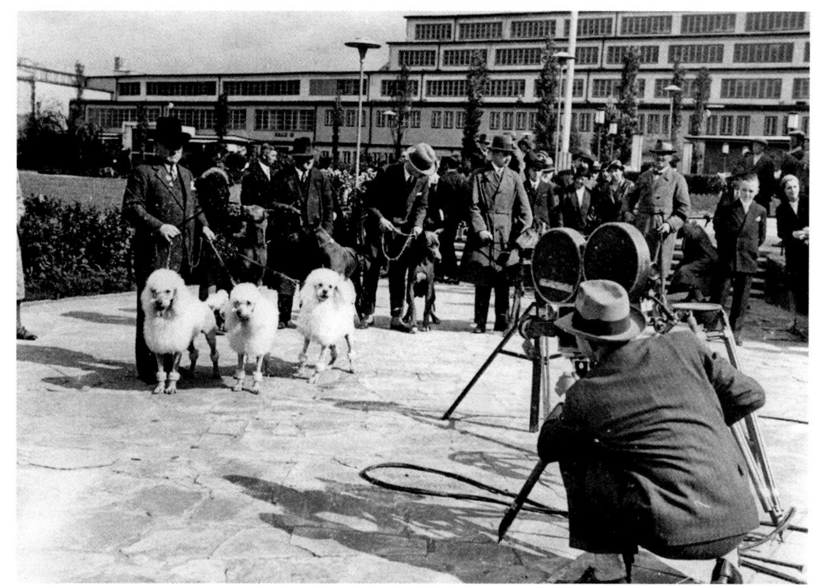

Filmaufnahmen mit Königspudeln bei einer Hundeausstellung am Kaiserdamm. *21. September 1931.*

Filming poodles at a dog show on the Kaiserdamm. *21st September 1931.*

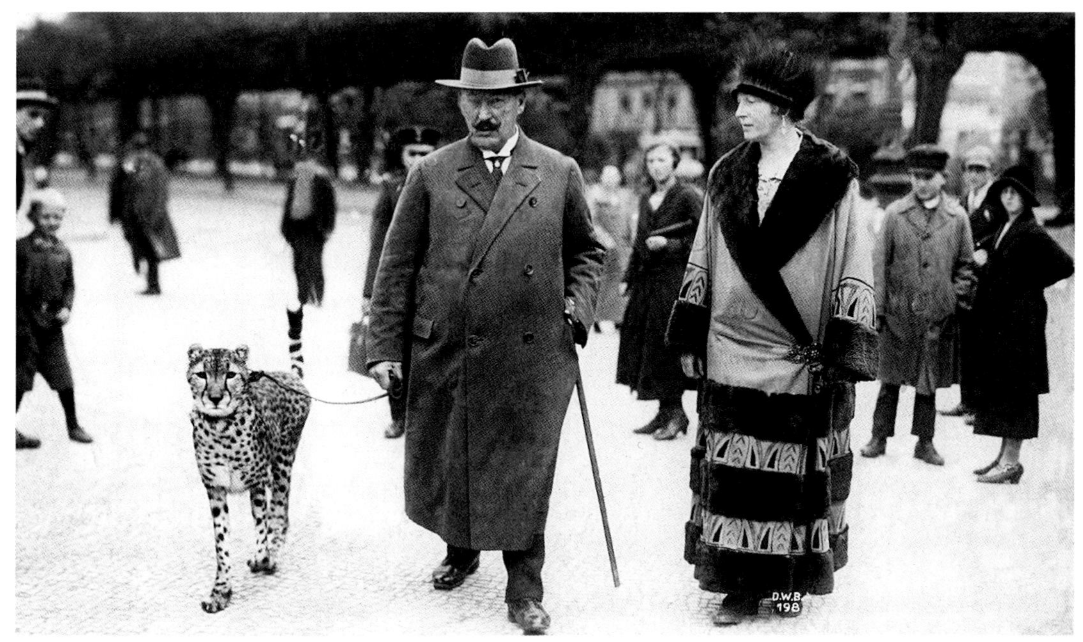

Zirkusdirektor Carl Krone mit Gattin Ida und einem zahmen Jagd-Geparden beim Spaziergang. *1920er Jahre.*

Circus Director Carl Krone out walking with his wife Ida and a tame hunting leopard. *1920s.*

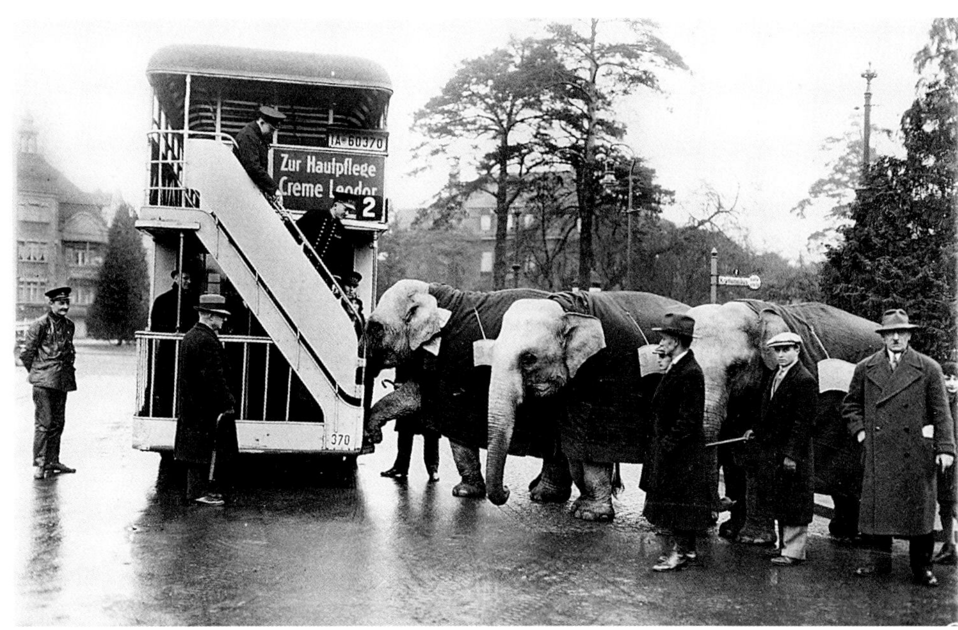

Elefanten beim Versuch, einen Bus zu besteigen. *1930.*

Elephants trying to get on to a bus. *1930.*

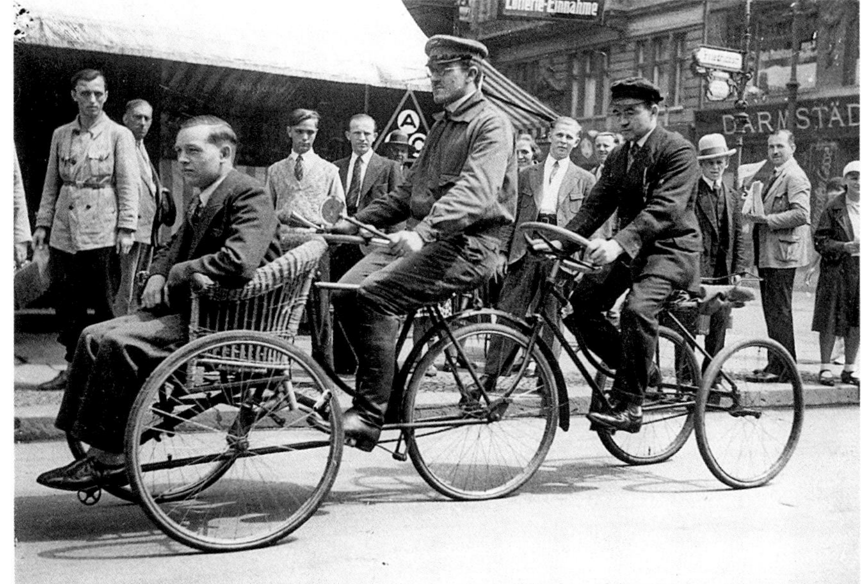

Fantasievolle Transportideen: Ein neues Fahrradmodell für mehrere Personen. *Um 1930.*

Imaginative transport ideas: A new type of bicycle for several people. *Around 1930.*

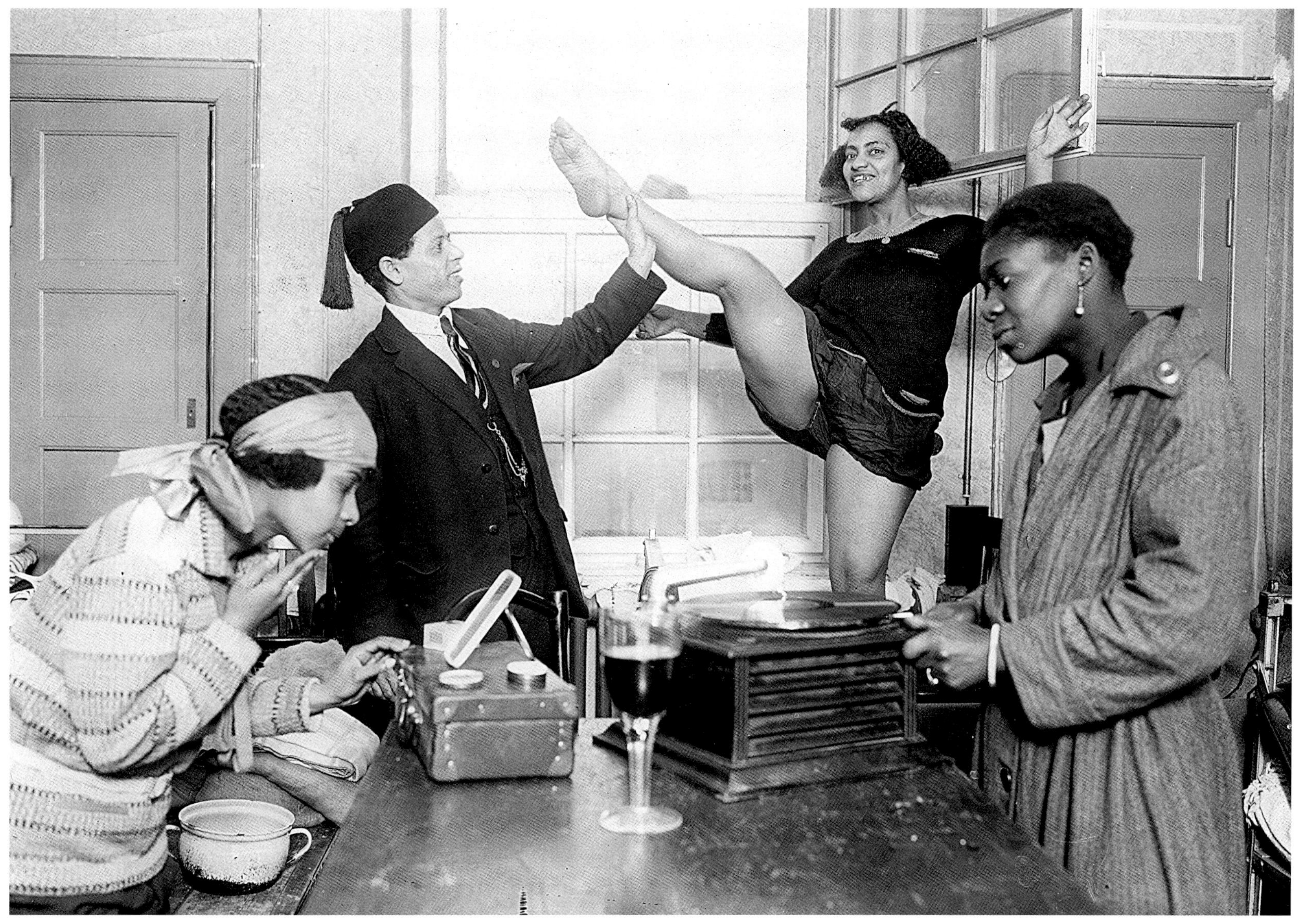

Mitglieder des Zirkus Sarrasani bei einem Gastspiel in Berlin kurz vor dem Auftritt. *Um 1930.*

Members of the Sarrasani Circus just before a guest performance in Berlin. *Around 1930.*

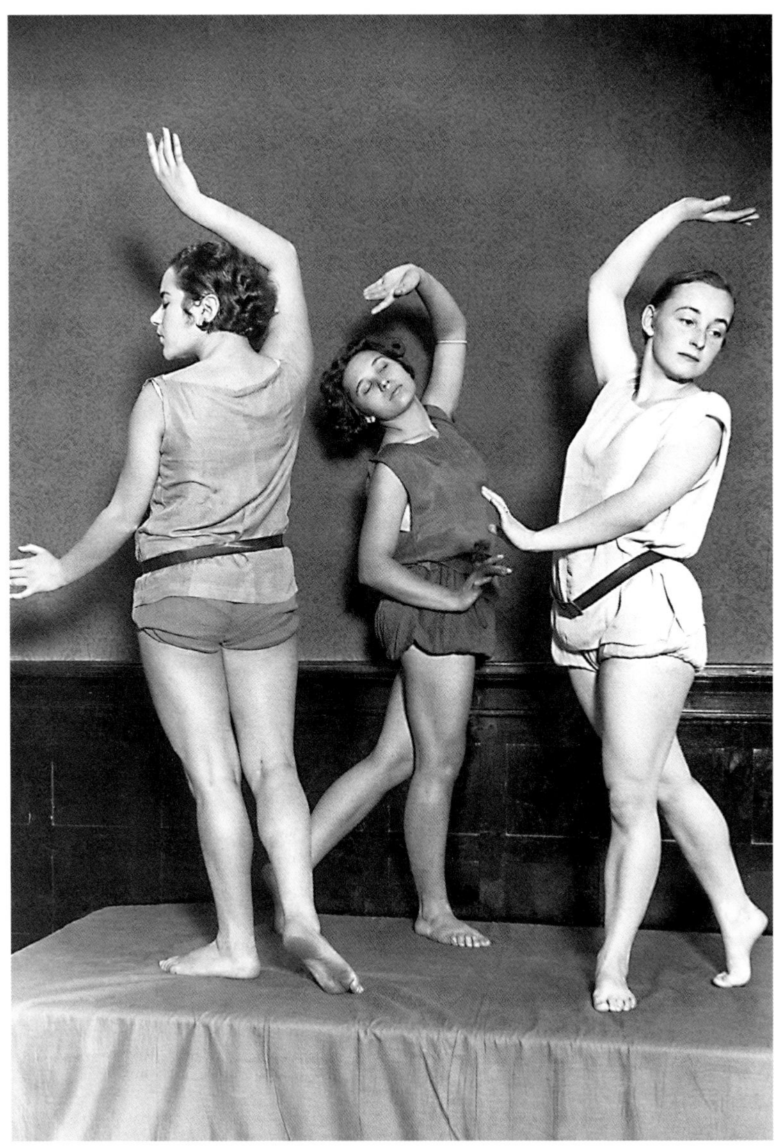

Ausdruckstanz ist en vogue: Viele Frauen streben in die Tanzschulen erfolgreicher Tänzerinnen oder Choreographen. *Um 1929.*

Free dance is in vogue: Many women try to get into the dance schools run by successful dancers. *Around 1929.*

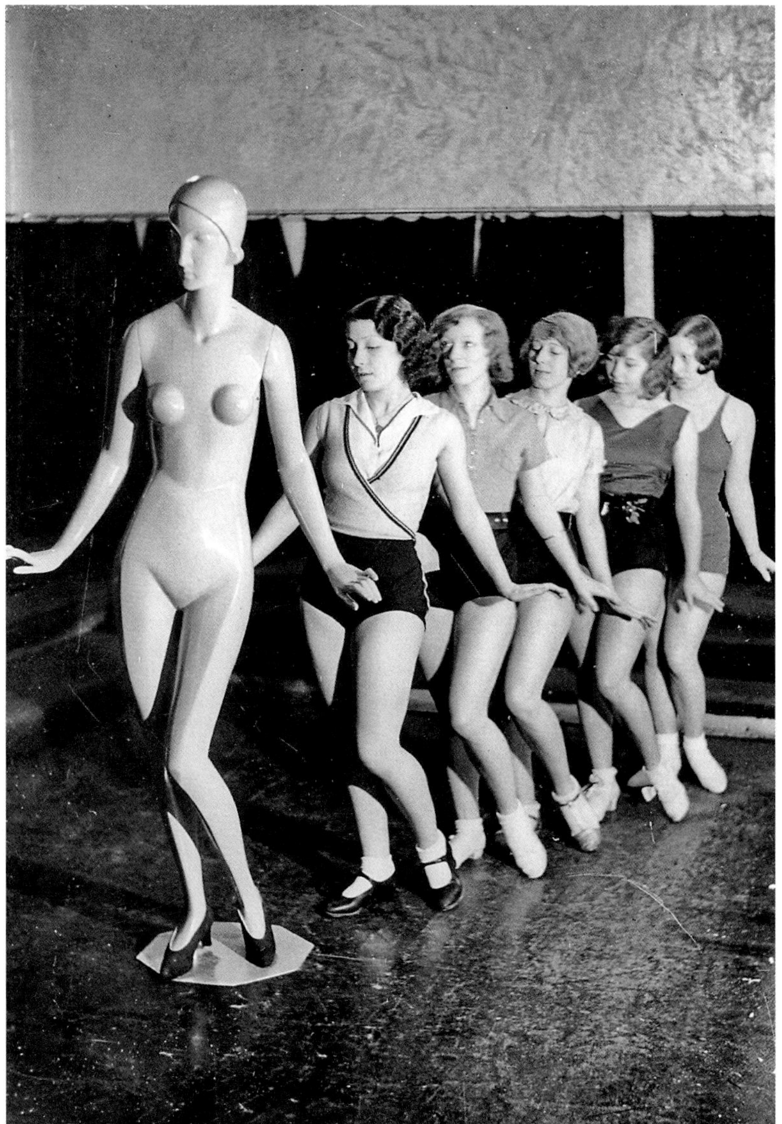

Schülerinnen einer Berliner Ballettschule nehmen Puppen zum Vorbild, um eine graziöse Haltung einzuüben. *Um 1930.*

Dancers at a Berlin ballet school follow the example of puppets in order to perfect a gracious posture. *Around 1930.*

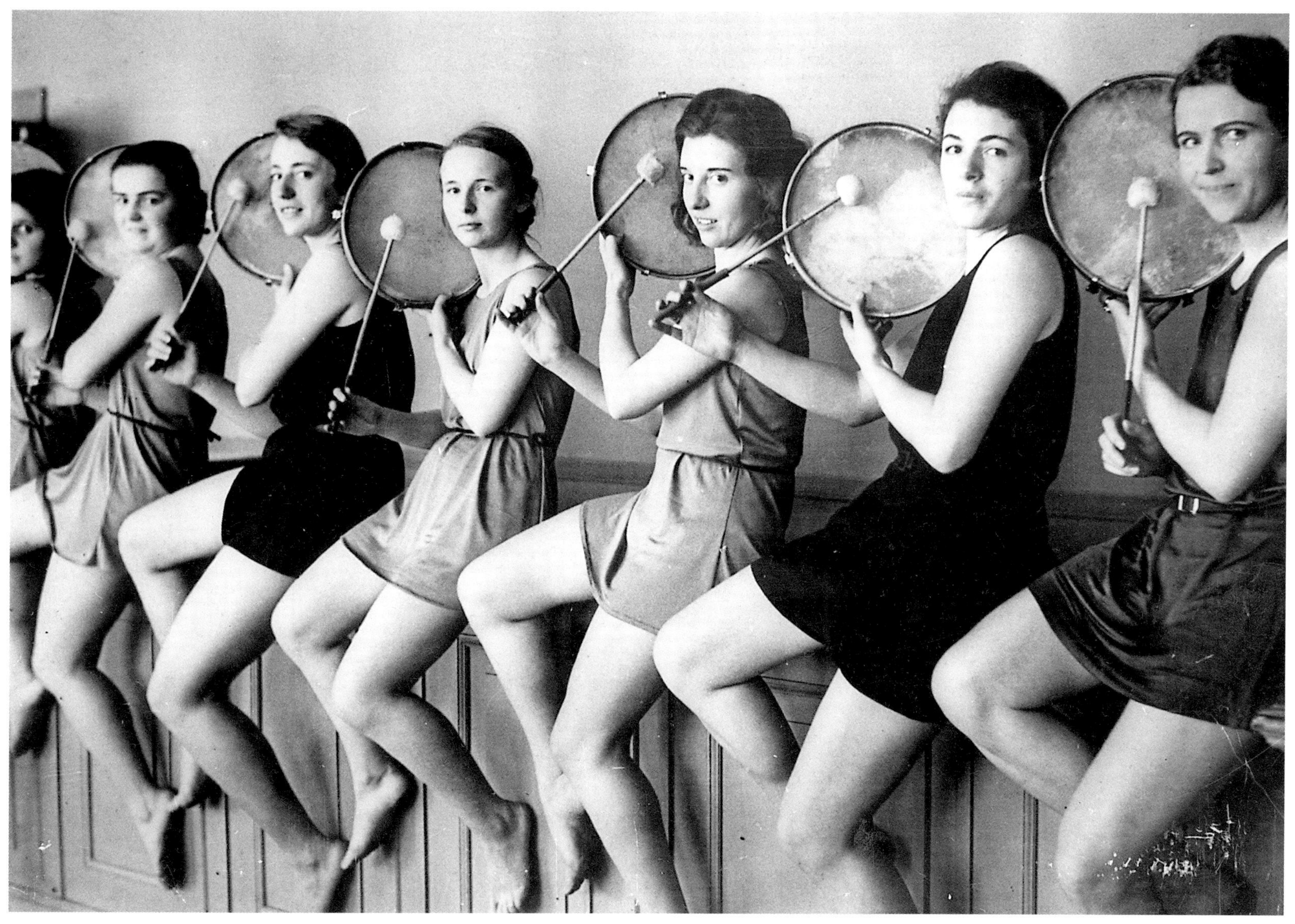

Schönheit, Rhythmus und Bewegung: Mitglieder der von Hinrich Medau gegründeten Gymnastikschule mit Tambourins. *11. April 1930.*

Beauty, rhythm and movement: Members of the gymnastics school founded by Hinrich Medau, with tambourines. *11th April 1930.*

»Die Leute, die wetten und gewinnen wollen, bevorzugen also Hoppegarten, dagegen bevorzugt die elegante Welt Berlins Grunewald, und der einzige Korso, den die deutsche Hauptstadt aufzuweisen vermag, ist wohl jener vor der großen Tribüne der Grunewaldrennbahn, wo man all die schönen Frauen und bekannten Gesichter sehen kann, denen man sonst fast niemals begegnet.«

EUGEN SZATMARI, DAS BUCH VON BERLIN

"People who want to bet and win prefer to go to Hoppegarten, whilst the elegant world of Berlin prefers Grunewald, and the only social promenade that the German capital can boast is the one in front of the grandstand of the Grunewald racecourse where one can see all the beautiful women and well-known faces that one otherwise almost never encounters."

EUGEN SZATMARI, DAS BUCH VON BERLIN

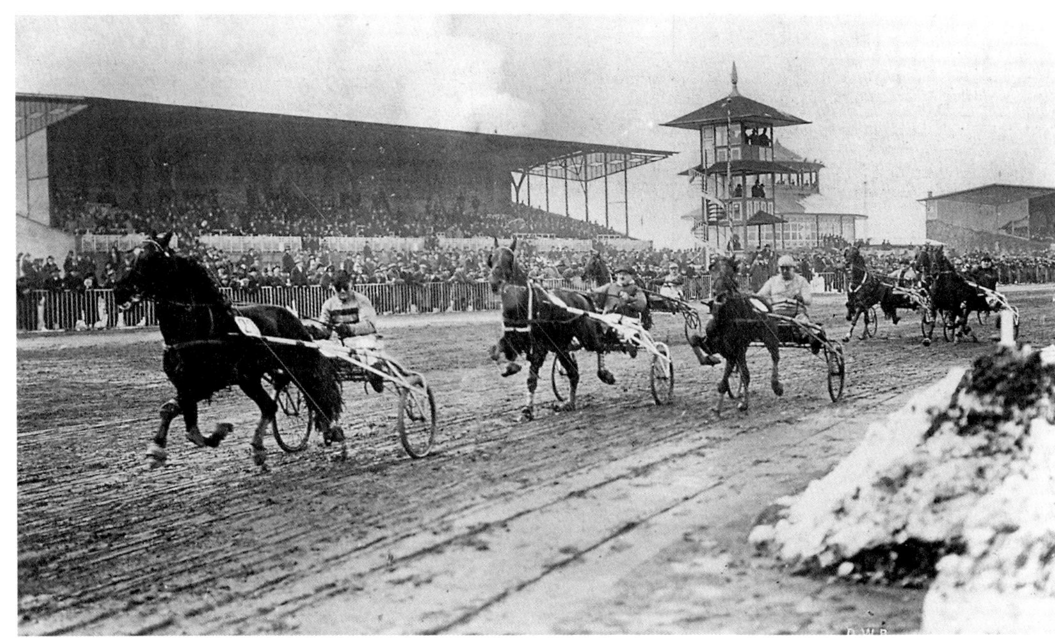

Trabrennen, wie hier in Mariendorf, sind die weniger glamouröse Alternative zum Galopprennen. *Um 1920.*

Trotting races, as here in Mariendorf, are the less glamorous alternative to thoroughbred racing. *Around 1920.*

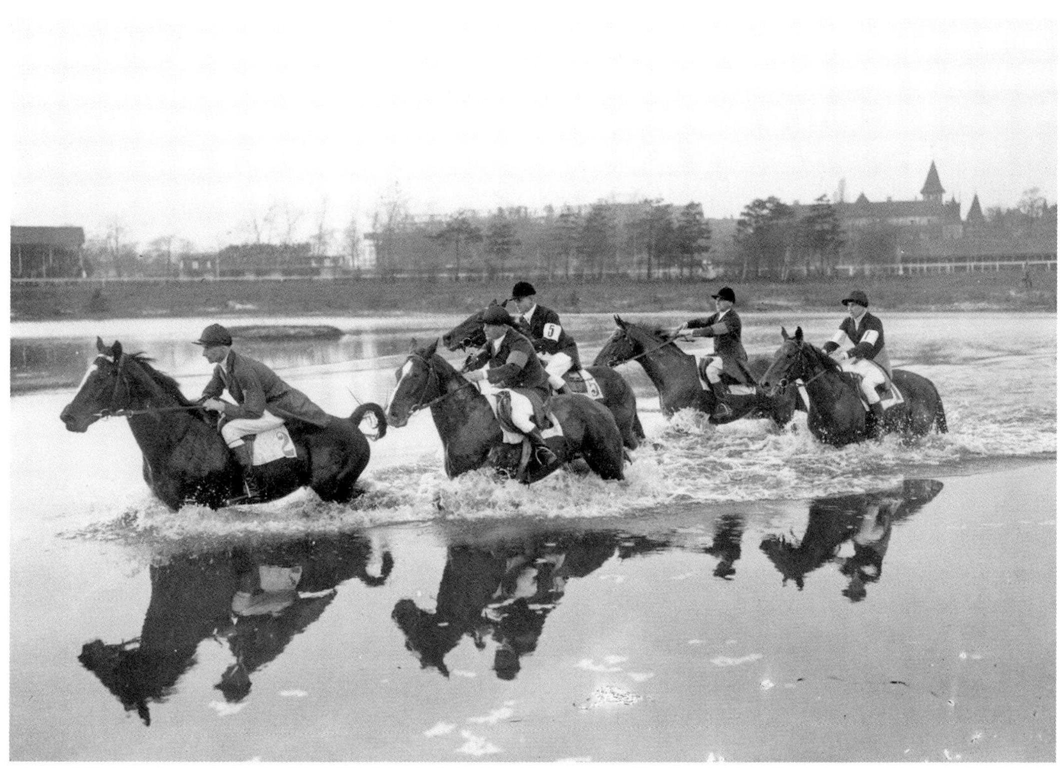

Das Parforce-Jagdrennen in Karlshorst führt über 7,5 Kilometer und mitten durch einen See. *Um 1925.*

The Parforce Steeplechase in Karlshorst covers 7.5 kilometres and goes through the middle of a lake. *Around 1925.*

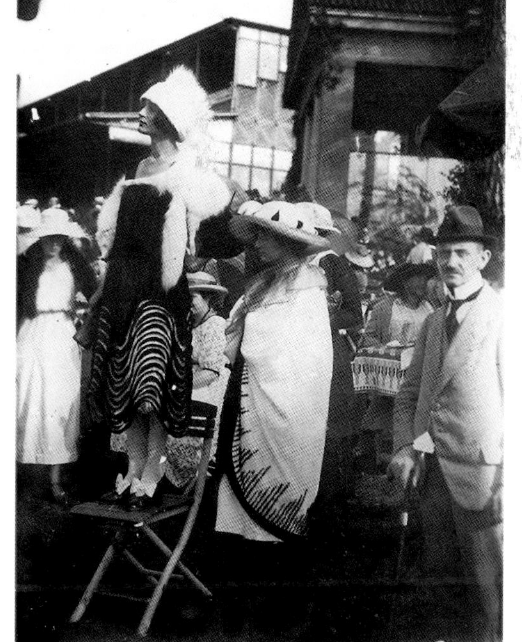

Modisch gekleidete Zuschauerinnen beim Galopprennen auf der Rennbahn Grunewald. *Otto Haeckel, um 1920.*

Fashionably-dressed spectators at the Grunewald races. *Otto Haeckel, around 1920.*

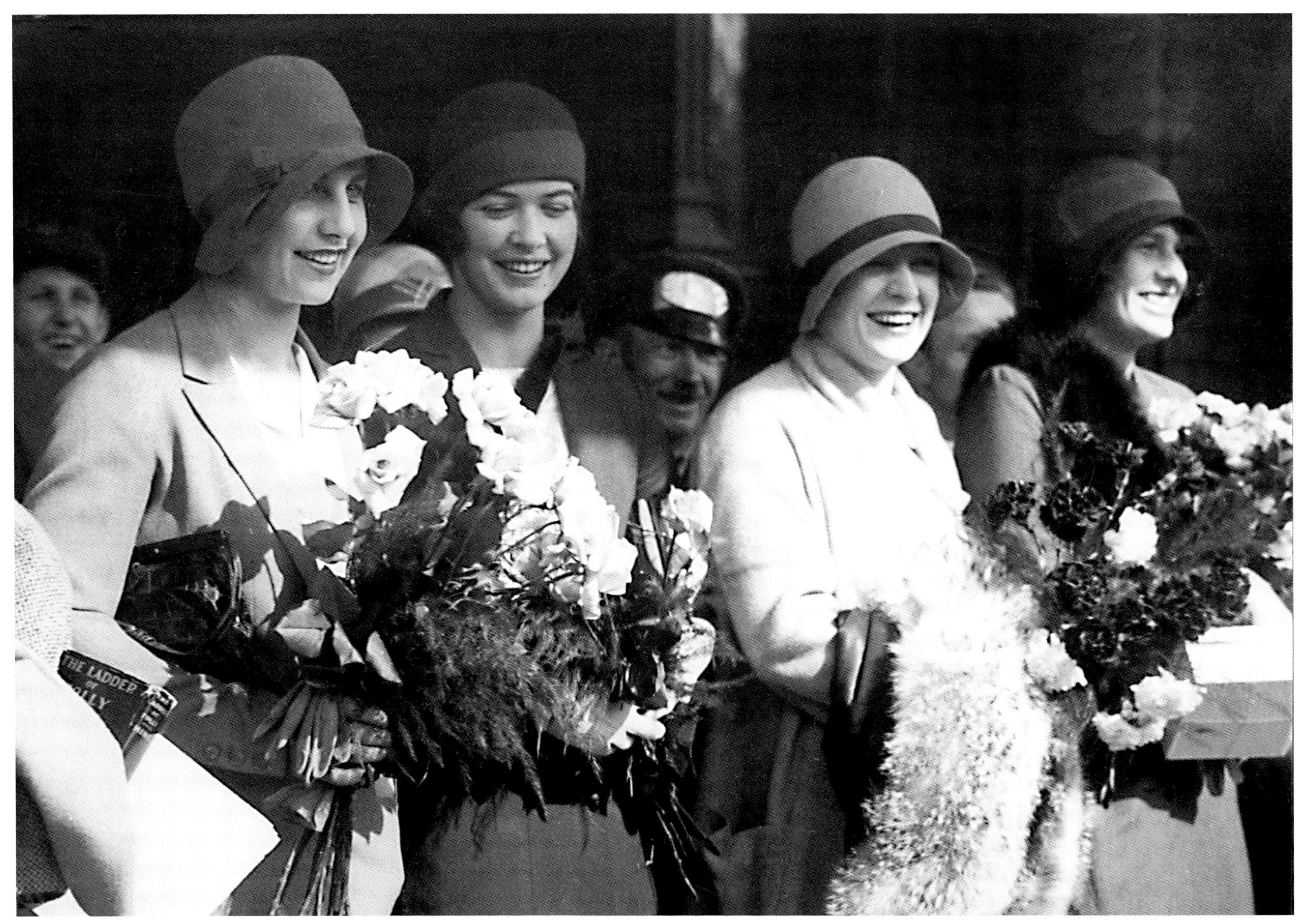

Die amerikanischen Tennisprofis Helen Wills, Edith Cross und Marjorie Morill bei ihrer Ankunft am Bahnhof Zoologischer Garten. *Juni 1929.*

American professional tennis players Helen Wills, Edith Cross und Marjorie Morill on their arrival at the Zoologischer Garten station. *June 1929.*

Nach seiner Rückkehr aus Amerika wird Boxweltmeister Max Schmeling mit Jubel begrüßt. *Um 1930.*

World boxing champion Max Schmeling is greeted by cheering crowds on his return from America. *Around 1930.*

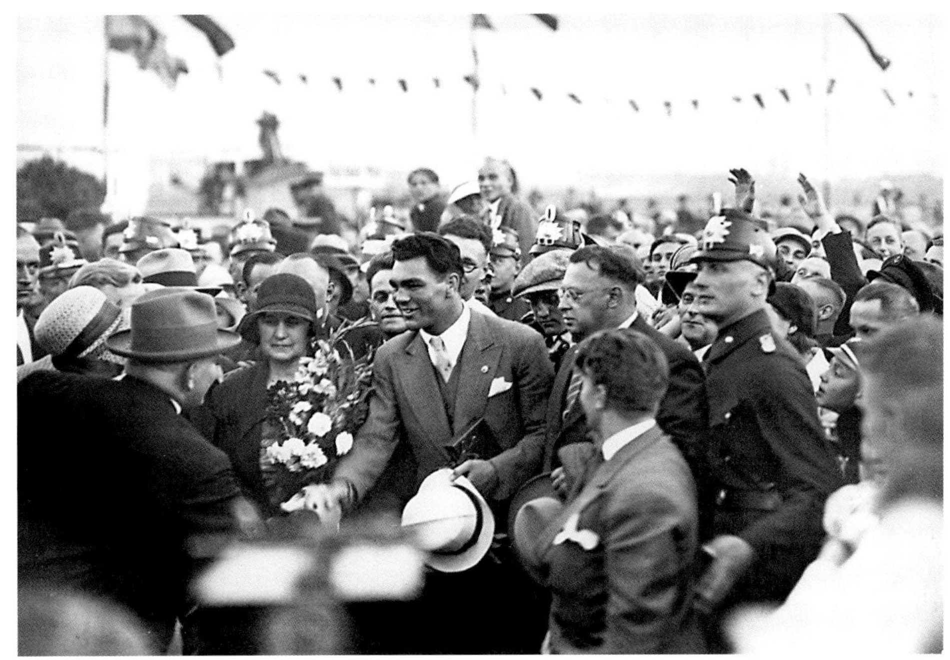

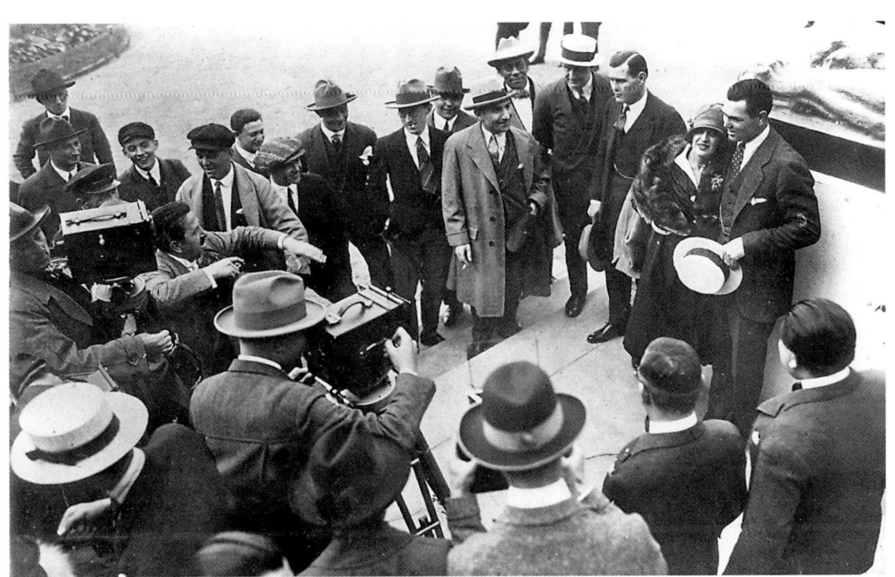

Stars in der Stadt: Reporter und Fotografen umlagern den amerikanischen Box-Weltmeister Jack Dempsey und seine Frau bei einem Besuch in Berlin. *Um 1927.*

Stars in the city: Reporters and photographers surround the American boxing world champion, Jack Dempsey and his wife on a visit to Berlin. *Around 1927.*

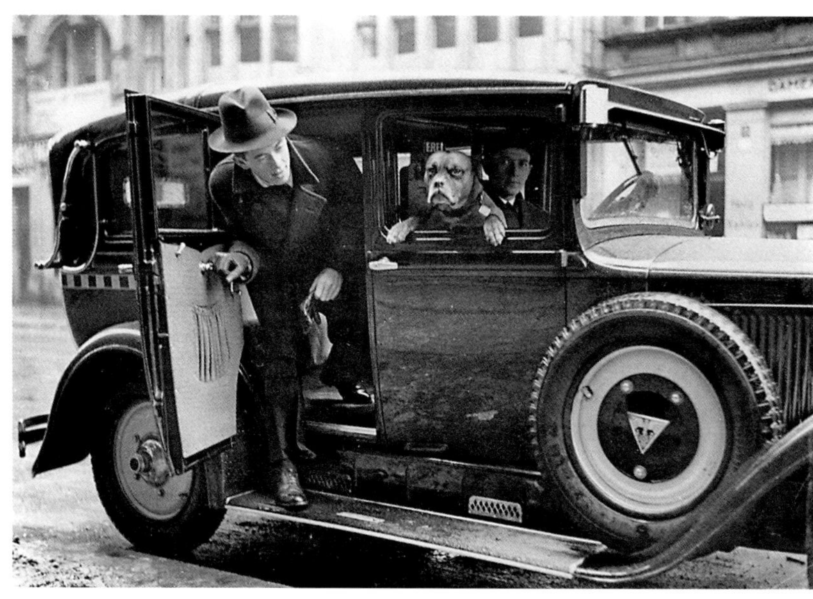

Zum Schutz gegen Raubüberfälle haben manche Taxifahrer Hunde abgerichtet, die auf dem Beifahrersitz mitfahren. *4. Januar 1932.*

Some taxi drivers have a trained dog sitting on the front passenger seat as a protection against holdups. *4th January 1932.*

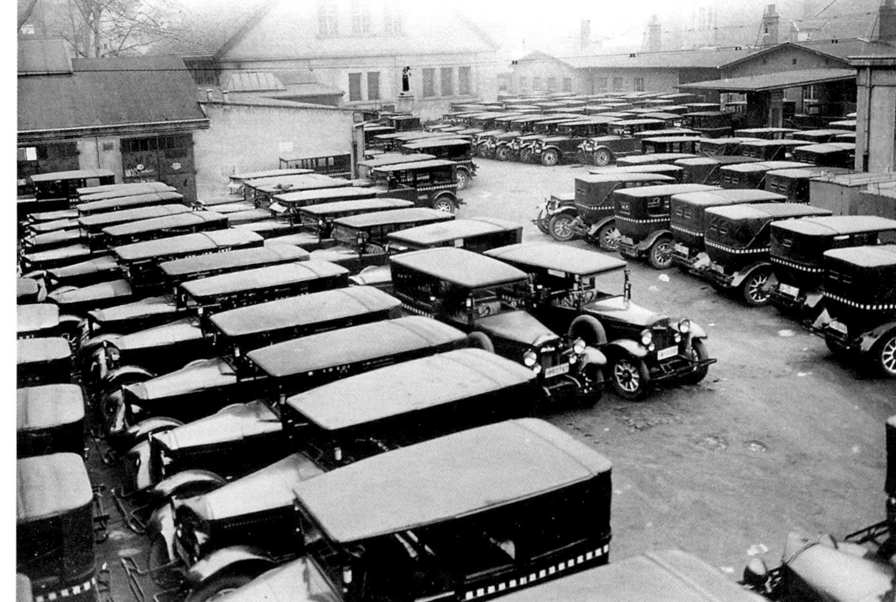

Taxi-Parkplatz. Der Trend geht zur Konzentration: 1927 befinden sich 20 Prozent aller Taxis in der Hand von neun Unternehmen. *Um 1930.*

Taxi park. The trend is towards concentration: In 1927 20% of all taxis are in the hands of nine companies. *Around 1930.*

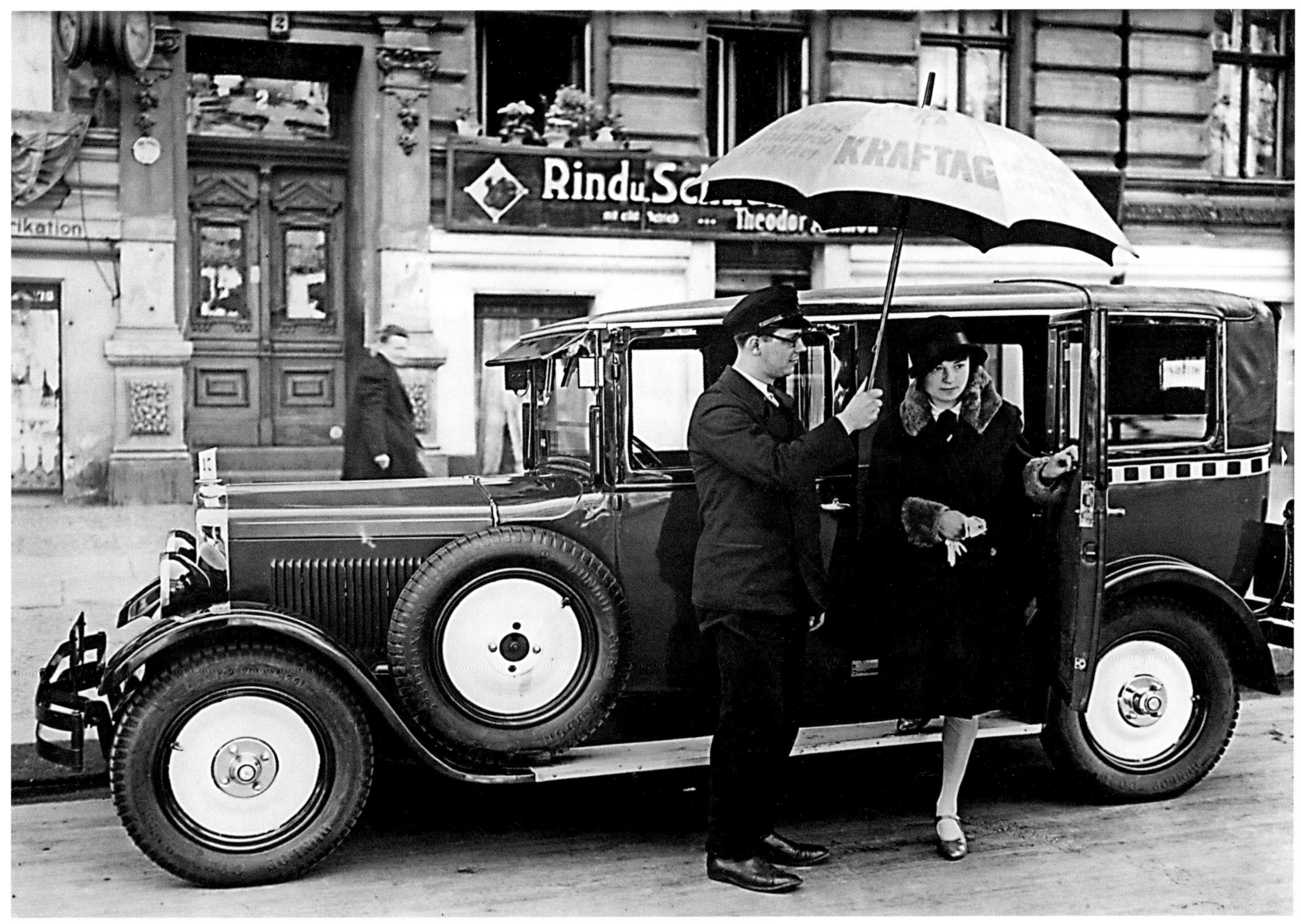

Im Jahr 1924 sind in Berlin 2.150 »Benzindroschken« gemeldet, drei Jahre später gibt es schon 8.458. Die Zahl der Pferdedroschken sinkt im gleichen Zeitraum von 1.860 auf 336. *1930.*

In 1924 there are 2,150 "petrol taxis" registered in Berlin. Three years later there are already 8,458. At the same time, the number of horse-drawn taxis goes down from 1,860 to 336. *1930.*

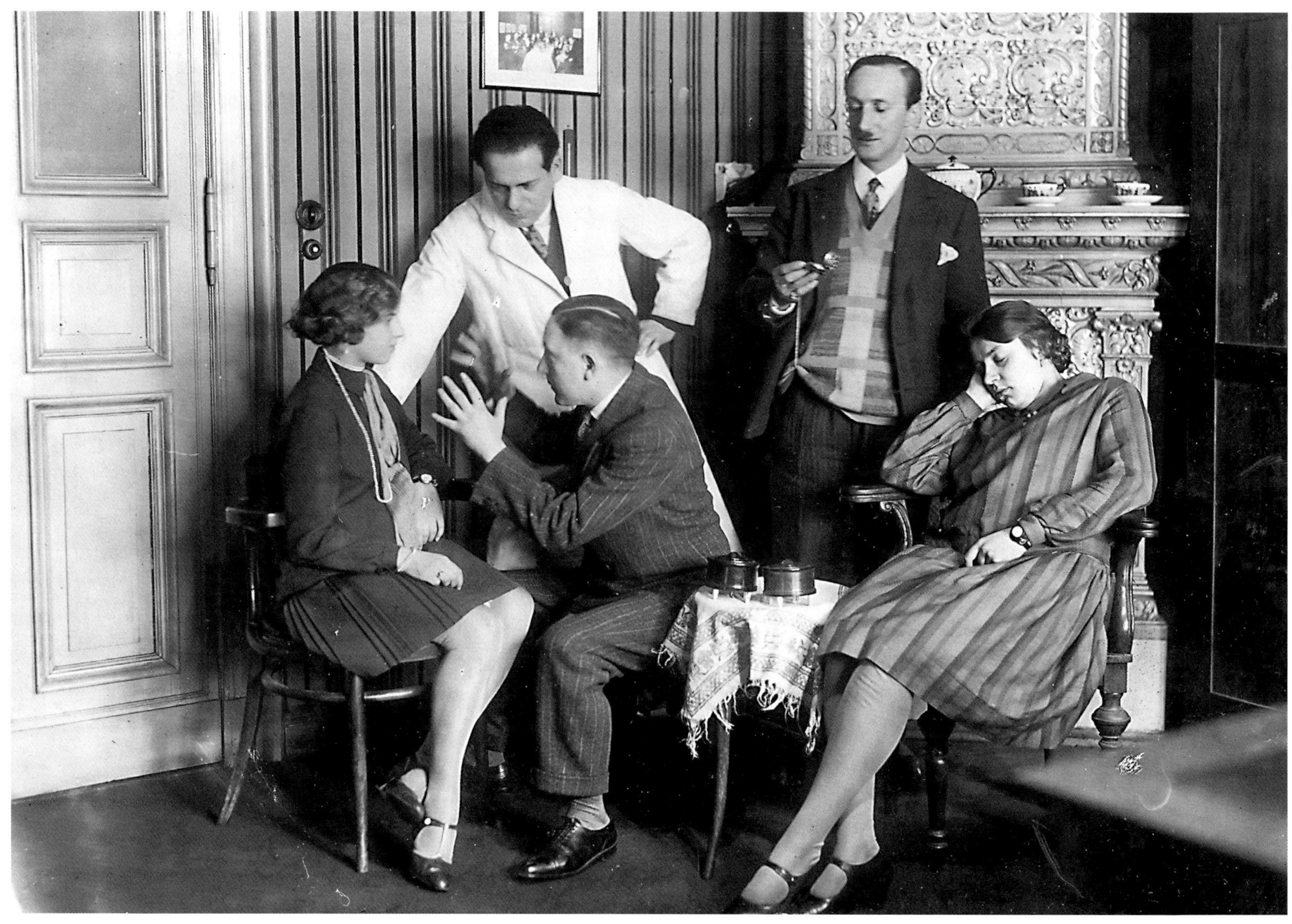

Je schlechter die wirtschaftliche Lage, desto größer das Interesse am Übernatürlichen: Hier demonstriert der Erfinder einer »Schlafmaschine« (rechts) deren Überlegenheit über die Hypnose (links). *Um 1925.*

The worse the economic situation gets, the greater the interest in the supernatural: here the inventor of a "sleep machine" (right) demonstrates its mastery of hypnosis. *Around 1925.*

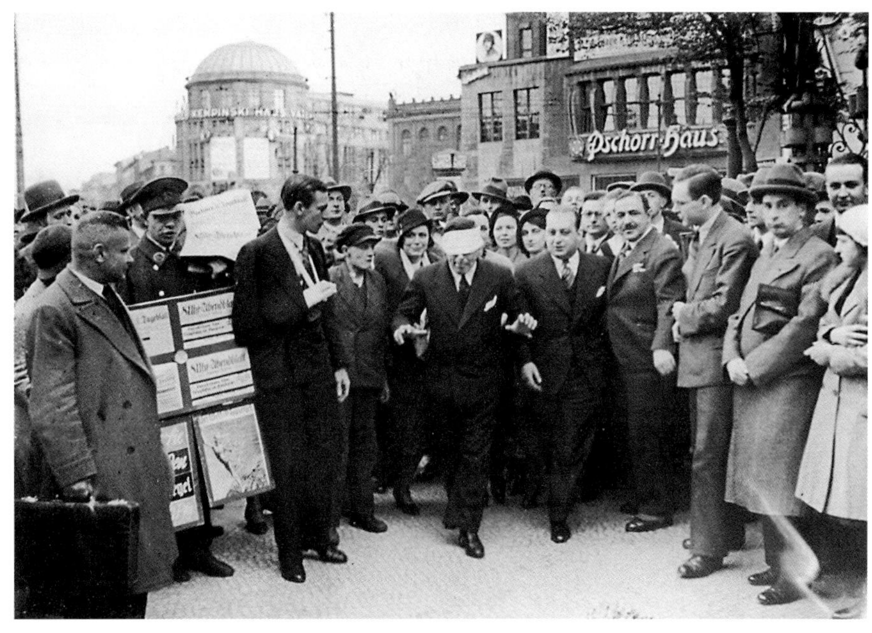

Der Hellseher Erik Jan Hanussen demonstriert auf dem Potsdamer Platz seine Fähigkeiten. *29. April 1932.*

Clairvoyant Erik Jan Hanussen demonstrates his skills on Potsdamer Platz. *29th April 1932.*

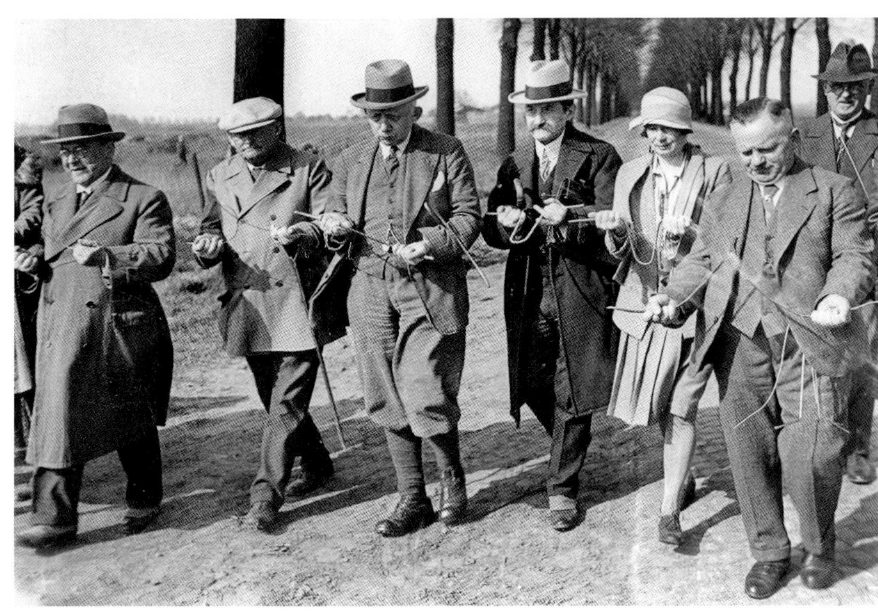

Internationales Treffen von Wünschelrutengängern in Friedrichsfelde. *4. Mai 1931.*

International meeting of water diviners in Friedrichsfelde. *4th May 1931.*

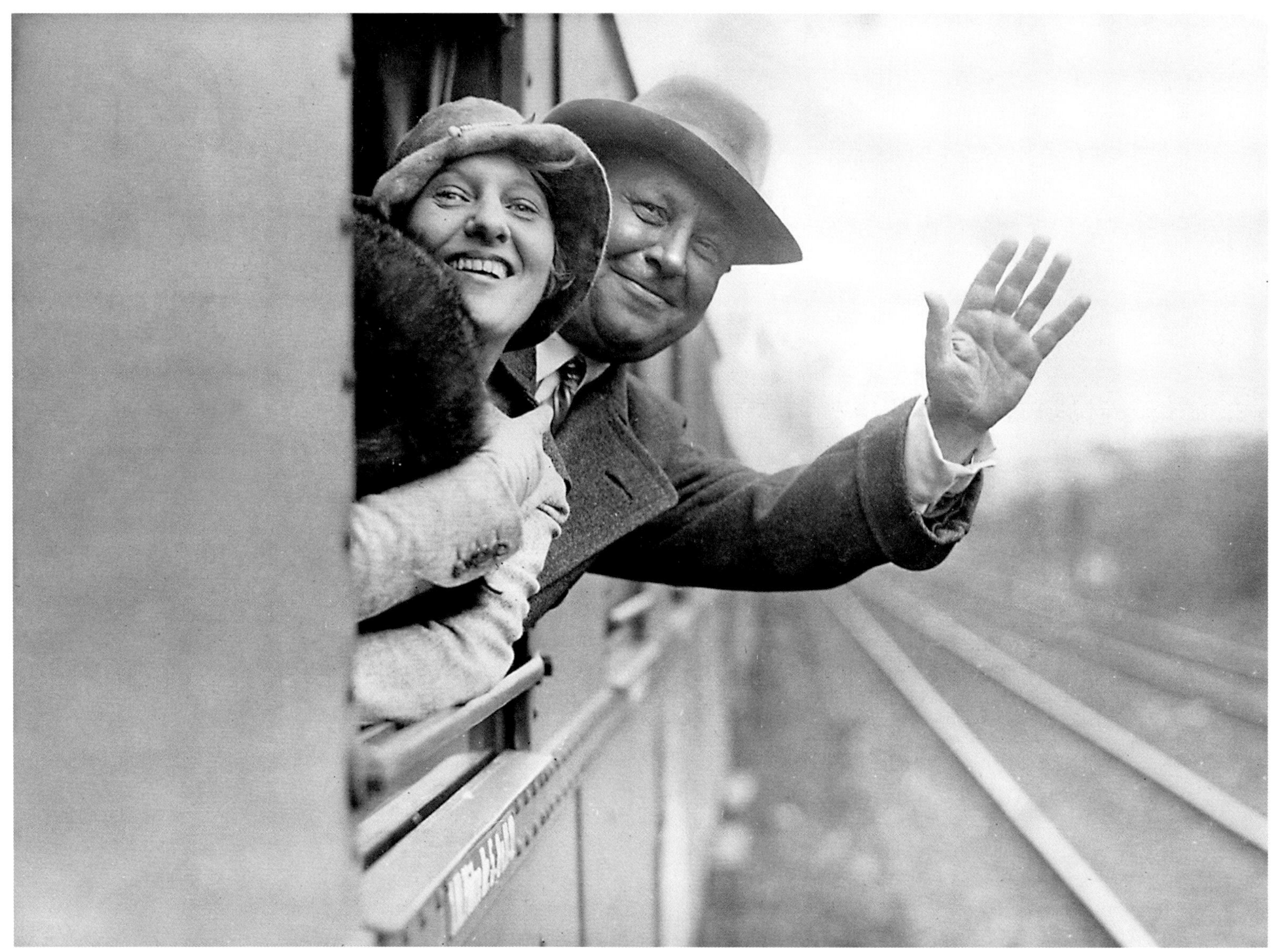

Berlin ist per Zug mit ganz Europa verbunden. – Der Schauspieler Emil Jannings und seine Ehefrau, die Schauspielerin und Sängerin Gussy Holl, kurz vor der Ankunft in Berlin. *15. Mai 1929.*

Berlin is connected by train to the whole of Europe: Actor Emil Jannings and his wife, actress and singer, Gussy Holl, shortly before their arrival in Berlin. *15th May 1929.*

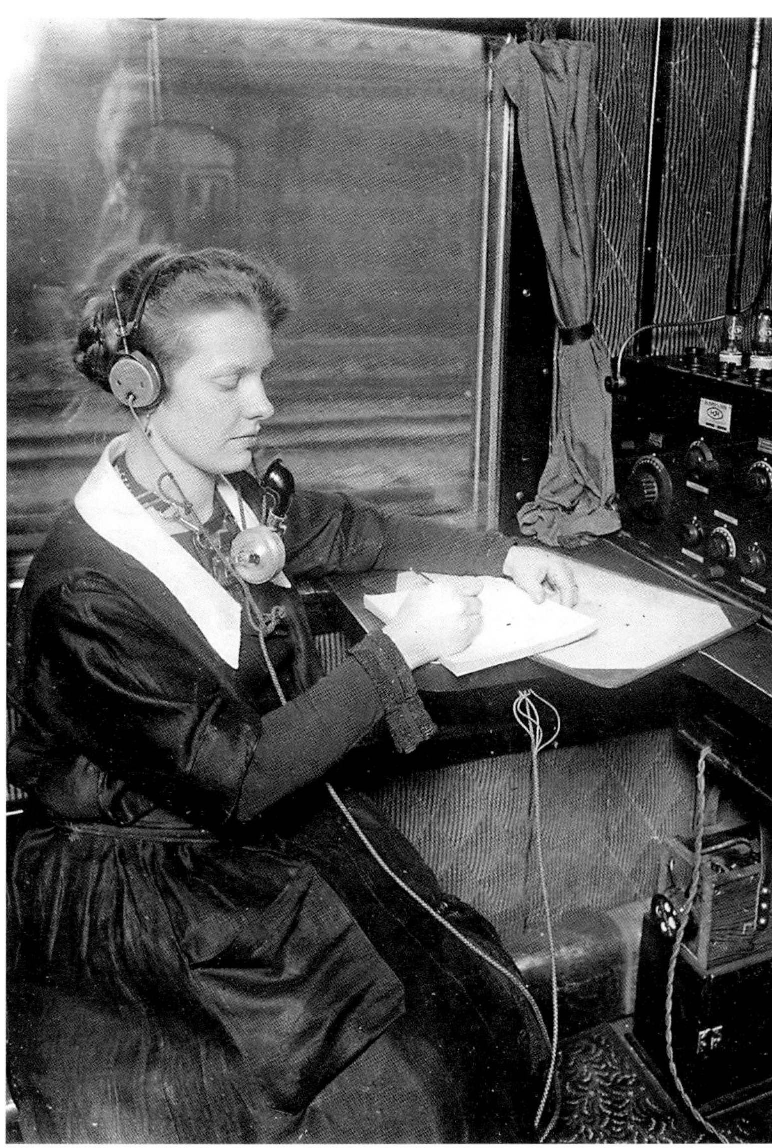

Funkzentrale im D-Zug auf der Strecke Berlin–Hamburg. *4. Januar 1926.*

Radio communication is introduced on the line between Berlin and Hamburg: Telephone exchange on the express train. *4th January 1926.*

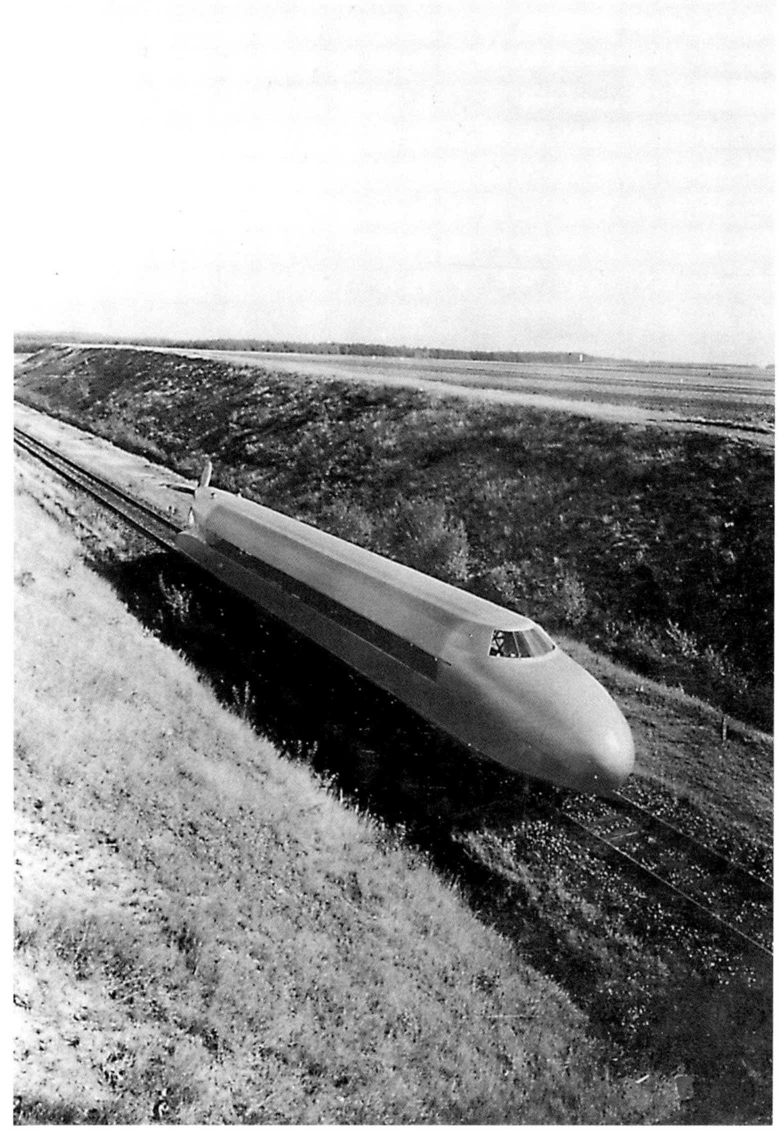

Zwischen Berlin und Hamburg verkehrt auch der erste Propellertriebwagen (»Schienenzeppelin«) mit einer Höchstgeschwindigkeit von 230 km/h. *21. Juni 1931.*

The first propeller-driven carriage ("Track Zeppelin") also runs between Berlin and Hamburg, with a top speed of 230 kilometres an hour. *21st June 1931.*

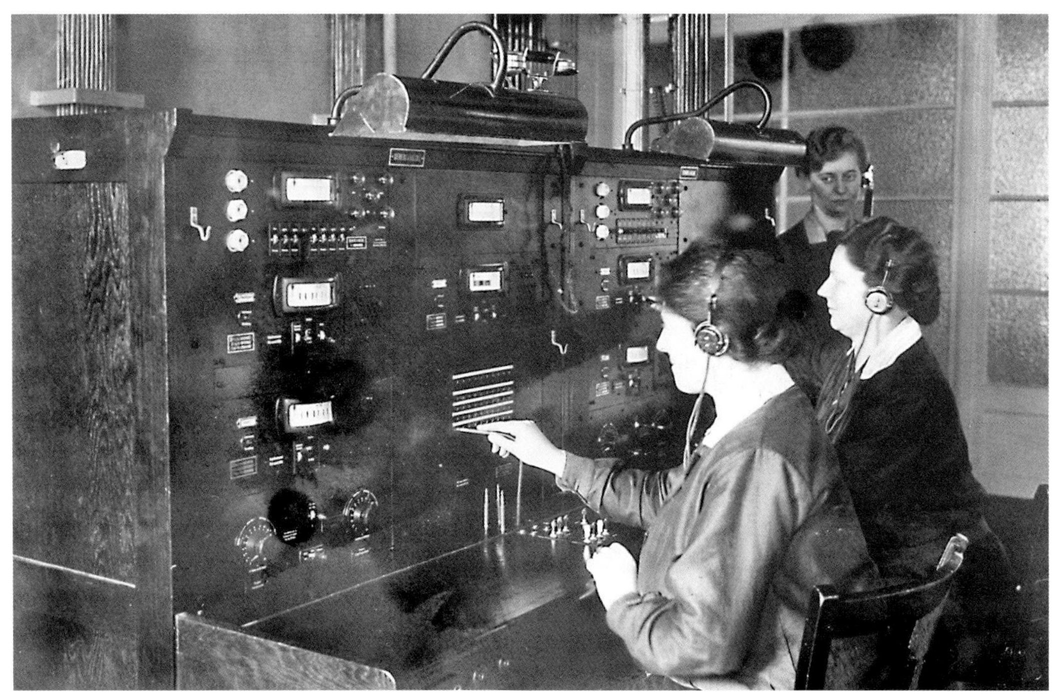

Im Fernamt in der Winterfeldtstraße wird die erste Telefonverbindung mit Rio de Janeiro hergestellt. *21. März 1930.*

The first telephone connection with Rio de Janerio is set up in the international telephone exchange office in Winterfeldtstraße. *21st March 1930.*

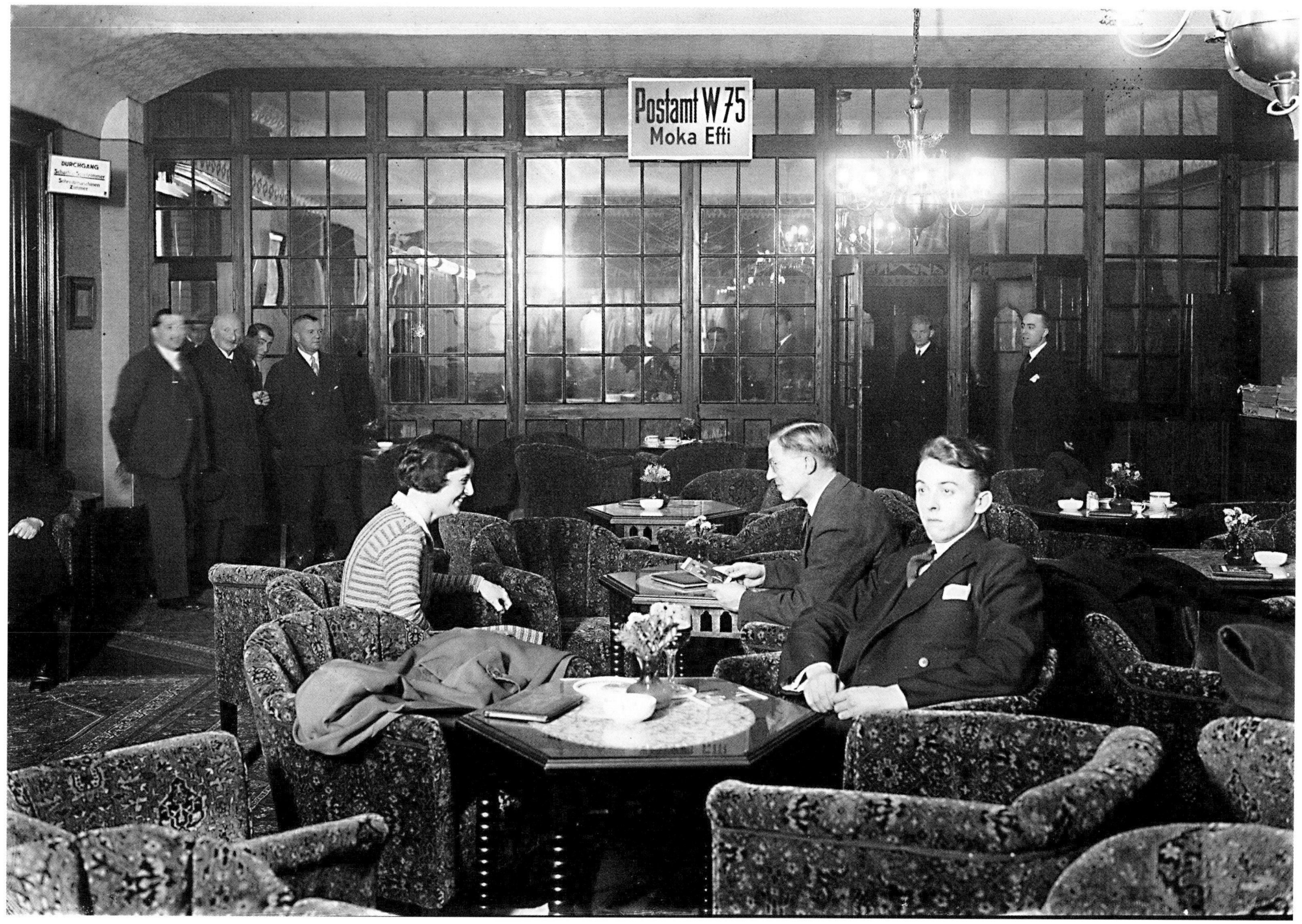

Innovative Idee: Das Angebot des beliebten Kaffee- und Tanzhauses Moka Efti in der Friedrichstraße wird um ein eigenes Postamt ergänzt. *1929.*

An innovative idea: The popular coffee house and dance hall, 'Moka Efti' in Friedrichstrasse now has the addition of its own post office. *1929.*

»Die abenteuerliche Entwicklung der Technik mit ihren Triumphen und Katastrophen, Lärm und Sensationen des Sportrekordes, Überschätzung und wilde Überzahlung des Massen anziehenden Stars, Box-Meetings mit Millionen-Honoraren vor Schaumengen in Riesenzahl: dies und dergleichen bestimmt das Bild der Zeit.«

THOMAS MANN, APPELL AN DIE VERNUNFT

"The adventurous development of technology with its triumphs and catastrophes, noise and sensations in sports records, overestimation and wild overpayment of stars who attract the masses, boxing fights with millions in prizes in front of thousands of spectators: these are the things that define the picture of our time."

THOMAS MANN, APPELL AN DIE VERNUNFT (AN APPEAL TO REASON)

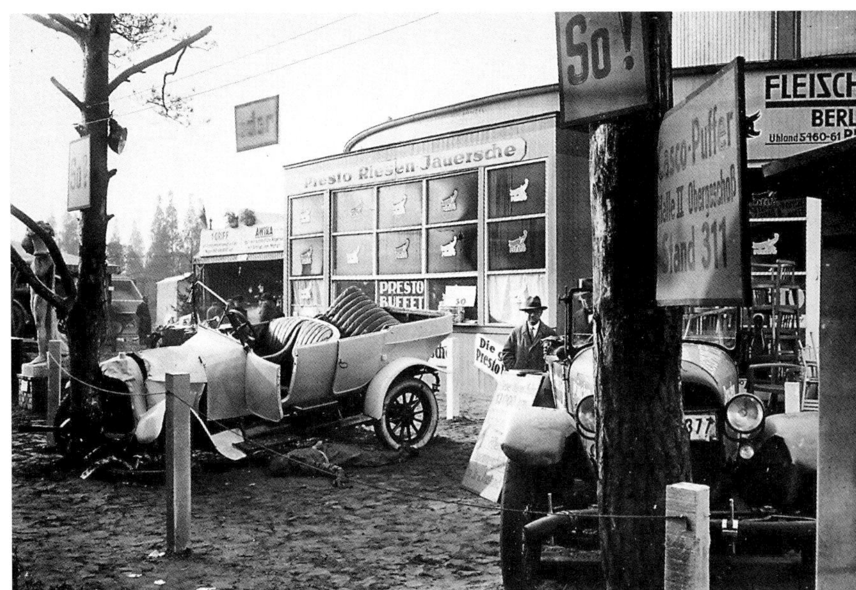

Unfallsimulation bei der Automobilausstellung auf dem Berliner Messegelände. *Um 1930.*

Accident simulation at the car show in the Berlin Messegelände exhibition grounds. *Around 1930.*

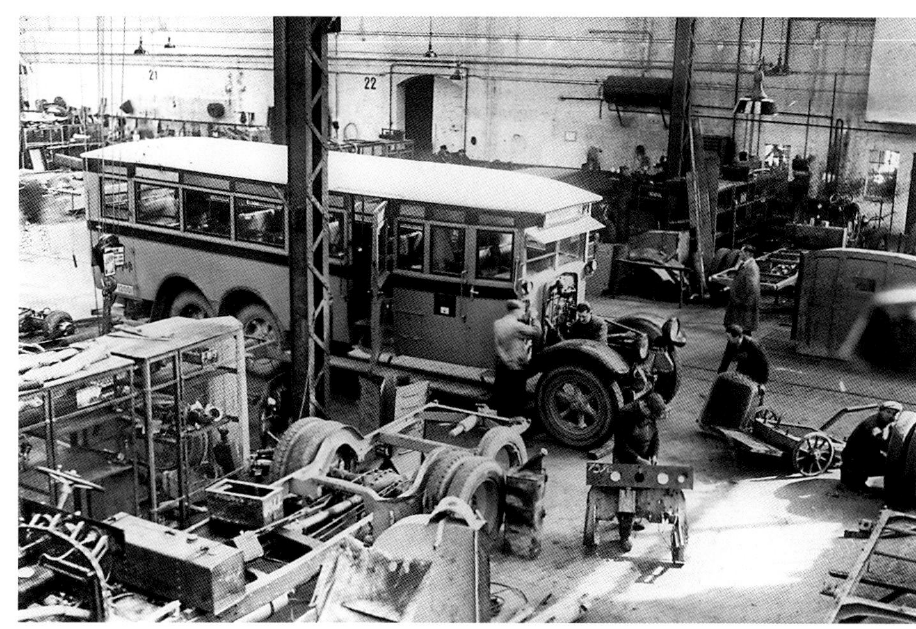

Im Kraftpostwerk Berlin-Borsigwalde werden Busse montiert. *1930.*

Buses are assembled in the Kraftpostwerk in Berlin-Borsigwalde. *1930.*

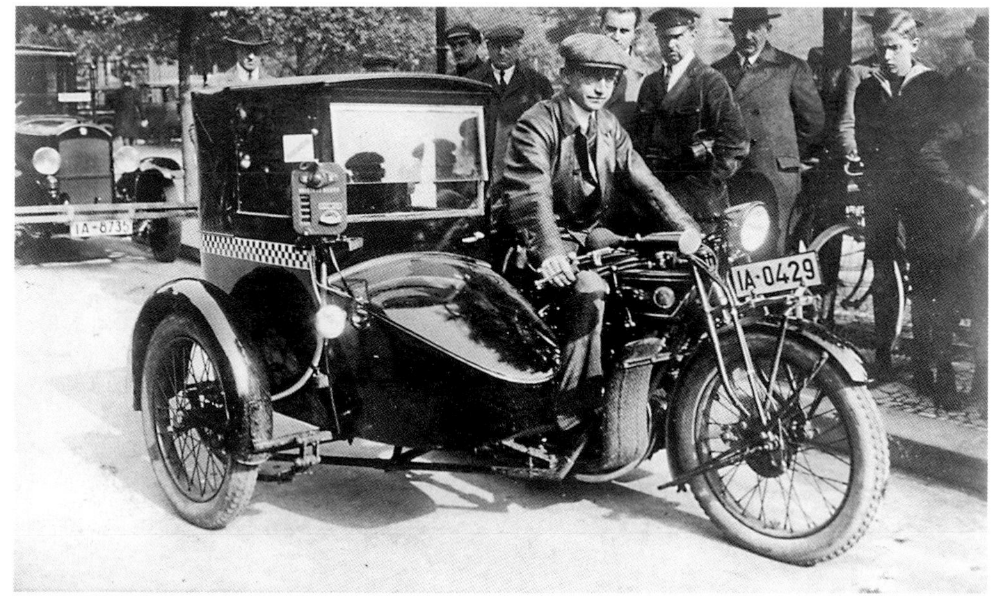

Technische Innovation: Ein Motorrad-Taxi mit Seitenwagen-Coupé. *1927.*

Technical innovation: a motorcycle taxi with a coupé sidecar. *1927.*

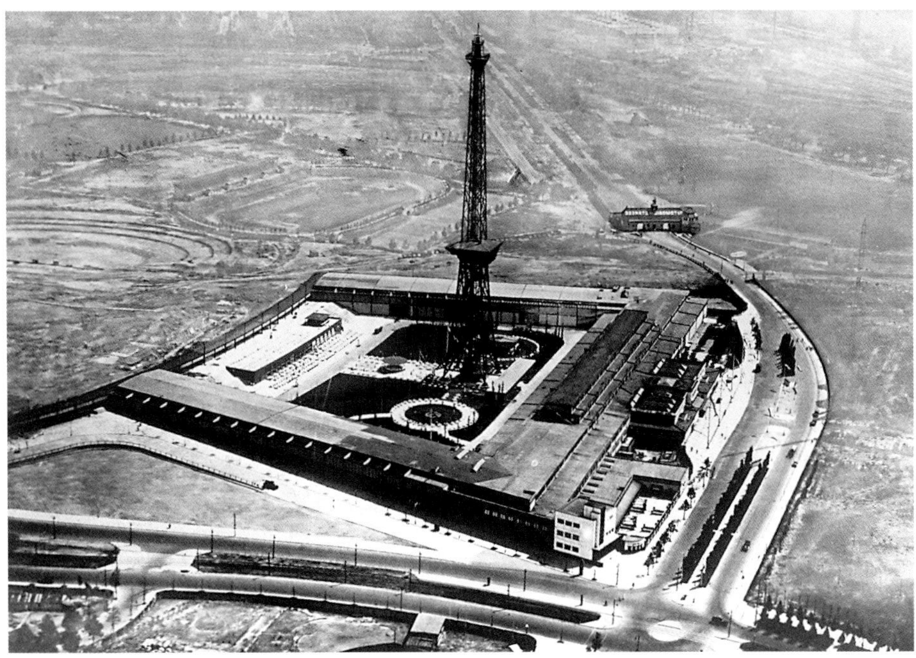

Großstädtische Moderne auf freiem Feld: Funkturm und Messegelände zwischen Masurenallee und Messedamm. *Um 1928.*

Metropolitan Modernism in the open countryside: The Funkturm and the Messegelände between Masurenallee and Messedamm. *Around 1928.*

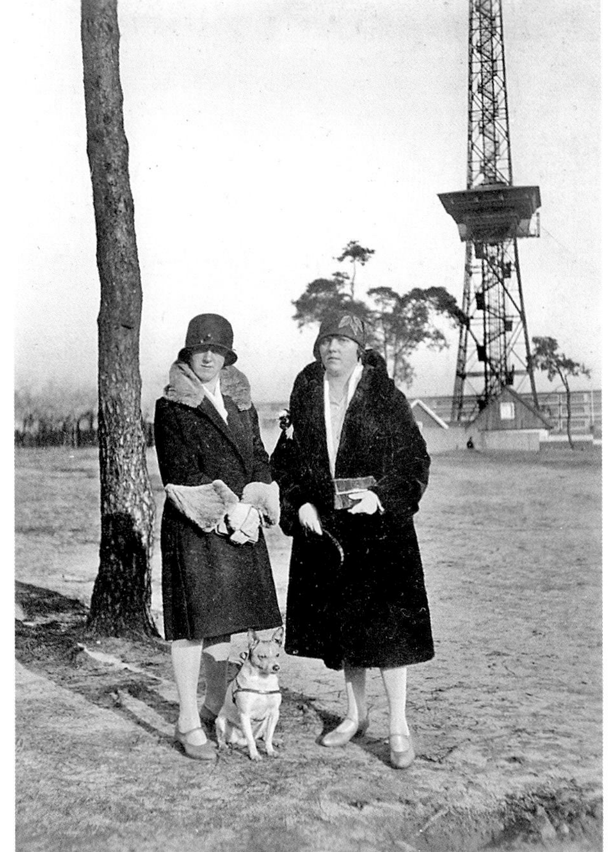

Zwei Frauen mit Hund; im Hintergrund der Funkturm. *1929.*

Two women with a dog; in the background the Funkturm. *1929.*

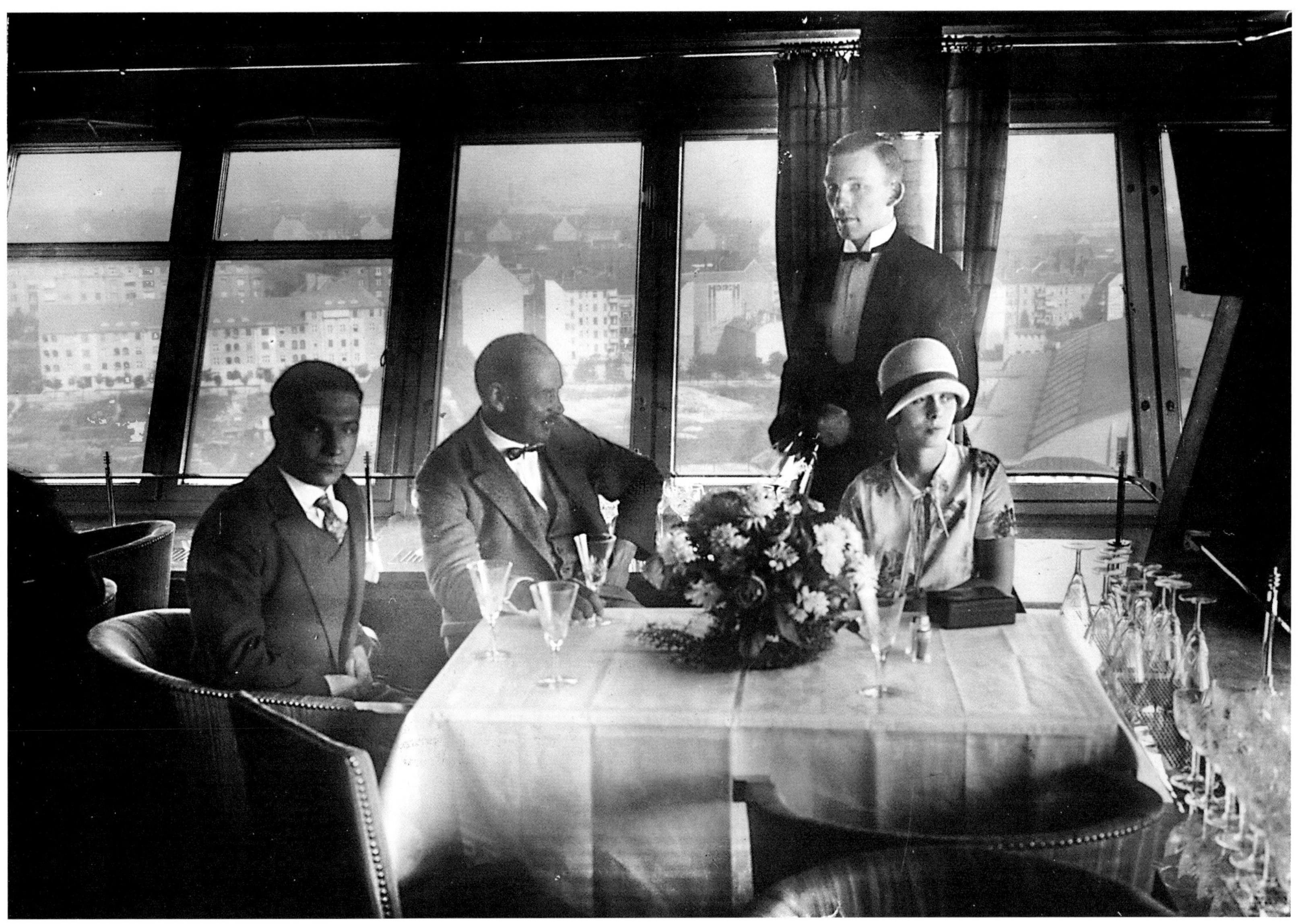

Im Aussichtsrestaurant auf dem Funkturm bei der Einweihung. *1926.*

In the panorama restaurant at the top of the Funkturm (radio tower) at its official opening. *1926.*

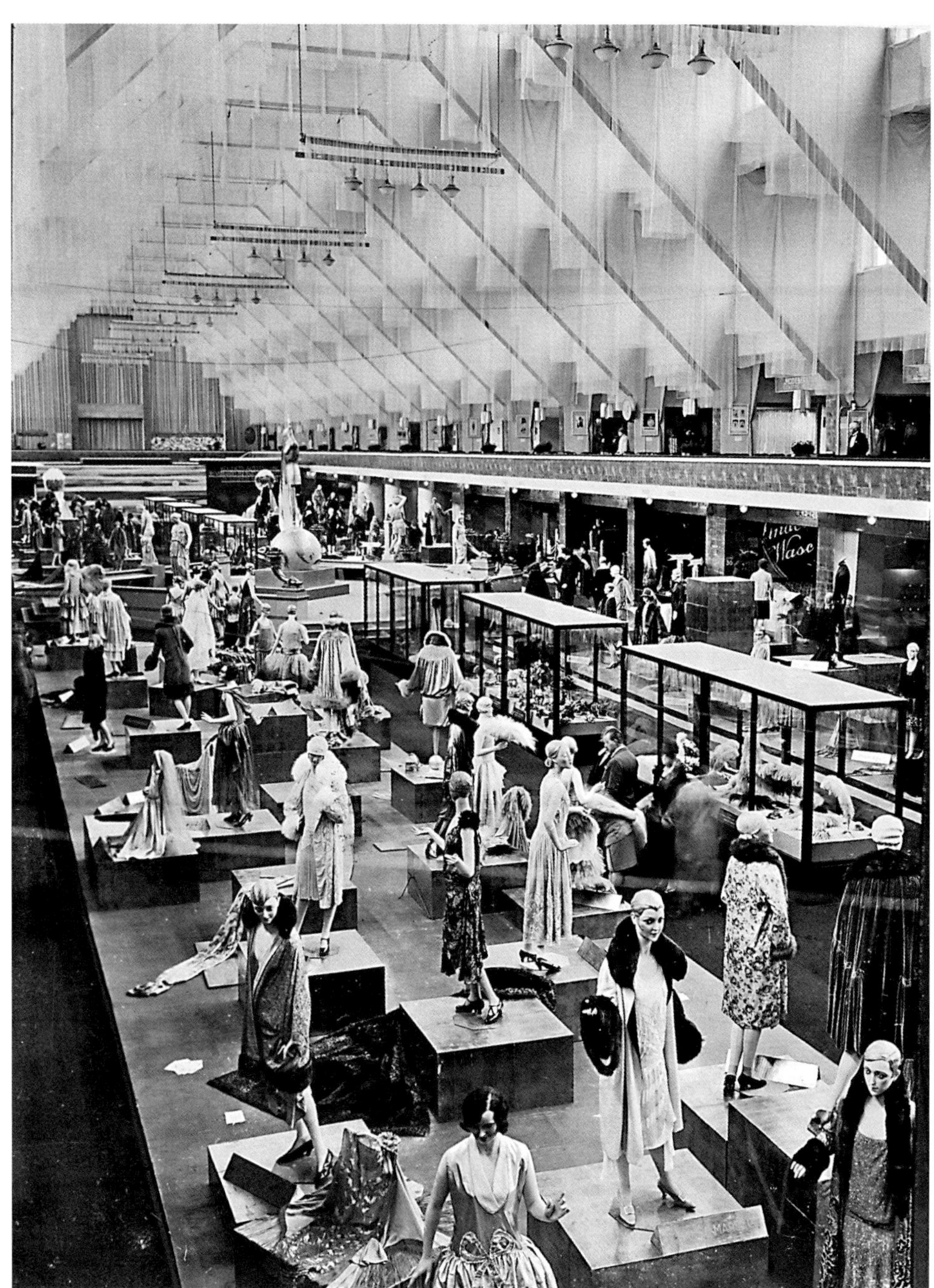

Die Ausstellung »Die Mode der Dame« ist ein Highlight auf dem Berliner Messekalender. *Um 1925.*

The "Mode der Dame" (Ladies' fashion) exhibition is a highlight of the Berlin exhibition calendar. *Around 1925.*

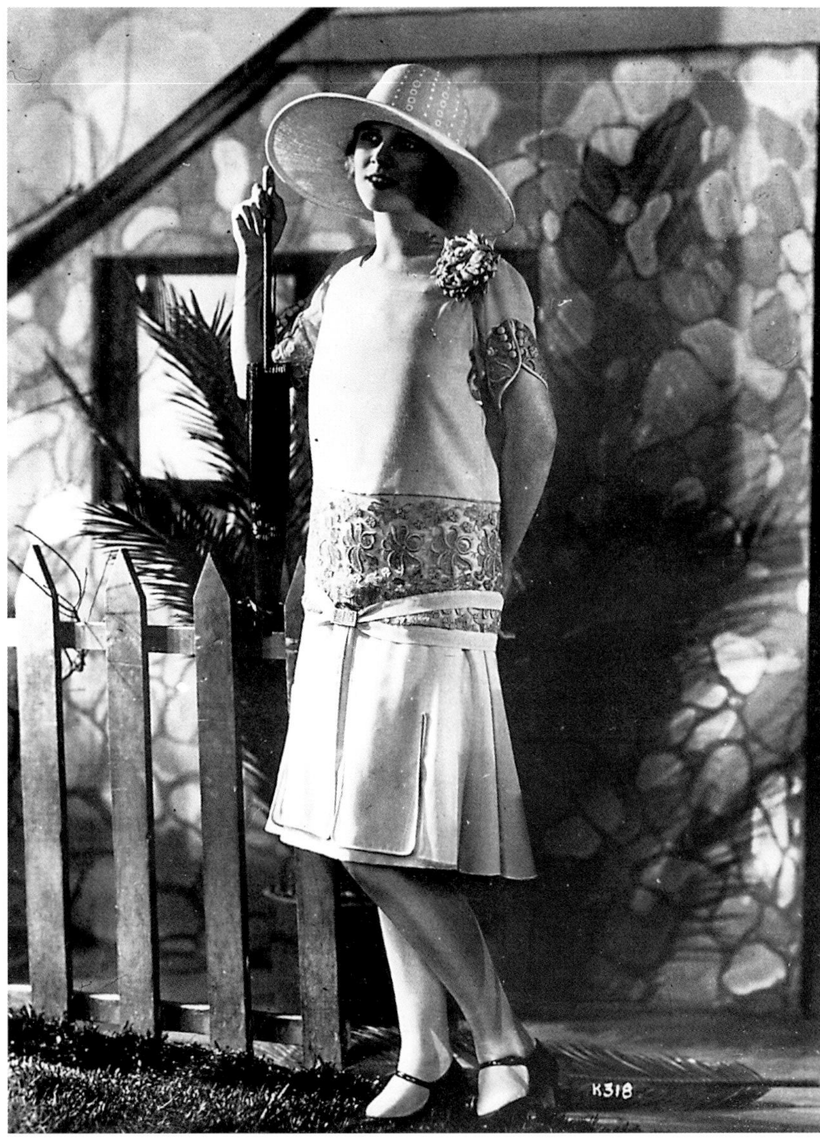

Ein Model präsentiert neue Damenmode. *1924.*

A model presents the latest ladies' fashion. *1924.*

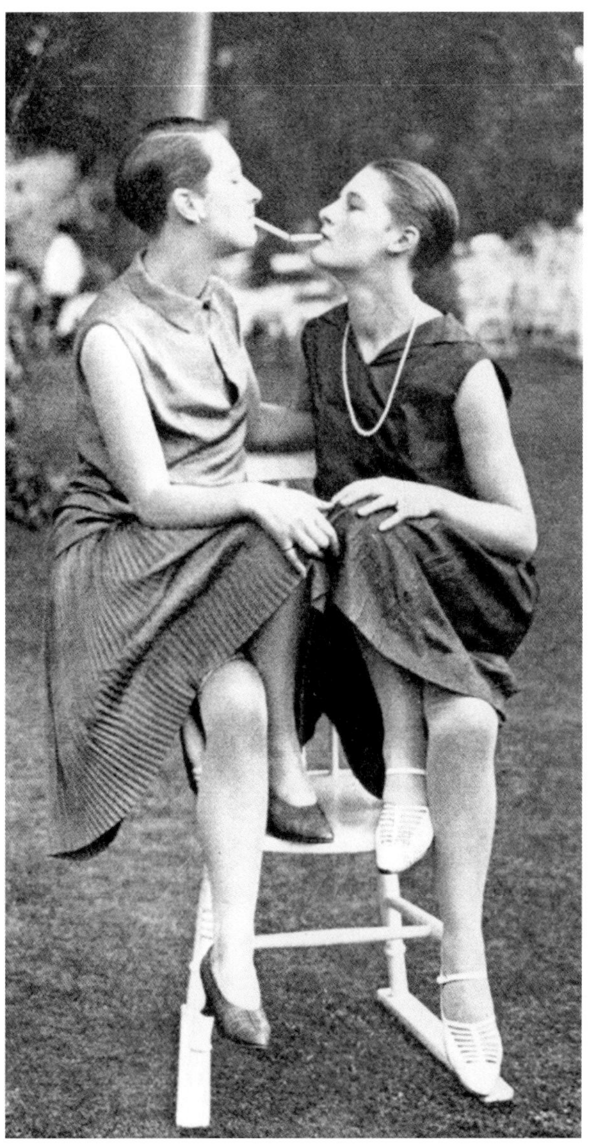

»Mädels von heute« in provokanter Pose. *Das Magazin, Nr. 14, Oktober 1925.*

"Girls of today" in a provocative pose. *Das Magazin, October 1925.*

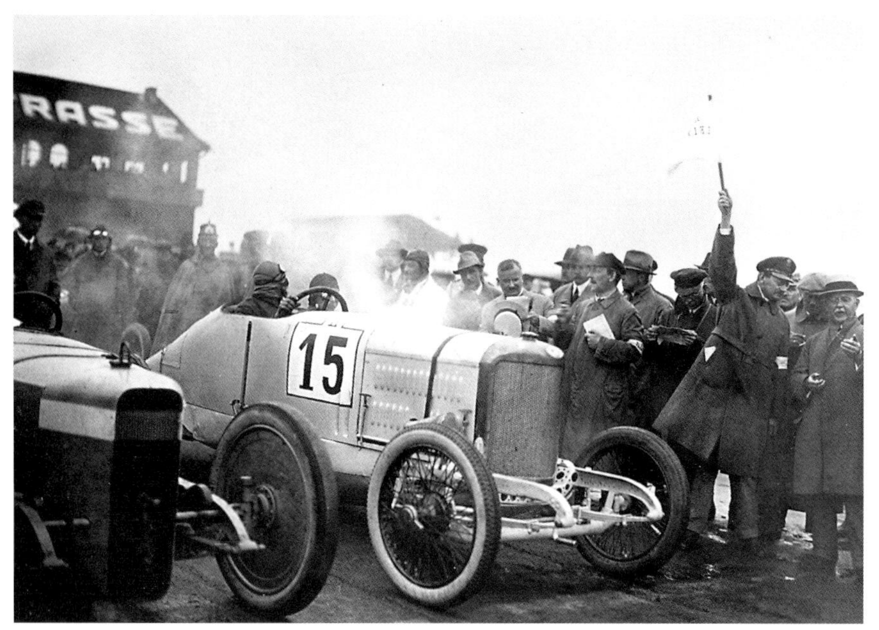

Die 1921 eröffnete Automobil-Verkehrs- und Übungsstraße (AVUS) ist beliebter Schauplatz waghalsiger Autorennen. Aber auch Privatleute können hier, gegen Gebühr, richtig Gas geben. *11. Juni 1922.*

The Automobil-Verkehrs- und Übungsstrasse (AVUS) opened in 1921 is a popular venue for daring car races. But private individuals can also step on the gas – for a fee. *11th June 1922.*

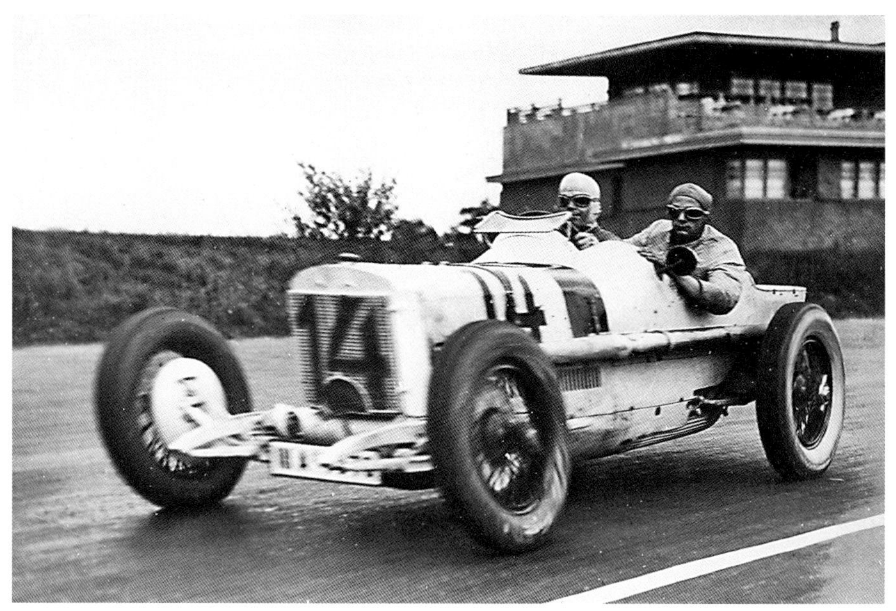

Der legendäre Rennfahrer Rudolf Caracciola siegt in seinem Mercedes Monza beim Großen Preis von Deutschland. *11. Juli 1926.*

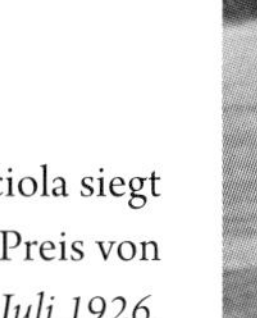

The legendary racing driver Rudolf Caracciola wins the Grosser Preis von Deutschland in his Mercedes Monza. *11th July 1926.*

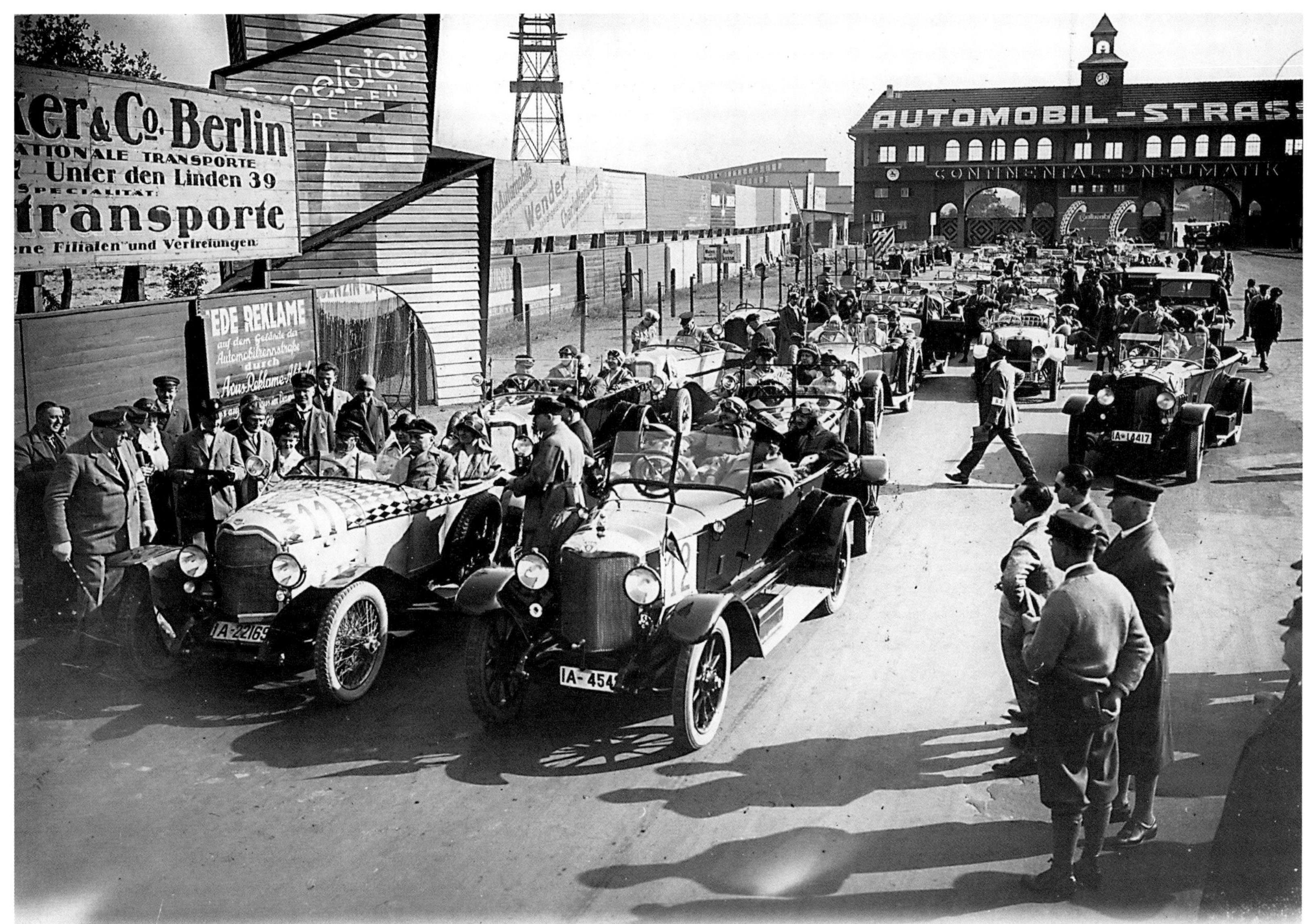

Jubiläumsfahrt des Berliner Automobil-Clubs. *21. Mai 1925.*

The Berlin Automobile Club anniversary drive. *21st May 1925.*

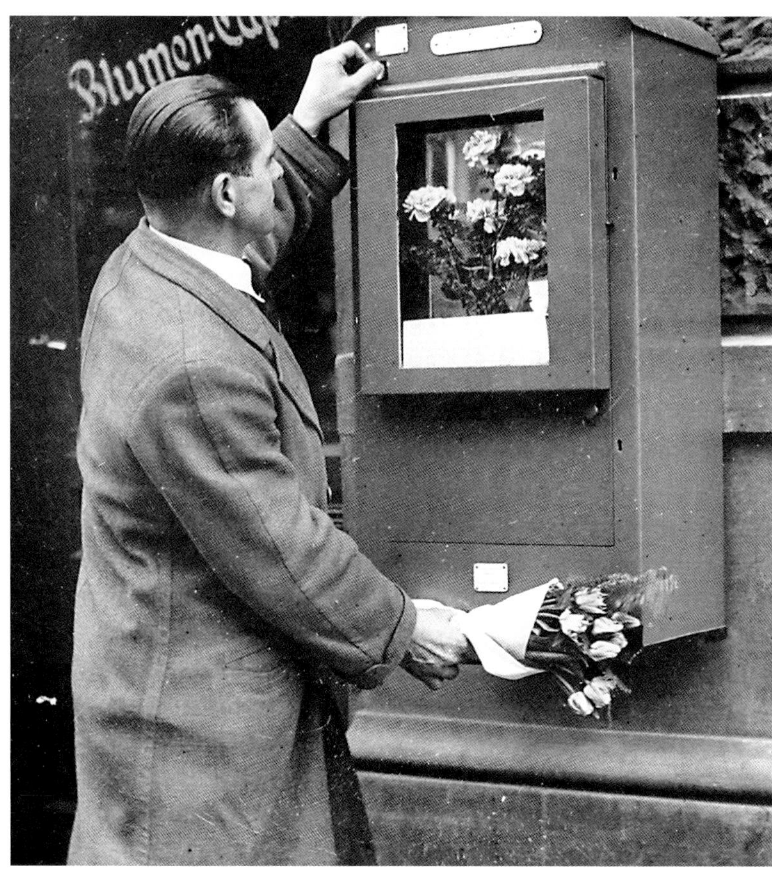

Automaten für Süßwaren, Zahnstocher, Briefpapier und andere Dinge des täglichen Bedarfs gibt es in Deutschland schon seit der Jahrhundertwende. In den Zwanzigerjahren kommt eine Vielzahl von Innovationen hinzu. Hier ein Automat für Blumensträuße im Berliner Westen. *Um 1930.*

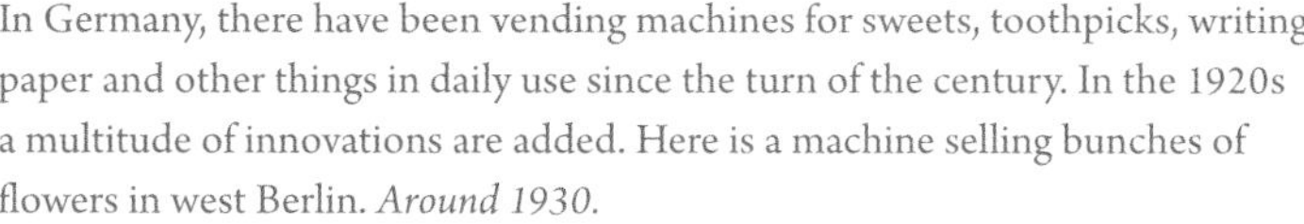

In Germany, there have been vending machines for sweets, toothpicks, writing paper and other things in daily use since the turn of the century. In the 1920s a multitude of innovations are added. Here is a machine selling bunches of flowers in west Berlin. *Around 1930.*

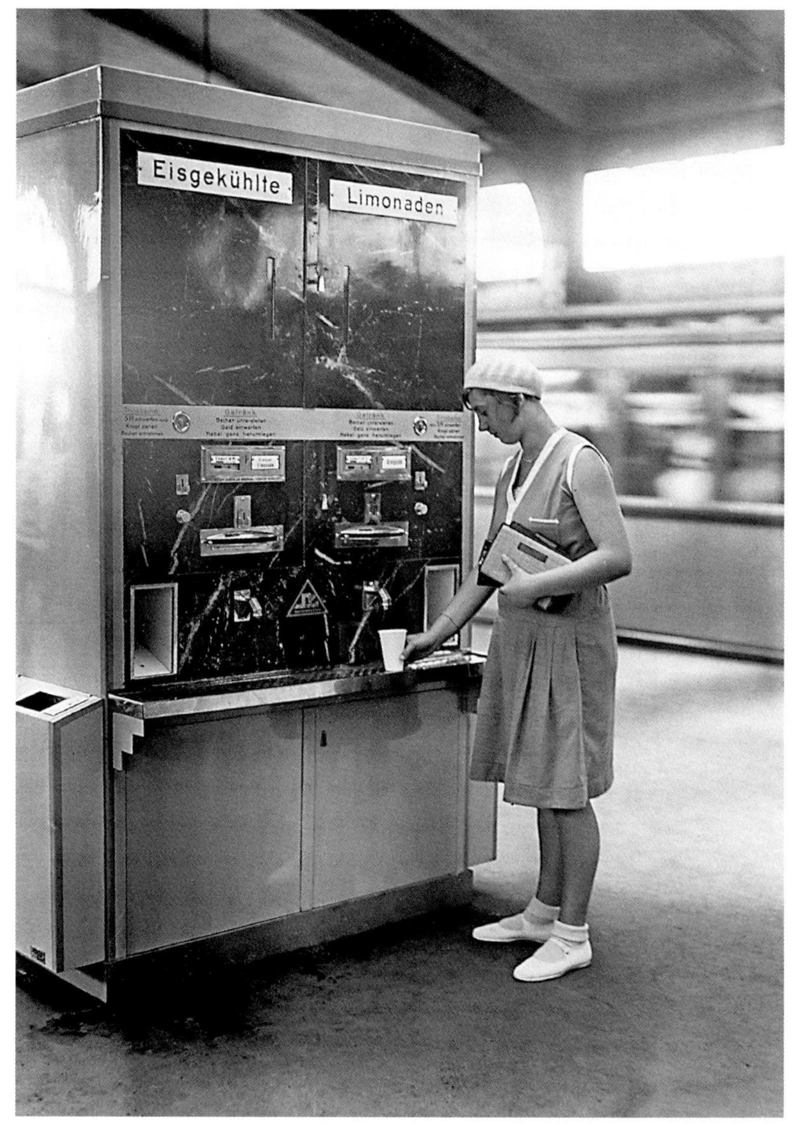

Getränkeautomat auf einem Berliner Bahnhof. *30. August 1930.*

Drinks machine on a Berlin station. *30th August 1930.*

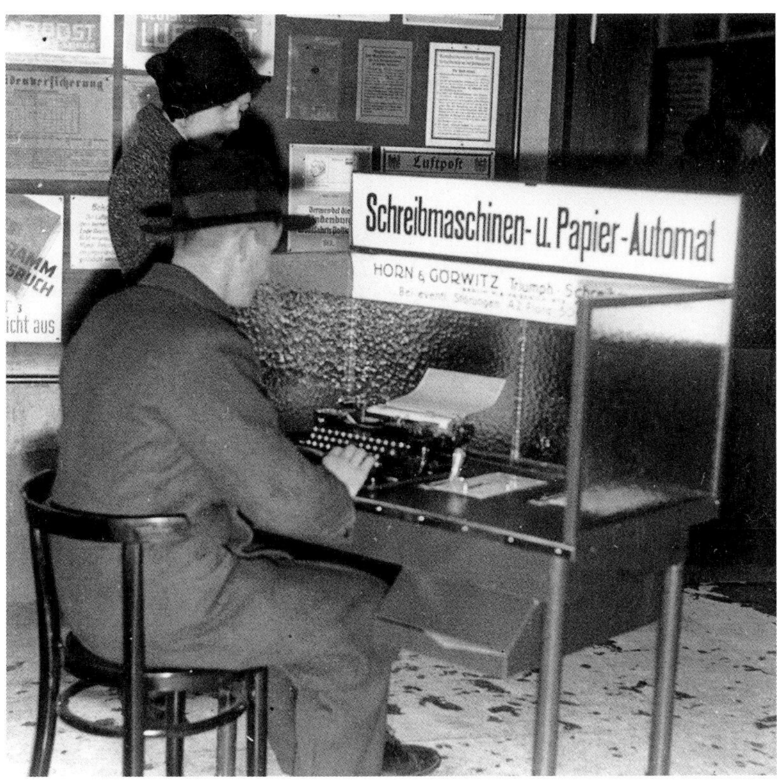

Schreibmaschinenautomat mit Münzeinwurf in einem Postamt. *Um 1930.*

Coin-operated typewriter in a post office. *Around 1930.*

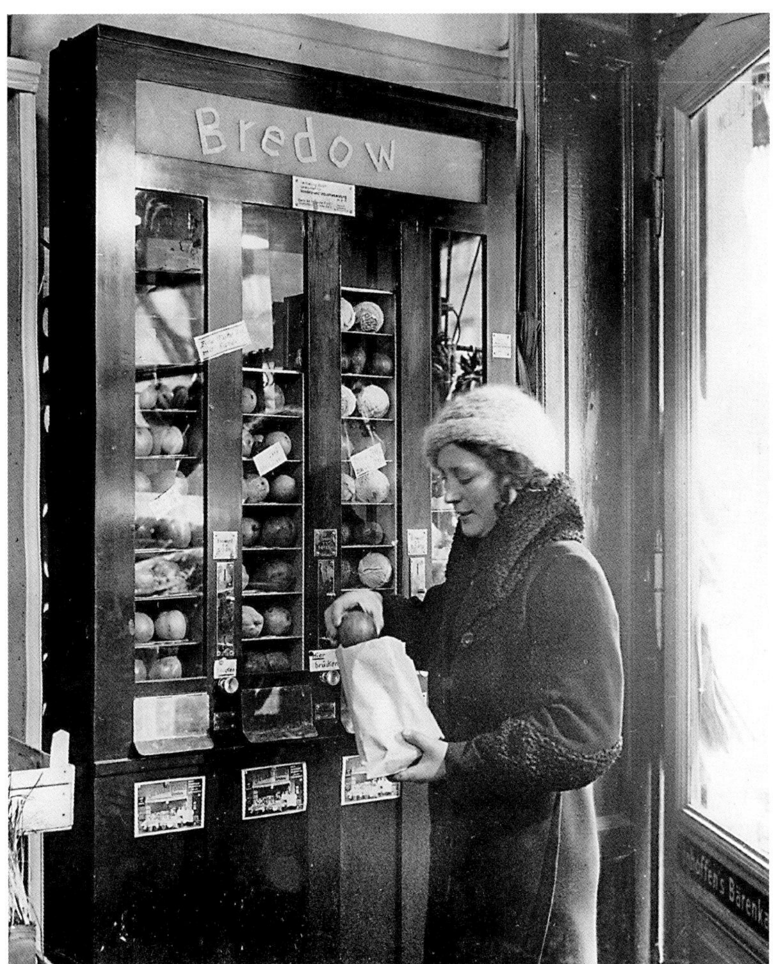

Auch frisches Obst nach Wahl kriegt man am Automaten. *Um 1930.*

You can even choose your own fresh fruit from a vending machine. *Around 1930.*

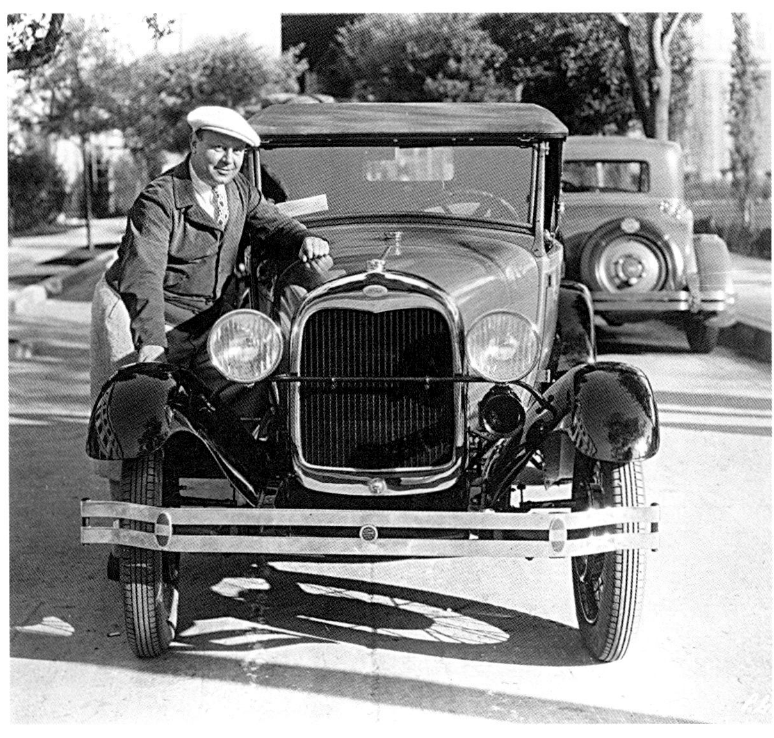

»Wahrlich, das Automobil ist der Götze dieser Zeit, die keine hat.« Alfred Polgar, Automobile sehen dich an, 1928. – Der Schauspieler Emil Jannings mit seinem neuen Ford-Sportroadster. *1928.*

"Truly, the automobile is the idol of this time – a time without idols." Alfred Polgar, 'Cars are looking at you', 1928. – Actor Emil Jannings with his new Ford Sportroadster. *1928.*

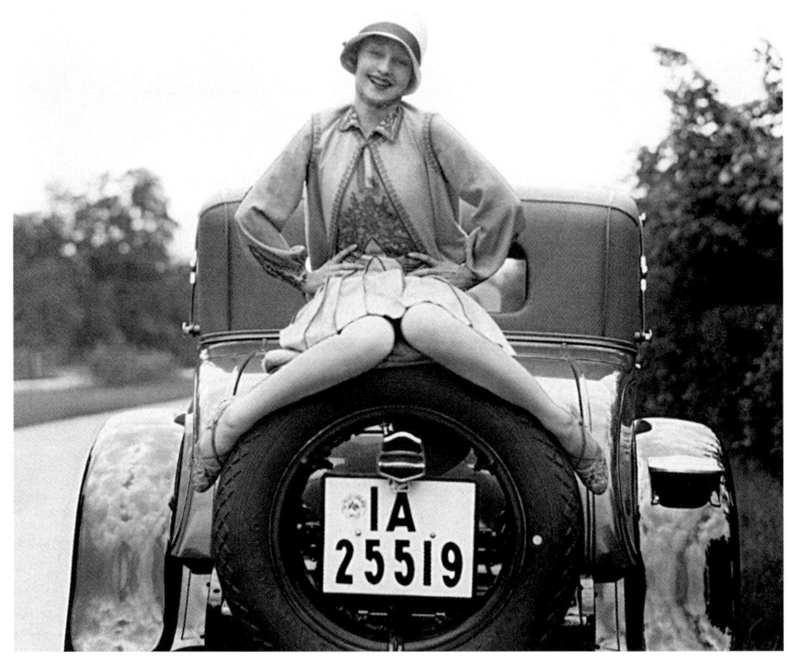

Die Schauspielerin Lilian Harvey mit ihrem ersten Automobil. *1928.*

Actress Lilian Harvey with her first car. *1928.*

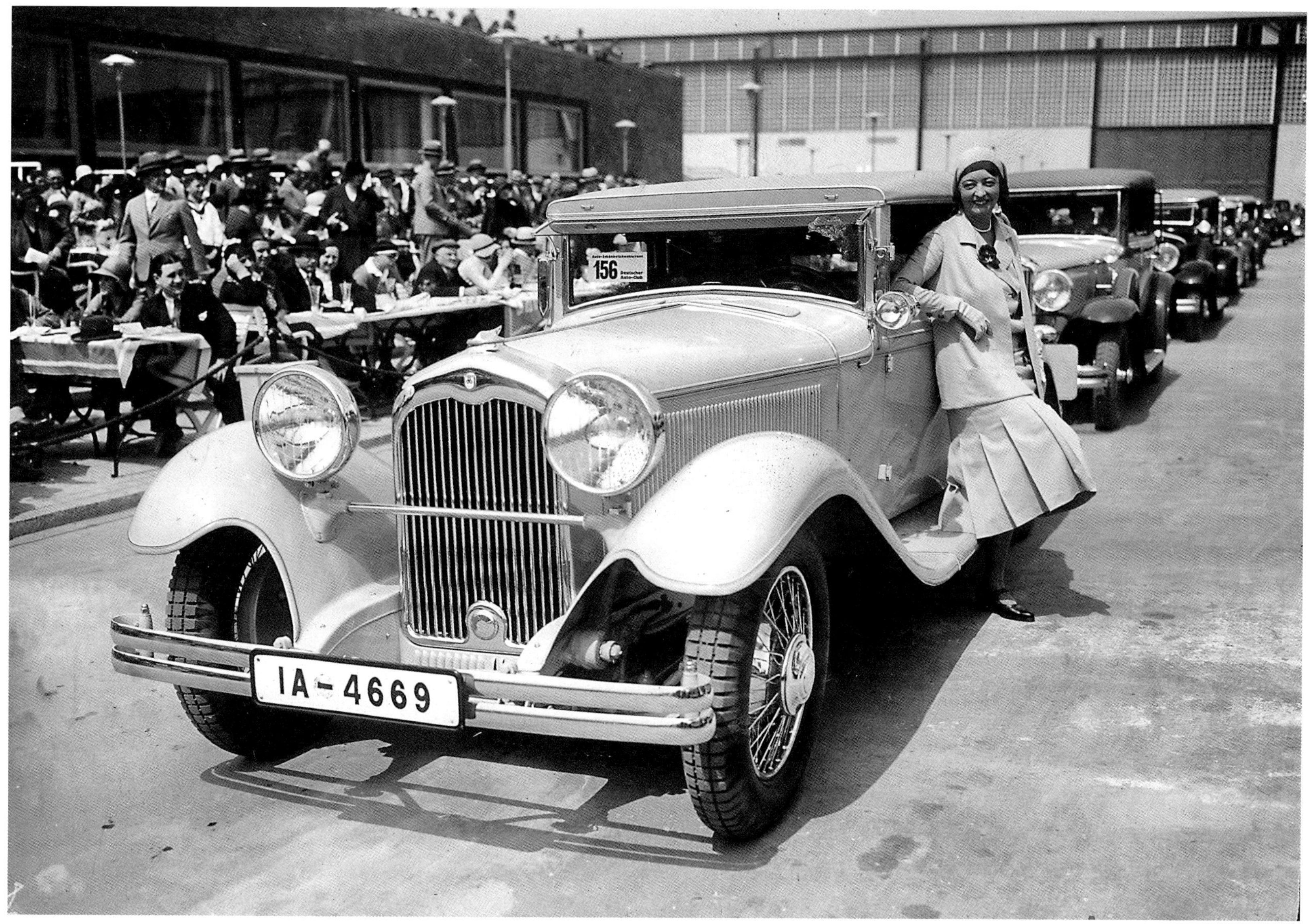

Die Frau des AEG-Generaldirektors August Elfes präsentiert bei einem Automobil-Schönheitswettbewerb im Funkhausgarten ihren in Berlin produzierten Wagen der Marke NAG. *18. Mai 1930.*

The wife of AEG President, August Elfes, presents her Berlin-manufactured NAG car at a motor car beauty contest in the Funkhausgarten. *18th May 1930.*

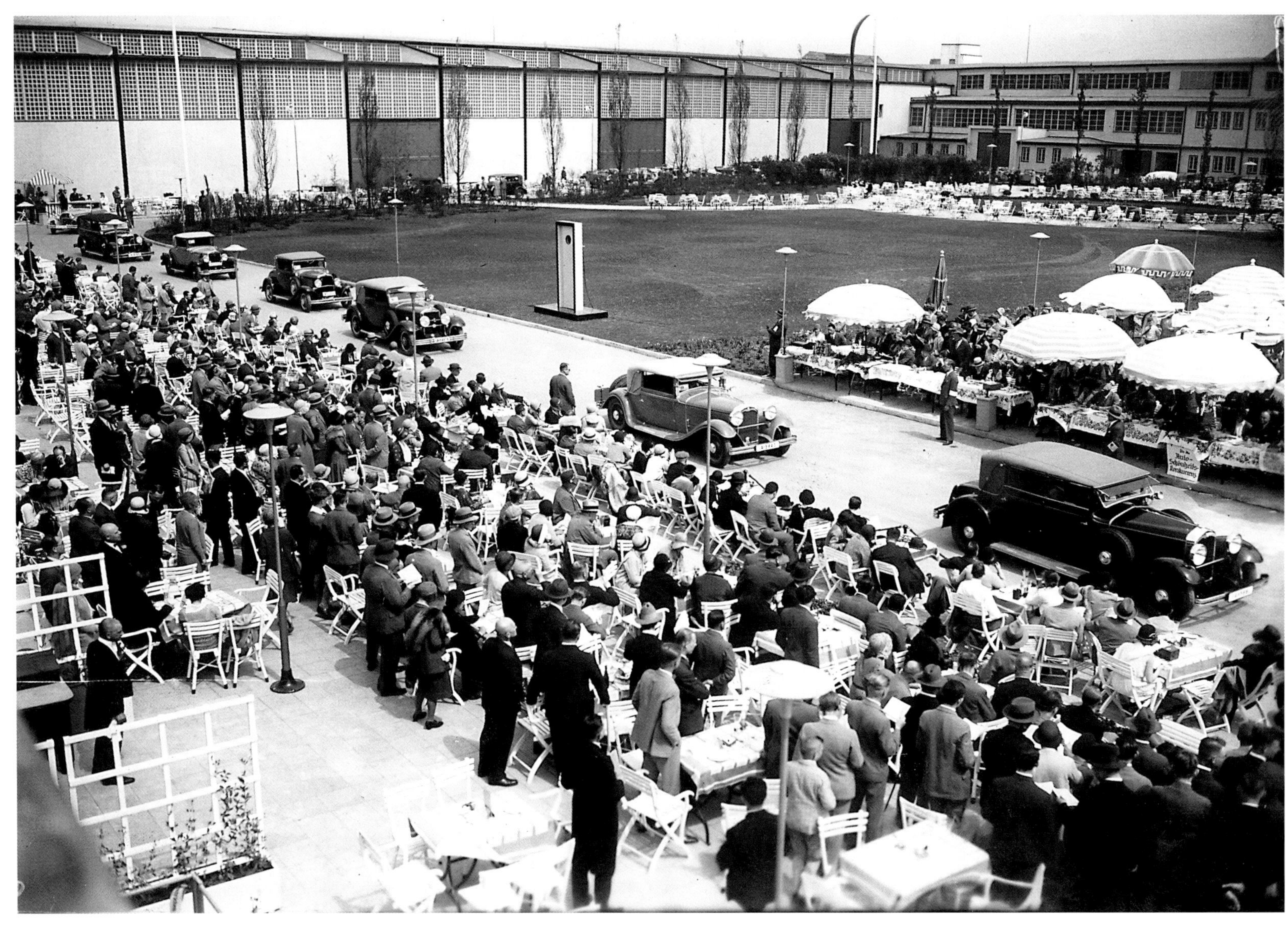

Automobil-Parade bei einem Schönheitswettbewerb. *19. Mai 1930.*

Automobile parade at a beauty contest. *19th May 1930.*

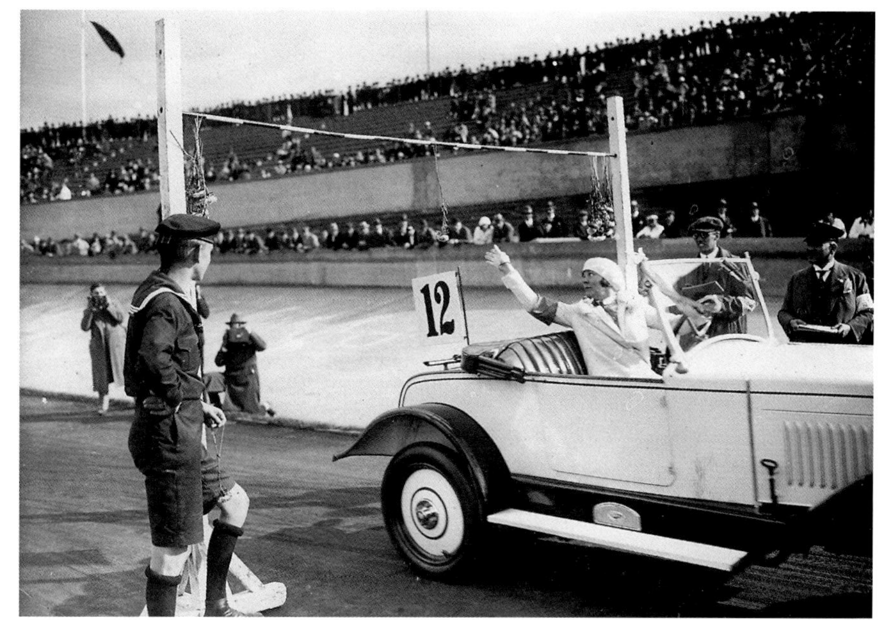

Geschicklichkeitsprüfung bei einem Autoturnier im Deutschen Stadion. *Um 1930.*

Driving skills test at a motor car tournament in the Deutsches Stadion. *Around 1930.*

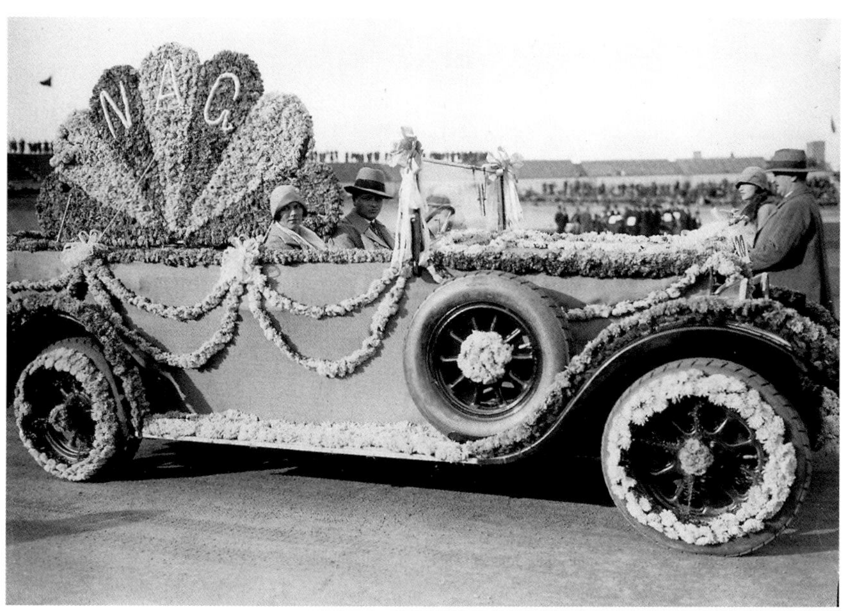

Ein blumengeschmückter NAG-Wagen beim Schönheitswettbewerb im Deutschen Stadion (dem Vorläufer des Olympiastadions). *Um 1930.*

An NAG car decorated with flowers in a beauty contest in the Deutsches Stadion (predecessor of the Olympisches Stadion). *Around 1930.*

»Ein Problem, das für den Automobilisten von größter Bedeutung ist, das aber in Berlin nur sehr unzureichend gelöst wird, ist die Garagenfrage, denn an Garagen, insbesondere an richtigen Großgaragen, die auch für den fremden Autofahrer in Frage kommen könnten, leidet Berlin ausgesprochenen Mangel.«

EUGEN SZATMARI, DAS BUCH VON BERLIN

"A problem which is very important to motorists, but which is very unsatisfactorily solved in Berlin, is the question of car parks, because Berlin has a terrible lack of them, especially very large car parks which are in demand also for drivers from outside Berlin."

EUGEN SZATMARI, DAS BUCH VON BERLIN

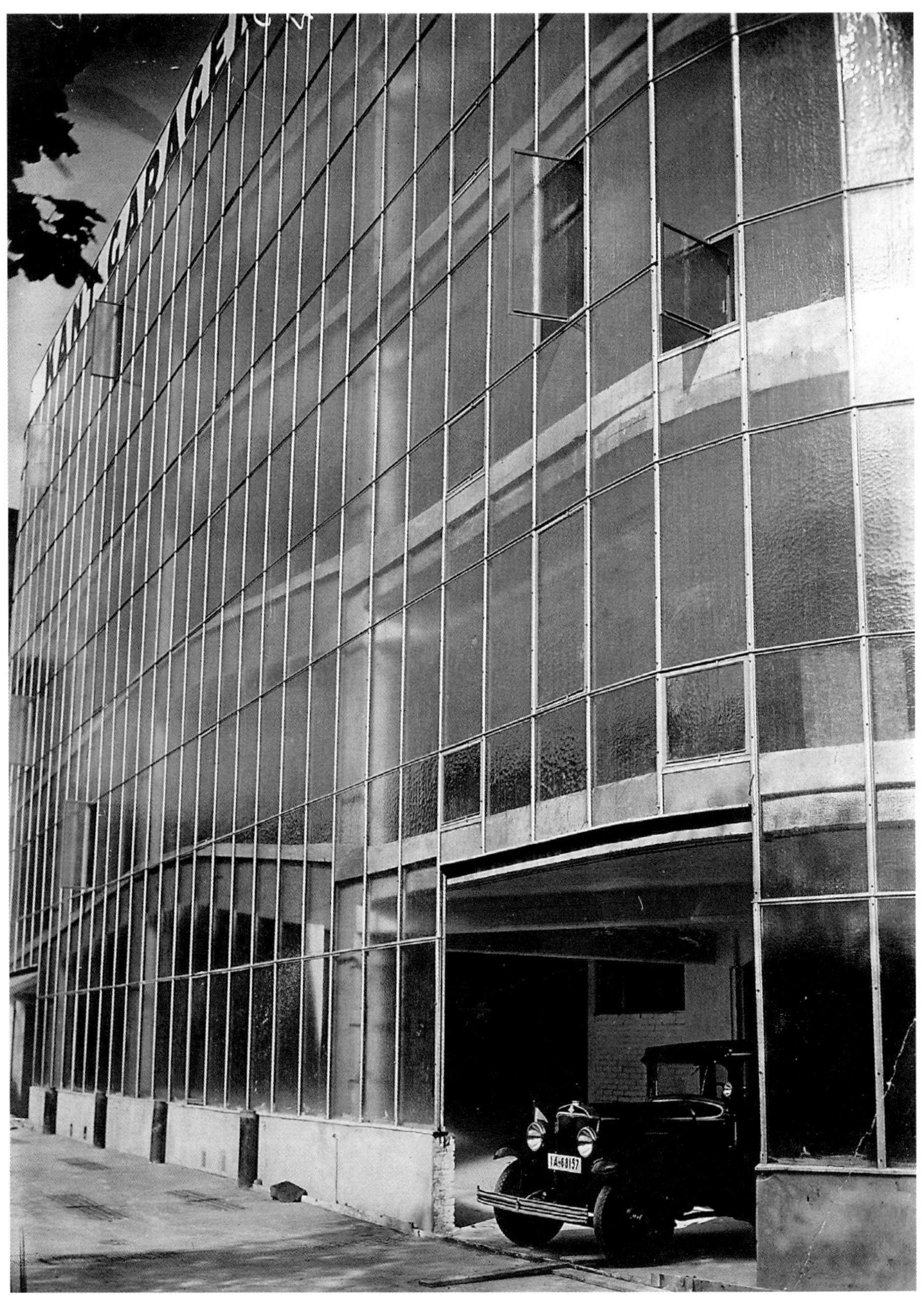

Hinter der Glasfassade der Kantgarage, dem modernsten Autohotel Berlins, finden über 400 Autos Platz.
16. September 1930.

Behind the glass façade of the Kantgarage, the most modern car hotel in Berlin, there are over 400 car parking spaces.
16th September 1930.

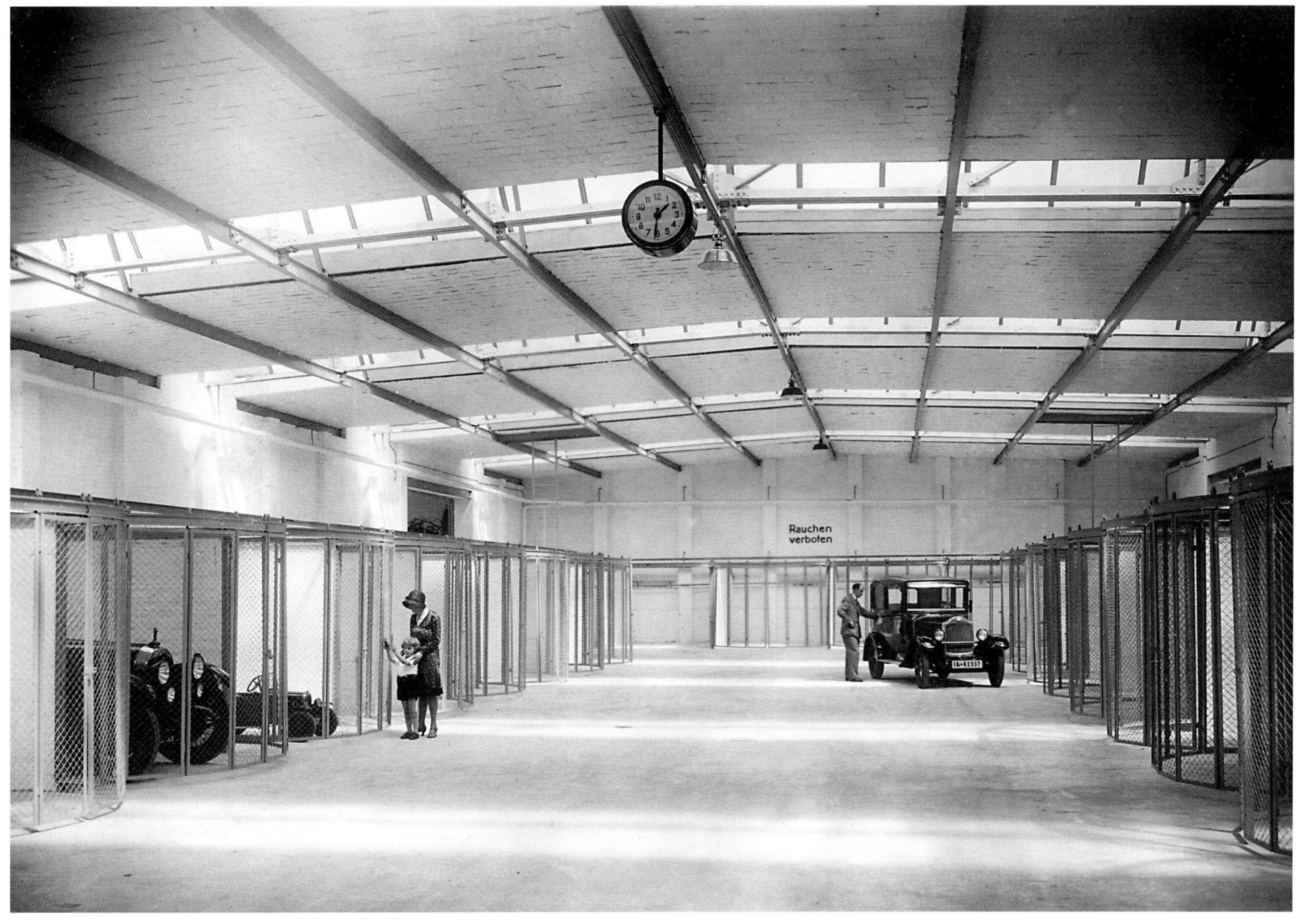

»Rauchen verboten«. Blick in ein modernes Autohotel. *Um 1930.*

"Smoking forbidden". View of a modern car hotel. *Around 1930.*

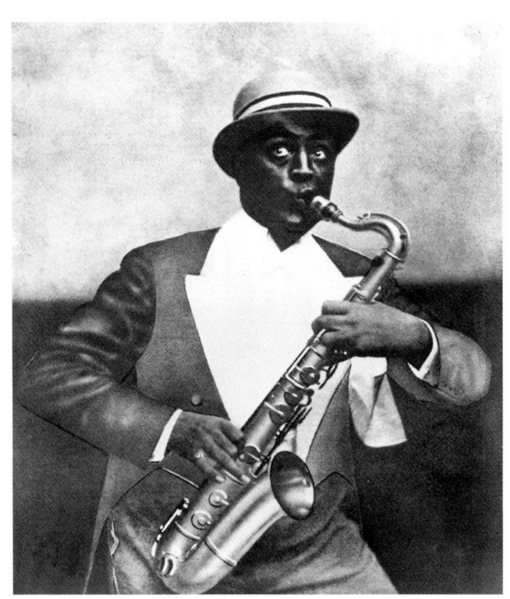

Die Oper »Jonny spielt auf« des österreichischen Komponisten Ernst Krenek ist weltweit erfolgreich und gehört zu den meistgespielten Opern der Zwanzigerjahre; hier eine Aufführung in der Städtischen Oper Berlin. *1927.*

The opera "Jonny spielt auf", by Austrian composer Ernst Krenek, is a world hit and is one of the most popular operas of the 1920s; here a performance in the Städtische Oper Berlin. *1927.*

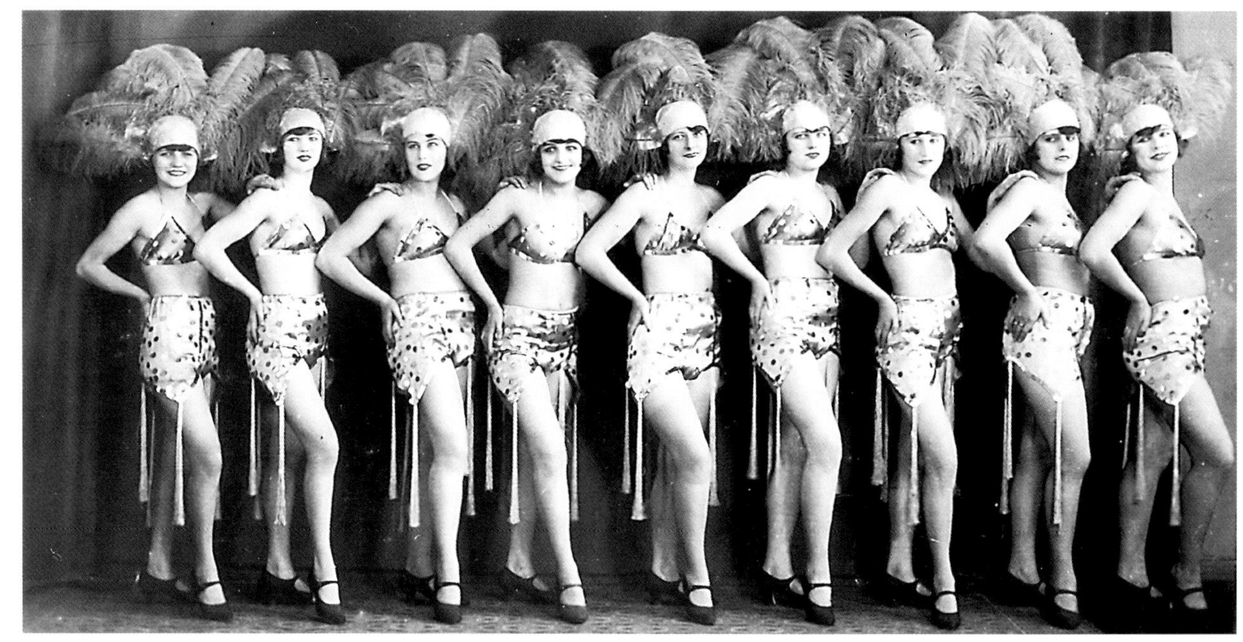

Revue-Girls des Damenballetts Ehed Karina. *Um 1920.*

Revue Girls from the Ehed Karina ladies' ballet company. *Around 1920.*

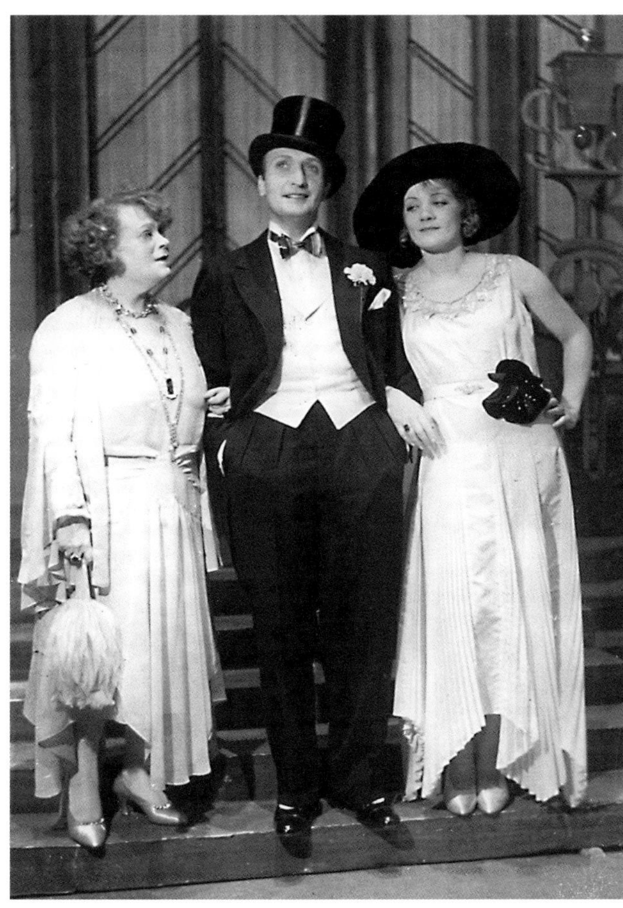

Die bekannten Schauspieler Hans Albers (Mitte) und Marlene Dietrich (rechts) in der Revue »Zwei Krawatten«. *5. September 1929.*

Well-known actors Hans Albers (centre) and Marlene Dietrich (right) in the revue "Zwei Krawatten". *5th September 1929.*

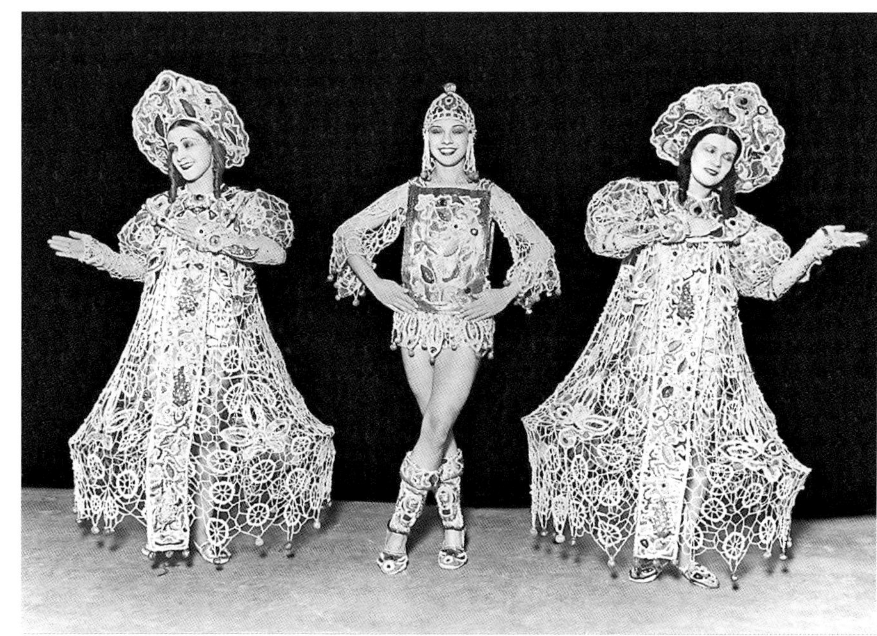

Auftritt russischer Ballerinas. *Um 1927.*

Performance by Russian ballerinas. *Around 1927.*

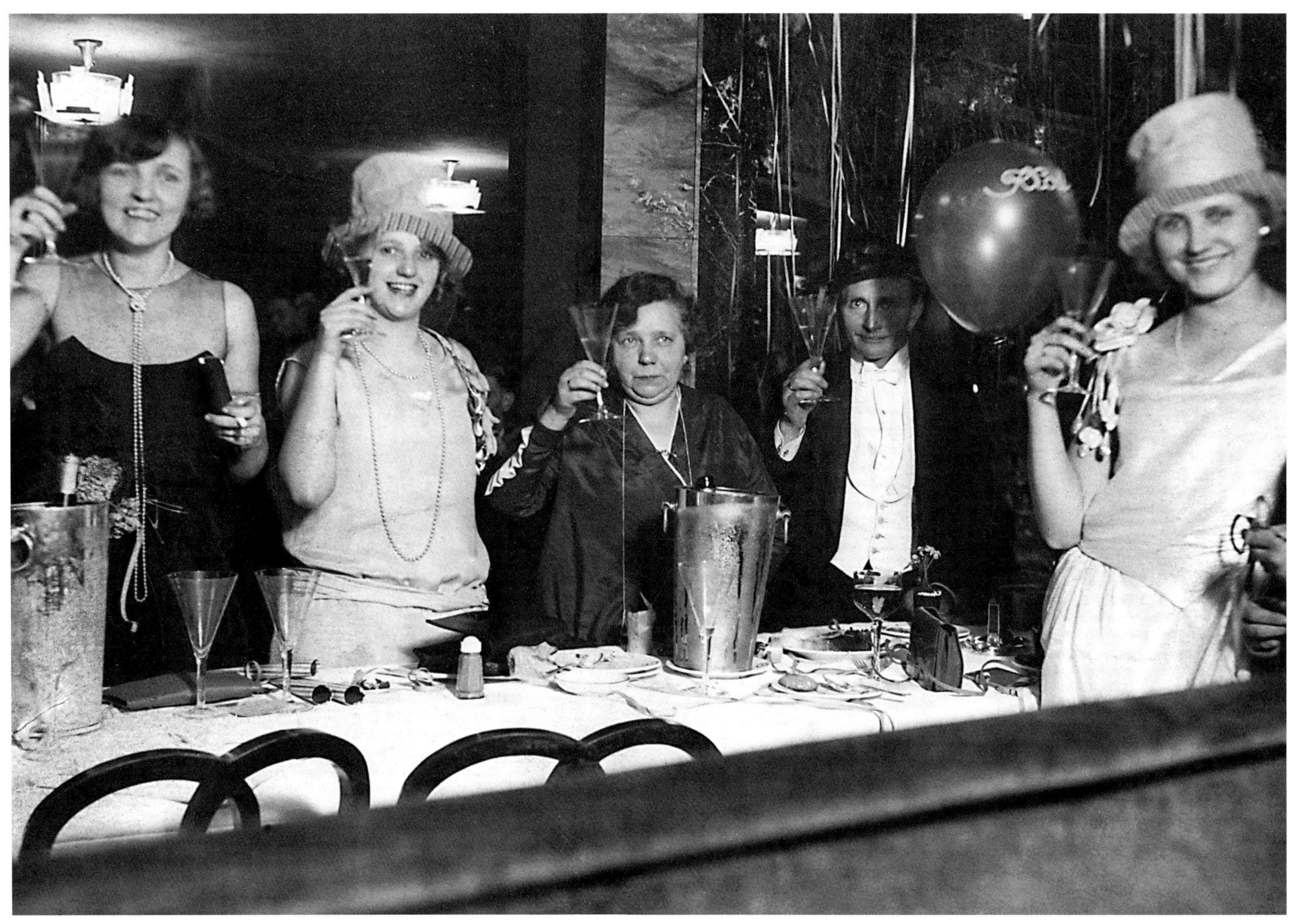

Feiern muss sein. Gäste einer Silvesterfeier in der Krolloper. *1928.*

We must celebrate! Guests at a New Year's Eve party in the Krolloper. *1928.*

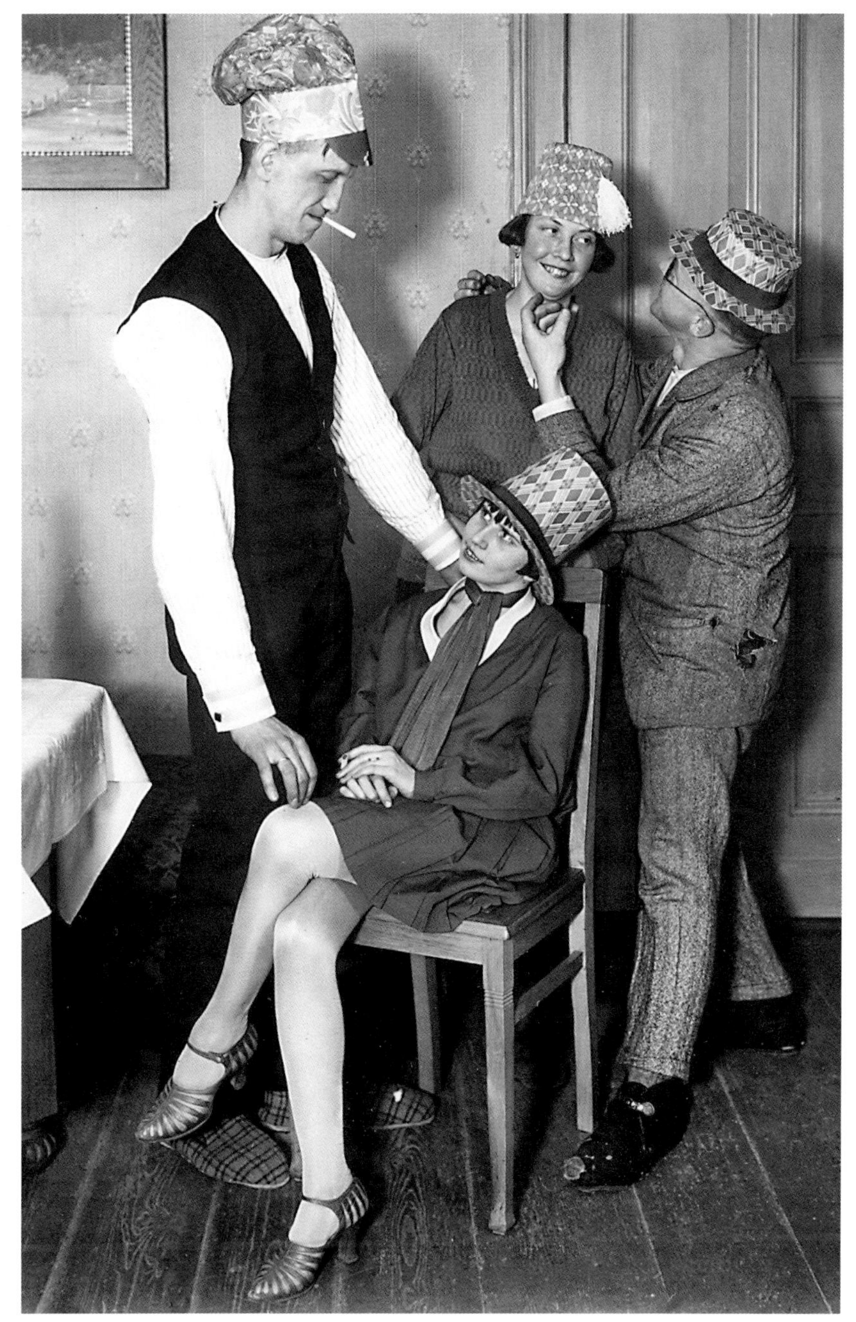

Zwei junge Paare bei einer privaten Feier.
Um 1925.

Two young couples at a private party.
Around 1925.

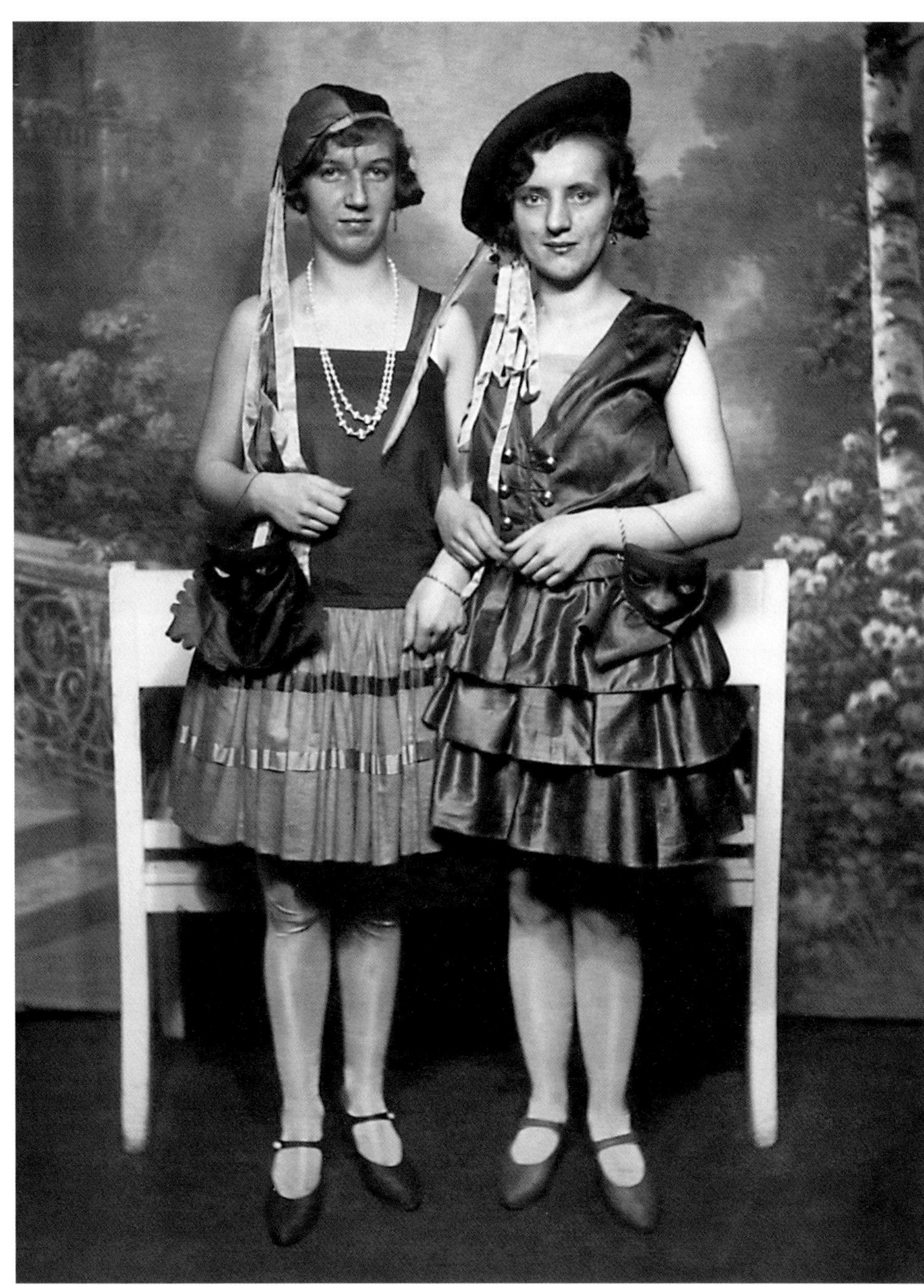

Zwei junge Frauen beim Maskenball.
1920er Jahre.

Two young women at a masked ball.
1920s.

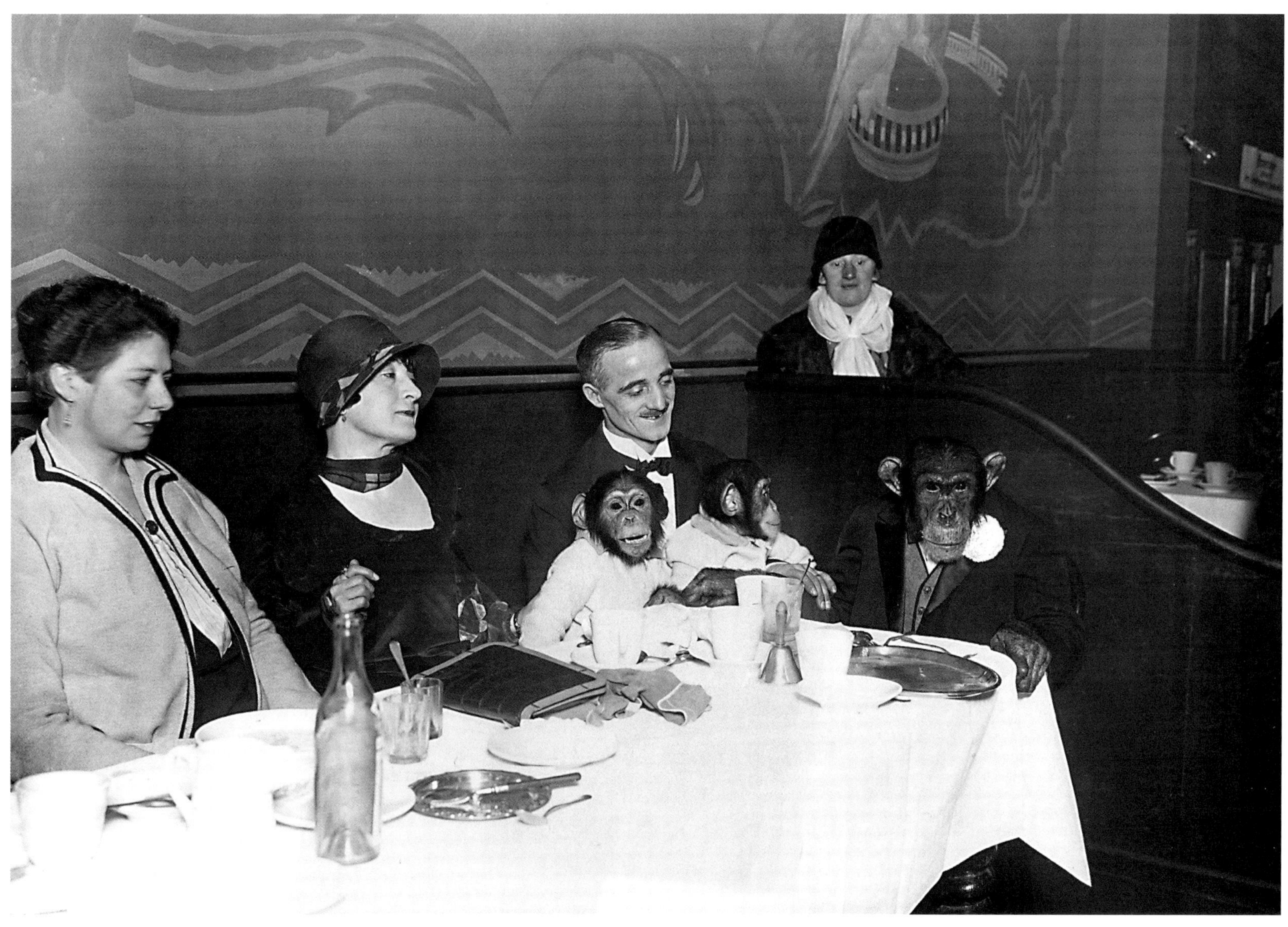

Dinner mit Schimpansen. *1920er Jahre.*

Dinner with chimpanzees. *1920s.*

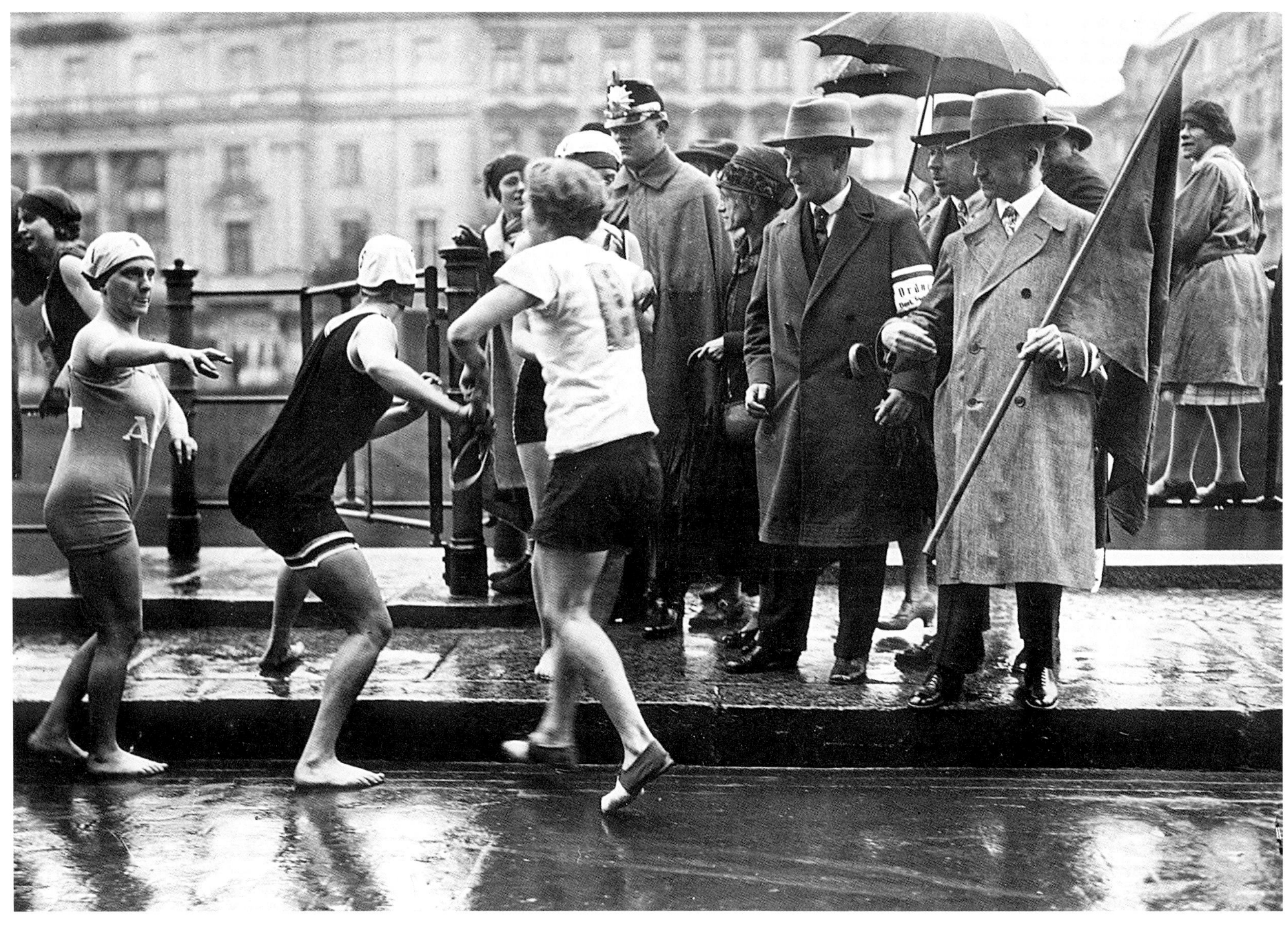

Beim Staffellauf: Stabwechsel zwischen Läuferin und Schwimmerin am Landwehrkanal. *1927.*

At a relay race: baton exchange between runner and swimmer by the Landwehr Canal. *1927.*

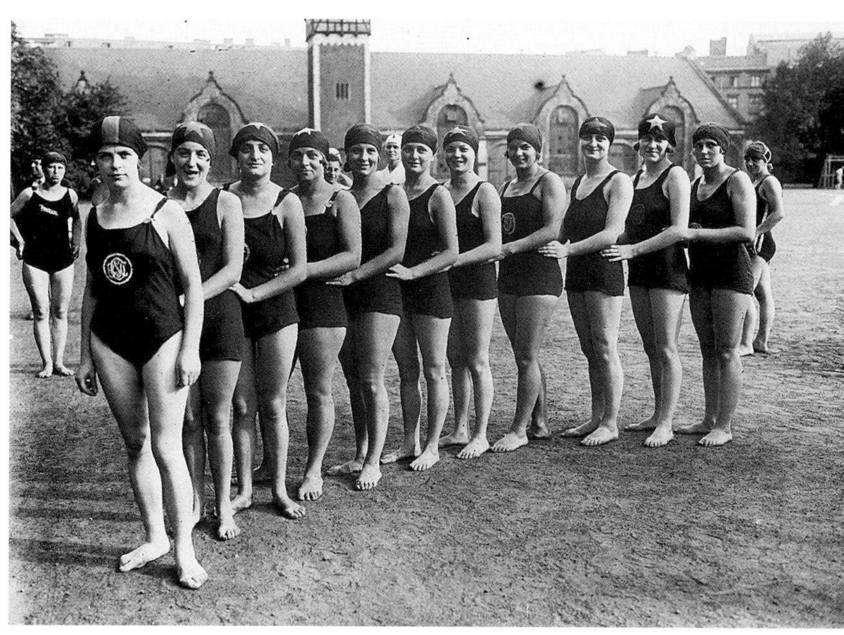

Schwimmen quer durch Berlin: die siegreiche Damenstaffel des Berliner Schwimmclubs »Otter«. *Um 1920.*

Swimming across Berlin: the victorious ladies' team from the "Otter" Berlin swimming club. *Around 1920.*

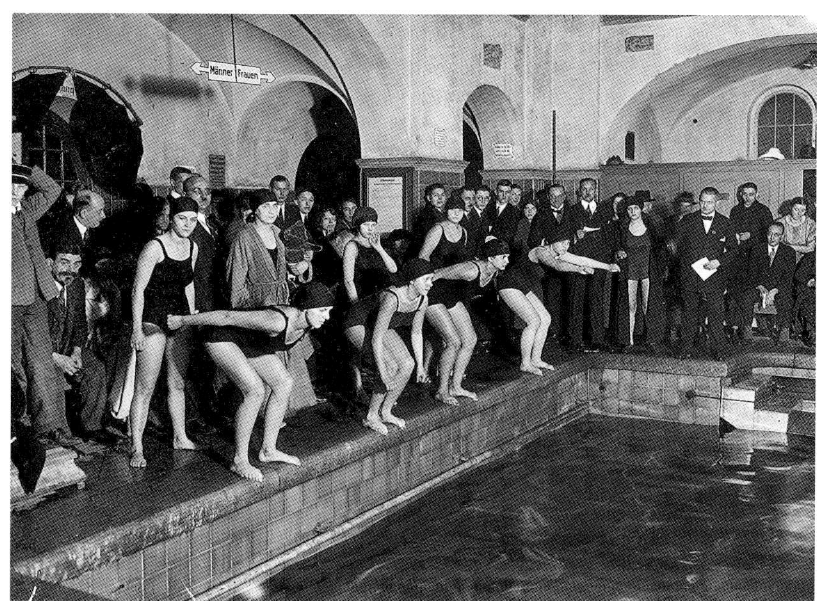

Eröffnung der Schwimmsaison: Start zur Damen-Jugend-Lagenstaffel 4 × 50 Meter im Hallenbad Gerichtsstraße. *1925.*

Opening of the swimming season: Start of the young womens' 4 × 50 Metre medley relay in the Gerichtsstrasse indoor pool. *1925.*

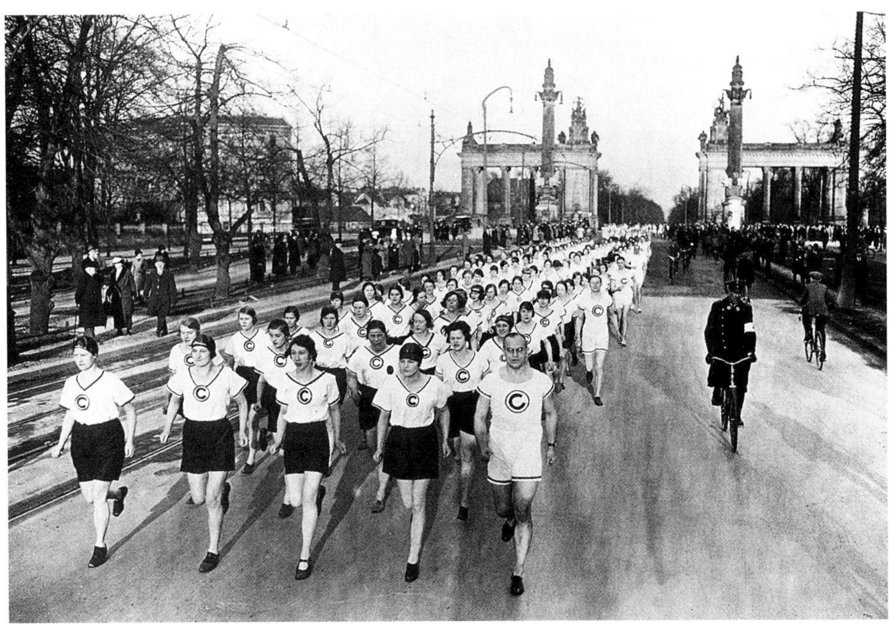

Die Damen des Sportclubs Charlottenburg beim Werbelauf auf der Charlottenburger Chaussee. *22. März 1925.*

Ladies from the Charlottenburg Sport Club on a publicity run on Charlottenburger Chaussee. *22nd March 1925.*

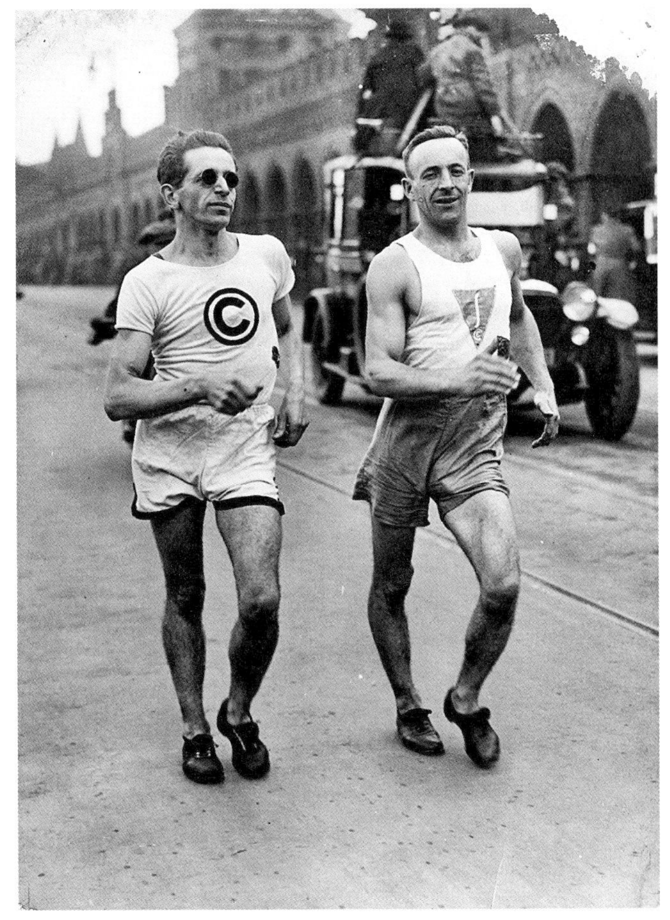

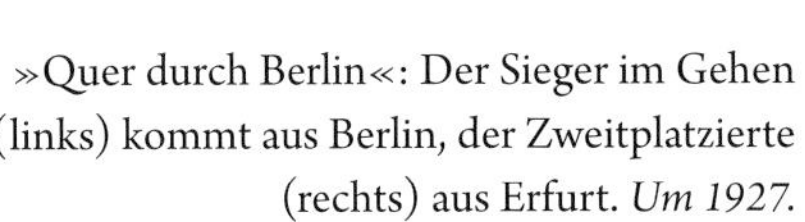

»Quer durch Berlin«: Der Sieger im Gehen (links) kommt aus Berlin, der Zweitplatzierte (rechts) aus Erfurt. *Um 1927.*

"Quer durch Berlin" ("Across Berlin"): The winner of the walking race (left) comes from Berlin and the runner-up (right) from Erfurt. *Around 1927.*

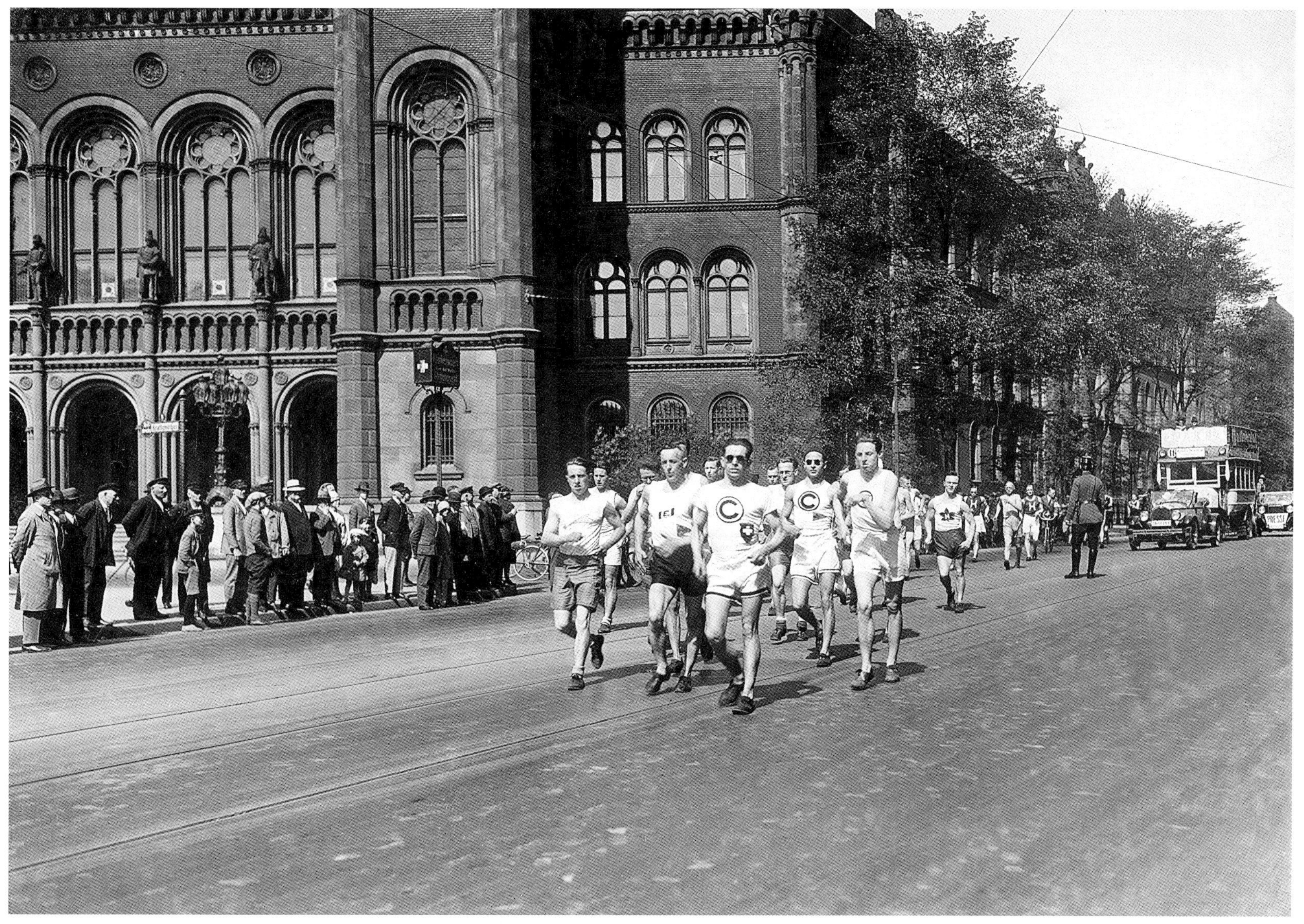

Straßenwettlauf der Leichtathleten in Berlin: Geher vor dem Kriminalgericht Moabit. *Robert Sennecke, um 1925.*

Track athletes' street race in Berlin: Walkers in front of the Moabit criminal courts. *Robert Sennecke, around 1925.*

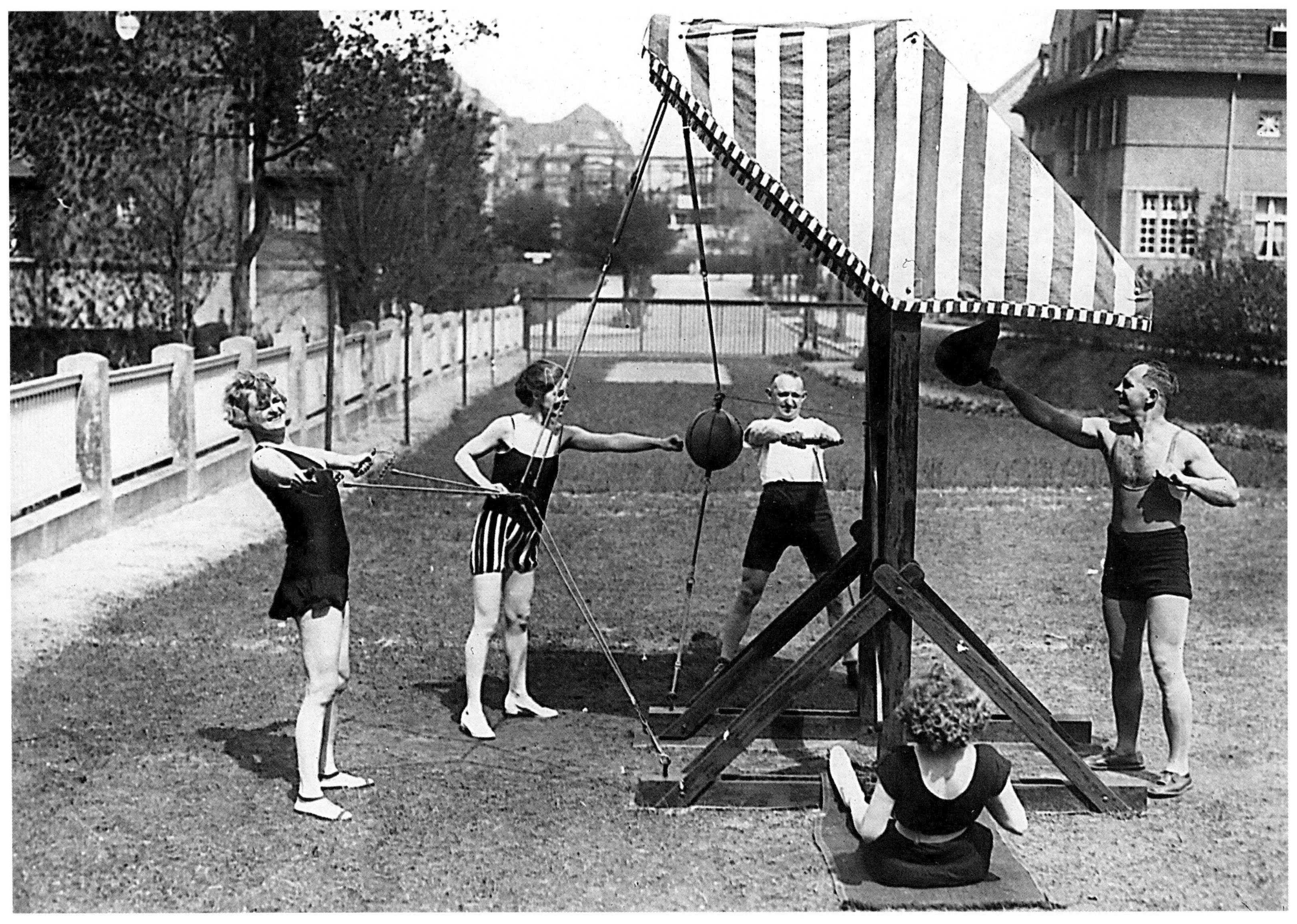

Sportler beim Training an einem neuen Multifunktions-Trainingsgerät, das der Eisläufer Walter Grund erfunden hat. *Um 1925.*

Sportsmen and sportswomen training on a new piece of multi-functional training equipment invented by the iceskater, Walter Grund. *Around 1925.*

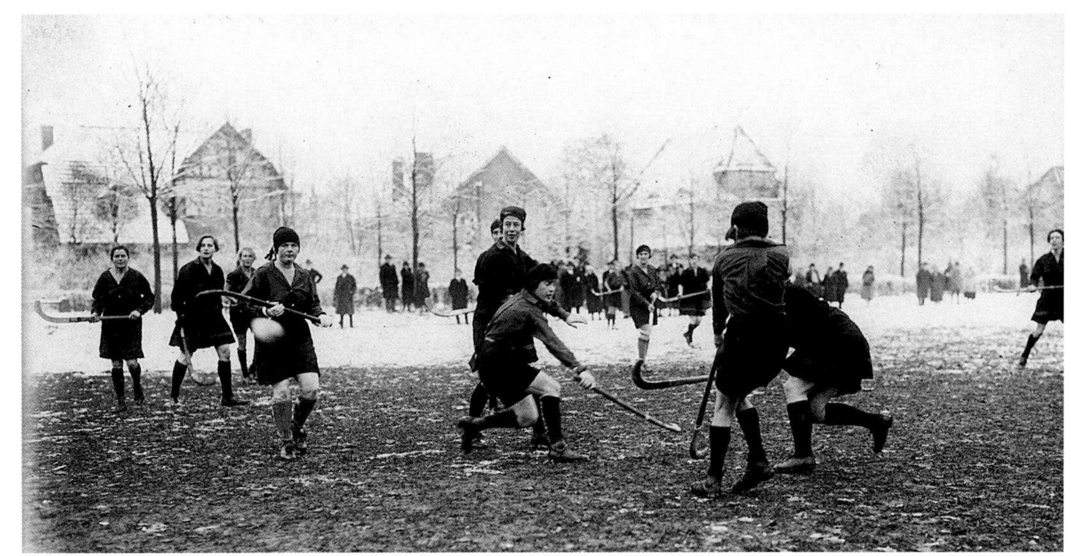

Damenhockey: Hockey Harvestehude gegen die Zehlendorfer Wespen. *15. November 1925.*

Ladies' hockey: Hockey Harvestehude against Zehlendorfer Wespen. *15th November 1925.*

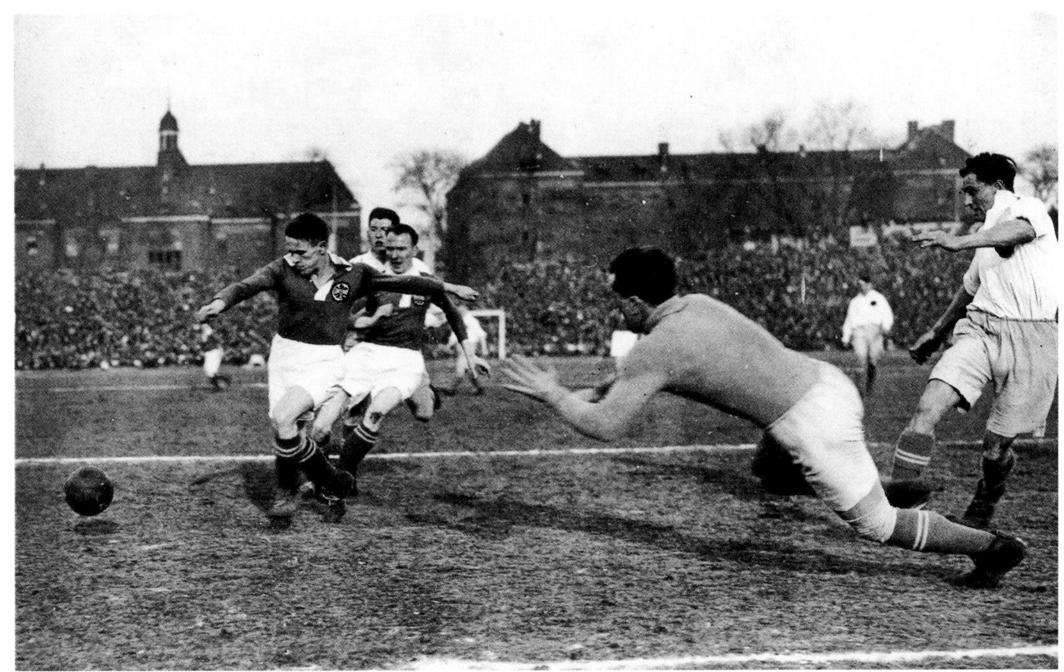

Entscheidungsspiel zwischen Hertha und Tennis-Borussia bei der Berliner Fußballmeisterschaft im Grunewaldstadion. *1928.*

Deciding match between Hertha Berlin and Tennis-Borussia at the Berlin Football Championships in the Grunewald Stadium. *1928.*

»Was der Weltstädter braucht, das ist eine Stählung des Körpers und der Nerven in größtem Ausmaß. Der Berliner ist bereits bekannt dafür, dass er hart und ergiebig arbeitet, und er wird als Weltstädter in Zukunft noch ergiebigere Arbeit leisten müssen. Aber diese Arbeit, die Berlin reich macht, braucht ihren Gegenpol, wenn sie Berlin auch glücklich machen will.«

MARTIN WAGNER, STADTBAURAT

"What the world city citizen needs is to steel his body and his nerves as much as possible. The Berliners are already known for working hard and profitably, and as world city citizens they will have to work even harder in the future. But this hard work that makes Berlin rich needs its antithesis, if it wants to make the Berliners happy as well."

MARTIN WAGNER, HEAD OF BERLIN CITY PLANNING

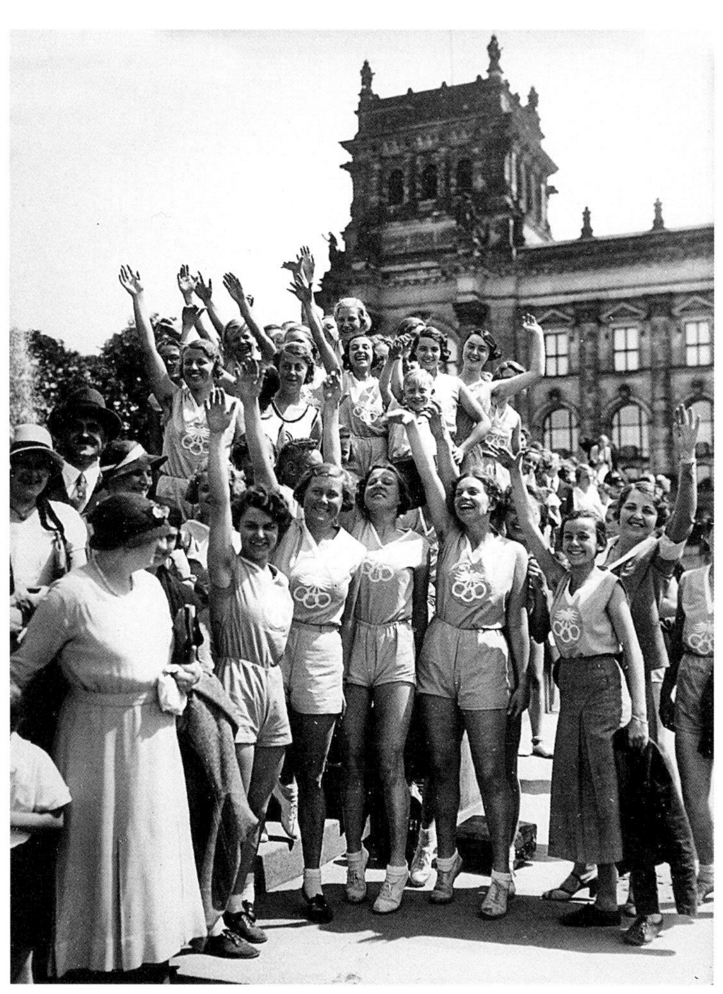

Jubelnde Sportlerinnen beim Staffellauf Potsdam–Berlin vor dem Reichstag. *Um 1930.*

Cheering sportswomen at the relay race from Potsdam to Berlin in front of the Reichstag. *Around 1930.*

Die Damenmannschaft des B.S.C. (Berliner Sport-Club) auf dem Tiergartensportplatz. *Um 1926.*

The ladies' team of B.S.C. (Berliner Sport Club) on the Tiergarten sports ground. *Around 1926.*

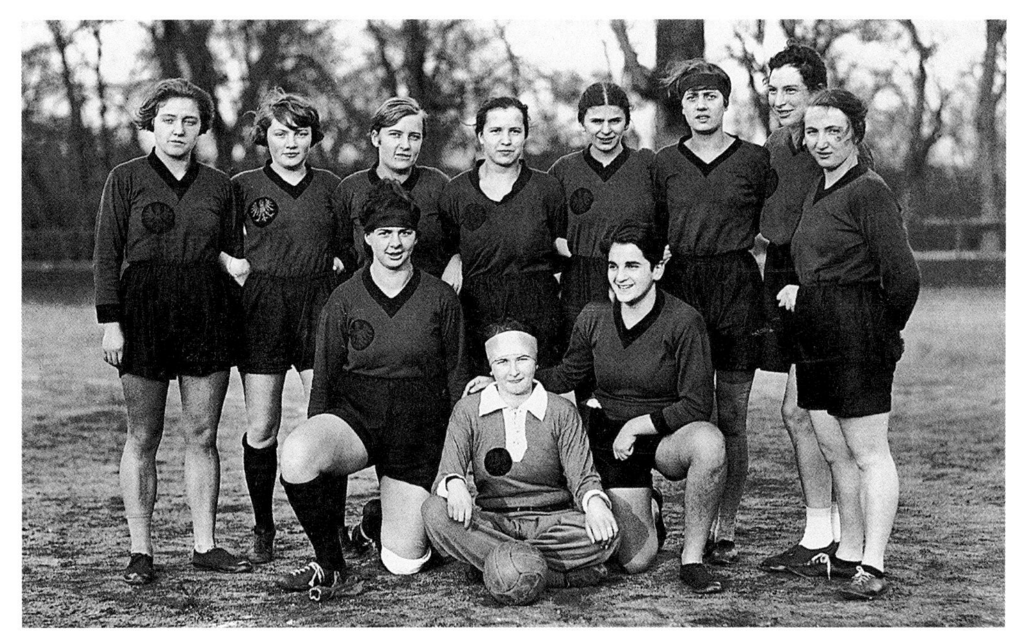

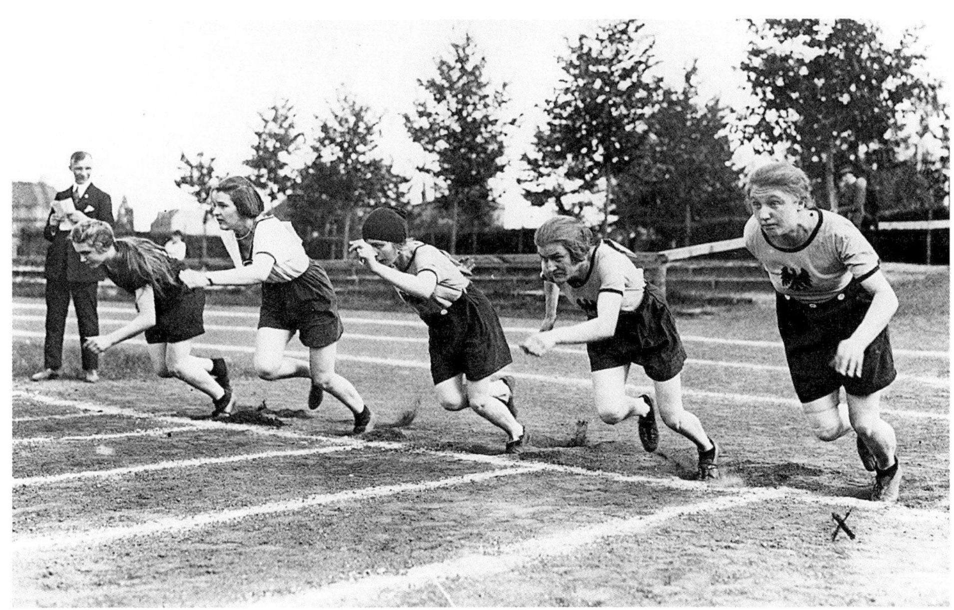

Start zu einem 100-Meter-Lauf. *1925.*

Start of a 100-metre race. *1925.*

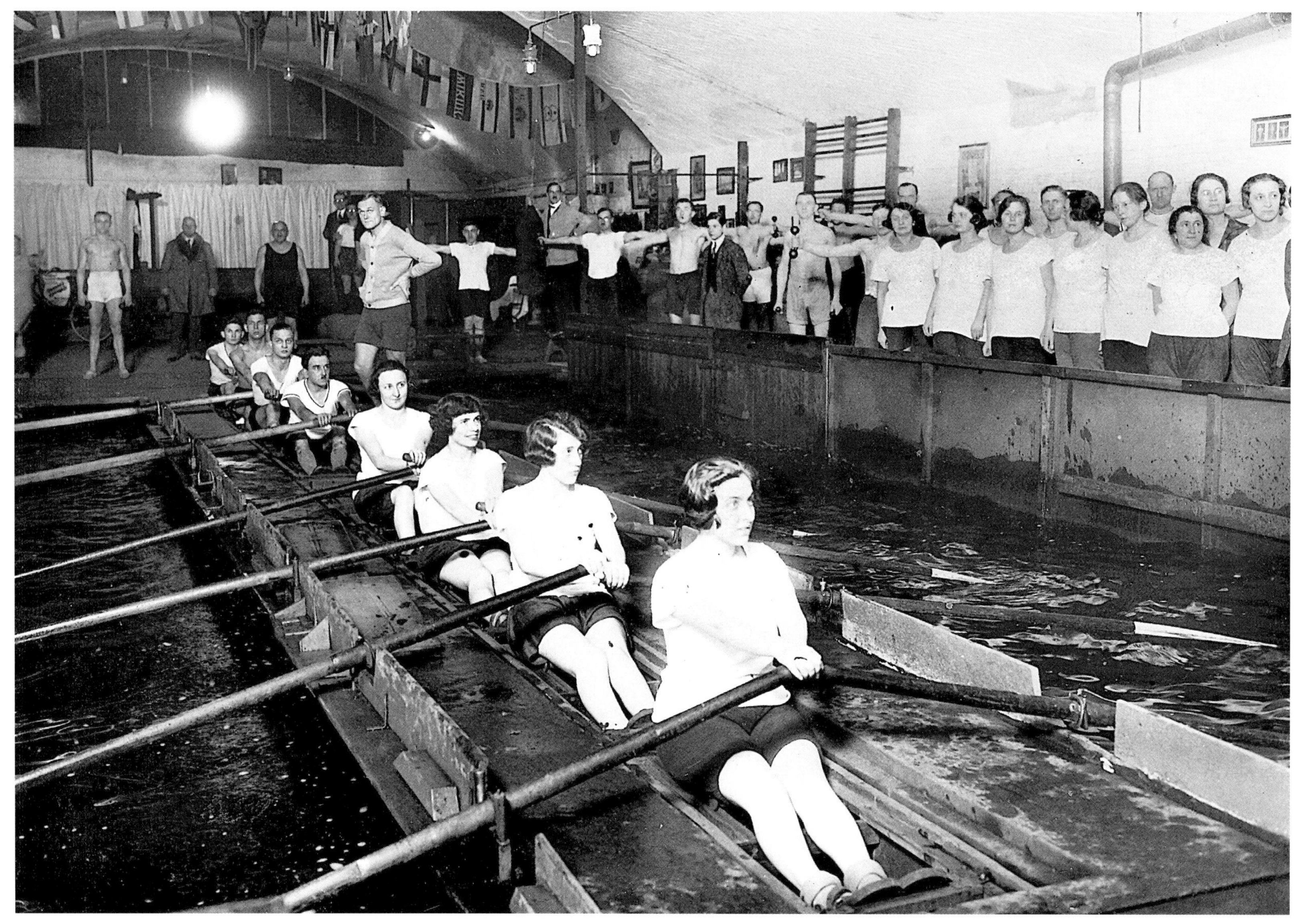

Winterliches Rudertraining in einer Sportakademie in einem Berliner Stadtbahnbogen. *Um 1925.*

Winter rowing training in a sports academy in a Berlin S-Bahn railway arch. *Around 1925.*

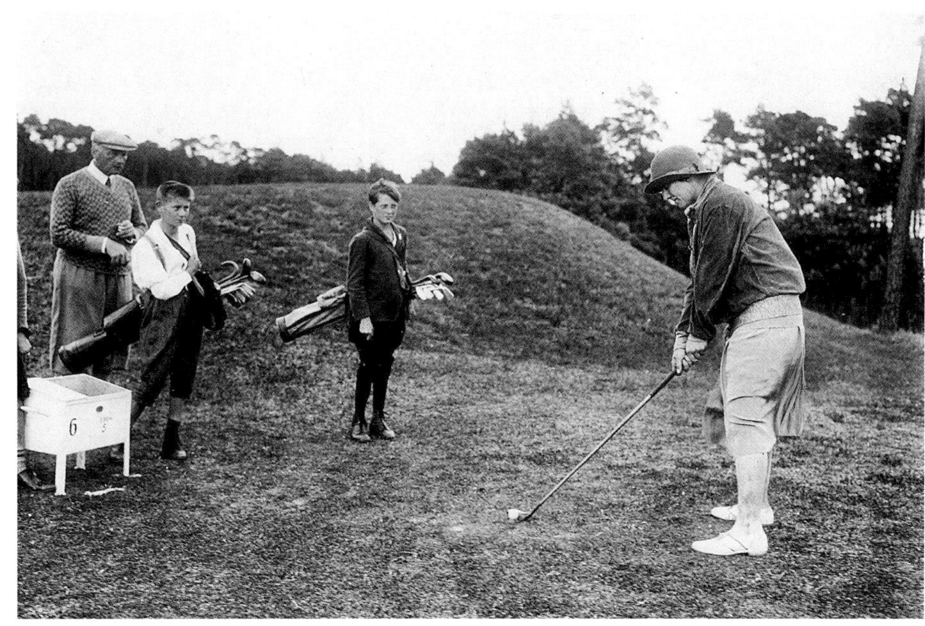

Eine Golferin bei der Deutschen Golfmeisterschaft im Golf- und Landclub Berlin-Wannsee. *Um 1920.*

A lady golfer at the German Championships in the Berlin-Wannsee Golf and Country Club. *Around 1920.*

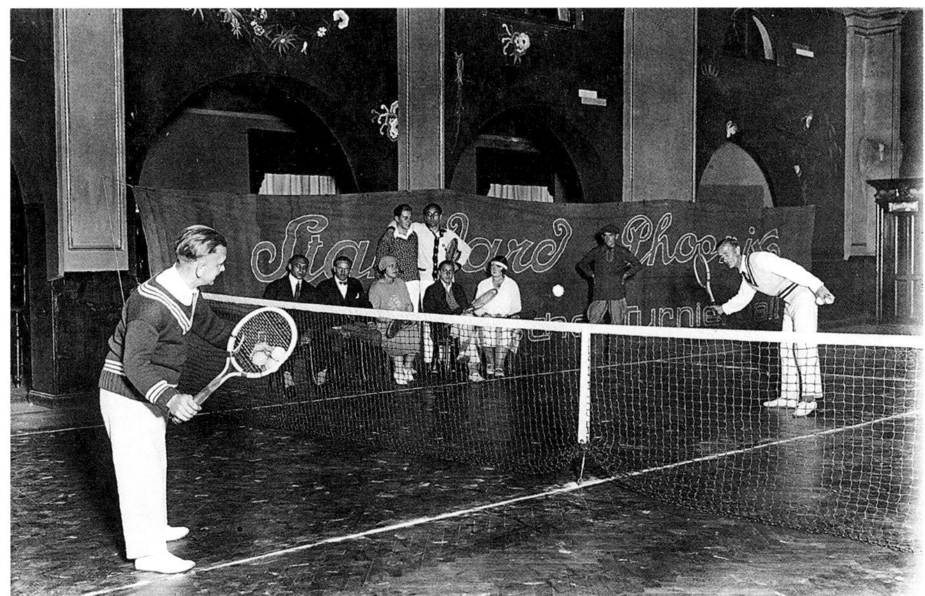

Tennistraining in der Halle. *14. Oktober 1926.*

Indoor tennis training. *14th October 1926.*

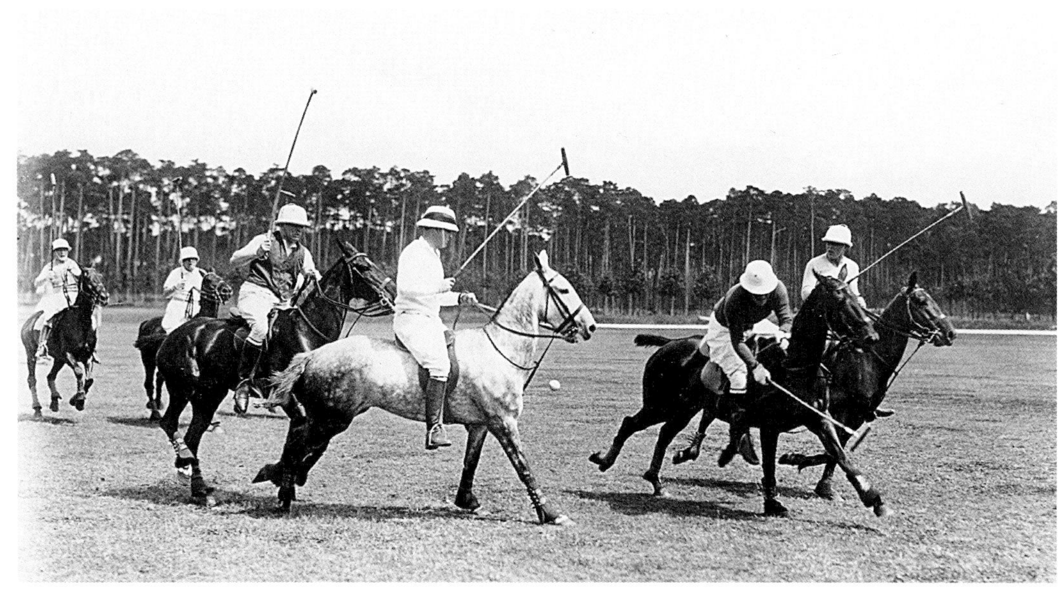

Exklusives Vergnügen: Poloturnier in Berlin-Frohnau. *Um 1922.*

Exclusive enjoyment: Polo tournament in the Frohnau district of Berlin. *Around 1922.*

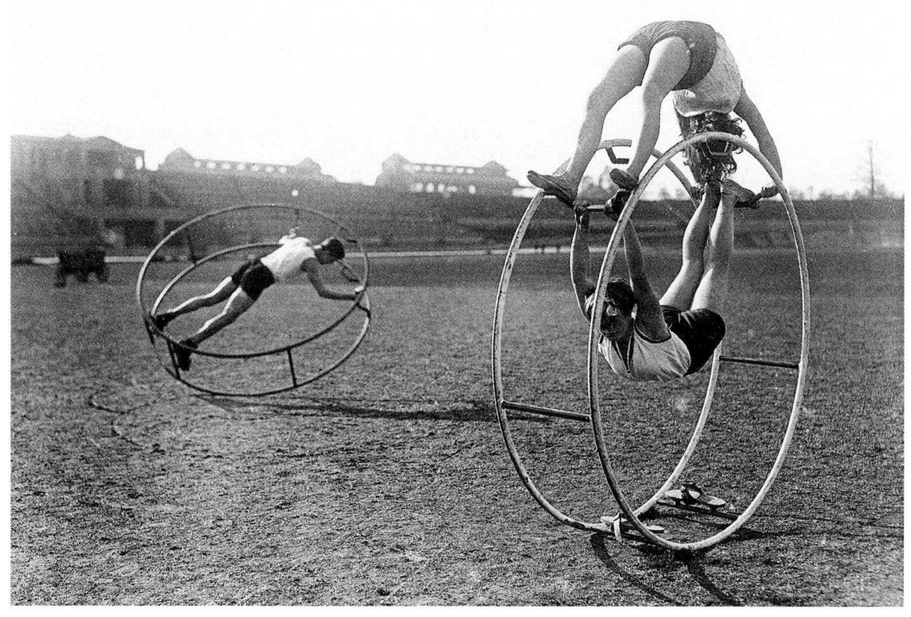

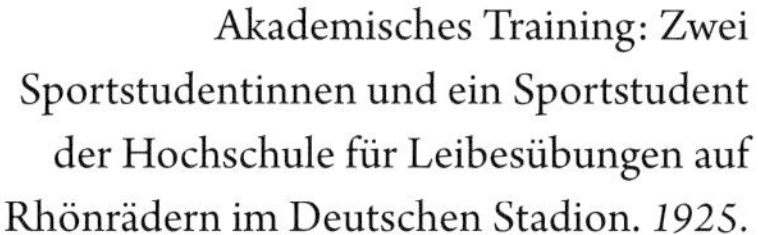

Akademisches Training: Zwei Sportstudentinnen und ein Sportstudent der Hochschule für Leibesübungen auf Rhönrädern im Deutschen Stadion. *1925.*

Academic training: Two female sports students and a male sports student from the Academy of Physical Training on gym wheels in the Deutsches Stadion. *1925.*

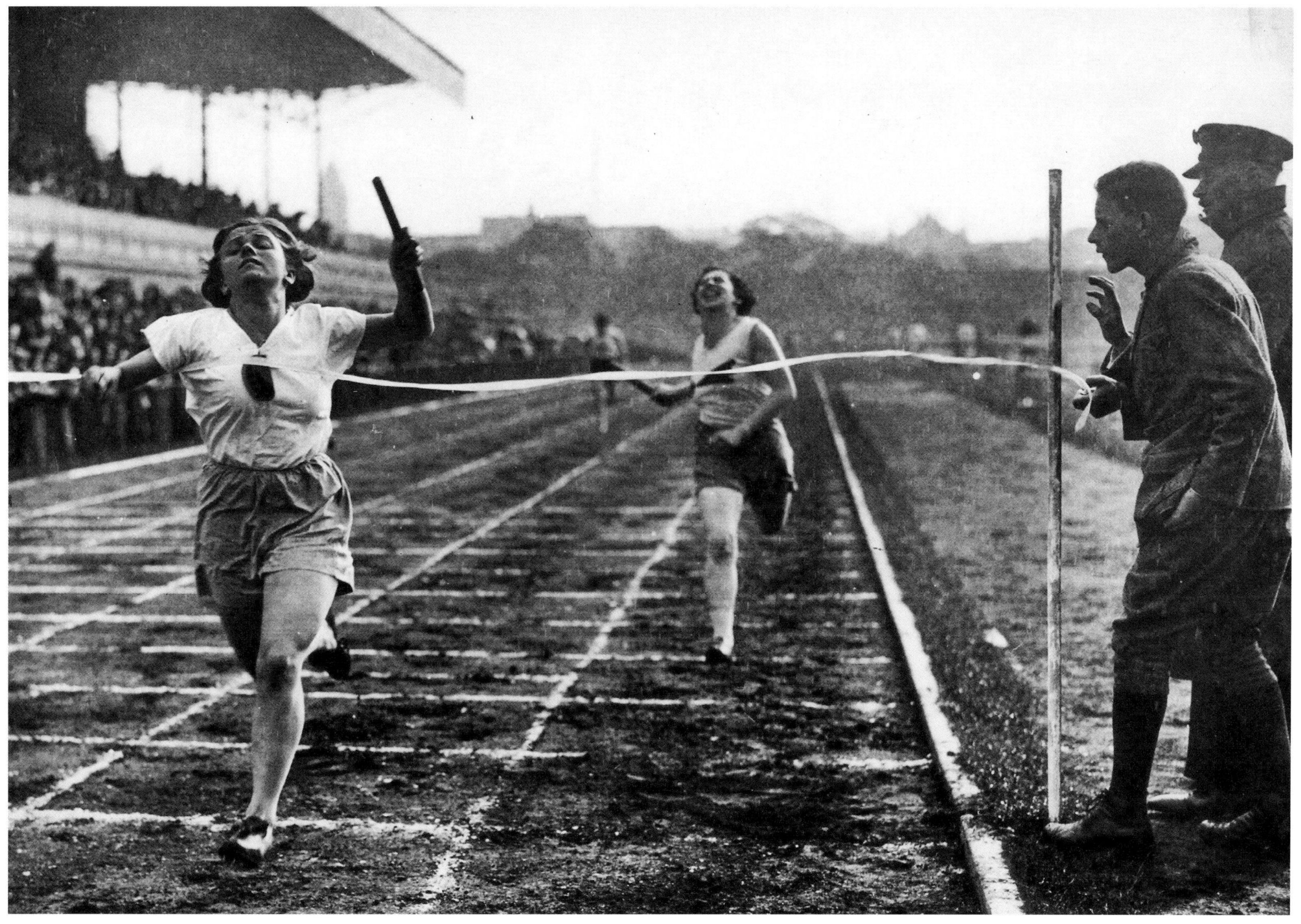

Bodenständiger Wettbewerb: 4 × 100-Meter-Staffel der Damen. Der Post-Sportverein Berlin gewinnt vor dem B.S.C. Komet. *Um 1926.*

A long-established competition: 4 × 100-metre ladies' relay race. The Berlin Post-Sportverein (Post Sports Club) crosses the finishing line first in front of the B.S.C. Komet stadium. *Around 1926.*

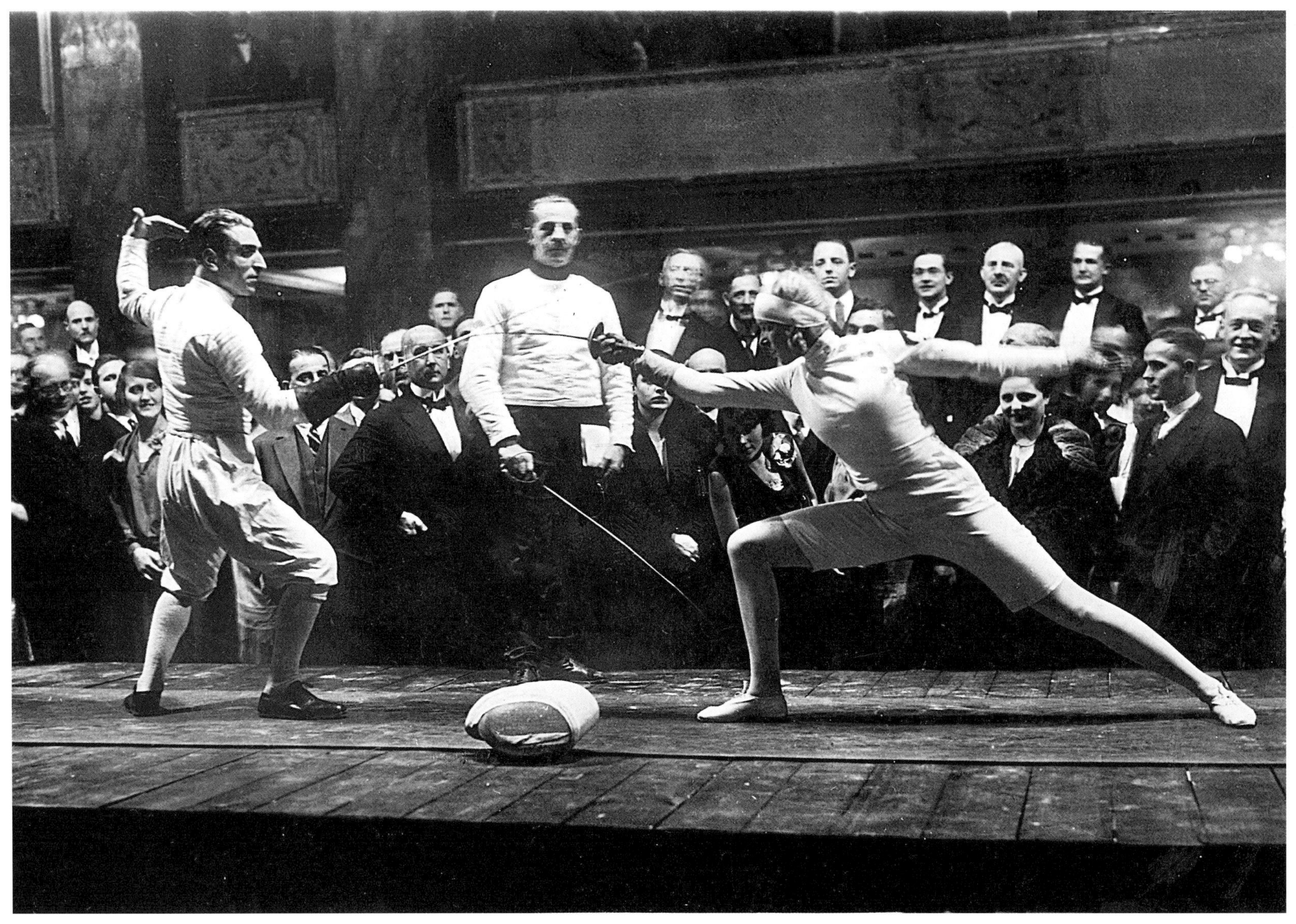

Die deutsche Florettmeisterin Helene Mayer beim Schaukampf gegen den Europameister Oreste Puliti im Marmorsaal der Akademie der Deutschen Turnerschaft. *Um 1930.*

The German Fencing Champion Helene Mayer in a show match against the European Champion Oreste Puliti in the Marble Hall of the Academy of German Gymnastic Federation. *Around 1930.*

Internationales Hockey-Spiel in Berlin: Berliner S.C. gegen London University Occasionals. *Um 1925.*

International hockey match in Berlin: Berliner S.C. against London University Occasionals. *Around 1925.*

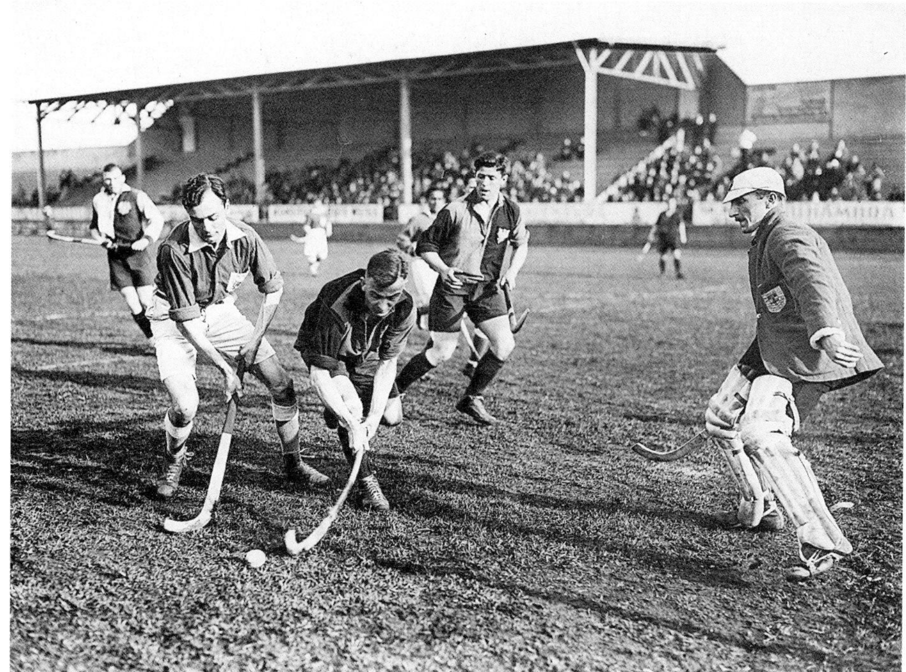

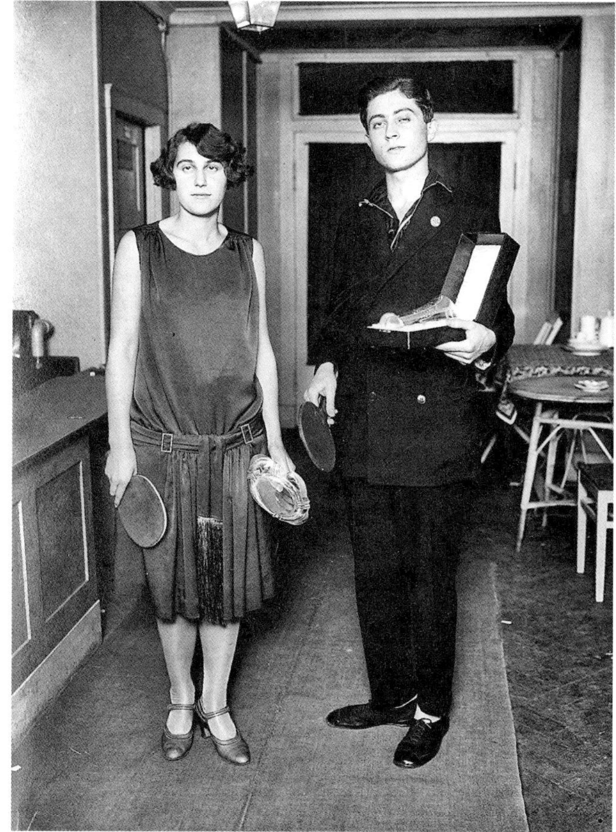

Internationale Tischtennismeisterschaften in den Räumen des Tennisclubs Gelb-Weiß. *9. Januar 1927.*

International table tennis championships in the rooms of the Gelb-Weiss Tennis Club. 9th *January 1927.*

»Überall in den Vorstädten, wo Häuserlücken klaffen, füllt eine Zeitlang ein Rummelplatz mit seinen Schießbuden, Glücksrädern, Tanzplätzen auf Holzscheiben, großen Wurstwettessen und so weiter die Leere aus.«

FRANZ HESSEL, SPAZIEREN IN BERLIN

"All over the suburbs, where the houses lie far apart, for a time the emptiness is filled by the fairgrounds with their shooting galleries, their wheels of fortune, their wooden dance floors, their big sausage eating competitions and so on."

FRANZ HESSEL, SPAZIEREN IN BERLIN

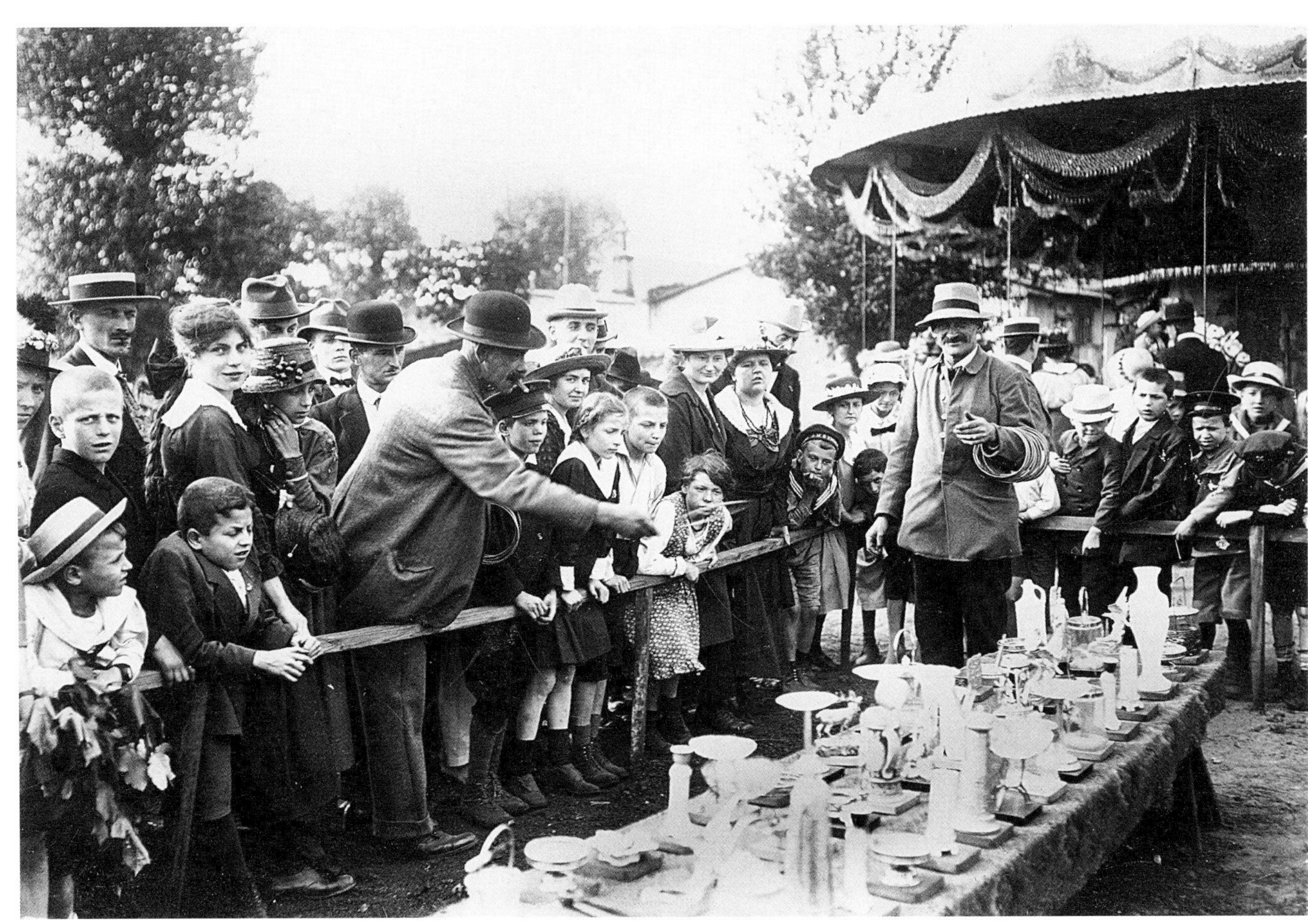

Ringewerfen auf einem Berliner Rummelplatz. *Otto Haeckel, um 1920.*

Hoopla at a Berlin fairground. *Otto Haeckel, around 1920.*

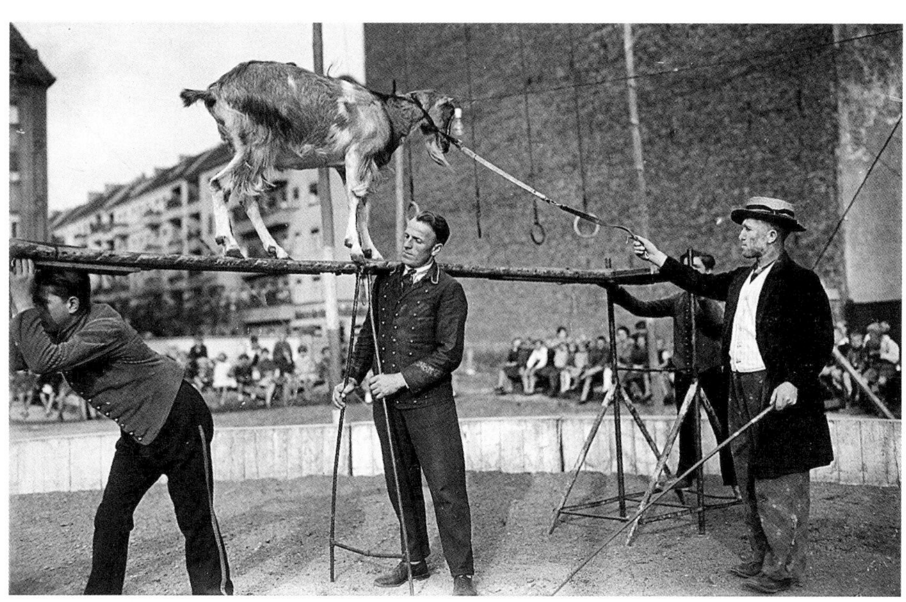

Zirkusvorstellung mit einer dressierten Ziege. *Um 1930.*

Circus performance with a trained goat. *Around 1930.*

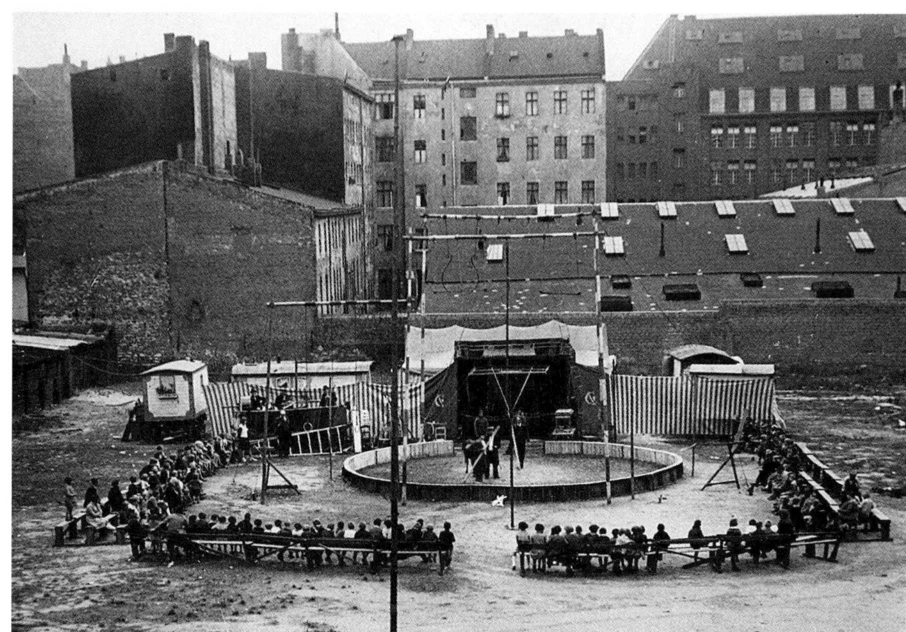

Freiluftzirkus auf einem unbebauten Grundstück zwischen Ställen, Baracken und Mietskasernen. *Um 1930.*

Open-air circus on an empty plot of land surrounded by stables, barracks and tenement blocks. *Around 1930.*

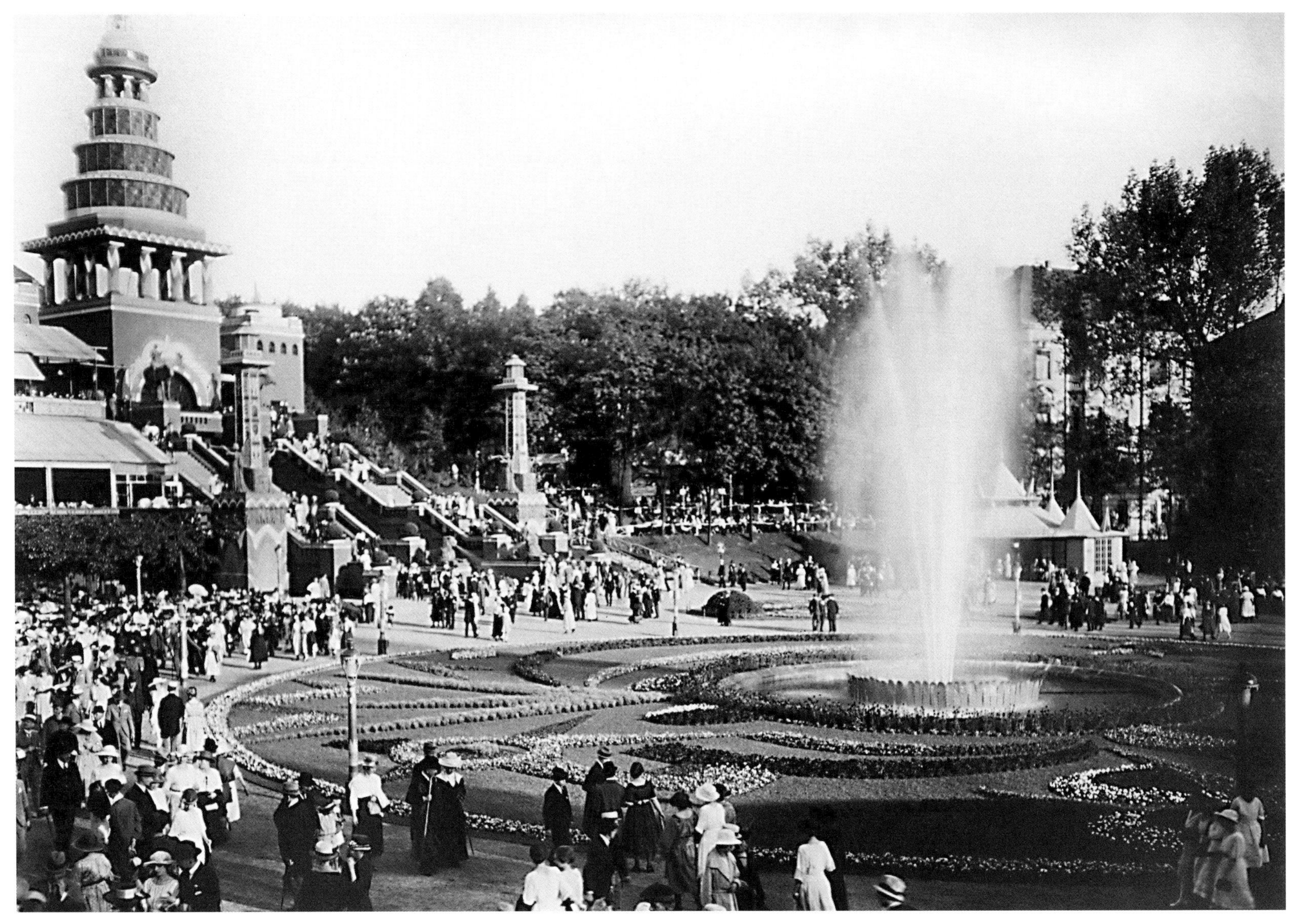

Der 1910 eröffnete Lunapark in Halensee ist der größte und berühmteste Vergnügungspark der Stadt. *Um 1920.*

The Lunapark, opened in 1910 in Halensee, is the city's largest and most famous entertainment park. *Around 1920.*

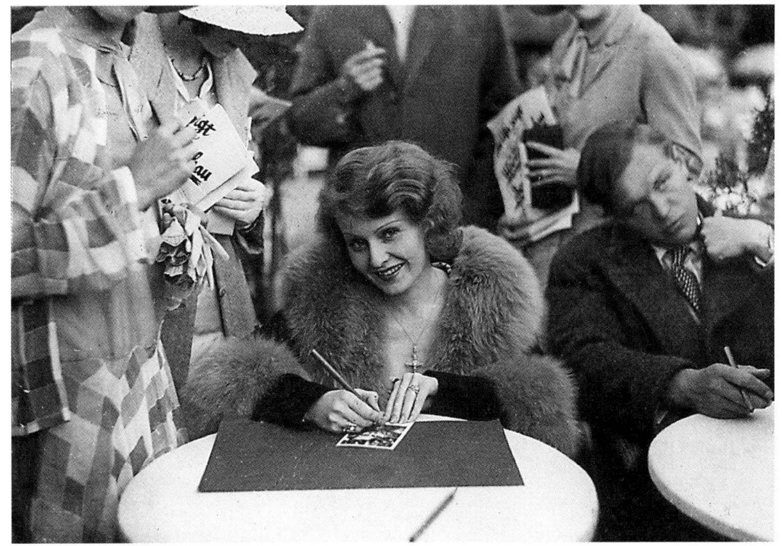

Die Schauspielerin Lilian Harvey bei einer Autogrammstunde im Lunapark; rechts im Bild ihr Kollege Gustav Fröhlich. *1929.*

Actress Lilian Harvey signing autographs in the Lunapark; on the right in the picture is her colleague Gustav Fröhlich. *1929.*

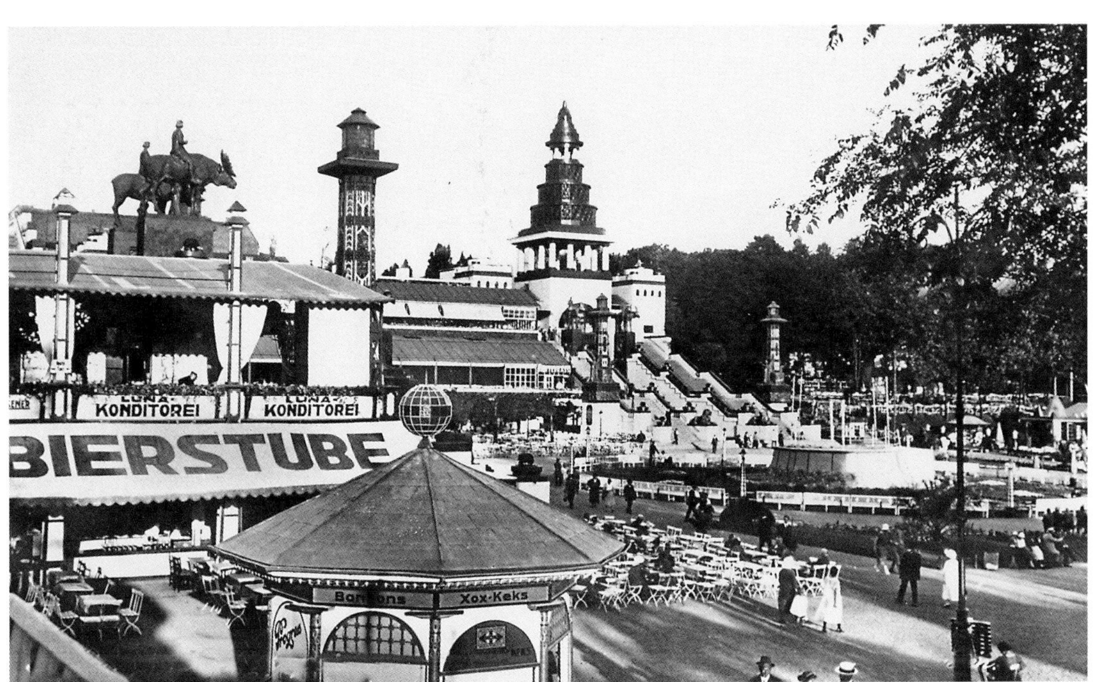

»Gruß aus dem Lunapark«. *Vor 1925.*

"Greetings from Lunapark". *Before 1925.*

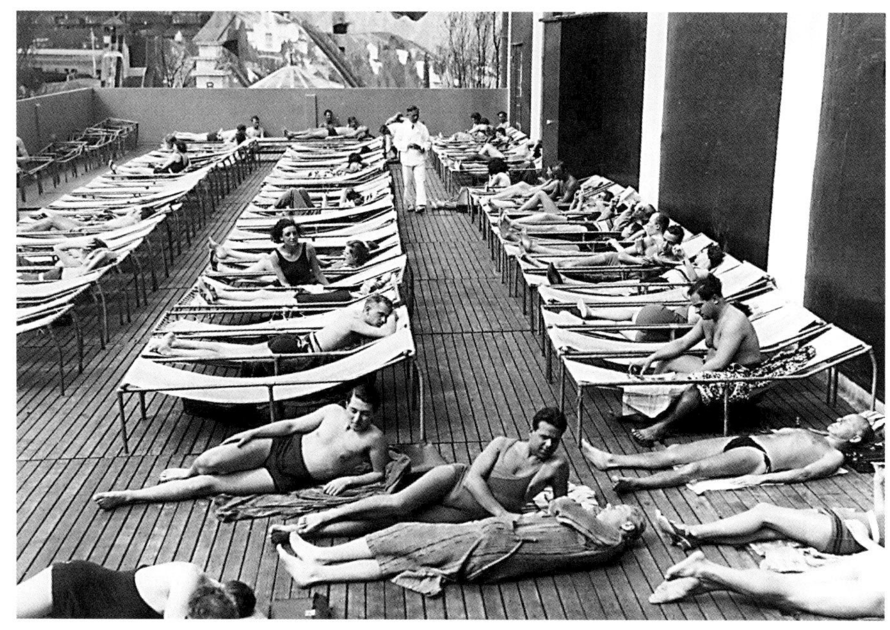

Sonnenbad im Lunapark. *Mai 1931.*

Sunbathing in the Lunapark. *May 1931.*

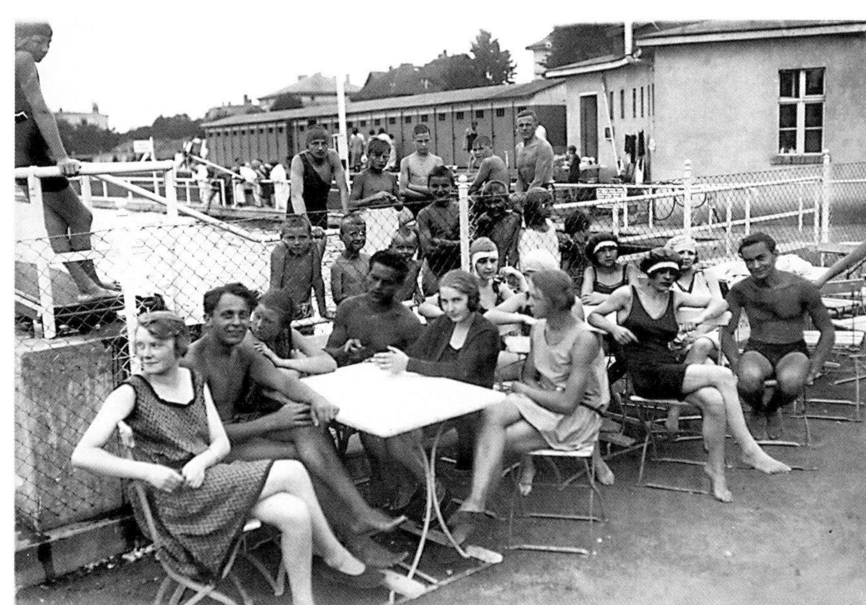

Badegäste im Schwimm- und Luftbad Südende. *Otto Haeckel, um 1925.*

Bathers at the Südende open air pool. *Otto Haeckel, around 1925.*

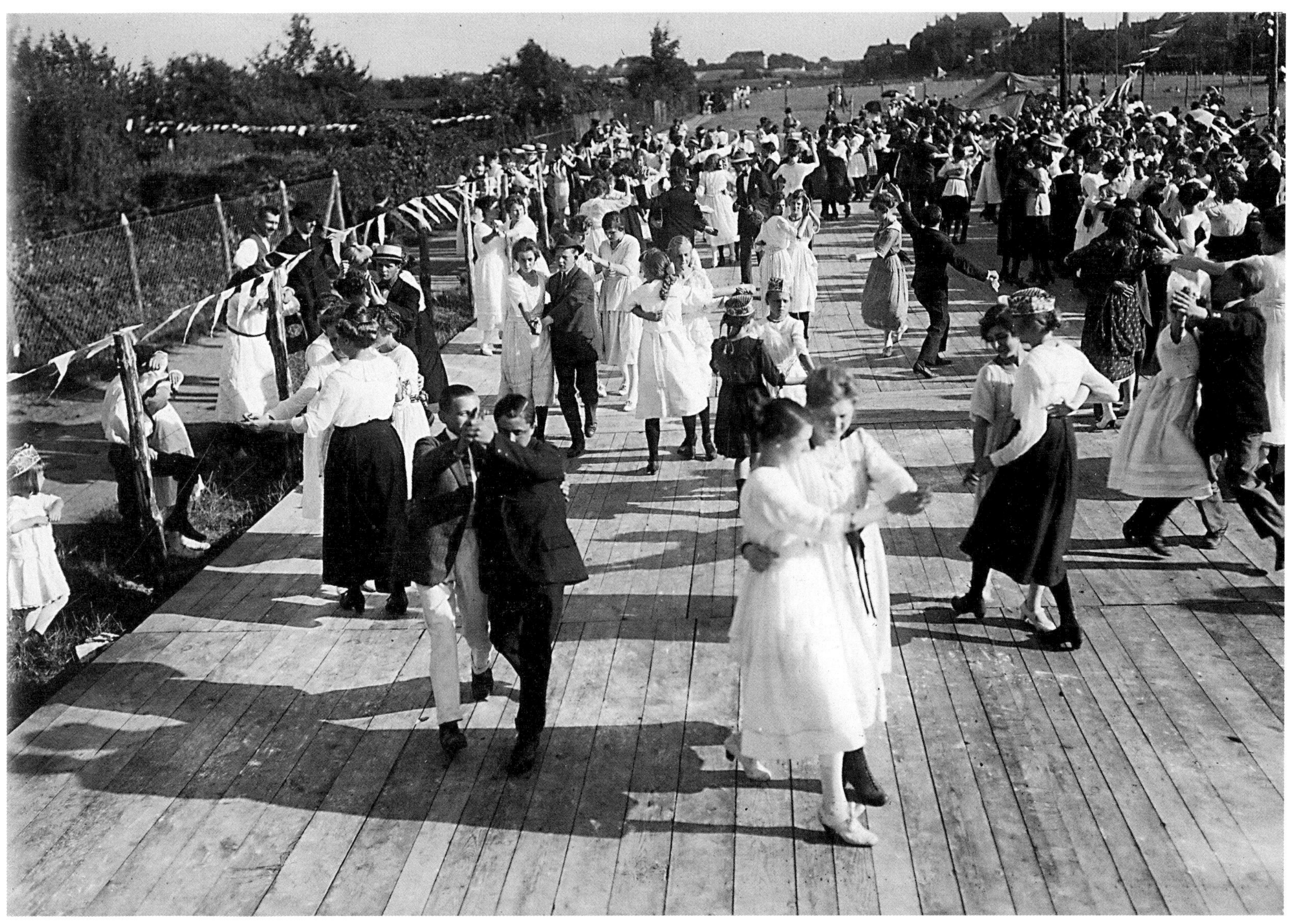

Tanz auf dem Erntefest einer Laubenkolonie. *Otto Haeckel, um 1920.*

Dance at a garden colony harvest festival. *Otto Haeckel, around 1920.*

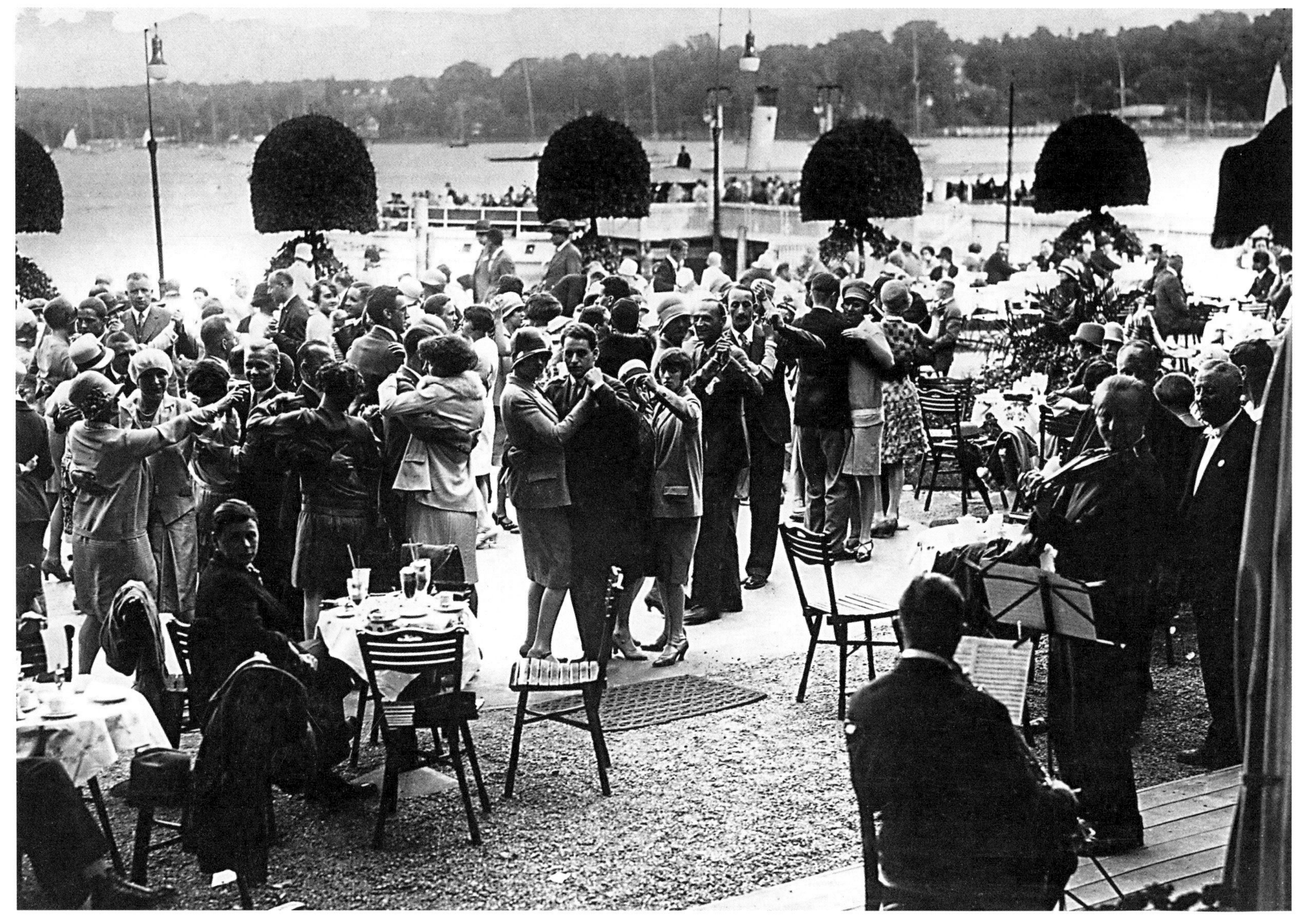

Tanzcafé auf der Terrasse des Hotels Schweden-Pavillon am Großen Wannsee. *Um 1925.*

Dance café on the terrace of the Schweden-Pavillon Hotel on the Grosser Wannsee. *Around 1925.*

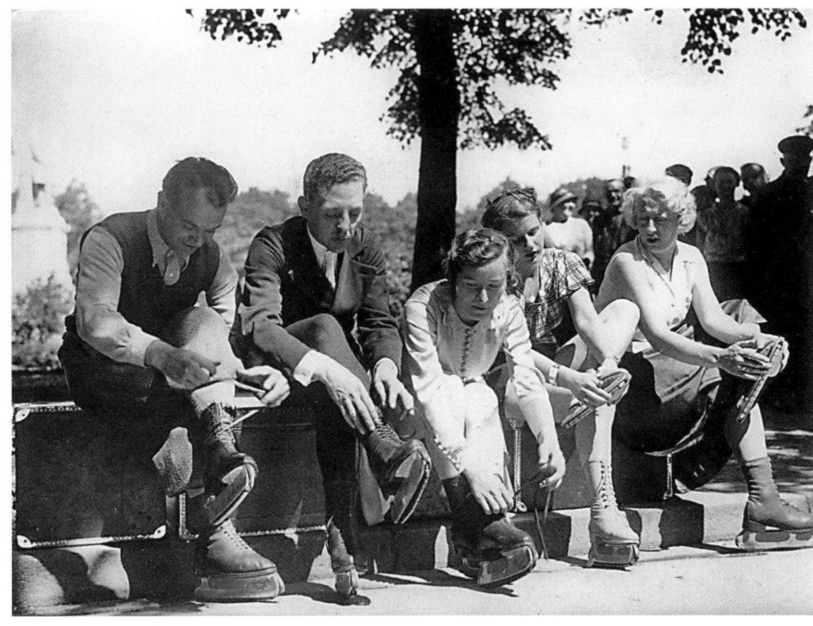

Junge Leute mit Trockenschlittschuhen. Dieses aus dem Varieté stammende Sommersportgerät wird immer populärer. *Um 1930.*

Young people on 'dry ice-skates'. This piece of summer sports equipment, which originated in the variety theatres, has become more and more popular. *Around 1930.*

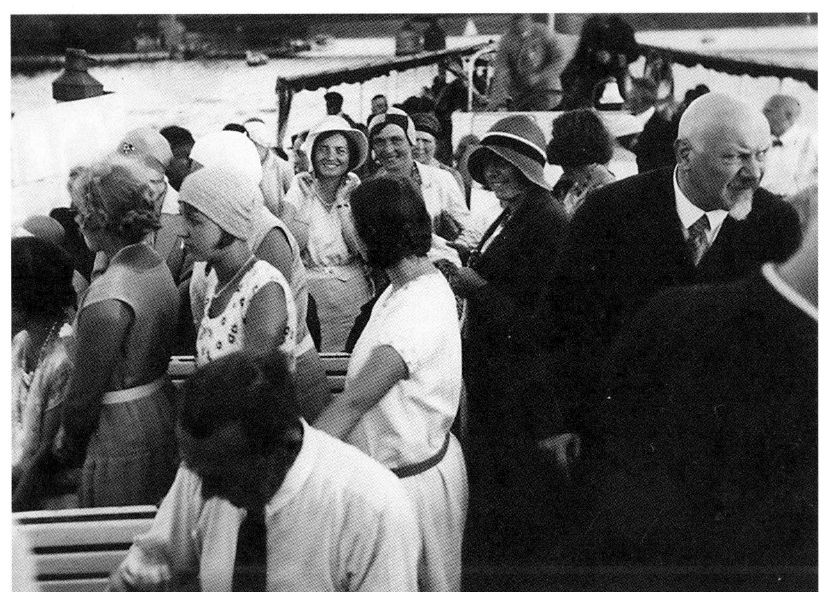

Dampferfahrt der Gesellschaft für Volksbildung. *1931.*

Pleasure boat trip for the Society for National Education. *1931.*

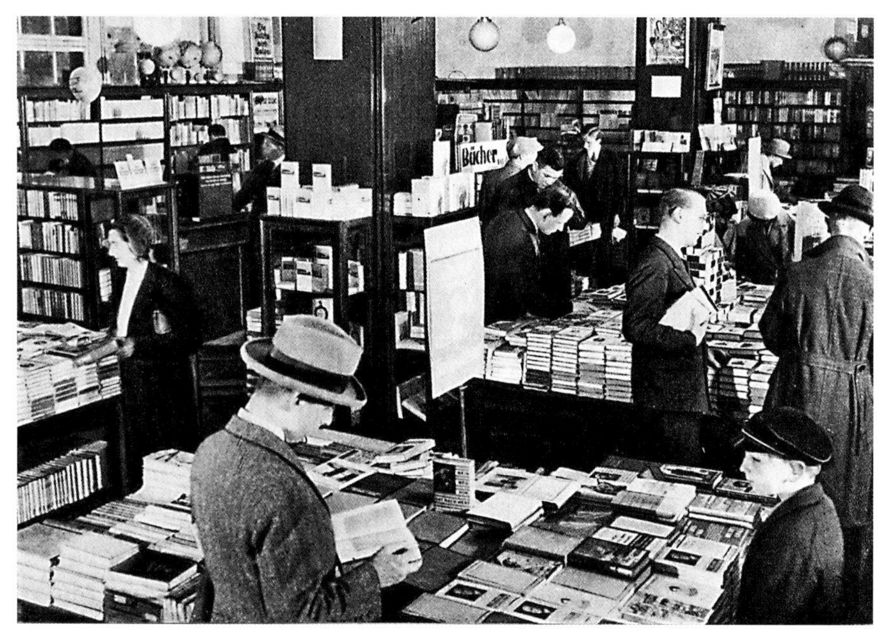

Die Buch-Abteilung im Kaufhaus des Westens. *1932.*

The book department in Kaufhaus des Westens department store. *1932.*

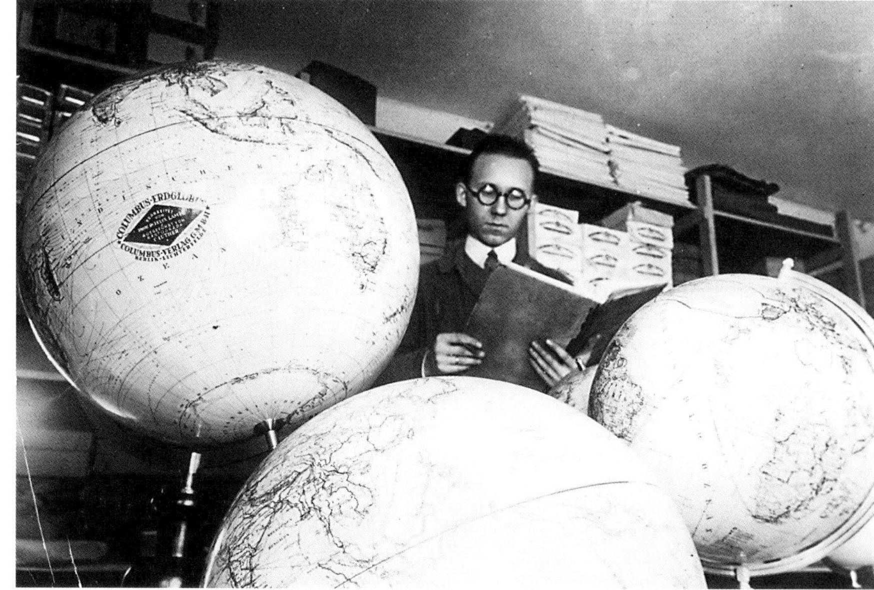

Wem gehört die Welt? Globen des in Berlin ansässigen Columbus-Verlags. *Um 1930.*

Who does the world belong to? Globes in the Berlin-based Columbus-Verlag publishing house. *Around 1930.*

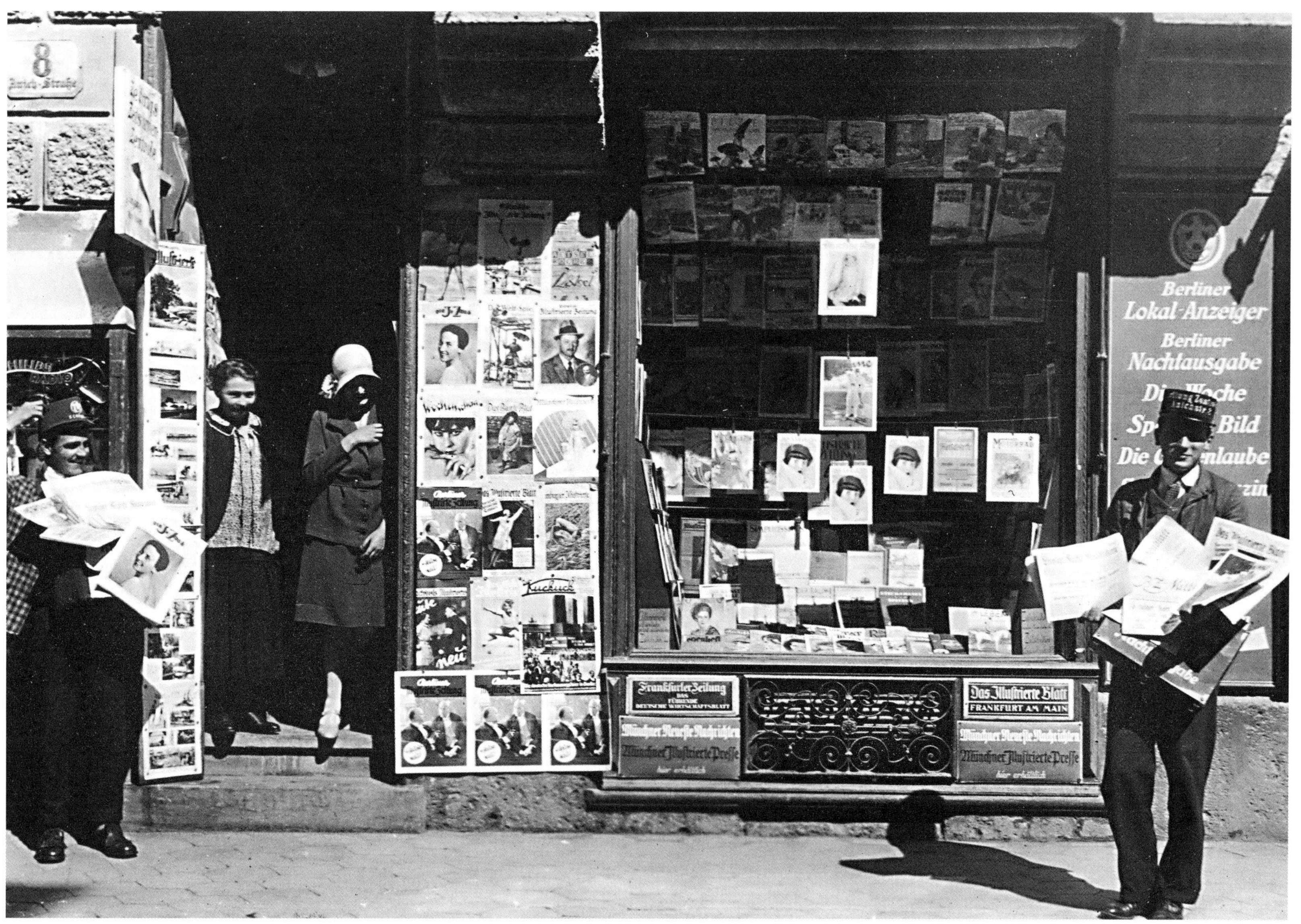

Zeitungsverkäufer vor einem Zeitschriftenladen. *Um 1925.*

Newspaper seller in front of a magazine shop. *Around 1925.*

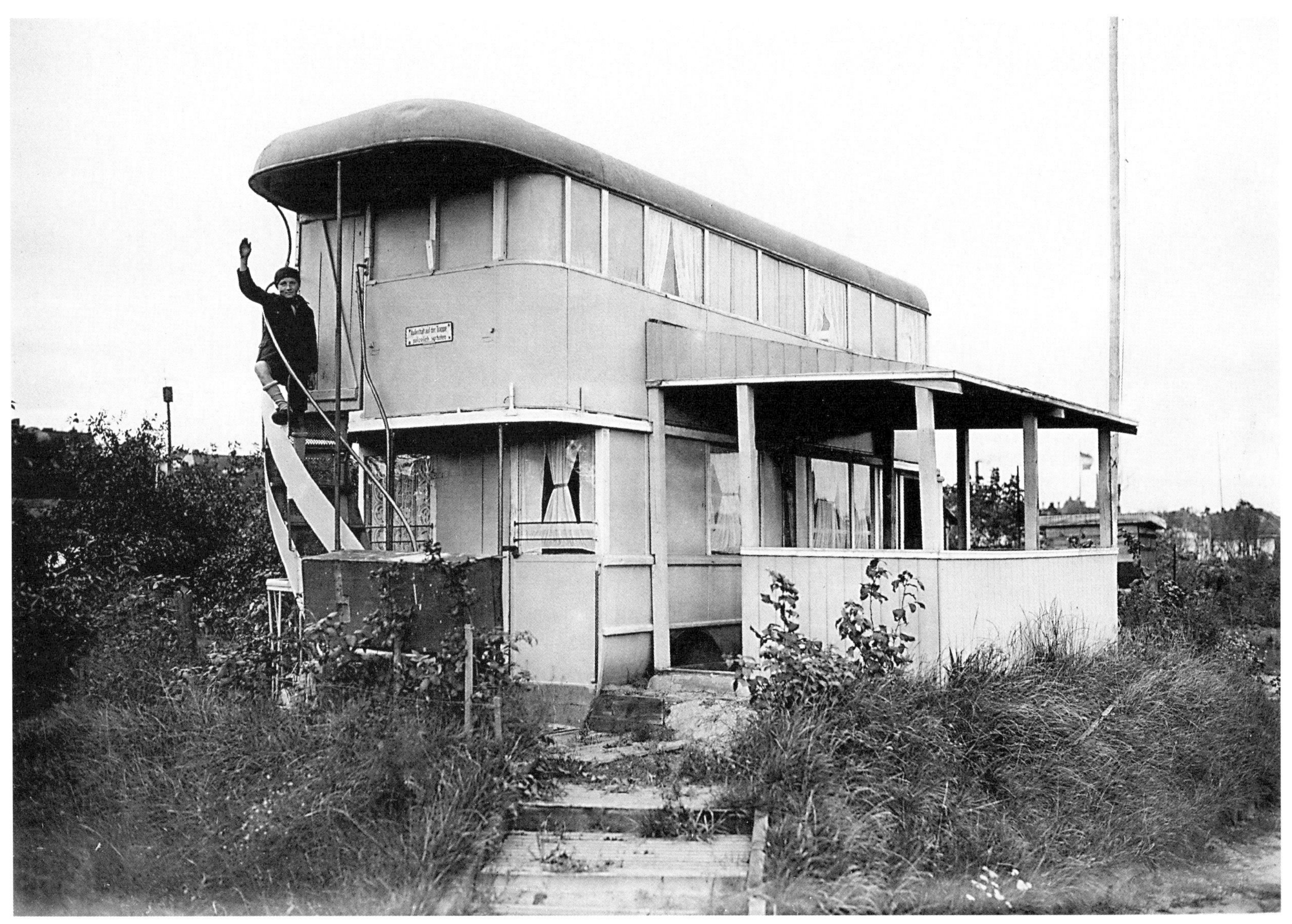

Ein ausgedienter Bus dient in Adlershof als Wochenendhäuschen. *Um 1930.*

A decommissioned bus in Adlersdorf serves as a little weekend house. *Around 1930.*

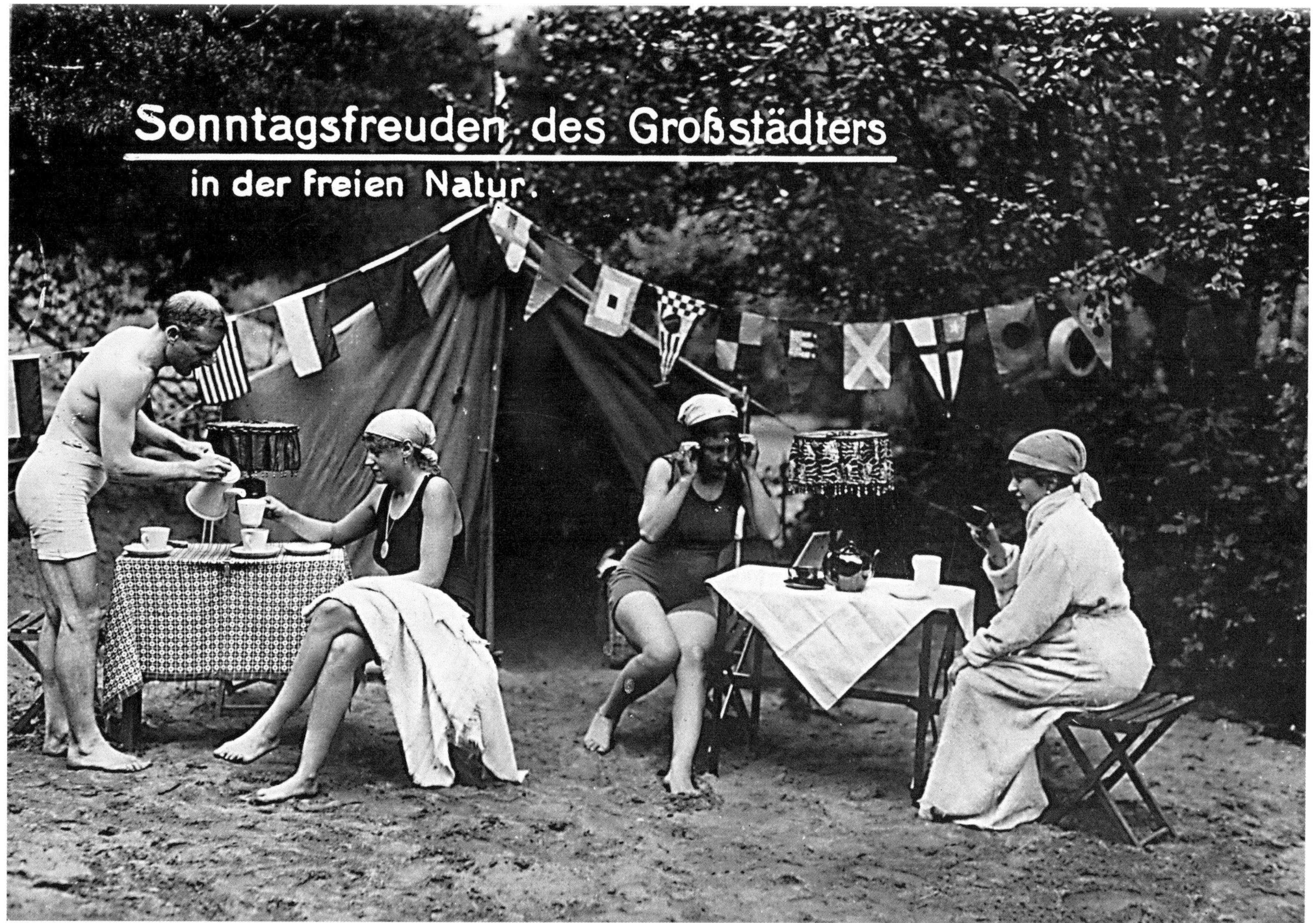

Camping am Ufer des Wannsees. *Um 1923.*

Camping on the lake-side bank of the Wannsee. *Around 1923.*

»Diese Hunderttausende machen alle Wälder zu Volksparks und nehmen Besitz von allen Gewässern der Umgegend. Spree, Havel und alle die zu diesen Flüssen gehörenden Seen sind bedeckt mit wohlgebauten Segelschiffen, mit schnellen Motorbooten, mit Kanus, Ruderbooten und menschenvollen Dampfern.«

KARL SCHEFFLER, BERLIN. WANDLUNGEN EINER STADT

"These hundreds of thousands turn the forests into public parks and take possession of all the waters in the area. The Spree, the Havel and all the lakes that belong to these rivers are covered with well-built sailing boats, fast motor boats, canoes, rowing boats and pleasure boats filled with people."

KARL SCHEFFLER, BERLIN. WANDLUNGEN EINER STADT

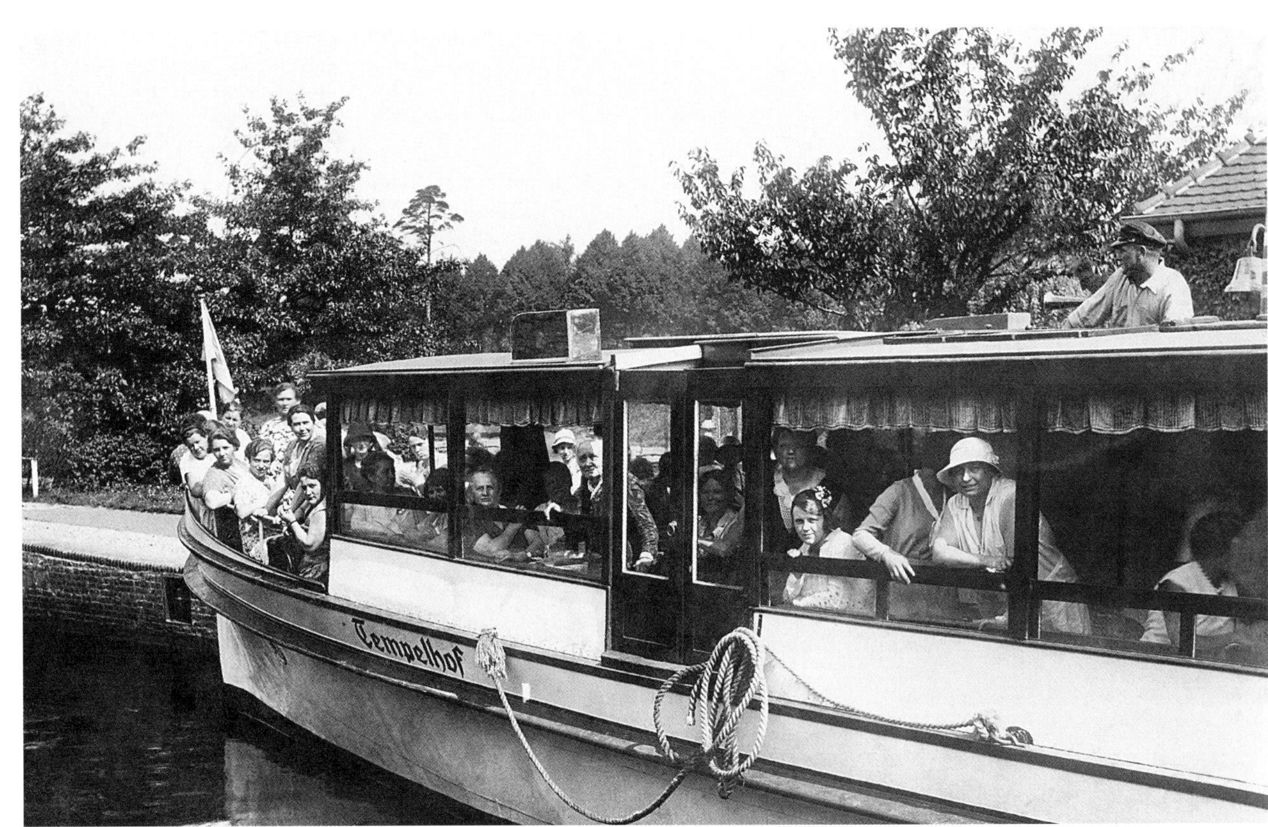

Unterwegs im Ausflugsdampfer. *1920er Jahre.*

Enjoying a day out on a pleasure boat. *1920s.*

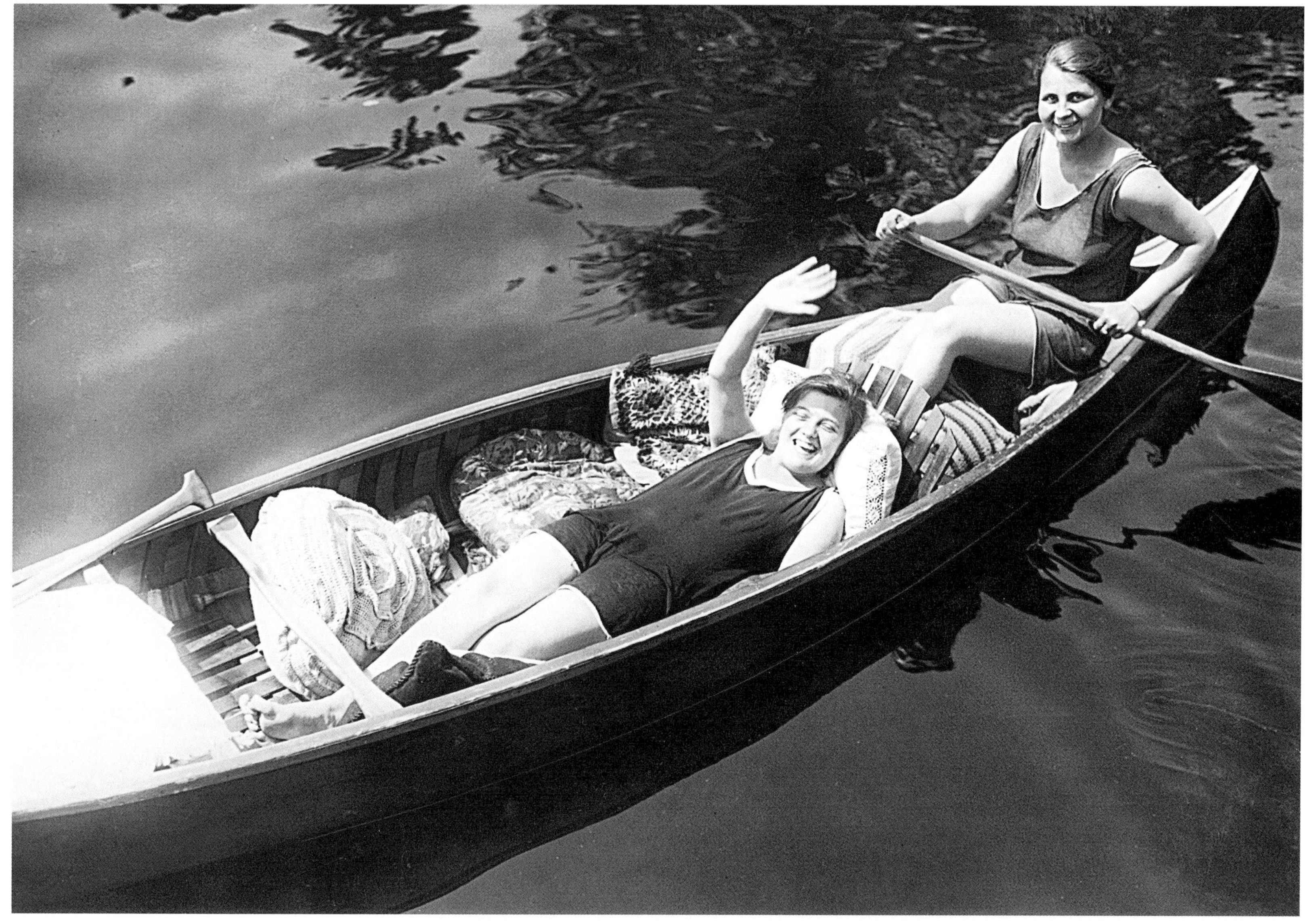

Bootstour im Umland: Zwei Frauen entspannen im Kanu. *Um 1927.*

Boat trip in the surrounding countryside. Two women relaxing in a canoe. *Around 1927.*

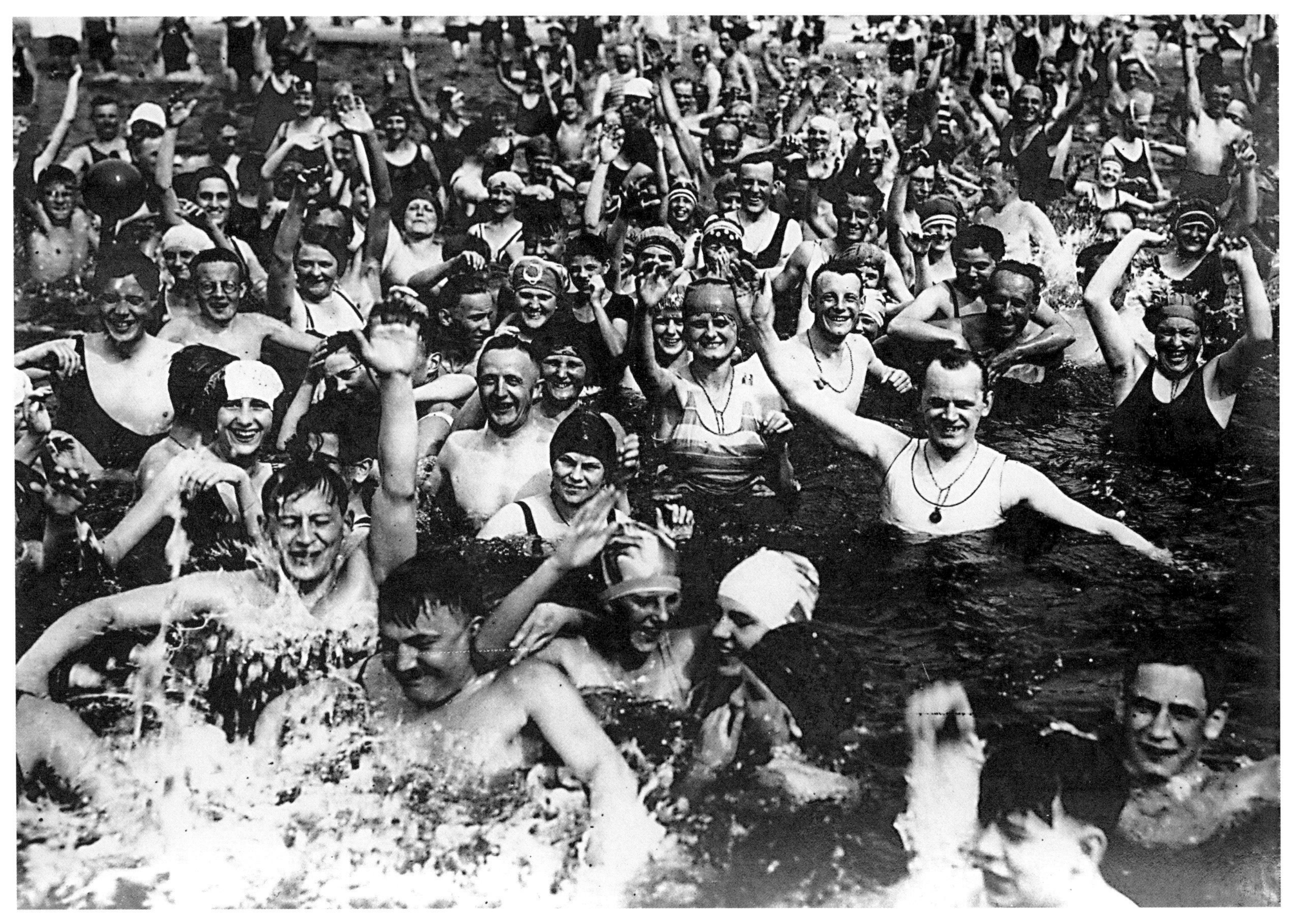

Hochbetrieb im Wasser. *Um 1925.*

Peak period in the water. *Around 1925.*

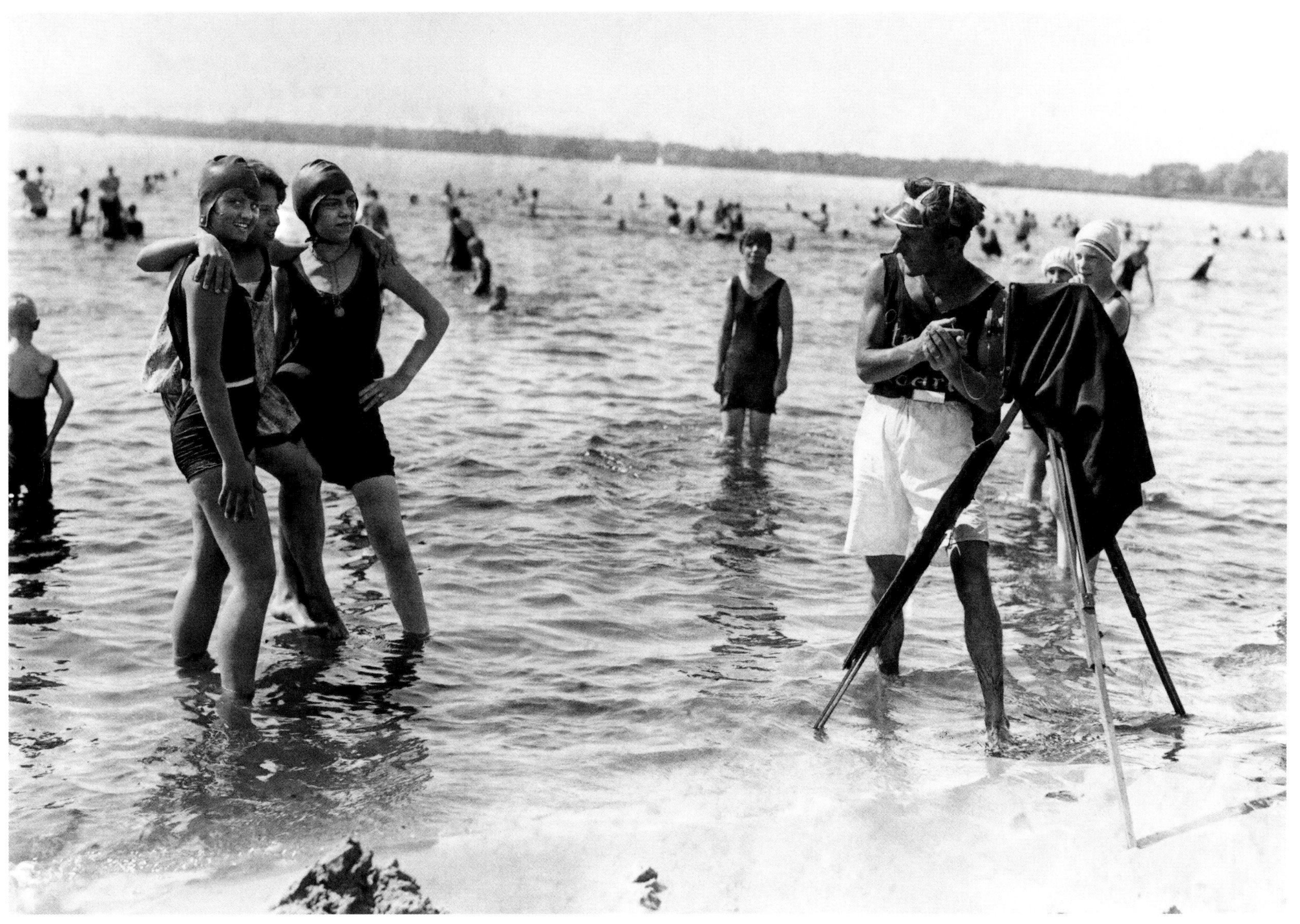

Ein Fotograf macht Aufnahmen von Badegästen im Wasser. *1925.*

A photographer takes pictures of bathers in the water. *1925.*

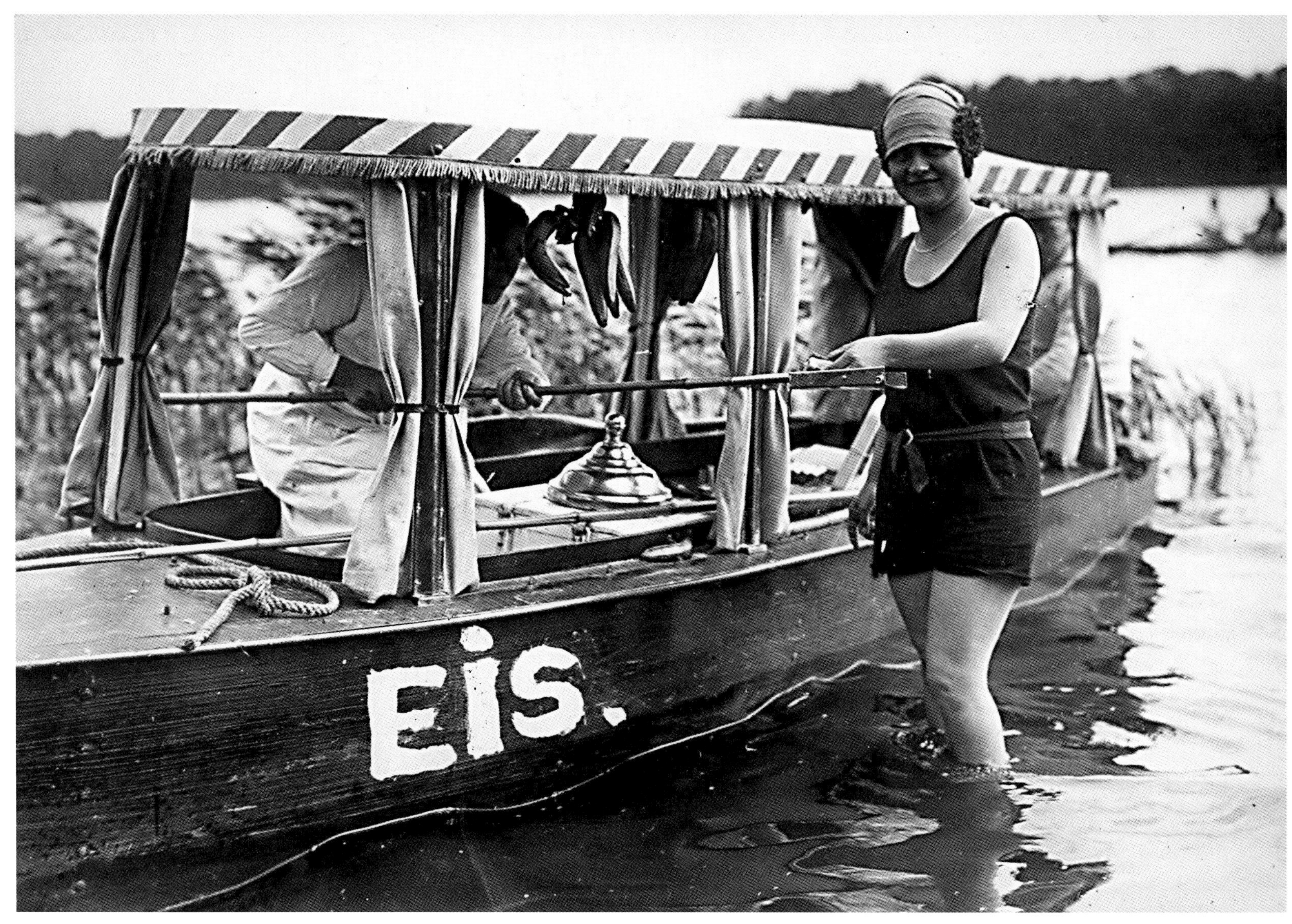

Das erste Speiseeis-Motorboot am Strandbad Wannsee. *Um 1925.*

The first ice-cream boat on Wannsee beach. *Around 1925.*

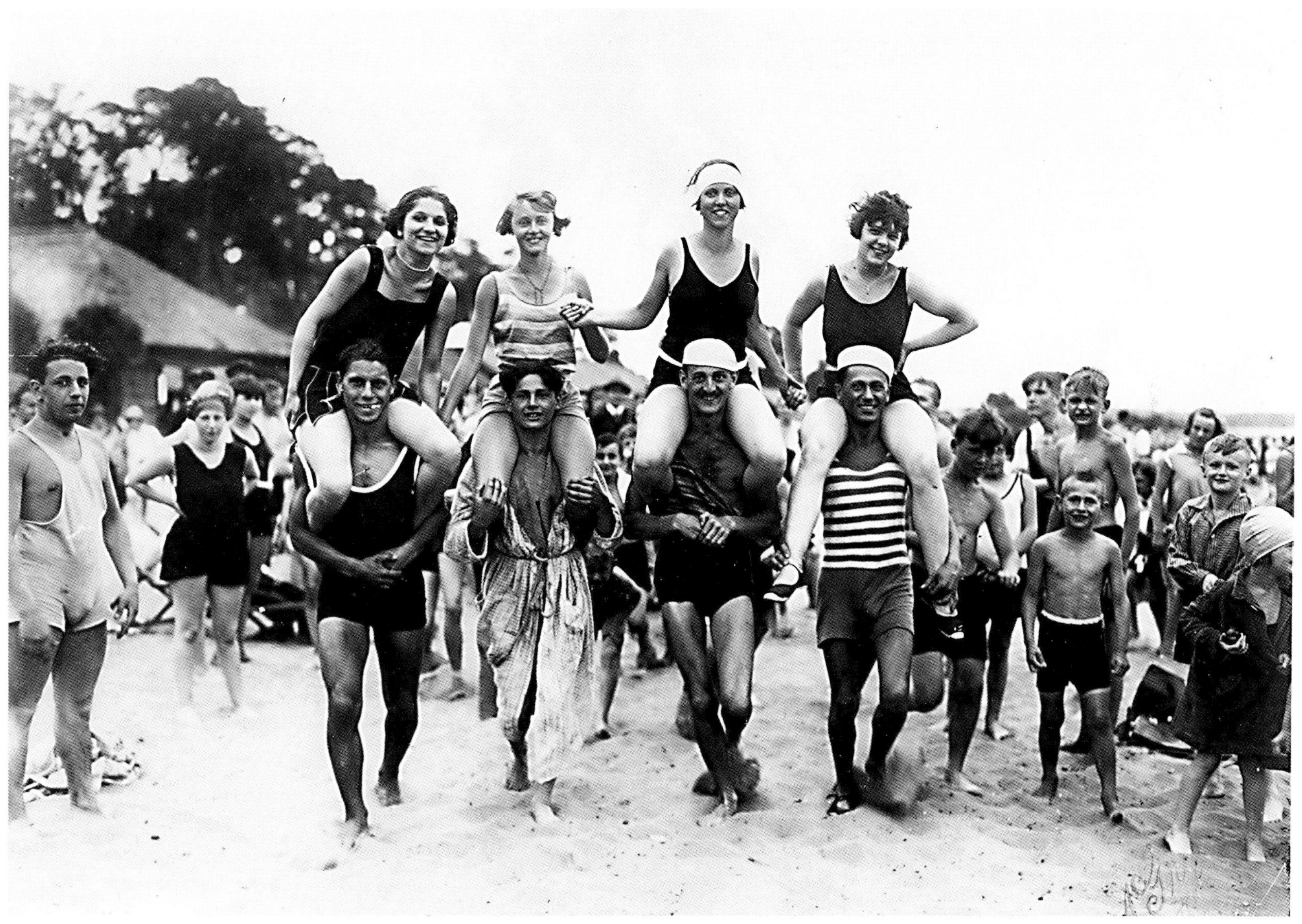

Strandvergnügen. *1925.*

Fun on the beach. *1925.*

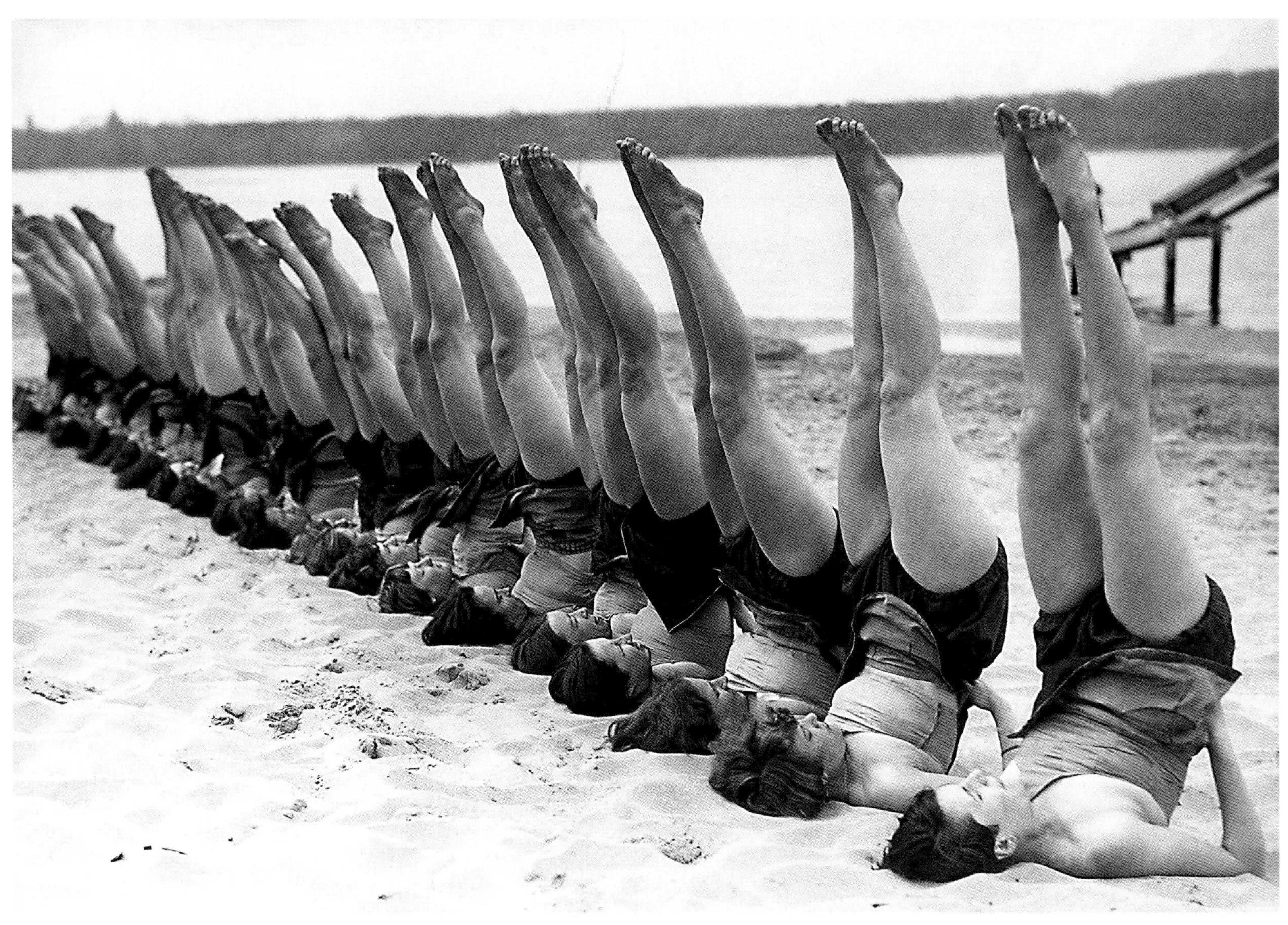

Turnübungen am Strand. *Um 1930.*

Gymnastic exercises on the beach. *Around 1930.*

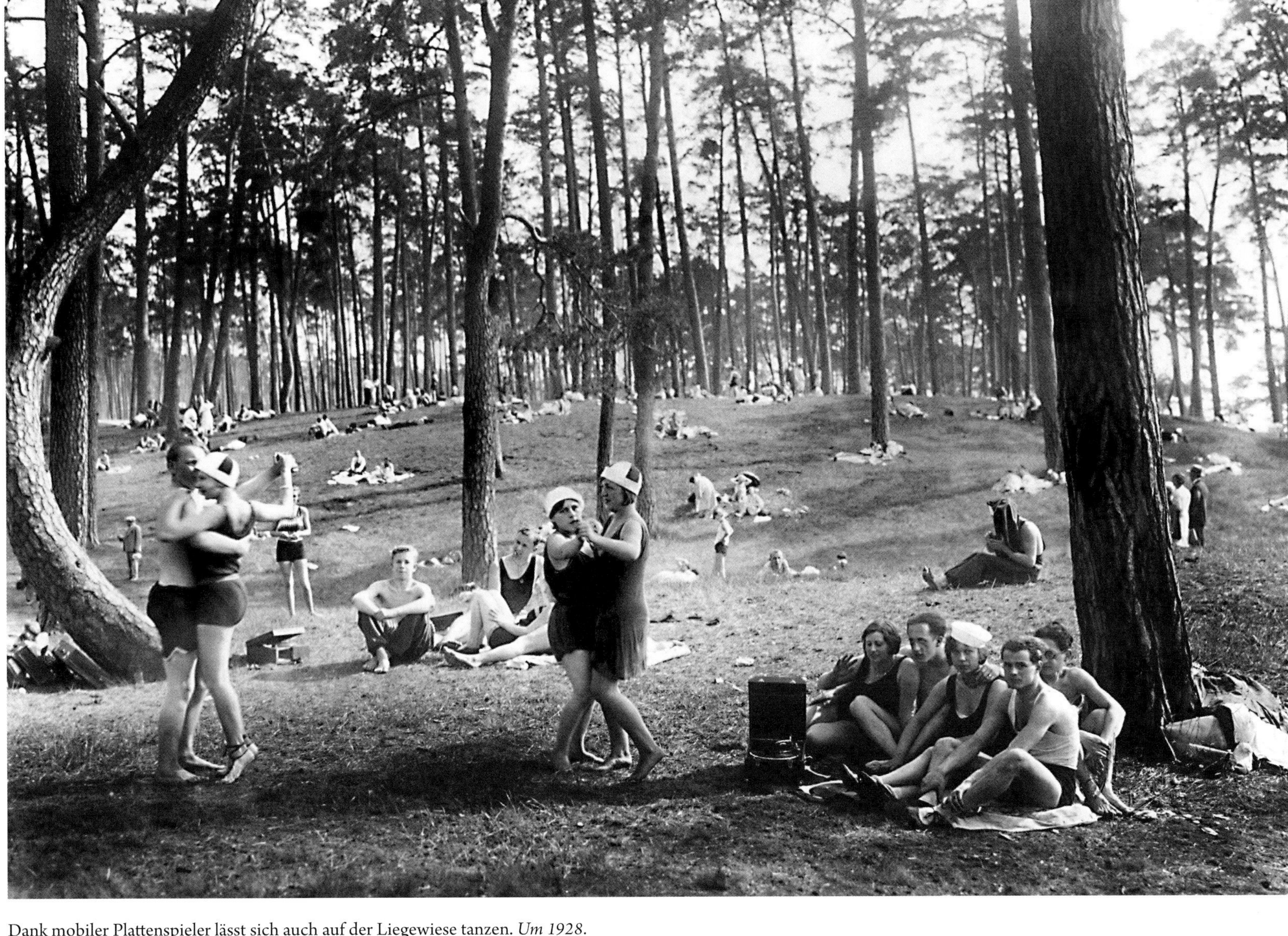

Dank mobiler Plattenspieler lässt sich auch auf der Liegewiese tanzen. *Um 1928.*

Thanks to a portable record player, dancing on the sunbathing lawns is also possible. *Around 1928.*

Anmerkungen Notes

1 Döblin, Berlin und die Künstler, in: Schriften zu Leben und Werk, S. 39.
2 Zuckmayer, Als wär's ein Stück von mir, S. 313 f. Der im Original verwendete Begriff »Chypre« wurde hier der Verständlichkeit wegen durch »Parfum« ersetzt.
3 Kiaulehn, Berlin, S. 532.
4 Zimmermann, »Ach wie gut schmeckt mir Berlin«, S. 100.
5 Zimmermann, »Ach wie gut schmeckt mir Berlin«, S. 154 f.
6 Zimmermann, »Ach wie gut schmeckt mir Berlin«, S. 42.
7 Joseph Roth, in: Münchener neueste Nachrichten, 1927.
8 Tucholsky, Westend bis Köpenick, S. 9.
9 Tucholsky, Westend bis Köpenick, S. 36.
10 Berliner Tageblatt, Nr. 487, vom 14. Oktober 1928.
11 Die Einwohnerzahl Groß-Berlins lag 1920 bei rund 3,88 Millionen (Statistisches Taschenbuch, 1924, S. 5). New York verzeichnete 5,62 Millionen Einwohner, London (nach dem Zensus von 1921) 7,49 Millionen, Paris dagegen nur 2,91 Millionen.
12 Zimmermann, »Ach wie gut schmeckt mir Berlin«, S. 31.
13 Statistisches Jahrbuch, 1929, S. 156.
14 Statistisches Jahrbuch, 1931, S. 115.
15 Zimmermann, »Ach wie gut schmeckt mir Berlin«, S. 8.
16 Julius H. Schoeps, »Where love is mostly hugger mugger«. Christopher Isherwood, Magnus Hirschfeld und das Berlin am Vorabend der Katastrophe, in: Elke-Vera Kotowski, Julius H. Schoeps (Hrsg.): Magnus Hirschfeld, Berlin 2004, S. 344.
17 Baker, Memoiren, S. 109 f.
18 Harry Graf Kessler, Tagebücher 1918–1937, Kap. 2.
19 F. W. Koerber, Berliner Bälle. Redoute, in: Cocain. Mondaine und demimondaine Skizzen, 1921, S. 48 f.
20 Moreck, Ein Führer durch das lasterhafte Berlin, S. 40.
21 Kiaulehn, Berlin, S. 539.
22 Hessel, Spazieren in Berlin, S. 160.
23 Ödön von Horvath, Ich liebe die Stille, in: Materialien zu Ödön von Horvath, Frankfurt a. M. 1970, S. 184.
24 Erich Kästner, Mein liebes gutes Muttchen, Du! Briefe und Postkarten aus 30 Jahren, ausgewählt und eingeleitet von Luiselotte Enderle, Hamburg 1981, S. 46 f.
25 Gabriele Tergit, Käsebier erobert den Kurfürstendamm, Berlin 1931, S. 63 f.
26 Siegfried Kracauer, Die Angestellten. Aus dem neuesten Deutschland, Frankfurt a. M. 1930, S. 72. (Zit. n. Schenk, Als Berlin, S. 104).
27 Kiaulehn, Berlin, S. 20.
28 Tucholsky, Westend bis Köpenick, S. 9.
29 Zimmermann, »Ach wie gut schmeckt mir Berlin«, S. 123.
30 Elias Canetti, Die Fackel im Ohr. Lebensgeschichte 1921–1931, München/Wien 1985, S. 254.
31 Nach Walter Kiaulehn kam 1926 auf hundert Berliner ein Automobil, in Paris eins auf vierzig und in New York eins auf sechs Einwohner.
32 Statistisches Taschenbuch der Stadt Berlin, 1924, S. 52; Statistisches Jahrbuch der Stadt Berlin, 1931, S. 132.
33 Demps, Licht und Schatten, S. 47.
34 Die Weltbühne Nr. 22 (1926), S. 739 ff.
35 Zimmermann, »Ach wie gut schmeckt mir Berlin«, S. 154 f.
36 Zimmermann, »Ach wie gut schmeckt mir Berlin«, S. 153.
37 Berliner Tageblatt – Monatsausgabe für Ausland und Übersee, September 1928, S. 24 (Zit. n. Schrader/Schebera, Kunstmetropole, S. 138).
38 Berlin im Licht. Festprogramm mit Lichtführer durch Berlin, Berlin 1928, S. 23 (Zit. n. Schrader/Schebera, Kunstmetropole, S. 138).
39 Kiaulehn, Berlin, S. 547.
40 Zimmermann, »Ach wie gut schmeckt mir Berlin«, S. 131.
41 Detlef J. K. Peukert, Das Mädchen mit dem ›wahrlich metaphysikfreien Bubikopf‹. Jugend und Freizeit im Berlin der zwanziger Jahre, in: Alter, Im Banne der Metropolen, S. 157–175, hier S. 170.
42 Günther Dehn, Proletarische Jugend, Berlin o. J. (1929), S. 41 f.
43 Zimmermann, »Ach wie gut schmeckt mir Berlin«, S. 131.
44 Zimmermann, »Ach wie gut schmeckt mir Berlin«, S. 139.
45 Vogue, 8. 5. 1929, S. 25. Zit. n. Irmela von der Lühe, Erika Mann. Eine Biografie, Frankfurt a. M. 1993.
46 Moreck, Ein Führer durch das lasterhafte Berlin, S. 10.

Literatur Bibliography

Peter Alter, Im Banne der Metropolen. Berlin und London in den zwanziger Jahren, Göttingen/Zürich 1993.

Josephine Baker, Memoiren. Der schwarze Stern Europas, München 1928.

Josephine Baker/Jo Buillon, Josephine, New York 1977.

Vicki Baum, Es war alles ganz anders, Berlin 1962.

Michael Bienert, Brechts Berlin. Literarische Schauplätze, Berlin 2018.

Michael Bienert, Die eingebildete Metropole. Berlin im Feuilleton der Berliner Republik, Stuttgart 1992.

Michael Bienert, Döblins Berlin. Literarische Schauplätze, Berlin 2017.

Michael Bienert, Kästners Berlin. Literarische Schauplätze, 4. Aufl., Berlin 2017.

Michael Bienert/Elke Linda Buchholz, Die Zwanziger Jahre in Berlin, Berlin 2012.

Laurenz Demps, Licht und Schatten. Alltag in der Großstadt, in: Görtemaker, Weimar in Berlin, S. 36–61.

Alfred Döblin, Schriften zu Leben und Werk, hg. v. Erich Kleinschmidt, Olten/Freiburg i. Br. 1986.

Christiane Eifert, Die neue Frau. Bewegung und Alltag, in: Görtemaker, Weimar in Berlin, S. 82–103.

Manfred Görtemaker (Hg.), Weimar in Berlin. Porträt einer Epoche, Berlin 2002.

Birgit Haustedt, Die wilden Jahre in Berlin. Eine Klatsch- und Kulturgeschichte der Frauen, Berlin 2013.

Marko Heinrich/Christian Paysan, Berlin 1920–1950. Sounds of an Era, Hamburg 2016.

Franz Hessel, Spazieren in Berlin. Ein Lehrbuch der Kunst in Berlin spazieren zu gehn, ganz nah dem Zauber der Stadt, von dem sie selbst kaum weiß, Berlin 2011.

Peter Hoeres, Die Kultur von Weimar. Durchbruch der Moderne, Berlin 2008.

Anja Iven, Hoppla, wir leben. Die Szene der »goldenen Zwanziger«, in: Görtemaker, Weimar in Berlin, S. 136–157.

Hellmuth Karasek, Billy Wilder. Eine Nahaufnahme, Hamburg 2015.

Walther Kiaulehn, Berlin. Schicksal einer Weltstadt, München 1958.

Egon Erwin Kisch, Zwischen Bettlern und Bohème, hg. von Gabi Wuttke, Berlin 1918.

Elke-Vera Kotowski, Tanz auf dem Vulkan. Die Jahre der Weimarer Republik, in: Berlin. Geschichte einer Stadt, hg. v. Julius H. Schoeps, 3. Aufl., Berlin 2012, S. 120–146.

Daniel Morat/Tobias Becker/Kerstin Lange/Johanna Niedbalski/Anne Gnausch/Paul Nolte, Weltstadtvergnügen. Berlin 1880–1930, Göttingen 2016.

Curt Moreck, Ein Führer durch das lasterhafte Berlin. Das deutsche Babylon 1931, Berlin 2018.

Vladimir Nabokov, Frühling in Fialta. Erzählungen, hg. v. Dieter E. Zimmer, Reinbek 1966.

Max Osborn, Berlin 1870–1929. Der Aufstieg zur Weltstadt, Berlin 1994.

Hans Ostwald, Sittengeschichte der Inflation. Ein Kulturdokument aus den Jahren des Marktsturzes, Berlin 1931.

Cornelius Partsch, Schräge Töne. Jazz und Unterhaltungsmusik in der Kultur der Weimarer Republik, Stuttgart/Weimar 2000.

Ruth Margarete Roellig, Berlins lesbische Frauen, Leipzig 1928.

Jürgen Schebera, Damals im Romanischen Café. Künstler und Lokale im Berlin der zwanziger Jahre, 2. Aufl., Leipzig 1990.

Karl Scheffler, Berlin. Wandlungen einer Stadt, Berlin 1931.

Dietmar Schenk, Als Berlin leuchtete. Kunst und Leben in den zwanziger Jahren, Göttingen 2015.

Bärbel Schrader/Jürgen Schebera (Hg.), Kunstmetropole Berlin 1918–1933, Berlin-Weimar 1987.

Statistisches Jahrbuch der Stadt Berlin, Jg. 1927, 1928, 1929, 1930.

Statistisches Taschenbuch der Stadt Berlin, Jg. 1924, 1926.

Jürgen Szatmari, Das Buch von Berlin. Was nicht im Baedeker steht, München 1927.

Kurt Tucholsky, Westend bis Köpenick, hg. von Ingrid Feix, Berlin 2017.

Ernest Wichner/Herbert Wiesner (Hg.), 1929 – Ein Jahr im Fokus der Zeit. Ausstellungsbuch, Berlin 2001.

Margarete Zimmermann, »Ach wie gut schmeckt mir Berlin«. Französische Passanten im Berlin der zwanziger und frühen dreißiger Jahre, Berlin 2010.

Carl Zuckmayer, Als wär's ein Stück von mir, Frankfurt a. M. 1966.

Bildnachweis Photograph credits

akg-images
S. 2, 9, 11, 21, 23, 25, 29, 31, 32, 33 unten, 34, 35 oben, 35 unten, 36, 37, 39 oben, 39 unten, 40, 41 oben, 41 unten, 42, 43, 45 links, 45 rechts, 46, 47 links, 47 rechts, 39 links, 39 rechts, 49, 50, 51, 52 links, 53, 54, 55 oben, 55 unten, 56, 57, 58 unten, 60 links, 60 rechts, 62, 63 links, 63 rechts, 64, 65, 66 oben, 66 unten, 67, 68, 69 unten, 70 links, 70 rechts, 71, 72, 73 links, 73 rechts, 76 oben, 76 unten, 77, 79, 80, 84, 85, 86 links, 86 rechts, 87, 88, 89 rechts, 90, 91 unten, 93, 94 unten, 95, 96, 97 oben, 97 unten, 98, 99 links, 99 rechts, 100 rechts, 102, 104, 105 oben, 105 unten, 106, 107 links, 107 rechts, 108 links, 109, 111 oben, 111 unten, 112 unten, 113, 114 oben, 115, 116, 118 oben, 119, 120, 123, 124, 125 unten, 130, 131 links, 131 rechts, 133 unten, 136, 139 links, 139 rechts, 140, 143 oben, 143 unten, 144 links, 144 rechts, 145, 146, 147 links, 147 rechts, 148 oben, 148 unten, 149, 152 links, 152 rechts, 158 oben, 158 unten, 159 oben, 160, 161, 162, 164, 165 oben, 165 unten, 166 links, 166 rechts, 167, 168, 169 oben, 169 unten, 171 oben, 171 unten, 172, 173 oben, 173 unten, 174 oben, 175, 176, 177 links, 177 rechts, 178, 180, 181 oben, 181 unten, 182 unten, 183, 184, 185 unten, 186 oben, 186 unten, 189, 190, 192, 193, 194, 195, 196, 197

akg-images / Christian Hlavacl-MAGNO / Votava
S. 89 links

akg-images / Imagno
S. 7, 27, 30 oben, 30 unten, 33 oben, 38, 58 oben, 59, 74, 75 links, 75 rechts, 78 links, 78 rechts, 82, 83 oben, 83 unten, 91 oben, 92 unten, 94 oben, 100 links, 101, 110, 112 oben, 118 unten, 121 oben, 121 unten, 122, 125 oben, 126 oben, 126 unten, 127, 128 rechts, 133 oben, 134 oben, 134 unten, 137 oben, 137 unten, 141, 142, 150 links, 150 rechts, 151 links, 151 rechts, 154, 155 unten, 185 oben, 187, 188

akg-images / Imagno / Austrian Archives
S. 108 rechts, 129, 153, 155 oben, 156, 170, 179 oben, 179 unten

akg-images / Peter Weiss
S. 69 oben

akg-images / TT News Agency / SVT
S. 13, 15, 17, 19, 44, 52 rechts, 61, 79, 81 oben, 81 unten, 103, 117, 128 links, 132, 135, 138, 157, 163, 174 unten, 182 oben, 191

akg-images / Universal Images Group / Underwood Images
S. 114 unten, 159 unten

Nachweis der Zitate Quotations

S. 32: Eugen Szatmari, Das Buch von Berlin. Was nicht im Baedeker steht, München 1927, S. 24 f.

S. 36: Walter Mehring, Die Linden lang, Galopp, Galopp! Songs, Balladen und Chansons, Berlin 1976.

S. 40: Curt Moreck, Ein Führer durch das lasterhafte Berlin. Das deutsche Babylon 1931, Berlin 2018, S. 19.

S. 54: Walther Kiaulehn, Berlin. Schicksal einer Weltstadt, München 1958, S. 31.

S. 68: Amédée Ozenfant, zitiert nach: Margarete Zimmermann, »Ach wie gut schmeckt mir Berlin«. Französische Passanten im Berlin der zwanziger und frühen dreißiger Jahre, Berlin 2010, S. 153.

S. 80: Berliner Tageblatt, 25. Januar 1927, Morgenausgabe, zitiert nach: Bärbel Schrader/Jürgen Schebera (Hg.), Kunstmetropole Berlin 1918–1933, Berlin-Weimar 1987, S. 120.

S. 87: Paul Marcus, Romanisches Café. Der Berliner Olymp der brotlosen Künste, in: Münchner Illustrierte Presse, 14. April 1929, zitiert nach: Jürgen Schebera, Damals im Romanischen Café. Künstler und Lokale im Berlin der zwanziger Jahre, 2. Aufl., Leipzig 1990, S. 40.

S. 88: Karl Scheffler, Berlin. Wandlungen einer Stadt, Berlin 1931, S. 187.

S. 92: Billy Wilder, Aus dem Leben eines Eintänzers, in: B.Z. am Mittag, Januar 1927, zitiert nach: https://www.bz-berlin.de/artikel-archiv/die-legendaere-reportage-von-billy-wilder-gest-erschienen-in-der-b-z-am-mittag-im-januar-1927.

S. 100: Bertolt Brecht, Postkarte an Jacob Geis, 23. Februar 1920, zitiert nach: Michael Bienert, Brechts Berlin. Literarische Schauplätze, Berlin 2018, S. 15.

S. 102: Egon Erwin Kisch, Elliptische Tretmühle, 1925, zitiert nach: Egon Erwin Kisch, Zwischen Bettlern und Bohème, hg. von Gabi Wuttke, Berlin 1918, S. 63.

S. 104: Eugen Szatmari, Das Buch von Berlin. Was nicht im Baedeker steht, München 1927, S. 185.

S. 117: Georges Friedmann, Reportage in ›Le Monde‹, Februar 1930, zitiert nach: Margarete Zimmermann, »Ach wie gut schmeckt mir Berlin«. Französische Passanten im Berlin der zwanziger und frühen dreißiger Jahre, Berlin 2010, S. 113 f.

S. 130: Eugen Szatmari, Das Buch von Berlin. Was nicht im Baedeker steht, München 1927, S. 169.

S. 142: Thomas Mann, Deutsche Ansprache. Ein Appell an die Vernunft. Rede, gehalten am 17. Oktober 1930 im Beethovensaal zu Berlin, Berlin 1930, zitiert nach: Bärbel Schrader/Jürgen Schebera (Hg.), Kunstmetropole Berlin 1918–1933, Berlin-Weimar 1987, S. 267.

S. 156: Eugen Szatmari, Das Buch von Berlin. Was nicht im Baedeker steht, München 1927, S. 15.

S. 170: Martin Wagner 1929 in einem Aufsatz über kommunale Freiflächenpolitik, zitiert nach: Michael Bienert/Elke Linda Buchholz, Die Zwanziger Jahre in Berlin, Berlin 2012, S. 79.

S. 178: Franz Hessel, Spazieren in Berlin. Ein Lehrbuch der Kunst in Berlin spazieren zu gehn, Berlin 2011, S. 160.

S. 190: Karl Scheffler, Berlin. Wandlungen einer Stadt, Berlin 1931, S. 192.

Mehr Zwanzigerjahre

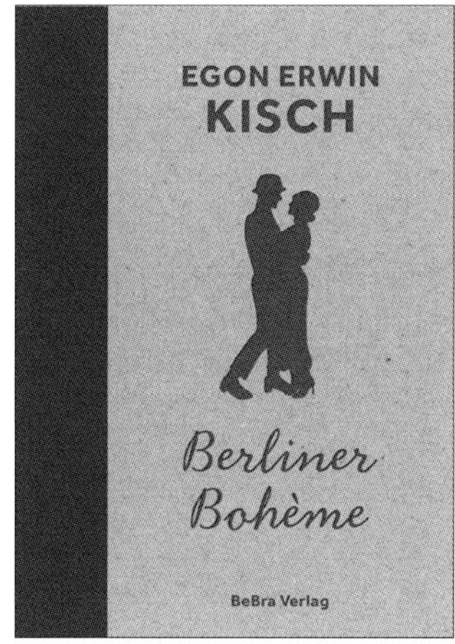

Egon Erwin Kisch

Berliner Bohème

ISBN 978-3-8148-0332-6

In über 30 Texten beschreibt der »rasende Reporter« Egon Erwin Kisch das Berlin der 1920er Jahre: Er begleitet eine Polizeistreife, besucht Cafés und Tanzdielen sowie eine Vorlesung von Albert Einstein, streift durch Alteisenlager oder wirft einen Blick in das städtische Leichenschauhaus.

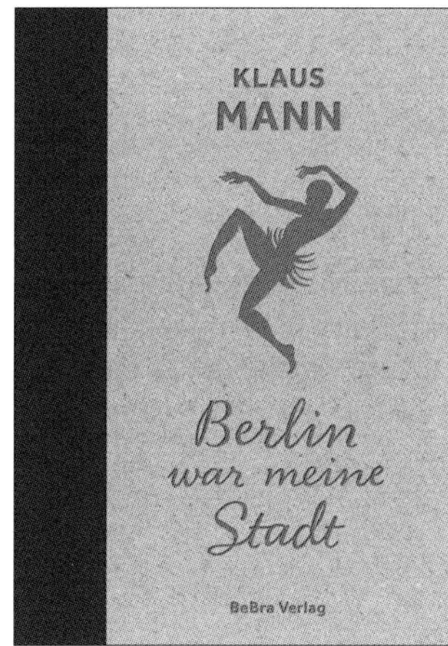

Klaus Mann

Berlin war meine Stadt

ISBN 978-3-8148-0314-2

»Der kleine Band ›Berlin war meine Stadt‹ ist ein empfehlenswerter Einstieg in das bewegte Leben und Werk des schwulen Schriftstellers Klaus Mann – und nebenbei eine Liebeserklärung an die Spree-Metropole.«
Nora Eckert, queer.de

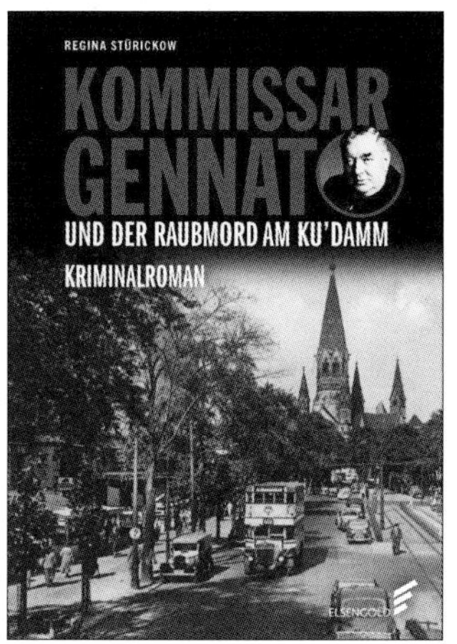

Regina Stürickow

Kommissar Gennat und der Raubmord am Ku'damm

ISBN 978-3-96201-152-9

Kommissar Gennats und Max Kaminskis Ermittlungen eines Überfalls im Jahr 1936 erweisen sich als brisantes Katz-und-Maus-Spiel, bei dem erst Kaminskis Frau Lissy durch einen gefährlichen Undercover-Einsatz die Ermittler auf die richtige Spur bringt.

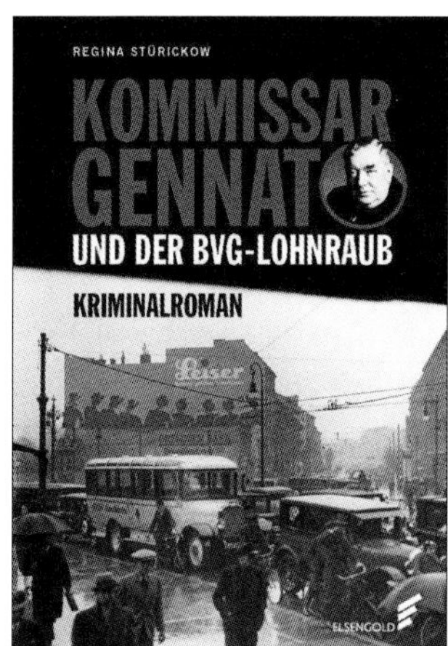

Regina Stürickow

Kommissar Gennat und der BVG-Lohnraub

ISBN 978-3-96201-140-6

Der Reporter Max Kaminski ermittelt im Berlin des Jahres 1932 zu einem der spektakulärsten Kriminalfälle seiner Zeit. An seiner Seite ist der legendäre Kommissar Ernst Gennat.

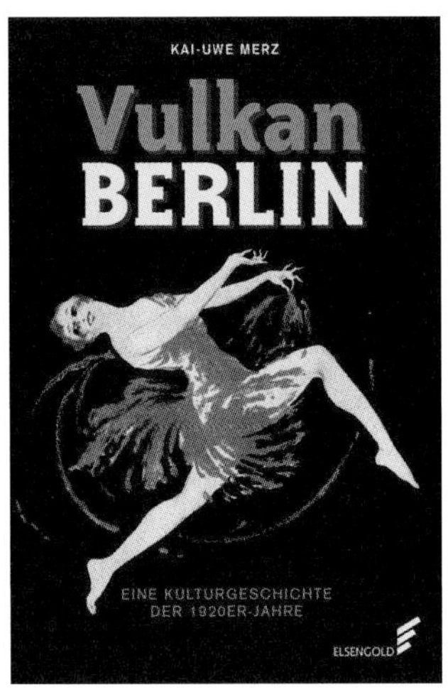

Kai-Uwe Merz

Vulkan Berlin

Eine Kulturgeschichte der 1920er-Jahre

ISBN 978-3-96201-039-3

Kai-Uwe Merz spürt den politischen Hintergründen, den sozialen Verhältnissen, der Stimmung und dem Lebensgefühl im Berlin der Weimarer Zeit nach und macht dabei auch die Ambivalenz deutlich, die die Stadt beherrschte.

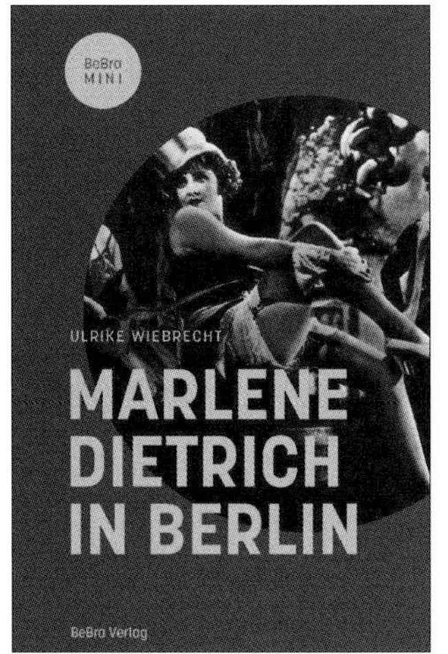

Ulrike Wiebrecht

Marlene Dietrich in Berlin

ISBN 978-3-8148-0301-2

Marlene Dietrich feierte in Hollywood als Schauspielerin und Sängerin Erfolge, engagierte sich im Kampf gegen Nazi¬-Deutschland und hielt zugleich am Berliner Humor, preußischen Tugenden und deutscher Küche fest, wie Ulrike Wiebrecht bei ihrer Spurensuche in der Heimatstadt der Diva feststellt.

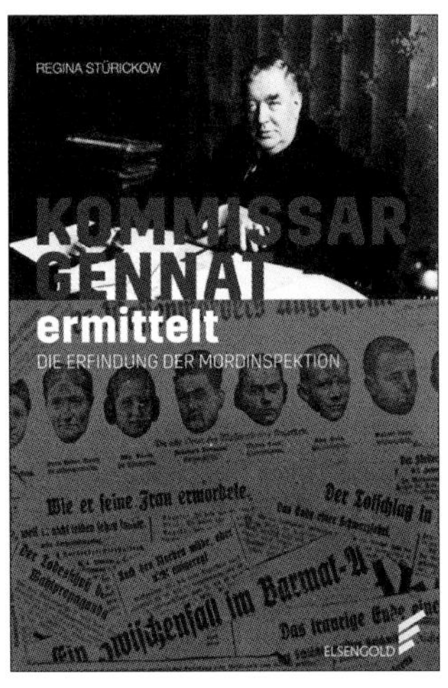

Regina Stürickow

Kommissar Gennat ermittelt

Die Erfindung der Mordinspektion

ISBN 978-3-9445-9456-9

Regina Stürickow erzählt die Geschichte des erfolgreichsten deutschen Kriminalists der Weimarer Zeit und der von ihm revolutionierten Ermittlungsmethoden.

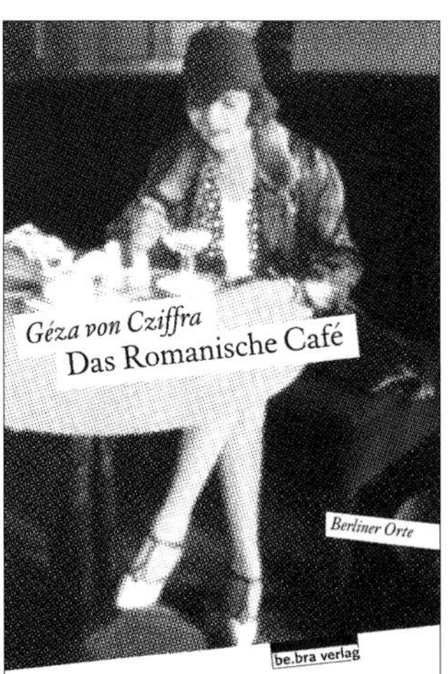

Géza von Cziffra

Das Romanische Café

Herausgegeben von Ingrid Feix

ISBN 978-3-89809-164-0

»Die amüsanten Erinnerungen lesen sich wie das literarische und gesellschaftliche ›Who's who‹ der Berliner Zwanzigerjahre.«
ekz-Bibliotheksservice

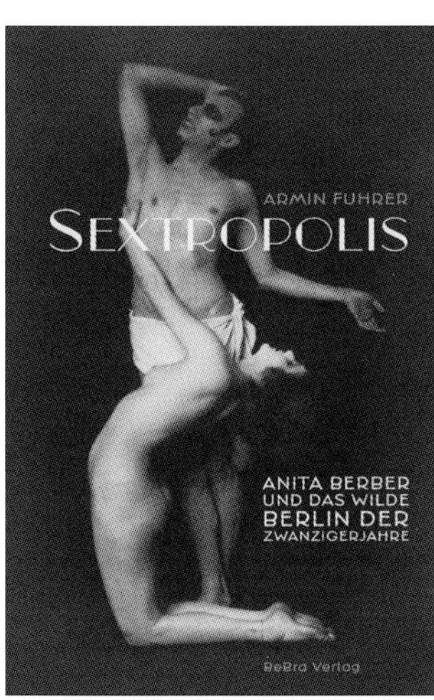

Armin Fuhrer

Sextropolis

Anita Berber und das wilde Berlin der Zwanzigerjahre

ISBN 978-3-8148-0303-6

»Armin Fuhrers Biografie der Schauspielerin und Tänzerin Anita Berber erzählt von einem skandalumwitterten Star der frühen Weimarer Jahre.«
Andreas Conrad, Tagesspiegel

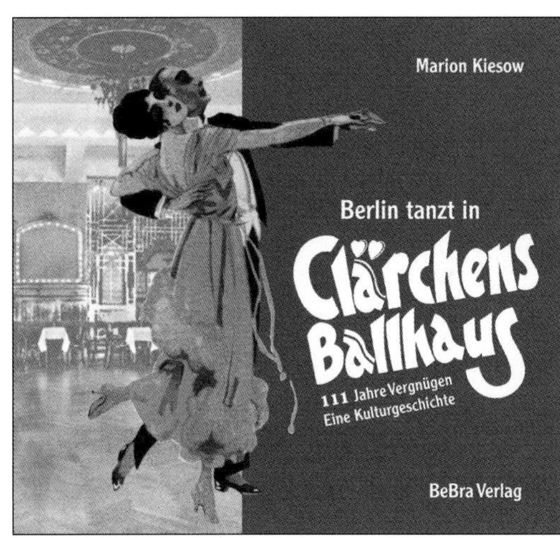

Marion Kiesow

Berlin tanzt in Clärchens Ballhaus

111 Jahre Vergnügen – eine Kulturgeschichte

ISBN 978-3-8148-0312-8

Auf einem Streifzug durch die Kulturgeschichte erfährt man vieles über den Wandel von Sitten, Moden und politischen Verhältnissen. Ein Coffee-Table-Buch für alle, die das Berliner Vergnügen lieben und seine Geschichte entdecken möchten!